GOLDMANN

Buch

Vor dem sich rasch ändernden politischen und sozialen Hintergrund des 19. Jahrhunderts schildert Bernt Engelmann das bewegte Leben des 1805 in Königsberg geborenen und 1877 dort gestorbenen Republikaners und Sozialisten Johann Jacoby, der von Veit Valentin in seiner »Geschichte der Deutschen« als »einer der lautersten und scharfsinnigsten Verfechter demokratischer Überzeugungen« bezeichnet wird. Engelmann nennt Jacoby sogar den »eigentlichen Vater der freiheitlichen Demokratie in Deutschland«.

Daß der so Gelobte dennoch in Vergessenheit geraten konnte, führt Engelmann darauf zurück, daß sich Jacoby nirgendwo anpaßte: »Den deutschen Liberalen aller Schattierungen war Johann Jacoby... stets und vornehmlich eine peinliche Erinnerung an ihren eigenen Verrat aller Grundsätze, für die sie einmal gemeinsam angetreten waren.« Aber auch die Sozialdemokraten, zu denen Jacoby nach der Reichsgründung fand, taten sich mit ihm schwer. Denn er lehnte den Klassenkampf ab und war unbequem, weil er an die verschütteten Wurzeln des Sozialismus erinnerte: an den Humanismus, die europäische Aufklärung, die Ethik Immanuel Kants.

Autor

Bernt Engelmann, geboren am 20. Januar 1921 in Berlin, nach dem Abitur 1938 Arbeitsdienst, dann Dienst bei der Luftwaffe, 1941 Entlassung aus dem Kriegslazarett zum Studium, wegen Beteiligung am Widerstand wiederholt verhaftet, im Mai 1945 aus dem Konzentrationslager Dachau befreit. Nach der Beendigung des Studiums Journalist, Redakteur, Auslandskorrespondent. Zahlreiche Reportagen für das Fernsehen, zeit- und gesellschaftskritische Essays und Satiren. 1965/66 Mitherausgeber und Chefreporter der Zeitschrift »Deutsches Panorma«, seit 1963 auch Buchautor (Gesellschafts- und Geschichtskritik, Satire) mit mehr als 30 Titeln, von denen die meisten auch in fremde Sprachen übersetzt wurden. Unter anderem Mitglied des P. E. N. (seit 1970 Präsidiumsmitglied, zur Zeit Vizepräsident des Zentrums BRD) und des Verbandes deutscher Schriftsteller (VS) in der Industriegewerkschaft Druck und Papier (1977–83 Bundesvorsitzender).

Eine Übersicht über die als Goldmann-Taschenbücher erschienenen Werke Bernt Engelmanns finden Sie am Schluß dieses Bandes.

Bernt Engelmann

Die Freiheit! Das Recht!

Johann Jacoby und die Anfänge unserer Demokratie

GOLDMANN VERLAG

Im Text ungekürzte Ausgabe

Made in Germany · 1. Auflage · 3/87

Umschlagentwurf: Design Team, München, unter Verwendung des Fotos eines um 1835 entstandenen Porträts von Johann Jacoby
Satz: Compusatz GmbH, München
Druck: Elsnerdruck, Berlin
Verlagsnummer: 8645
MV · Herstellung: Sebastian Strohmaier
ISBN 3-442-08645-0

Wer Freiheit als eine aufklärerische Aufgabe versteht, muß bereit sein, auch Widerspruch hervorzurufen. Wer Anstoß geben will, muß auch Anstoß erregen können... Aufklärung, Widerspruch und Anstoß sind miteinander verwandt und allesamt Kinder der Freiheit.

Gustav Heinemann

Inhalt

Inhalt

I.

Statt eines Vorworts: Wer kennt noch Johann Jacoby?

»Bei den Hottentotten ist nicht einmal Napoléon berühmt«, spottete die Dichterin Marie Freifrau v. Ebner-Eschenbach, die 1916 in Wien als Witwe eines – schon damals völlig in Vergessenheit geratenen – k. u. k. Feldmarschalls gestorben ist. Hierzulande brauchten Marschälle und andere mehr oder weniger siegreiche Feldherren um ihren Nachruhm nicht zu bangen, so wenig wie die Angehörigen der zahlreichen deutschen Herrscherhäuser. Das wenigste, was ihnen zuteil wurde, war die Bewahrung ihres Andenkens durch Straßen und Plätze, die deutsche Städte nach ihnen benannten.

Auch in der heutigen Bundesrepublik Deutschland hat fast jede größere Stadt ihre Moltke-, Blücher-, York-, Roon- oder gar Hindenburgstraße, von Kaiser-Wilhelm-Plätzen und Kaiser-Friedrich-Alleen ganz zu schweigen. Auch an Denkmälern für die einstigen Herrscher und ihre Armee- und Flottenchefs fehlt es wahrlich nicht. In München findet sich beispielsweise sogar eine Feldherrnhalle für die beiden einzigen bayerischen Vertreter ihres Fachs, von denen allerdings, wie schon Lion Feuchtwanger bemerkt hat, der eine, Tilly, kein Bayer, der andere, Wrede, kein Feldherr war, der diesen Namen verdient hätte.

Man ist hierzulande nicht wählerisch, wenn es gilt, Helden zu ehren. Sie müssen nur eine Uniform mit goldenen Epauletten getragen haben. Dazu gehört auch, daß allein die Biographien der fünf im 19. Jahrhundert regierenden Hohenzollern und ihrer Generalfeldmarschälle eine stattliche Bibliothek füllen könnten. Was beispielsweise Wilhelm I. betrifft, so lagen schon um die Jahrhundertwende, zwölf Jahre nach dem Tod dieses Kaisers, zwanzig größere Beschreibungen seines Lebens in zusammen 32 Bänden vor.

Dagegen sind, was die Bewahrung ihres Andenkens angeht, die

wirklichen Helden der deutschen Geschichte erheblich zu kurz gekommen, so auch der Mann, von dem hier berichtet werden soll und der ein Zeitgenosse Wilhelms I. war. Doch während man dem Monarchen, der einst als »Kartätschenprinz« die rheinischen Demokraten hatte massakrieren lassen, Hunderte von Denkmälern setzte und Dutzende von Gedenkbüchern widmete, geriet unser Held in Vergessenheit.

Zwar hatte er zu seinen Lebzeiten viele begeisterte Anhänger, und auch nach seinem Tode gab es etliche, die sich seiner dankbar erinnerten und sich vornahmen, eine Chronik seines Lebens zu schreiben. Aber es blieb bei diesen Absichten.

»Eine Chronik schreibt nur derjenige, dem die Gegenwart wichtig ist«, heißt es in Goethes »Maximen und Reflexionen« von 1826, und tatsächlich geht auch der Verfasser dieses Buchs von der Annahme aus, daß sein Held uns heutigen Bürgern der Bundesrepublik Deutschland noch viel zu sagen hätte, nur ist er den allermeisten hierzulande völlig unbekannt. Mit Ausnahme einiger Dutzend Gelehrter, von denen die Mehrzahl außerhalb Europas lebt, weiß kaum noch jemand, daß dieser eigentliche Vater der freiheitlichen Demokratie in Deutschland zu den volkstümlichsten, von seinen Mitbürgern am meisten geachteten Gestalten seiner – nur zwei Menschenalter zurückliegenden – Epoche gehört hat; daß man ihn überall im Lande, von Flensburg bis Konstanz, von Aachen bis Memel, mit Fackelzügen feierte und seine ebenso scharfsinnigen wie scharf formulierten Flugschriften von Hand zu Hand reichte.

Nirgendwo in Deutschland gibt es noch ein Denkmal, das an diesen führenden Demokraten erinnert; das einzige, das es einmal gab, wurde im Zweiten Weltkrieg zerstört. Keine deutsche Stadt hat einen würdigen Platz* oder gar eine Schule, die seinen einst so berühmten Namen trägt. Weder in der Bundesrepublik noch in der Deutschen Demokratischen Republik, wo seit Bestehen dieser

* Nur in zwei deutschen Städten gibt es immerhin eine nach Johann Jacoby benannte Straße: im Ostend von Frankfurt am Main, hinter dem Zoologischen Garten, sowie in Ost-Berlin, wo die am Alexanderplatz beginnende frühere Kaiserstraße in Johann-Jacoby-Straße umbenannt wurde.

Staaten schon etliche tausend mehr oder weniger bedeutende Männer und Frauen – von Thomas von Aquin bis Walter Kollo, vom Turnvater Jahn bis Agnes Miegel – durch Sonderbriefmarken geehrt wurden, haben die Postverwaltungen bislang dieses Mannes gedacht.

Überhaupt hat weder der eine noch der andere der beiden deutschen Staaten, die sich sonst um jedes Quentchen mehr oder weniger guter nationaler Tradition streiten und es einander mißgönnen, jemals offiziell Notiz genommen von diesem Wegbereiter der freiheitlichen Demokratie und des humanen Sozialismus.

In der SED-offiziellen »Geschichte der deutschen Arbeiterbewegung«, die in acht Bänden vorliegt, wird er nur dreimal, mit zusammen ganzen neun Zeilen, flüchtig erwähnt, ohne ein Wort des Lobes. In der neueren sozialdemokratischen Geschichtsschreibung findet sich eine knappe Würdigung nur im »Biographischen Lexikon des Sozialismus« von Franz Osterroth; schon in Hedwig Wachenheims Werk »Die deutsche Arbeiterbewegung« kommt er nur noch in einem Nebensatz vor. In Arno Klönnes 1980 erschienenem Werk »Die deutsche Arbeiterbewegung« ist er gar nicht erwähnt. Von der bürgerlichen Geschichtsschreibung wurde ihm ebensowenig Gerechtigkeit zuteil: In Golo Manns »Deutscher Geschichte des 19. und 20. Jahrhunderts« oder auch in Michael Freunds »Deutscher Geschichte« wird er überhaupt nicht genannt. In Veit Valentins »Geschichte der Deutschen« sind ihm immerhin anderthalb Zeilen gewidmet; dort wird er als »einer der lautersten und scharfsinnigsten Verfechter demokratischer Überzeugungen« bezeichnet. Aber trotz dieses Beinahe-Superlativs erfährt man auch hier nicht mehr.

Lohnt es sich wirklich nicht, sich mit ihm zu befassen? Oder ist er womöglich noch immer, was er schon zu seinen Lebzeiten war: der Staatsmacht ein Dorn im Fleische, den Etablierten ein Greuel, den Konservativen und Reaktionären jedweder Couleur ein gefürchteter Gegner?

Nehmen wir einmal an, er sei plötzlich wieder unter uns – wobei sich jeder selbst aussuchen kann, wo er ihn auftauchen lassen will, ob in einer bundesdeutschen Großstadt oder in West-Berlin, ob irgendwo in der DDR, vielleicht in Jena oder am Ostberliner

Alexanderplatz, oder möglicherweise auch vor einem Giftgaslager in der Rheinpfalz, an der Frankfurter Startbahn West, vor der US Air Base Mutlangen oder in Gorleben. Was täte er, sobald er sich mit der Situation vertraut gemacht hätte?

Nehmen wir an, er begegnet beispielsweise in Köln, Hamburg oder München verzweifelten alten Leuten, die von skrupellosen Spekulanten »entmietet« und aus ihren Wohnungen vertrieben worden sind; die aber noch zögern, es den Jungen gleichzutun und die leeren, bewußt dem Verfall preisgegebenen alten Häuser »instandzubesetzen«; die noch auf die Einsicht der Behörden hoffen, an die sie eine Bittschrift geschickt haben, und die der Staatsmacht zu vertrauen und zu gehorchen gewohnt sind – was wird er ihnen heute, nach sorgfältiger Prüfung der Umstände sowie der Rechtslage und der Verfassungsgarantien wohl sagen?

Nun, vermutlich rät er ihnen, was er schon zu seiner Zeit den autoritätsgläubigen und ängstlichen Bürgern zu tun empfahl, nämlich »das, was bisher als Gunst erbeten, nunmehr als erwiesenes Recht in Anspruch zu nehmen«.

Und wie verhält er sich heute wohl bei einer völlig friedlichen Demonstration, die plötzlich aus unerfindlichen Gründen von den »Sicherheitskräften« unter Androhung von Gewalt aufgelöst wird?

Wir können sicher sein, daß er sich an die Spitze der Demonstranten stellt, sich auf das von der Verfassung garantierte Grundrecht friedlicher Versammlung beruft und notfalls auch mutterseelenallein die Wiederaufbereitungsanlage oder die Atomraketenstellung zu blockieren versucht. Und wie erklärt er solches Verhalten heute, angesichts der Polizeihundertschaften, der aufgefahrenen Wasserwerfer, der gezogenen Schlagstöcke und der »auf den Mann dressierten« Hunde?

Vermutlich sagt er wiederum dasselbe, was er im traurigen Herbst 1849, als die demokratische Erhebung überall in Deutschland blutig niedergeschlagen worden war, trotzig erklärt hatte, ehe er sich freiwillig aus der sicheren Schweiz zurück nach Preußen begab, wo ihm der Tod am Galgen drohte: »Mögen überweise Egoisten mich einen Schwärmer heißen oder ›Märtyrersucht‹ mir als Motiv unterlegen – je mächtiger die Willkürherrschaft, je allgemeiner die Furcht vor derselben, um so mehr fühle ich die Verpflichtung in mir, mit dem Beispiele des Mutes voranzugehen und der Gewalt mein gutes Recht entgegenzustellen.«

Wer aber nun meint, dieser unerschrockene Demokrat sei jemand gewesen, dem gegenüber sich Polizei und Justiz hätten Zurückhaltung auferlegen müssen – etwa ein sehr prominenter, international berühmter Wissenschaftler oder Schriftsteller, ein Kirchenfürst oder ein mächtiges Mitglied der Aristokratie –, der irrt sich sehr

Dieser zu seinen Lebzeiten ganz Deutschland faszinierende und durch seine Unerschrockenheit wie Lauterkeit gleichermaßen beeindruckende Verfechter der Volksrechte war nur ein einfacher Arzt mit bescheidener Praxis in einer abgelegenen, wegen ihrer Rückständigkeit verspotteten Provinz.

Ja, er war, obwohl dort geboren und aufgewachsen, für die Behörden nicht einmal ein zu respektierender eingesessener Bürger, sondern nur ein geduldeter, formal nahezu rechtloser Asylant, noch dazu nichtchristlicher Religion. Nach heutigen Umständen und Begriffen wurde er von der Verwaltung und Justiz seiner Heimatstadt etwa so angesehen wie derzeit hierzulande ein iranischer oder türkischer Assistenzarzt, der politisch sehr aktiv ist und zu den Linken zählt.

Die Staatsschutzbehörden hatten damals und hätten gewiß auch heute größte Bedenken gegen diesen »Ausländer«. Zu ihrem Bedauern bot er ihnen jedoch keine rechtliche Handhabe, ihn auszuweisen oder auf Dauer einzukerkern.

Der Name dieses schon damals und anscheinend noch immer so verdächtigen und den Obrigkeiten ungemein lästigen Mannes ist Johann *Jacoby*.

Am 1. Mai 1805 zu Königsberg in Ostpreußen geboren, hieß er zunächst Jonas ben Gerson. Erst 1812 nahm sein Vater, Gerson ben Jakob, den Familiennamen »Jacoby« an. Gerson Jacoby ist in den preußischen Akten als »wohlhabender jüdischer Makler« verzeichnet (was übrigens nur beweist, wie wenig die Behörden die wirtschaftlichen Verhältnisse ihrer Schutzbefohlenen einzuschätzen wußten, denn in Wahrheit lebte Gerson Jacobys siebenköpfige Familie zunächst in drückender Armut, später in sehr bescheidenem Wohlstand, der nur durch immensen Fleiß und größte Sparsamkeit bewahrt werden konnte).

Bei der Geburt des jüngsten der fünf Kinder Gerson Jacobys, des kleinen Jonas, der dann zeitlebens in der Familie und im Freundeskreis »Jonny« genannt wurde, war nicht vorauszusehen, daß ihm die Königsberger einstmals ein – mit ihrer Stadt 1945 untergegangenes – Denkmal setzen, erst recht nicht, daß am 1. Mai 1905, zur hundertsten Wiederkehr seines Geburtstags, die angesehensten Zeitungen des deutschen Kaiserreichs seiner ausführlich gedenken würden.

Dabei war es um so erstaunlicher, daß die sozialdemokratische Presse des Dr. Johann Jacoby zunächst überhaupt nicht gedachte, obwohl er noch wenige Jahre vor seinem Tode der damals noch unbedeutenden Sozialdemokratie eines ihrer wenigen Reichstagsmandate erobert hatte. Erst am 3. Mai 1905 veröffentlichte der Parteihistoriker Franz Mehring in der »Neuen Zeit« eine etwas verspätete Würdigung Jacobys, wobei er den Lesern nicht verhehlte, daß ihm wegen des Versäumnisses schon viele Parteifreunde heftige Vorwürfe gemacht hätten. Mehring rechtfertigte sich in dem hier auszugsweise wiedergegebenen Artikel auf eine recht erstaunliche Weise:

»Für seine Person steht Jacoby in makelloser Reinheit da. Aber dieses höchste Lob der Person enthält schon, wenn nicht eine Anklage, so doch einen Verdacht gegen den Politiker. Denn die Politik ist ein hartes Handwerk, und wer in ihr Großes und Neues schaffen will, der kommt niemals ohne Risse und Wunden, ohne Beulen in seiner Rüstung und ohne Staub auf seinem Kleide davon... Jacoby wäre eine einzige Erscheinung in der Geschichte, wenn er ein großer Politiker gewesen und dabei doch – um die Sache etwas derb, aber ohne spöttischen Nebensinn auszudrücken – ein großer Musterknabe geblieben wäre... Jacoby war kein großer, ja nicht einmal ein konsequenter Politiker, so paradox gerade diese Behauptung klingen mag... Das Grundprinzip der Sozialdemokratischen Partei, den proletarischen Klassenkampf, lehnte Jacoby ab... Es ist auch ganz richtig, was die ›Frankfurter Zeitung‹ am 1. Mai in ihrem Gedenkartikel auf Jacoby schrieb: ›Ob er, mit seinem vornehmen Geiste, auch die Fort- oder Rückentwicklung mitgemacht hätte, welche man nun an der Sozialdemokratischen Partei beobachtet, und ob er nicht mit Sorge auf ihre Presse- und Wahlpraktiken sähe, ist eine leicht zu beantwortende Frage.‹ Gewiß ist diese Frage leicht zu beantworten«, heißt es in Mehrings Artikel weiter, »und sie muß ganz im Sinne der Frankfurterin beantwortet werden, nur daß, was sie Jacobys ›vornehmen Geist‹ zu nennen beliebt, in der Tat Jacobys Verhängnis war. Wie bei jedem ganzen Manne alle Stärke und alle Schwäche aus demselben Prinzip fließt, so auch bei Jacoby. Er war die fleischgewordene Ethik Kants, die er noch reiner und strenger lebte, als sie der Meister selbst gelehrt hatte... Hier liegt die wahre Konsequenz von Jacobys Leben, und ihr wird, so wie sie Jacoby... vertrat, immer rücksichtslos die Sache über die Person stellend, niemand bewundernde Anerkennung versagen. Kants kategorischer Imperativ... – das war die Welt, in der Jacoby lebte, und mit den Waffen, die er aus ihr holte, bekämpfte er als bürgerlicher Liberaler unerbittlich die absolutistische und feudalistische Reaktion. Es darf auch keineswegs verkannt werden, daß alle Reaktion gerade von solchen Waffen am empfindlichsten berührt wird; Jacoby ist von den Reaktionären aller Sorte heftiger angefeindet worden als andere Gegner, die ihnen tatsächlich viel gefährlicher waren...«

Soweit Franz Mehrings, des zum klassenkämpferischen linken Flügel der damals noch marxistischen SPD zählenden Parteihistorikers, vernichtendes Urteil über den Politiker Johann Jacoby, den er als Marxist verdammen zu müssen meint und dem er dennoch große Bewunderung nicht versagen kann. Mehrings Aufsatz schließt mit dem Satz: »Jacoby wurde zum einsamen Manne unter den Seinen durch die tragische Schuld, daß er ihre Ideale nicht in feiger Fahnenflucht verließ, aber sie ehrlicher und klarer vertrat, als sie es verdienten und vertrugen.«

Schon diese wenigen Zitate aus Franz Mehrings verspätetem Jacoby-Gedenkartikel von 1905 lassen erkennen, warum inzwischen jede Erinnerung an diesen aufrechten Streiter für Aufklärung, Demokratie und Fortschritt aus dem Gedächtnis der Deutschen beider Staaten verdrängt worden ist:

Den Konservativen und Reaktionären war er, der politisch weit linksstehende Jude, zeitlebens verhaßt; nach ihrem Verständnis konnte Jacoby, nachdem er am 6. März 1877 gestorben war, nicht nur aus der Liste der polizeilich zu überwachenden Personen, sondern auch, soweit das von ihnen beeinflußbar war, aus dem Gedächtnis der Nation gestrichen werden.

Den deutschen Liberalen aller Schattierungen war Johann Jacoby, bei allem Respekt, den sie ihm noch eine Weile lang bezeigten, stets und vornehmlich eine peinliche Erinnerung an ihren eigenen Verrat aller Grundsätze, für die sie einmal gemeinsam angetreten waren. Wenn – um des wirtschaftlichen Vorteils willen – alle untreu werden bis auf einen, so erhöht das dessen Beliebtheit nicht bei denen, die die Fahne verlassen haben. Und für die heutigen Freidemokraten der Bundesrepublik wäre Jacoby, wüßten sie noch, wer er war und wofür er mit unwandelbarer Prinzipientreue eingetreten ist, geradezu ein Schreckgespenst.

Was aber jene angeht, die sich im Besitz der reinen Lehre des Karl Marx wissen, so ist ihnen der vermeintlich kleinbürgerlich-liberale Jacoby in mancherlei Hinsicht suspekt, in anderer nur ein Gegenstand herablassenden Mitleids. Zum einen erinnert er manche allzu sehr an die verschütteten Wurzeln des marxistischen Sozialismus: an den Humanismus, die europäische Aufklärung, die strenge Ethik des Immanuel Kant. Zum anderen sehen einige, wie es schon Franz Mehring tat, in Jacoby einen leider Zurückgebliebenen, der sich in kleinbourgeoiser Ängstlichkeit scheute, die Realität, den Klassenkampf, zu erkennen.

Gerade diesen marxistischen Kritikern Jacobys, die selbst oft und in sehr unmarxistischer Weise das Bestehende mit all seinen Mängeln zu zementieren und eine fortschreitende Entwicklung zu hemmen suchten, ist entgegenzuhalten, daß Jacoby nicht nur ein Mann des Fortschritts war, der sich vom traditionellen Judentum fort zum zunächst noch gottgläubigen, dann atheistischen Anhänger Kants, vom unpolitisch-schwärmerischen Idealisten zum bewußten Liberalen, zum immer entschiedeneren Demokraten, zum Republikaner, am Ende zum ethisch motivierten Sozialisten entwickelte; er war auch zumeist seiner Zeit voraus, allerdings nie einen Schritt weiter, als er vor dem »moralischen Gesetz in uns« rückhaltlos vertreten konnte.

Kurz, dieser Johann Jacoby war ein Mann, der sich nicht anpaßte, weder in seiner eigenen Zeit, noch – wenn wir ihn erneut in die Gegenwart holen – in der unsrigen. Aber zugleich war er einer, wie ihn jede Epoche nötig hätte, am dringendsten aber die gegenwärtige.

Heute, wo uns von Tag zu Tag rascher und deutlicher klar wird, mit welchen immer entsetzlicheren Folgen alle landläufige Politik versagt, wäre wahrlich einer vonnöten vom Schlage des Johann Jacoby aus Königsberg, der den Mächtigen deren vermeintliche »Sachzwänge« mit der scharfen Klinge seiner Logik zerfetzte; der ihnen furchtlos entgegenträte und ihrer »Realpolitik« seine strenge Moral entgegenstellte, an der alle Ausreden abprallen und alle listigen Schönfärbereien sich als dreiste Lüge widerspiegeln würden.

Um Johann Jacoby, der nie ein Politiker in Amt und Würden gewesen ist, in seiner wahren Größe und Bedeutung zu begreifen, muß man ihn, den Vergessenen, zunächst in seiner Zeit, in seinen Lebensumständen kennen und verstehen lernen. Dann erfährt man, was er uns heute zu sagen hätte, ja noch immer zu sagen hat.

Doch ehe er nun vorgestellt wird, möchte der Autor denjenigen seinen Dank abstatten, ohne deren grundlegende Vorarbeit dieses Buch nicht hätte geschrieben werden können:

Gustav Mayer (1871–1948), einer der ersten Historiker, die die politischen, insbesondere die demokratischen und sozialistischen Strömungen des 19. Jahrhunderts erforschten, faßte um 1910 den Entschluß, eine Jacoby-Biographie zu schreiben.

Vor ihm hatte schon Guido Weiß, ein begeisterter Anhänger Jacobys und sein Testamentsvollstrecker, einen solchen Versuch unternommen, sein Vorhaben aber aufgegeben. Immerhin konnte Gustav Mayer den von Weiß dem Königsberger Stadtarchiv übergebenen Nachlaß Jacobys für seine Vorarbeiten benutzen und zahlreiche Abschriften anfertigen, die – im Gegensatz zu den Originalen, die gegen Ende des Zweiten Weltkriegs in Königsberg verschwunden und wahrscheinlich vernichtet worden sind – dank Mayers Vorsorge erhalten blieben.

Denn Gustav Mayer gab zwar seinen ursprünglichen Plan, Jacobys Biographie zu schreiben, schon nach einigen Jahren auf, verwahrte aber das gesammelte Material und schickte es, »als unter dem Dritten Reich die Papiere eines Juden und Demokraten weder geschätzt noch geschützt waren«, der Jüdischen National- und Universitätsbibliothek in Jerusalem. Dort lagerten sie fast ein Vierteljahrhundert lang, ohne daß sich jemand darum kümmerte.

Edmund Silberner war es, der sich als erster der bis dahin unbeachteten Schätze annahm, den Entschluß faßte, sie zu heben und der Wissenschaft zugänglich zu machen. Mit bewunderungswürdiger Sorgfalt und Zielstrebigkeit sammelte er darüber hinaus eine Fülle ergänzenden Materials in vielen Ländern Europas.

Nach jahrelangen mühevollen Vorarbeiten gab Edmund Silberner dann in den siebziger Jahren die gesamte noch verfügbare Jacobysche Korrespondenz heraus, dazu die erste umfassende und streng wissenschaftliche Biographie dieses »Vaters der deutschen Demokratie«. Für diese Leistung kann ihm der Autor gar nicht genug danken, denn Edmund Silberners ungemein gründliche wissenschaftliche Vorarbeit lieferte das zuverlässige Fundament für den vorliegenden Versuch, Johann Jacoby nicht allein den Fachgelehrten, sondern einer breiten Öffentlichkeit wieder bekanntzumachen. Dabei mußte notgedrungen einiges zu kurz kommen, zum Beispiel der *Philosoph* Jacoby, der stark von Kant, später noch mehr von Spinoza beeinflußt war, auch der *Sozialpädagoge* und dessen Schriften. Eine vollständige Behandlung solcher und anderer Aktivitäten und Publikationen Jacobys hätte den Rahmen dieser Darstellung gesprengt. Immerhin befindet sich im Anhang eine Zeittafel, in der alle wichtigen Veröffentlichungen Johann Jacobys aufgeführt sind.

Schließlich dankt der Autor zum einen Herrn Raymond G. H. Wiener, Brüssel, für die liebenswürdige Überlassung eigenhändiger Aufzeichnungen Jacobys aus Familienbesitz sowie weiterer, sonst unzugänglicher Materialien, zum anderen seinem Freund Professor Dr. Walter Grab, Direktor des Instituts für Deutsche Geschichte der Universität von Tel Aviv, für wichtige Anregungen und Hinweise sowie für manchen guten Rat, den geschichtlichen Rahmen dieser Lebensbeschreibung betreffend. Denn erst die Vorstellung unseres Helden in seiner Zeit, an seinem Platz und im Kreise seiner Zeitgenossen, Freunde wie Gegner, kann ihn uns lebendig und begreiflich machen.

Rottach, im Frühjahr 1984 Bernt Engelmann

II.
Das einstige Königsberg in Ostpreußen

Wer 1805, im Geburtsjahr Johann Jacobys, von Berlin aus auf dem kürzesten Postweg – über Küstrin, Landsberg an der Warthe, Schneidemühl, Bromberg, Ostromezko, Graudenz, Marienwerder und Preußisch Holland – nach Königsberg in Ostpreußen reiste, benötigte dafür in der guten Jahreszeit sieben volle Tage. Jeden Montag und Freitag um 10 Uhr ging die Postkutsche vom Berliner Posthof aus auf die Reise in die ferne Provinzhauptstadt, wo sie fahrplanmäßig eine Woche später, am drauffolgenden Montag oder Freitag, gegen Mittag eintraf. Meist gab es jedoch Verzögerungen; in schneereichen Wintern und in einem regennassen Frühjahr oder Herbst dauerte die Fahrt oft zwei Tage und Nächte länger, denn die Straßen waren in jämmerlichem Zustand. »Halbasien« nannte man bei Hofe das Land östlich der Weichsel, und entsprechend vernachlässigte man es auch.

Im Vergleich zu den westelbischen Gebieten und zu Berlin war Ostpreußen zu Beginn des 19. Jahrhunderts noch sehr rückständig. Preußens »wilder Osten« hatte sich auch nach anderthalb Jahrhunderten noch nicht von den Folgen des Dreißigjährigen Krieges und des Tatareneinfalls von 1656 erholt.

Mit fünfzigtausend Reitern waren damals die im schwedisch-polnischen Krieg von den Polen zu Hilfe gerufenen Tataren in Ostpreußen eingefallen. Dreizehn Städte, 249 Dörfer und Rittergüter hatten sie in Schutt und Asche gelegt. Etwa 23 000 Menschen waren von ihnen erschlagen, weitere 34 000 Männer, Frauen und Kinder fortgeschleppt worden.

»Es ist nicht zu beschreiben, was vor Jammerklagen vorgegangen«, berichtet darüber eine zeitgenössische Chronik. »Die Christenkinder sind von den Tataren weggeführet, beschnitten, die

Männer verkaufft, auf die Galeeren geschmiedet, die Weiber und Jungfrauen zur viehischen Unzucht behalten worden... Sie nahmen gefenglich mit sich unzehlich viel Soldaten, auch Bürger, Bauern, Priester, Küster, Knechte, Mägdhe, Weiber, Kinder auss Preußen, die nicht mehr die ihrigen wiedergesehen, sondern in die harte tatarische und türkische Dienstbarkeit geführet worden: daselbst nun sie als das Vieh, nackendt und bloß, begriffen und öffentlich verkaufft...«

Nach den Tataren hatte die asiatische Cholera Ostpreußen heimgesucht und mehr als achtzigtausend Menschenleben gefordert. Noch schlimmer wütete 1709 die Pest, der annähernd die Hälfte der restlichen Einwohner dieser schwergeprüften Provinz, im Ganzen mehr als 240 000 Menschen, binnen weniger Wochen zum Opfer fielen.

»Ein entsetzlicher Menschenmangel war eingetreten« heißt es dazu in des preußischen Hofarchivars Ernst Berner »Geschichte des preußischen Staates«, »aber entsetzlicher noch zeigte sich die Roheit und Armut der Überlebenden. Wie aufgelöst schienen alle Bande menschlicher Gesittung,... und wenn ja noch etwas Kultur übriggeblieben, so hatten die Leiden des Nordischen Krieges es vernichtet«, – denn zwischen 1700 und 1721 waren abwechselnd Schweden, Russen und Polen in Ostpreußen eingefallen. »Kaum noch wurde der Acker bestellt«, wußte Berner weiter zu berichten«, »man lebte von der gräßlichsten Nahrung,... das Land versumpfte..., das wenige noch vorhandene Vieh lief wild herum und wurde von zahllosen Wölfen gerissen... Der Handel lag ebenfalls ganz darnieder, und 1704 war er so tief gesunken, daß die einst so reichen Königsberger Kaufleute kein Schiff mehr besaßen, und zu alledem seufzte das Land unter einem Steuerdruck, der durch die ungleichmäßige Verteilung zu den größten Härten gegen die kleinen Leute geführt hatte...«

Die übermäßige Besteuerung der ausgeplünderten und durch Krieg und Pest dezimierten Bevölkerung Ostpreußens hing eng zusammen mit einem Ereignis des Jahres 1701, der Krönung des brandenburgischen Kurfürsten Friedrich III. zum »König in Preußen« am 18. Januar zu Königsberg. Diese Rangerhöhung, die sich nicht auf sein brandenburgisches Stammland, sondern nur auf das außerhalb der Reichsgrenzen gelegene Herzogtum Preußen bezog, war ebenso schwierig wie teuer gewesen. Der Kaiser hatte für die schließliche Anerkennung der neuen Königswürde des Hohenzollern enorme Summen kassiert, und die Zeremonie selbst war von soviel Pomp und unnützem Aufwand begleitet, daß die von dem prachtliebenden Friedrich, seinem verschwenderischen Hofstaat und seinen habgierigen und korrupten Ministern ohnehin schon übermäßig in Anspruch genommenen Staatskassen Brandenburg-Preußens nach der Krönung wie leergefegt waren. Nun mußten die Untertanen sie wieder auffüllen, und die gänzlich verarmten Bewohner Ostpreußens sollten für ihr Glück, fortan einen eigenen König, wenn auch im fernen Berlin, zu haben, besonders viel zahlen.

Es war ein buntes Völkergemisch, das die entlegene, durch einen breiten Streifen polnischen Gebiets von Brandenburg getrennte Provinz bewohnte. Im Norden, wo Ostpreußen an das zum russischen Zarenreich gehörende Litauen grenzte, lebten die Reste der im 13. Jahrhundert von den Rittern des Deutschen Ordens blutig unterworfenen und gewaltsam zum Christentum bekehrten Pruzzen, eines weder slawischen noch germanischen Volkes, das mit den gleichfalls dort siedelnden Litauern und Kuren verwandt war. Den Süden Ostpreußens bewohnten vorwiegend Masuren, deren Sprache dem Polnischen ähnlich war, und im Westen, an der unteren Weichsel, lebten die ebenfalls slawischen, den Polen verwandten Kassuben.

Alle diese nichtdeutschen »Eingeborenen« bildeten das Gros der ostpreußischen Landbevölkerung, waren fast ausnahmslos Leibeigene der deutschen und polnischen Adligen, denen die Rittergüter gehörten, und sie stellten auch die Rekruten für die ostpreußischen Regimenter der Hohenzollern. Selbst nach der Aufhebung der Leibeigenschaft und bis ins 20. Jahrhundert hinein hatten sie als »gutsuntertänige« Kleinbauern, Landarbeiter, Dienstboten und Gutshandwerker kaum mehr Rechte, Bildung und Besitz als die Schwarzen auf den Plantagen der amerikanischen Südstaaten.

In den ostpreußischen Klein- und Mittelstädten wohnten hauptsächlich die Nachkommen der deutschen Einwanderer, die in früheren Jahrhunderten aus Süd- und Westdeutschland ins Ordensland gerufen worden waren. Daneben gab es zahlreiche polnische und russische Kaufleute und Handwerker, litauische, masurische und kassubische Dienstboten sowie in sehr beträchtlicher Anzahl nichtdeutsche Neubürger, die auch auf dem Lande als bäuerliche Kolonisten stark vertreten waren.

Denn das dünnbesiedelte, immer wieder durch Kriege, Überfälle und Seuchen in seiner Entwicklung zurückgeworfene Ostpreußen war bis ins erste Drittel des 19. Jahrhunderts hinein ein Einwandererland, vor allem für Glaubensflüchtlinge aus allen Teilen Europas. Holländer, Schweizer, Schotten, Schweden, Ukrainer, norditalienische Waldenser, südfranzösische und elsässische Hugenotten, Flamen und Wallonen, schließlich von 1732 an auch annähernd fünfundzwanzigtausend Salzburger Protestanten fanden in Ostpreußen eine neue Heimat.

Etwa von 1670 an ließen sich auch verfolgte Juden aus Litauen, Polen und Rußland in den ostpreußischen Städten nieder, Nachkommen der im Mittelalter aus Deutschland nach Osteuropa Vertriebenen, deren Umgangssprache das mit hebräischen und slawischen Brocken vermischte, nunmehr »Jiddisch« genannte Mittelhochdeutsch des 13. und 14. Jahrhunderts war.

In Königsberg, der Hauptstadt Ostpreußens, gab es im Jahre 1716 unter den damals knapp zwanzigtausend Einwohnern bereits 38 ansässige jüdische Familien. 1756 wurde die erste Synagoge in Königsberg errichtet, und die jüdische Gemeinde zählte etwa dreihundert Mitglieder. Ein halbes Jahrhundert später, als Johann Jacoby dort zur Welt kam, gab es unter den insgesamt etwa fünfzigtausend Einwohnern der Stadt annähernd tausend Juden.

Diese waren keineswegs die einzigen Einwohner fremden Glaubens in der überwiegend lutherischen Stadt. Es gab in Königsberg wie auch im übrigen Ostpreußen nicht nur eine große Anzahl von Hugenotten, die eine eigene französisch-reformierte Kirche hatten, sondern auch niederländische Mennoniten mit eigenem Bethaus, polnische Arianer und Katholiken, auch mit eigenen Kirchen, eine schottische Kolonie, die in einem Privathaus Gottesdienste abhielt,

Russisch-Orthodoxe sowie – ein Kuriosum der preußischen Militärgeschichte – seit 1760 auch eine Anzahl Moslems.

Diese waren während des Siebenjährigen Kriegs, als Rußland mit dem Preußen des »Alten Fritz« Krieg führte, aus der Armee der Zarin Katharina der Großen schwadronsweise desertiert und zum preußischen Heer übergegangen – in dem irrigen Glauben, der Sultan habe zugunsten des Königs in Berlin den Heiligen Krieg erklärt. Friedrich II. bildete aus diesen meist tatarischen Reitern ein Regiment zu zehn Eskadrons, die über Ostpreußen verteilt wurden. Nach den Teilungen Polens 1772 und 1793/95 nahmen diese »Ulanen« genannten Kavallerieeinheiten auch den tatarischen Kleinadel der ehemals polnischen Gebiete in ihr Offizierskorps auf. Die wichtigsten Garnisonen der preußischen Tatarenreiter moslemischen Glaubens waren Königsberg, Insterburg, Goldap, Stallupönen und Gumbinnen.

Das Zusammenleben der Menschen unterschiedlicher Religion und Muttersprache war in Königsberg wie auch im übrigen Ostpreußen kaum von Problemen belastet. Im Vergleich zu anderen Gebieten Europas war die Friedlichkeit, die dort im späten 18. Jahrhundert herrschte, geradezu paradiesisch zu nennen. Das Nebeneinander von Bürgern deutscher, angelsächsischer, romanischer, skandinavischer, holländischer und slawischer Herkunft bewirkte gerade in Königsberg eine größere Aufgeschlossenheit für die in Westeuropa aufgekommenen Ideen der Aufklärung und der damit zusammenhängenden bürgerlichen Emanzipation als in den Kleinstädten der anderen ostelbischen Provinzen Preußens. Die Bürger der ostpreußischen Hafenstädte, vor allem Königsbergs, wurden früher und stärker vom Geist des erwachenden Liberalismus erfaßt als die Bewohner jener pommerschen, märkischen und schlesischen Nester, wo allein die Offiziere der Garnison, die höheren Beamten und die Junker der umliegenden Rittergüter den Ton angaben.

Die relative Toleranz, die in Königsberg herrschte, galt auch gegenüber den ansässigen Juden. Gewiß gab es hie und da Reibereien, und die Ältesten der israelitischen Gemeinde beklagten sich häufig: Da war einem von ihnen, einem armen, sehr frommen

Mann, der noch im Kaftan herumlief und Schläfenlöckchen trug, von Gassenbuben Schimpf angetan, sogar ein Stein nachgeworfen worden; ein Herr v. Baczko, der sich mit physikalischen Experimenten die Zeit vertrieb, hatte einen jüdischen Hausierer elektrisiert und sich an dem panischen Schrecken des Mannes geweidet; der Gemeindeälteste war von einem Obermeister am Bart gezupft worden, und die Zünfte hatten gar in einer Eingabe an den Magistrat die Juden als »Geschmeiß« bezeichnet!

Aber die Stadtväter wußten die Beschwerdeführer, wohlhabende und angesehene jüdische Kaufleute, wieder zu beruhigen: Die Jungen seien bestraft, Herr v. Baczko streng verwarnt worden, und was die Kränkungen von seiten der Zünfte betreffe, so sei es den Franzosen, Polen und Schotten nicht besser ergangen; die Meister neigten nun mal zur Respektlosigkeit und führten leider eine sehr derbe Sprache.

Tatsächlich hatten sich die Glaubensflüchtlinge, Juden wie Christen, über ihre Aufnahme und Behandlung in Königsberg wenig zu beklagen, verglichen mit den blutigen Verfolgungen und brutalen Bedrückungen, denen sie in ihren Herkunftsländern ausgesetzt gewesen waren. Die katholische Kirche, die für die Vertreibung der Hugenotten aus Frankreich und die Ausrottung der Waldenser in Italien sowie für die harte Bedrückung der Protestanten und Juden in Österreich und Polen verantwortlich war, hatte in Preußen und damit auch in Königsberg keine Macht. Im benachbarten Posen wurden noch Ketzer oder Hexen öffentlich verbrannt – die letzte Hexenverbrennung im Posenschen fand 1793 statt, unmittelbar bevor die Preußen dort einrückten –; in Spanien richtete die Inquisition noch im 19. Jahrhundert Menschen als heimliche Anhänger des verbotenen jüdischen Glaubens hin, wenn sie, anstatt mit »Ave Maria«, mit »Gelobt sei Gott!« gegrüßt hatten – als letzten 1826 den Lehrer Cajetano Ripoll in Valencia.

Dagegen war man in Preußen vor solcher religiösen Intoleranz sicher. Die Behörden ließen, wie König Friedrich II. es befohlen hatte, »jeden nach seiner Fasson Sehlich« werden, wenn er nur als braver Untertan der Obrigkeit gehorchte und pünktlich seine Steuern zahlte.

Allerdings gab es für die Juden, auch und gerade im Preußen des »Alten Fritz«, erhebliche sie stark diskriminierende Beschränkungen: Nur wenige sehr reiche Juden waren zum Staatsdienst zugelassen, und wer von ihnen die Niederlassungserlaubnis in einer preußischen Stadt erlangt hatte, konnte dieses Privileg nicht auf seine gesamte – damals allgemein und bei frommen Juden meist besonders zahlreiche – Nachkommenschaft ausdehnen, vielmehr nur auf zwei seiner Kinder. Die übrigen mußten, sobald sie erwachsen waren, anderswo um Aufenthaltserlaubnis nachsuchen. Fremde Juden erhielten das begehrte Niederlassungsrecht in Preußen nur gegen Zahlung beträchtlicher Summen oder wenn sie sich verpflichteten, eine Manufaktur einzurichten.

Diese harten Bestimmungen richteten sich in der Praxis kaum gegen die Wohlhabenden, sondern im wesentlichen gegen den Zuzug der vielen in Armut und Elend lebenden Juden Polens und Rußlands. In Königsberg gab es zudem, wie auch in Frankfurt an der Oder, Halle und Breslau, für jüdische Familien in gesicherten wirtschaftlichen Verhältnissen einen bequemen Ausweg zur Umgehung der strengen Niederlassungsbestimmungen: die Einschreibung an der Universität.

Zu den Rechten und Freiheiten, die die 1544 als »Bollwerk des Luthertums« gegründete Königsberger Albertus-Universität genoß, gehörte unter anderem, daß sie Buchdrucker, Buchhändler, Sprach-, Fecht- und Tanzlehrer als akademische Bürger zulassen konnte, darüber hinaus gegen Sonderzahlungen auch andere Personen. Es verstand sich fast von selbst, daß der jeweilige Rabbiner der jüdischen Gemeinde als Lehrer für Hebräisch bei der theologischen Fakultät fungierte; daß ein jüdischer Buchhändler, dann bald andere Juden als Buchdrucker und häufig auch als Fechtmeister angestellt wurden, und natürlich kamen eingeschriebene Studierende erst recht in den Genuß der Privilegien, die die Universitätszugehörigkeit gewährte.

Der akademische Bürger erfreute sich damals – im Gegensatz zu heute – wesentlicher Vorrechte: Er brauchte keinen Militärdienst zu leisten, sein Hausstand war von der sogenannten »Akzise« befreit, einer nach persönlichem Aufwand und Verbrauch gestaffelten Steuer. Er unterstand nicht der örtlichen Polizei, sondern der der Universität, die auch die niedere Gerichtsbarkeit ausübte. Vor allem aber erwarb jeder Universitätsbürger mit der Immatrikulation auch das Niederlassungsrecht am Hochschulort.

So meldeten wohlhabende jüdische Familienväter, deren Söhne nach den strengen Aufenthaltsregelungen »überzählig« waren, diese zum Studium an. Damit verschafften sie ihnen nicht nur das akademische Bürgerrecht, sondern auch den begehrten Zugang zur höheren Bildung.

Von den vier Fakultäten, die es damals gab, schied für Juden die der lutherischen Theologie aus naheliegenden Gründen aus. Auch die der Rechtswissenschaft kam für sie nicht in Frage, weil der für die Ausbildung abzuleistende Justiz- und Verwaltungsdienst den Juden noch nicht offenstand. Selbst die philosophische Fakultät war aus religiösen Gründen den jüdischen Studenten verschlossen, zumindest waren sie dort nicht zur Promotion zugelassen, so daß sich ihr Studium in den allermeisten Fällen auf das der Medizin und der damals zugehörigen Naturwissenschaften beschränkte, wo es keine konfessionellen Schwierigkeiten gab. Juden hatten lediglich, wie auch Angehörige des Adels, die doppelte Einschreibgebühr zu zahlen.

Nur die Promotion zum Doktor der Medizin war bis gegen Ende des 18. Jahrhunderts in Königsberg für Juden noch nicht möglich. Sie bedurfte einer bei der Regierung in Berlin einzuholenden Sondergenehmigung sowie des von der jüdischen Gemeinde beglaubigten Nachweises einer gesicherten Vermögenslage, weil im Heiligen Römischen Reich Deutscher Nation, wie es formal noch bis 1806 bestand und zu dem das westlich der alten polnischen Grenze gelegene Gebiet des Königreichs Preußen, nicht aber dessen Provinz Ostpreußen* gehörte, die Erwerbung des Doktorgrades auch

* Nach der ersten Teilung Polens wurde 1772 das bis dahin polnische Westpreußen formal mit Ostpreußen vereinigt, blieb jedoch verwaltungsmäßig getrennt. Ost- und Westpreußen gehörten nicht zum (1806 aufgelösten) Deutschen Reich, später auch nicht zum Deutschen Bund. Bei der Neuordnung des Königreichs Preußen wurde 1808 aus Ost- und Westpreußen je eine selbständige Provinz, aber von 1824 bis 1877 bildeten sie wieder zusammen die Provinz Preußen des

eine gesellschaftliche Rangerhöhung bedeutete; Doktoren standen über den gewöhnlichen Bürgern, gleichrangig mit den Reichsrittern.

An der Königsberger Albertus-Universität gab es etwa seit der Mitte des 18. Jahrhunderts, vor allem bei der medizinischen Fakultät, eine ganze Reihe von jüdischen Studenten, die – wie es die akademische Freiheit ihnen gestattete – gleich den Junkern und Offizieren mit dem Degen an der Seite umhergingen.

Auch bei der philosophischen Fakultät der Albertina nahmen, wenngleich meist als Mediziner immatrikuliert, jüdische Studenten an den Vorlesungen teil, vor allem an denen des Professors Immanuel Kant, dessen Definition der Aufklärung als »Ausgang der Menschen aus ihrer selbstverschuldeten Unmündigkeit« seine jüdischen Schüler ebenso tief beeindruckte wie seine messerscharfe Logik.

»Die Lebensgeschichte des Immanuel Kant ist schwer zu beschreiben. Denn er hatte weder Leben noch Geschichte«, heißt es in Heinrich Heines Essay »Zur Geschichte der Religion und Philosophie in Deutschland« über diesen großen Königsberger Philosophen, der zeitlebens nie aus seiner Heimatstadt herausgekommen ist. »Er lebte ein mechanisch geordnetes, fast abstraktes Hagestolzenleben in einem stillen, abgelegenen Gäßchen zu Königsberg... Aufstehn, Kaffeetrinken, Schreiben, Kollegienlesen, Essen, Spazierengehen, alles hatte seine bestimmte Zeit, und die Nachbarn wußten genau, daß die Glocke halb vier sei, wenn Immanuel Kant in seinem grauen Leibrock, das spanische Röhrchen in der Hand, aus seiner Haustüre trat und nach der kleinen Lindenallee wandelte... Achtmal spazierte er dort auf und ab, in jeder Jahreszeit, und wenn das Wetter trübe war..., sah man seinen Diener, den alten Lampe, ängstlich besorgt hinter ihm drein wandeln, mit einem Regenschirm unter dem Arm, wie ein Bild der Vorsehung.

Sonderbarer Kontrast zwischen dem äußeren Leben des Mannes

Königreichs Preußen unter dem Oberpräsidenten als Verwaltungschef.
Um den Leser nicht zu verwirren, ist im Text stets von der Provinz Ostpreußen die Rede (auch wenn sie zeitweiße »Preußen« hieß und mit Westpreußen vereinigt war); dagegen ist mit »Preußen« stets das ganze Königreich der Hohenzollern mit Berlin als Hauptstadt gemeint.

und seinen zerstörerischen, weltzermalmenden Gedanken! Wahrlich, hätten die Bürger von Königsberg die ganze Bedeutung dieser Gedanken geahnt, sie würden vor jenem Manne eine weit grauenhaftere Scheu empfunden haben als vor einem Scharfrichter, vor einem Scharfrichter, der nur Menschen hinrichtet – aber die guten Leute sahen in ihm nichts anderes als einen Professor der Philosophie, und wenn er zur bestimmten Stunde vorbeiwandelte, grüßten sie freundlich und richteten etwa nach ihm ihre Taschenuhr...«

»Doch«, so heißt es ein paar Seiten weiter in Heines 1834 erschienener Schrift, »er hat den Himmel gestürmt, er hat die ganze Besatzung über die Klinge springen lassen, der Oberherr der Welt schwimmt unbewiesen in seinem Blute, es gibt jetzt keine Allbarmherzigkeit mehr, ...keine jenseitige Belohnung für diesseitige Enthaltsamkeit, ...und der alte Lampe steht dabei mit seinem Regenschirm unterm Arm..., und Tränen rinnen ihm vom Gesichte. Da erbarmt sich Immanuel Kant und zeigt, daß er nicht nur ein großer Philosoph, sondern auch ein guter Mensch ist... Halb ironisch spricht er: ›Der alte Lampe muß einen Gott haben, sonst kann der arme Mensch nicht glücklich sein – das sagt die praktische Vernunft – meinetwegen – so mag auch die praktische Vernunft die Existenz Gottes verbürgen.‹... Hat vielleicht«, so fügt Heine spöttisch hinzu, »Kant die Resurrektion [Auferstehung] nicht bloß des alten Lampe wegen, sondern auch der Polizei wegen unternommen? Oder hat er wirklich aus Überzeugung gehandelt?«

Heinrich Heines Schilderung läßt schon erkennen, welche Anziehungskraft Kants Ideen gerade auf jene preußischen Juden ausüben mußte, die einerseits begierig Anschluß suchten an die neuen westeuropäischen Geistesströmungen der Aufklärung und Emanzipation, anderseits sich noch nicht lösen konnten oder wollten von der, wie sie fanden, im Ritual erstarrten, sie von ihrer Umwelt bewußt isolierenden Religion ihrer Väter.

Anzumerken ist auch, daß Immanuel Kant zwar ein sehr geregeltes, aber nicht ganz so spartanisches Leben geführt hat, wie man es Heines Schilderung entnehmen könnte. Er liebte durchaus die Geselligkeit und konnte dann, bei einem Glas Portwein oder Sherry, auch vergnügt und ausgelassen sein.

Zu seinen engen Freunden gehörten einige in Königsberg lebende Briten, darunter der sehr exzentrische Joseph Green, auch Greens Schwager, der Sanitätsrat William Motherby, und dessen Sohn, der Arzt Dr. Robert Motherby. Kant hat übrigens häufig betont, daß er selbst schottischer Herkunft sei. Sein Vater, der zu Beginn des 18. Jahrhunderts als einfacher Riemermeister in Memel gelebt hatte, später nach Königsberg umgezogen war, hatte sich noch »Cant« geschrieben, auch seinen Kindern erzählt, daß sein Vater mit einem englischen Schiff aus Großbritannien an die preußische Ostseeküste gekommen sei.

Trotz der bescheidenen Verhältnisse seiner Eltern hatte der 1724 zu Königsberg geborene Immanuel Kant das Gymnasium besuchen und an der Universität seiner Heimatstadt Theologie studieren können, daneben Philosophie und Naturwissenschaften. Danach mußte er sich neun Jahre lang sein Brot recht kümmerlich als Hauslehrer verdienen. Auch nachdem er sich 1755 habilitiert und sich mit zahlreichen Veröffentlichungen bereits einen Namen gemacht hatte, bekam er noch längst nicht den ersehnten Lehrstuhl für Philosophie an der Albertina.

Im Preußen Friedrichs II., des angeblich so aufgeklärten »Philosophen von Sanssouci«, konnte Kant keine Förderung von seiten des Königs erwarten. Der »Alte Fritz« hatte kein Interesse an deutscher Philosophie oder Literatur, sondern nur an französischer, mochte sie auch mitunter drittklassig sein, und von Königsberg und dessen Universität hielt er überhaupt nichts; die Albertina fand er »tauglicher, Bären zu ziehen, als die Wissenschaft zu pflegen«. Es darf als sicher gelten, daß Friedrich II. keine Zeile Kants, des größten Philosophen seiner Zeit, der noch dazu sein Untertan war, je gelesen hat, und infolgedessen kümmerte er sich auch nicht um ihn.

Erst 1770, fünfzehn Jahre nach seiner Habilitierung, erhielt Kant endlich den ihm so lange verweigerten Lehrstuhl und wurde ordentlicher Professor der Philosophie an der Universität seiner Heimatstadt.

Zeitlebens war der große Königsberger Denker, wenn er seine wahrhaft revolutionären Ideen publizieren wollte, der strengen preußischen Zensur unterworfen, die vom Nachfolger des »Alten Fritz«, Friedrich Wilhelm II., noch erheblich verschärft wurde, denn die Regierung in Berlin befürchtete ein Übergreifen der radikalen Aufklärung, die dann bald darauf in Paris zur Revolution, später zur Absetzung und Hinrichtung des Königs und zur Ausrufung der Republik führte. Der preußische Justiz- und Kultusminister Johann Christoph Wöllner entwarf 1788 ein »Edikt zum Schutze der allerheiligsten Religion«, das der hauptsächlich mit seinen Mätressen beschäftigte König bereitwillig unterschrieb.

Noch als Siebzigjähriger, 1794, erhielt auch Professor Kant Befehl aus Berlin, sich künftig jeder öffentlichen Erörterung von Fragen der Religion strikt zu enthalten, »widrigenfalls«, so drohte ihm Minister Wöllner, »Ihr Euch bei fortgesetzter Renitenz unfehlbarer unangenehmer Verfügungen zu gewärtigen habt«.

Aber zu dieser Zeit hatten Immanuel Kants aufklärerische Ideen schon ihren Siegeszug durch die Salons und Studierstuben des gebildeten deutschen Bürgertums angetreten, wobei dies zu einem wesentlichen Teil das Verdienst einiger jüdischer Freunde und Schüler des großen Königsberger Philosophen war, die für die Verbreitung seiner Lehren gesorgt hatten.

Da ist an erster Stelle Moses Mendelssohn zu nennen, der Freund Lessings und das Vorbild für dessen »Nathan der Weise«. Als Vierzehnjähriger war der schmächtige, bucklige Moses 1743 von Dessau nach Berlin gekommen, wo er bei dem Seidenfabrikanten Bernhard Aufnahme gefunden hatte. Nach autodidaktischem Studium wurde er, von Lessing stark beeinflußt, der große Reformator des mitteleuropäischen Judentums, der – wie es in der »Geschichte der Juden in Königsberg« von Heymann Jolowicz heißt – »mit wahrhaft sokratischer Weisheit, voll Umsicht und Muth seine Glaubensgenossen von den drückenden Fesseln des Wahns und des Aberglaubens zu befreien strebte. Die getreuesten, besten Schüler und Jünger, die seine Lehren verbreiteten und zum Gemeingut der großen Gesammtheit machten, lieferte ihm Königsberg... An dem herrlichen Lichte des unsterblichen Kant, des Meisters der kritischen Philosophie, hatten sich die Geister von David Friedländer, Marcus Herz und Isaak Euchel, die ersten, vorzüglichen und

Hauptbegründer der mendelssohnischen Schule, entzündet, und sie waren es, welche den Juden Königsbergs die Pforten deutscher Cultur erschlossen, wodurch sie bald den lästigen staatsbürgerlichen Druck abzuschütteln lernten. Bis zum Anbruch dieser neuen geistigen Morgenröthe waren die religiösen Verhältnisse der Königsberger Juden noch von der dichten Finsternis bedeckt, welche die vorhergegangenen Jahrhunderte der Schmach darauf gelegt hatten... Die Mehrheit der Juden war noch in geistiger Lethargie versunken, ihre Todtengräber-Zunft beherrschte das Gemeindewesen..., und selbst der Gottesdienst war zu einem Gegenstande elenden Schachers herabgesunken...«

Aber während Mendelssohn, ein Freund und Bewunderer Kants, vor allem das Judentum reformierte und seine Glaubensgenossen ein klares und anmutiges Deutsch zu sprechen lehrte, wurde sein Schüler Marcus Herz der eifrigste Verbreiter der Lehren Kants. Als Fünfzehnjähriger war er 1762 nach Königsberg gekommen, wo es ihm gelang, an der Albertus-Universität Medizin und daneben auch Philosophie zu studieren. 1770, als Kant endlich den ersehnten Lehrstuhl erhielt, wählte er sich den hochbegabten, erst dreiundzwanzigjährigen Markus Herz zu seinem Opponenten bei seiner nach damaligem Brauch zu führenden Antritts-Disputation. Die freundschaftlichen und geistigen Beziehungen zwischen Kant und seinem Lieblingsschüler blieben weiter sehr eng, auch nachdem Herz Ende 1770 als Doktor der Medizin nach Berlin zurückgekehrt war.

Kant führte mit Markus Herz in der für ihn entscheidenden, ohne Veröffentlichungen verlaufenden Zeit von 1770 bis 1781, als endlich das erste seiner drei Hauptwerke, die »Kritik der reinen Vernunft«, erschien, einen regen Briefwechsel. Herz war es, dem Kant zuerst die Absicht zu diesem Werk mitteilte, dann auch – nach neun Jahren, anstatt, wie ursprünglich geplant, nach drei Monaten! – dessen glückliche Vollendung. Am 11. Mai 1781 schrieb Kant an Markus Herz, was die Verbreitung der Ideen seines endlich fertigen Buchs angehe, so rechne er »am meisten auf Mendelssohn... und Sie!«

Er hatte sich nicht getäuscht. »Markus Herz«, heißt es dazu in einem Beitrag von Harald Landry in dem 1962 erschienenen Werk »Juden im deutschen Kulturbereich«, »entfaltete eine imponierende

Aktivität in der Verbreitung der kantischen Ideen. Seine Vorlesungen fanden Besuch aus den ersten Berliner Kreisen, auch aus dem königlichen Hause«, wozu angemerkt sei, daß Dr. Marcus Herz – er wurde dann sogar zum Hofrat und zum Professor der Philosophie ernannt! –, zusammen mit seiner schönen Frau Henriette, die sich, wie noch zu schildern sein wird, später sehr für Johann Jacoby einsetzte, einen literarisch-philosophischen Zirkel um sich gebildet hatte, der sich regelmäßig im Hause des jüdischen Ehepaares traf. Es verkehrten dort, neben vielen anderen Repräsentanten des deutschen Geisteslebens, die Brüder v. Humboldt, der Theologe Friedrich Daniel Ernst Schleiermacher, der junge Ludwig Börne und auch Prinz Louis Ferdinand von Preußen.

Ein ebenso begeisterter Anhänger Mendelssohns wie Kants war David Friedländer. 1750 in Königsberg zur Welt gekommen, errichtete er später in Berlin eine Seidenmanufaktur und heiratete eine der Töchter des sehr reichen Daniel Itzig, eines der beiden Hofbankiers des preußischen Königshauses. Der sehr wohlhabende David Friedländer wurde der erste jüdische Stadtrat Berlins, auch Begründer einer »Gesellschaft zur Beförderung des Guten und Edlen«, die sich neben gelehrt-literarischen auch kulturell-gesellschaftliche Aufgaben stellte.

Friedländers Neffe, ein Enkel des Hofbankiers Itzig, war Julius Eduard Hitzig. Er hatte sich taufen lassen und seinen Namen geändert, was Heinrich Heine zu allerlei Spott über den »H(eiligen) Itzig« veranlaßte. Auch er gehörte zu den engen Freunden einiger berühmter deutscher Dichter, von denen zwei aus Königsberg stammten, wenngleich aus einem ganz anderen Milieu, als wir es bisher kennengelernt haben und wo man sich für die kantische Philosophie wenig interessierte.

Einer dieser aus Königsberg stammenden Freunde Hitzigs war der vielseitig begabte Schriftsteller und Jurist Ernst Theodor Wilhelm Hoffmann (später nannte er sich mit drittem Vornamen, Mozart zuliebe, Amadeus). Er war 1776, im Jahr der amerikanischen Unabhängigkeitserklärung, als Sohn eines Advokaten und späteren Kriminalrats zur Welt gekommen.

Auch mit dem sechs Jahre älteren Dichter Zacharias Werner war

Hitzig eng befreundet. Dagegen schloß sich E. T. A. Hoffmann schon im ersten Schuljahr dem um ein Jahr älteren Theodor Gottlieb Hippel an, der später in den preußischen Staatsdienst eintrat, wo er als Neffe des Staatskanzlers Hardenberg eine glänzende Karriere hätte machen können; als ein durch reiche Heirat und Erbschaft wohlhabender Mann zog er sich aber schon früh ins Privatleben zurück. Zuvor jedoch, im Jahre 1813, verfaßte ausgerechnet dieser Intimus E. T. A. Hoffmanns jenen berühmten Aufruf »An mein Volk«, von dem noch im nächsten Kapitel die Rede sein wird und den der in panische Angst versetzte Preußenkönig Friedrich Wilhelm III. dann zitternd unterschrieb. Außerdem war Hoffmanns Freund der Patenneffe des damaligen Königsberger Stadtpräsidenten Theodor Gottlieb Hippel (1741–1796), der seinereits mit Immanuel Kant gut befreundet war, auch – es fehlte im alten Königsberg wahrlich nicht an Kuriosa! – wohl als frühester Vorkämpfer der Frauenemanzipation in Deutschland gelten kann.

Seine Schriften »Über die Ehe«, die 1774, und »Über die bürgerliche Verbesserung der Weiber«, die 1792 erschienen waren, sowie eine Fortsetzung, »Über weibliche Bildung«, die erst nach seinem Tod veröffentlicht wurde, inspirierten eine Königsbergerin aus jüdischem Hause, Fanny Lewald, sich ebenfalls schriftstellerisch für die Frauenemanzipation einzusetzen.

Von dieser Fanny Lewald, in deren Elternhaus der sechs Jahre ältere Dr. Johann Jacoby Hausarzt war, wird noch ausführlich die Rede sein; Jacoby war mit ihr und ihrem Ehemann, Adolf Stahr, ein Leben lang eng befreundet. Doch ehe wir uns ihm und seiner Familie widmen, sei noch zur Abrundung des Bildes vom alten Königsberg auf einen wesentlichen Punkt hingewiesen:

Es war bislang fast ausschließlich von der gebildeten, christlichen und jüdischen, bürgerlichen Oberschicht in der alten Stadt am Pregel die Rede. Diese machte indessen nur einen geringen Prozentsatz der gesamten Einwohnerschaft aus, wie auch die Universität, die ehrwürdige Albertina, an Größe nicht mit einer heutigen Hochschule verglichen werden kann; es gab dort bis weit ins 19. Jahrhundert hinein, als Jacoby dort studierte, kaum jemals mehr als vierhundert eingeschriebene Studenten und ein Dutzend Professoren;

die medizinische Fakultät hatte nicht mehr als fünfundzwanzig bis vierzig, manchmal noch weniger Studierende, in der Mehrzahl Juden.

Kurz, die Universität prägte keineswegs den Charakter Königsbergs, auch nicht das Militär oder die völlig veralteten Befestigungen. Das Wichtigste für die Stadt war ihr Hafen und der Seehandel. Von Königsberg aus wurde ein beträchtlicher Teil der Produkte des ostpreußischen und polnischen Hinterlandes exportiert, vor allem Holz und Getreide. In- und ausländische Schiffe brachten Kolonialwaren, Wein und alles andere, was zur Versorgung der Stadt sowie zum Handel mit Polen benötigt wurde. Die meisten Einwohner Königsbergs waren direkt oder indrekt vom Hafen und seinem Warenumschlag abhängig – als Arbeiter, Handwerker, Makler, Groß- und Kleinhändler, Schiffsausrüster, Kontoristen, Kaufmannsgehilfen oder Gastwirte. Darüber hinaus war Königsberg berühmt für sein Marzipan, das in großen Mengen hergestellt und, stark nach Rosenöl duftend, in viele Länder exportiert wurde. Bernstein, der an der nahen Nehrung zu finden war, hatte ebenfalls erhebliche Bedeutung für den Königsberger Handel, und natürlich spielte auch die Fischerei eine wichtige Rolle, ebenso die Fischverarbeitung, vor allem das Räuchern von Stör, Aal, Lachs und Flunder. Schließlich hatte das Bierbrauen in Königsberg eine alte Tradition, und die Stadt war auch ein bedeutender Umschlagplatz für Schlachtvieh und Fleischprodukte.

An diesem Wirtschaftsleben hatte die wachsende, zu Beginn des 19. Jahrhunderts etwa zwei Prozent der Einwohnerschaft Königsbergs ausmachende jüdische Gemeinde, zu der Johann Jacobys Eltern gehörten, regen Anteil. Doch die wohlhabenden, gebildeten und aufgeklärten jüdischen Familien – die Friedländer, Lewald und einige andere, von denen schon die Rede war, sowie die Simson, Simon, Adelson und weitere, von denen noch zu berichten ist – waren nur eine, wenngleich herausragende Minderheit. Die meisten Juden Königsbergs – wie auch die meisten Christen – waren arme, hart arbeitende Angehörige der breiten Unterschicht und des sehr bescheiden lebenden unteren Mittelstands von geringer oder gar keiner Bildung. Viele der armen Juden sprachen nur Jiddisch. Sie wie auch die um ein geringes besser gestellten jüdischen Angehörigen des unteren Mittelstands hielten sich streng an alle religiösen Vorschriften, trugen noch Kaftan und breitkrempigen Hut, ließen sich die Bärte nicht stutzen und beobachteten voller Mißtrauen jene ihrer aufgeklärten Glaubensgenossen, die die jüdische Gemeinschaft reformieren, der deutschen christlichen Umgebung anpassen oder gar in ihr aufgehen wollten; die hochmütig auf sie, die Frommen und Orthodoxen, herabblickten, glatt rasiert und modisch gekleidet umhergingen, auch untereinander Hochdeutsch sprachen und so taten, als verstünden sie kein Jiddisch mehr.

Die Armut, die sehr mager belohnte Mühsal und die fromme Demut dieser mit westlicher Bildung noch nicht Vertrauten und Nichtprivilegierten hatten sicherlich ebenso viel Einfluß auf den 1805 in Königsberg geborenen Jonas ben Gerson, der später Johann Jacoby genannt wurde, wie die Lehren des Immanuel Kant, der fünfzehn Monate vor der Geburt Jacobys, am 12. Februar 1804, in seiner Heimatstadt verstorben war. Und natürlich wurde Jacobys Werdegang auch geprägt von den großen Ereignissen und Strömungen seiner Jugend, an deren Anfang der Siegeszug Napoléons und der Untergang des alten Preußens die Menschen seiner Umgebung am meisten erregte und am direktesten berührte.

III.

Die Jahre der Kindheit und Schulzeit

Im Geburtsjahr Johann Jacobys, 1805, erreichte Napoléon I. den Höhepunkt seiner Macht. Nachdem er sich am 2. Dezember 1804 in der Kirche Notre Dame zu Paris in Anwesenheit des Papstes selbst zum Kaiser gekrönt hatte, vernichtete er auf den Tag genau ein Jahr später bei Austerlitz die vereinigten Heere Österreichs und Rußlands. Noch vor Ablauf des Jahres 1805 mußte das geschlagene Habsburgerreich im Frieden zu Preßburg auf seine Einflußsphären in Deutschland und Italien zugunsten Frankreichs verzichten. Damit war der Untergang der alten Ordnung in Mitteleuropa besiegelt. Eine neue Zeit, die mit dem Sturm auf die Bastille am 14. Juli 1789 begonnen hatte, hielt nun – wenn auch keineswegs die moralischen Erwartungen der französischen Revolution eingelöst wurden – ihren Einzug in die im Vergleich zu Frankreich noch sehr rückständigen Klein- und Kleinststaaten des ruhmlos untergegangenen Heiligen Römischen Reiches Deutscher Nation.

Noch nahezu unberührt von diesen großen Ereignissen war das Königreich Preußen, wo seit Ende 1797 Friedrich Wilhelm III. herrschte, den Friedrich Engels treffend beschrieben hat als »einen der größten Holzköpfe, die je einen Thron regiert«. Sein Vorgänger hatte den glücklosen Krieg gegen die französische Republik 1795 beendet, im Frieden zu Basel auf die linksrheinischen Besitzungen Preußens verzichten müssen, sich mit der Erklärung ganz Norddeutschlands zur »neutralen Zone« einverstanden erklärt und sich mit dem Raub polnischer Gebiete entschädigt. Das Königreich Preußen erstreckte sich nun im Osten bis zum Njemen bei Kowno und Grodno, ja bis Bialystok und Warschau, im Südosten bis nahe Krakau, und jeder dritte preußische Untertan war Pole.

In Berlin, aber auch in Königsberg, wo man die revolutionären und kriegerischen Ereignisse bislang nur vom Hörensagen kannte, empfand man es als großes Glück, daß Preußen nun neutral war. Denn obwohl sich das Offizierskorps so gebärdete, als wäre das preußische Heer noch immer das stärkste Europas, wollte es das Bürgertum nicht auf eine Probe ankommen lassen. Da die Wirtschaft gedieh und der Handel glänzend verdiente, hoffte man, daß alles so weiterginge.

Besonders profitierten im Jahre 1805 die Händler in den ostpreußischen Hafenstädten, vor allem in Königsberg, von der guten Konjunktur. Zehn Jahre Neutralität, glänzende Geschäfte mit Rußland, England und Schweden sowie mit dem durch die preußischen Neuerwerbungen in Polen gewaltig vergrößerten Hinterland hatten den Königsberger Kaufleuten viel Gewinn gebracht. Auch der vierzigjährige Makler Gerson ben Jakob aus dem zuvor polnischen Krajenka, der 1793 die um drei Jahre jüngere Tochter des Königsberger »Schutzjuden« Nathan Meyer Jonas geheiratet und zugleich »auf das Privileg seines Schwiegervaters als zweites Kind« das Wohnrecht in der Stadt erhalten hatte, war in den langen, dem Handel so vorteilhaften Friedensjahren zu bescheidenem Wohlstand gelangt.

Jedenfalls reichte nun das Einkommen dieses angesehenen, als rechtschaffen geltenden Mannes bei sehr sparsamer Lebensführung für den Unterhalt seiner Familie, die bis 1805 aus seiner Frau Lea, genannt Eleonore, und vier Kindern bestand: Sara, auch Scharne gerufen, war die Älteste; sie heiratete später einen Königsberger Kaufmann, Simon Lichtheim, der dann von einer Reise nach Amerika, wohl zur Erkundung der Auswanderungsmöglichkeiten, nicht zurückkehrte und als verschollen galt. Der Zweitälteste war Samson, der in noch jungen Jahren in der Ostsee ertrank. Zwei weitere Töchter, Karoline und Betty, die dann unverheiratet ihr ganzes Leben in Königsberg verbrachten, waren die Jüngsten, bis am 1. Mai 1805 noch ein Sohn, Jonas, zur Welt kam, später Johann Jacoby genannt.

Dessen erste anderthalb Lebensjahre waren für Königsberg und seine Eltern noch eine gute und friedliche Zeit. Doch das änderte sich mit einem Schlage, als im Herbst 1806 König Friedrich Wilhelm III. von Preußen seine bisherige Neutralität aufgab und Kaiser Napoléon ultimativ aufforderte, alle französischen Truppen aus Süddeutschland zurückzuziehen.

Napoléon nahm diese dummdreiste Herausforderung dankbar an. Er hatte nicht gehofft, so rasch einen Vorwand zu finden, nun auch Preußen anzugreifen, und er handelte dann mit verblüffender Schnelligkeit.

Die preußische Führung hingegen war mit Blindheit geschlagen. Sie hielt die – in Wahrheit schlecht gerüstete und alles andere als kampfbereite – Armee des Königreichs, die unter Friedrich II. halb Europa in Schach gehalten hatte, noch immer für unbesiegbar. Die preußischen Generale, von denen keiner weniger als siebzig Jahre alt war, behaupteten, die Franzosen würden schon beim bloßen Anblick der fabelhaft gedrillten Blauröcke die Flucht ergreifen. Einer meinte, man brauchte eigentlich gar keine Gewehre und Säbel; für Napoléons »liederliche« Armee würden auch Knüppel reichen. Und im jüngeren Offizierskorps – es bestand zum großen Teil aus vierzehnjährigen, mitunter erst zehn- bis zwölfjährigen »Jünkerlein«, die eben aus der Kadettenanstalt entlassen worden waren – kam zur Borniertheit noch der Übermut.

Indessen war die preußische Armee der des Franzosenkaisers in keiner Weise gewachsen. Sie hatte von der veränderten Kriegsführung keine Kenntnis genommen. Die preußischen Offiziere kannten und schätzten nur den Drill, den Gamaschendienst und die überholten Regeln, einen Angriff in geschlossener Formation zu führen.

»Die Zopf- und Puderquälerei ging ins Unglaubliche. Genaues Gleichmaß der Zöpfe eines Regiments war ein Hauptziel der preußischen Kriegskunst«, heißt es dazu in Piersons ansonsten so militärfrommer »Preußischer Geschichte«. »Es war empörend zu sehen, wie halberwachsene Offiziere für den geringsten Formfehler alte Soldaten oft halbtot prügeln durften... Doch trotz aller eingeprügelten Paradefertigkeit bewegte sich das Heer im Felde nur langsam. Denn nach alter Mode waren die Soldaten mit schwerem, zum großen Teil unnützem Gepäck, besonders Putzzeug bepackt, ... schlecht gekleidet, schlecht ernährt und viel gefuchtelt, ein schwerfälliger, geistloser Haufen...«, im Gegensatz zur Mannschaft im französischen Heer, wo jeder Grenadier »den Marschallstab im Tornister« trug, also alle Aufstiegschancen hatte, wo es keine Prügel und kaum Drill gab. Anders bei den Preußen: »Von Vaterlandsliebe, von Begeisterung war bei solchen Leuten nicht die Rede...«, und wie hätte man sie bei diesen Soldaten auch erwarten können, von denen die meisten polnische, pommersche, kassubische, litauische oder masurische »Gutsuntertänige« waren, die von Kindesbeinen an nichts anderes gekannt hatten als schwere Arbeit für ihre adligen Herren, Hunger und Prügel?

So kam es, wie es kommen mußte: Am 7. Oktober 1806 traf Friedrich Wilhelms III. törichtes Ultimatum in Bamberg ein, wo sich Napoléons Hauptquartier befand. Während man sich in Berlin auf längere Verhandlungen vorbereitete und noch überlegte, welche Zugeständnisse man dem Franzosenkaiser abpressen könnte, der – so glaubte man fest – vor einem Krieg mit Preußen ängstlich zurückschrecken würde, ließ Napoléon seine Truppen sofort, noch am selben Tag, gegen Preußen und das mit diesem verbündete Sachsen losschlagen. Bereits eine Woche später, am 14. Oktober, hatten sie die preußisch-sächsische Hauptmacht in der Doppelschlacht von Jena und Auerstedt umzingelt und nahezu vernichtet. Die Reste des geschlagenen preußischen Heeres flohen über die Elbe ostwärts. Keiner der preußischen Führer zeigte sich fähig, den Rückzug zu stoppen und die sich auflösenden Truppenteile wieder zu sammeln.

Zwei Tage nach Jena und Auerstedt, am 16. Oktober, übergab der Prinz von Oranien, Kommandant der wichtigen Festung Erfurt, kampflos die Forts, die gewaltigen Vorräte an Waffen, Munition und Proviant sowie die elftausend Mann starke Besatzung den anrückenden Franzosen, und in den folgenden zwanzig Tagen kapitulierte eine preußische Festung nach der anderen: In Magdeburg ergab sich General v. Kleist an der Spitze von neunzehn greisen Generalen, die zusammen dreizehnhundert Jahre zählten, und lieferte Preußens Hauptfestung mit vierundzwanzigtausend Mann Besatzung ohne Gegenwehr dem Feind aus. Das gutbefestigte Hameln mit zehntausend Mann Elitetruppen kapitulierte kampflos vor einem französischen Korps von sechstausend Mann, das über keine Artillerie verfügte und noch gar nicht zum Angriff bereit gewesen war. Der 81jährige Kommandeur der Festung Stettin lehnte jeden Widerstand ab mit der Begründung, er habe seinen Posten als Ruhesitz erhalten.

Bereits in der Nacht zum 17. Oktober, zwei Tage nach der Katastrophe von Jena und Auerstedt, war die Nachricht von der Niederlage in Berlin eingetroffen. Graf Schulenburg, Staatsminister und Gouverneur der Landeshauptstadt, ließ daraufhin zunächst die Staatskassen fortschaffen, zuvor allerdings, »zur Erleichterung des Tranports«, sich selbst und seinen Beamten drei Monatsgehälter im voraus auszahlen. Am 21. Oktober verließ er dann mit allen noch verfügbaren Truppen eilig die Hauptstadt – unter Zurücklassung der gesamten Vorräte an Waffen und Munition, darunter vierzigtausend modernste, fabrikneue Gewehre. Den Berlinern hatte er zuvor befohlen: »Ruhe ist die erste Bürgerpflicht!«

Schulenburgs Beispiel wirkte ansteckend. Nachdem auch der König und sein ganzer Hofstaat ostwärts geflohen waren, verließen die meisten der in Berlin lebenden Aristokraten und mit ihnen alle hohen Beamten und Militärs ebenfalls eilig die Stadt, während die zurückgebliebenen unteren Beamten von Panik ergriffen wurden. »Es war«, schrieb die Gräfin Schwerin, »als müsse alles, was noch preußisch an uns scheinen konnte, bis auf die Erinnerung vertilgt werden; alles, was einem Adler glich, ward abgenommen, sogar die Briefträger rissen sich ihre messingnen Schilder vom Arm...«

Schon am 24. Oktober, nur siebzehn Tage nach Kriegsbeginn, wurden dem in Potsdam eingetroffenen Napoléon die Schlüssel der Stadt Berlin mit der Bitte übergeben, die Residenz zu schonen. Fast zur gleichen Stunde kapitulierte die Festung Spandau kampflos, und als der Franzosenkaiser am Nachmittag des 27. Oktober durch das Brandenburger Tor Einzug in die preußische Hauptstadt hielt, wurde er von der Bevölkerung mit Begeisterung empfangen.

»Preußen in seiner tiefsten Schande«, nannten es später die deutschnationalen Geschichtsschreiber, und sie meinten damit, daß die Untertanen des Preußenkönigs dem Eroberer Napoléon zujubelten, wo stolze Trauer am Platz gewesen wäre, und daß sie es ohne

Murren hinnahmen, daß der feindliche Anführer im Berliner Schloß Quartier nahm, ja, daß sie die in Gefangenschaft geratenen Offiziere des Gendarmen-Regiments, die nach Spandau abgeführt wurden, unterwegs verprügelten und mit Steinen bewarfen.

Dazu ist zu bemerken, daß die brutalen und hochmütigen Gendarmen-Offiziere seit eh und je die Berliner Bürger schikaniert und mißhandelt hatten, und was den »Mangel an Würde» betrifft, so wurden die Berliner darin von ihrem König und der übrigen preußischen Führung weit übertroffen. Friedrich Wilhelm III. gratulierte seinem »Herrn Bruder« Napoléon gar noch zum Einzug in die preußische Hauptstadt und gab seiner Hoffnung Ausdruck, daß der Eroberer alles zur Zufriedenheit vorgefunden haben möge!

Während auch die weiter östlich gelegenen preußischen Festungen kampflos vor den französischen Truppen kapitulierten, überboten sich die hohen Beamten gegenseitig darin, dem Franzosenkaiser tiefste Ergebenheit zu bezeigen. Dieses völlige Versagen der militärischen und politischen Führung Preußens, nicht die verlorene Schlacht bei Jena und Auerstedt, bewirkte den Zusammenbruch des Staates. Besonders beschämend und den Zerfall beschleunigend war dabei die hastige Flucht Friedrich Wilhelms III. und seiner Familie. Über Küstrin, Marienwerder, Ortelsburg und Wehlau waren sie mit den Resten ihres sich auflösenden Hofstaats nach Königsberg geflohen. Unterwegs, in Ortelsburg, wo es für die ganze königliche Familie nur zwei ärmliche Stuben, für die Hofbeamten ein Strohlager und für alle wenig zu essen gegeben hatte, war der König endlich bereit gewesen, den politisch verantwortlichen Minister Haugwitz zu entlassen und an dessen Stelle den Freiherrn vom Stein zu berufen, der als einziger hoher Beamter einen klaren Kopf behalten hatte.

Aber Stein hatte Bedingungen gestellt, und der König war darüber so empört gewesen, daß er unmittelbar vor seinem Aufbruch zur Weiterflucht über die Kurische Nehrung und das Haff nach Memel, dem äußersten Winkel seines schon zu drei Vierteln vom Feind besetzten Königreichs, an den Freiherrn vom Stein schrieb: »Sie sind ein widerspenstiger, trotziger, hartnäckiger und ungehorsamer Staatsdiener... Wenn Sie Ihr respektwidriges und unanständiges Betragen nicht zu ändern willens sind, so kann der Staat keine große Rechnung auf Ihre ferneren Dienste machen.«

Tags darauf entließ er Stein, und Franz Mehring hat dazu in seinem Aufsatz »Jena und Tilsit – ein Kapitel ostelbischer Junkergeschichte« treffend bemerkt, daß Friedrich Wilhelm III. »auf der langen Fluchtreise von Jena bis Memel, auf einer Straße, auf der jeder neue Meilenstein eine neue Niederlage gesehen hatte, auf der alles verlorengegangen war und zuerst die Ehre, doch *ein* köstliches Kleinod unversehrt und unverstümmelt gerettet hatte: die ganze strahlende, selbstzufriedene Borniertheit des Gottesgnadentums«.

In Königsberg, wo die königliche Familie sich eine Atempause gegönnt und die Weihnachtstage im eilig hergerichteten alten Schloß verbracht hatte, war Friedrich Wilhelm III. von der Bürgerschaft mit großem Ernst und banger Erwartung empfangen worden. Nur hie und da war ein schwaches Hurra auf den König ohne Land ausgebracht worden. Dagegen bezeigte man der Königin Luise allgemein großes Mitgefühl.

Mit starkem Beifall empfingen die Bürger den schon wenige Tage später in Ungnade entlassenen Minister vom Stein, der den preußischen Staatsschatz nach Königsberg gerettet hatte. Ihre Bewunderung galt auch dem dreiundsiebzigjährigen General René Guilleaume de l'Homme de Courbière, der – im Gegensatz zu den Kommandeuren fast aller anderen preußischen Festungen – Graudenz nicht kampflos preisgab, sondern die Weichselfestung mit nur schwacher Besatzung gegen eine große französische Übermacht hielt – bis zum Friedensschluß am 9. Juli.

Großen Respekt hatten die Königsberger auch vor dem Generalleutnant Wilhelm Antoine v. L'Estocq, der die Weichsellinie und damit Ostpreußen hartnäckig verteidigte und durch sein eigenmächtiges Eingreifen mit den letzten sechstausend Mann preußischer Truppen, darunter den moslemischen Ulanen, am 8. Februar 1807 die für beide Seiten äußerst verlustreiche Schlacht bei Preußisch-Eylau zumindest unentschieden enden ließ; es war die einzige dieses Krieges, die von den Truppen Napoléons nicht gewonnen wurde.

Daß es zwei Generale hugenottischer Abstammung waren, die

Ostpreußen und damit auch Königsberg noch eine Zeitlang vor den vorwärtsdrängenden Franzosen schützten, erfüllte die französisch-reformierte Gemeinde Königsbergs mit Stolz und Genugtuung, wurden dadurch doch die letzten Vorurteile der Alteingesessenen gegen sie, die schon seit Generationen in der Stadt lebenden hugenottischen Glaubensflüchtlinge aus Frankreich, endgültig beseitigt.

Mit ähnlich stolzen Gefühlen erfüllte es die Königsberger Juden, daß zu den Wenigen, die während des Zusammenbruchs der preußischen Armee Mut und Umsicht bewiesen hatten, der jüdische Kriegskommissar im Stabe des Generalleutnants Blücher, Simon Kremser, gehörte. Mit großer Kaltblütigkeit hatte er die Kriegskasse der Armee vor dem Zugriff der Franzosen gerettet und dafür die höchste Tapferkeitsauszeichnung, den Pour le mérite, erhalten.

Im übrigen beobachteten die Juden Königsbergs mit sehr gemischten Gefühlen die politische Entwicklung. Sie fühlten sich, zumal die Gebildeten unter ihnen, dem geschlagenen Königreich Preußen verbunden, sogar mehr als manche der christlichen Bürger; es war erst fünfzig Jahre her, daß die Königsberger die Eroberung ihrer Stadt durch die Russen jubelnd begrüßt und dem Zaren gehuldigt hatten, was ihnen dann noch jahrzehntelang von König Friedrich II. und dessen Nachfolgern verübelt worden war. Die Juden indessen hatten unter der Zarenherrschaft stets zu leiden gehabt, wogegen ihnen in Preußen zumindest religiöse Toleranz bewiesen worden war. Auch waren sie im Königreich Preußen, anders als in Rußland oder in Polen, vor ungerechten Beschuldigungen und Ausschreitungen einigermaßen sicher.

So verfolgten die Juden Königsbergs mit banger Sorge die weiteren Ereignisse: Am 21. Juni 1807 wurde zwischen Napoléon und dem Zaren Alexander I. von Rußland, dessen bislang mit Preußen verbündete Truppen eine Woche zuvor bei Friedland eine schwere Niederlage erlitten hatten, ein Waffenstillstand vereinbart; wenige Tage später folgte zu Tilsit ein geheimes Bündnis zwischen Frankreich und Rußland, das den Zusammenbruch Preußens besiegelte. Der Zar erkannte die Vormachtstellung Frankreichs in Europa an, trat auch der von Napoléon schon während seines Aufenthalts in Berlin verkündeten Kontinentalsperre bei und bekam dafür freie

Hand gegenüber der Türkei und Schweden. Preußen wurde, so vereinbarten es Zar und Kaiser, zu einem unbedeutenden Pufferstaat zwischen ihren Reichen degradiert. Es verlor alle Gebiete westlich der Elbe samt Magdeburg, um dessen Verbleib bei Preußen die Königin Luise Napoléon vergeblich angefleht hatte. Der Südteil der Mark Brandenburg samt Cottbus bekam der zu Napoléon übergegangene König von Sachsen. Preußens Teil an der Beute aus den Teilungen Polens ging ebenfalls verloren: Der Kreis Bialystok fiel an Rußland, der große Rest als »Herzogtum Warschau« an Sachsen. Die Polen, denen Napoléon die Freiheit und Unabhängigkeit versprochen hatte und die ihm gegen die preußischen Truppen zu Hilfe gekommen waren, wurden wieder der Staatsräson geopfert und schmählich enttäuscht.

Danzig wurde eine dem Namen nach »freie Stadt« unter sächsisch-polnischer Oberhoheit; der größere Teil des preußischen Netze-Distrikts fiel an das neue sächsische Herzogtum Warschau. Doch damit nicht genug, blieb das auf weniger als die Hälfte verkleinerte Preußen auf unbestimmte Zeit von 150 000 Mann französischer Truppen besetzt. Mit diesem Druckmittel trieb der Franzosenkaiser die Kriegsentschädigungen ein, die er Preußen auferlegt hatte und deren endgültige Höhe festzusetzen er sich noch vorbehielt.

Der Frieden von Tilsit, der Friedrich Wilhelm III. aufgezwungen wurde, ohne daß er noch Einwände erheben konnte, sah außerdem vor, daß Preußens Heer auf eine Stärke von 42 000 Mann, weniger als ein Drittel des Vorkriegsstands, beschränkt bleiben und das Königreich sich den strengen Bestimmungen der Kontinentalsperre unterwerfen mußte.

Gerade die Kontinentalsperre, die Unterbindung des Seehandels mit England, die von den Briten mit einer Blockade der Festlandshäfen beantwortet wurde, traf Königsberg besonders hart und am ärgsten die weitgehend auf den Handel angewiesenen Juden der Stadt.

Verschärft wurde die nun sehr schwierige wirtschaftliche Lage durch die hohen Abgaben, die zur Aufbringung der von Napoléon geforderten Kriegsentschädigung und zum Unterhalt der französischen Besatzungstruppen von jedem Bürger gefordert wurden, und wiederum war der Anteil, den man den Juden aufbürdete, besonders hoch.

Massenarbeitslosigkeit, vermehrt durch die vielen entlassenen Soldaten, brachte viele Königsberger Familien in größte Not. Doch während sich die christliche Bürgerschaft angesichts des Elends und der Hungersnot, die in der Unterschicht herrschten, im allgemeinen teilnahmslos verhielt, richteten der jüdische Arzt Dr. Levin Joseph Hirsch und dessen Frau eine Volksküche ein, die durch Spenden wohlhabender Mitglieder der jüdischen Gemeinde unterhalten wurde.

Alles in allem wurden die Loyalität der Königsberger Juden gegenüber ihrem preußischen Vaterland und ihr Bürgersinn auf harte Proben gestellt, denn trotz aller Opfer, die sie erbrachten, und aller Beweise ihres staatsbürgerlichen Verantwortungsgefühls waren sie weiterhin bloß geduldet. Während die Juden in den unter französischer Oberhoheit stehenden Rheinbundstaaten längst gleichberechtigte Bürger geworden waren, mußten sich ihre Glaubensgenossen im Königreich Preußen mit dem demütigenden Status von »Schutzjuden« begnügen.

Auf dem Lande und in den Kleinstädten Ostpreußens nahmen die Juden diese Ungerechtigkeit seufzend hin; in Königsberg hingegen begannen sie nun aufzumucken. Frau Medizinalrat Hirsch beispielsweise, die für die von ihr geleitete Volksküche mit dem Kreuz des Luisenordens ausgezeichnet werden sollte, statt dessen aber mit einer eigens für sie, die Jüdin, geschaffenen Sonderform, einer Medaille am Bande, abgefertigt wurde, bekundete daraufhin offen ihren Unmut. Es wäre »eine herabsetzende Trennung der Israeliten von der Nation«, schrieb sie an die Behörde, ihr aus religiösen Gründen das Ordenskreuz vorzuenthalten.

In den Jahren 1808 bis 1812 schickten die Königsberger Juden Eingabe auf Eingabe an die Berliner Regierung und forderten darin immer nachdrücklicher die volle rechtliche Gleichstellung mit den Christen. Als besonders entwürdigend und drückend wurde die nach wie vor geltende Bestimmung bezeichnet, die es den Juden verbot, in ihr eigenes Niederlassungsrecht mehr als zwei ihrer

Kinder aufzunehmen. Aber auch die Nichtzulassung zum Staatsdienst und das Verbot, Grundbesitz zu erwerben, wurden von den Königsberger Juden als unzulässige Diskriminierungen kritisiert.

Endlich, am 11. März 1812, erging, nicht zuletzt auf das unablässige Drängen der Berliner und Königsberger Judengemeinden hin, ein königliches Edikt, das die dringendsten Forderungen der preußischen Juden zu erfüllen schien.

Artikel 1 gewährte allen im Königreich ansässigen Juden das volle Bürgerrecht. Alle Gewerbe und akademischen Berufe sollten ihnen künftig offenstehen. In Artikel 9 wurde allerdings die Zulassung der Juden zum Staatsdienst auf einen späteren Zeitpunkt verschoben, und auch die für Bekenner des mosaischen Glaubens vorgeschriebene besondere Form der Eidesleistung blieb bestehen.

Trotz dieser bedenklichen Einschränkungen wurde das »Emanzipationsedikt«, wie man es sogleich nannte, von den preußischen Juden mit großer Erleichterung aufgenommen. In Berlin, Breslau und Königsberg feierte man die Errungenschaft mit Dankgottesdiensten.

Das »Emanzipationsedikt« – es sei hier nur am Rande erwähnt – war nur ein Teil des umfangreichen Reformwerks, mit dem der vom König widerstrebend zurückgerufene, später wieder davongejagte Freiherr vom Stein und der neue Staatskanzler Hardenberg teils einzeln, teils gemeinsam den überalterten preußischen Staat – notgedrungen und ohne die absolutistische Staatsform anzutasten – zu modernisieren trachteten. Die Aufhebung der Leibeigenschaft, auch »Bauernbefreiung« genannt, eine gründliche Heeresreform sowie eine den Bürgern ein kommunalpolitisches Mitbestimmungsrecht gewährende Städteordnung waren die Grundpfeiler dieser neuen Politik, die von den Konservativen im Lande, vor allem von den um ihre Macht bangenden Junkern, heftig bekämpft wurde.

Für die Königsberger Juden, besonders für die wohlhabende und gebildete Oberschicht, waren die Stein-Hardenbergschen Reformen, trotz ihrer offensichtlichen Mängel, Anlaß genug, sich fortan mit verdoppeltem Eifer für das einzusetzen, was man später »die Wiedergeburt Preußens« nannte. Ihr Patriotismus kannte, wie sich bald zeigen sollte, keine Grenzen mehr; dabei gingen sie mit als erste die Zeichen der Zeit erkennend, in ihren vaterländischen Gefühlen schon weit über die engen Grenzen Preußens hinaus: Das ganze Deutschland sollte es sein, das sich »vom Joch der Fremdherrschaft« und zugleich von den letzten Fesseln einer überholten Epoche des Feudalismus und Absolutismus befreite!

Neben diesen Gefühlen und Hoffnungen löste das Emanzipationsedikt vom 11. März 1812 bei den Königsberger Juden jedoch auch Entwicklungen aus, die sofortige praktische Folgen hatten: So benutzten einige der wohlhabendsten Juden der Stadt die ihnen gewährte Gewerbefreiheit, sich eilig von allen Handelsgeschäften zu trennen und angesehenere Berufe zu wählen. Einige erwarben beispielsweise Gutshöfe, die wegen der herrschenden Krise zum Verkauf standen, und widmeten sich fortan der Landwirtschaft, andere kauften sich ein schönes Haus in guter Lage und eröffneten dort ihre bislang ambulant betriebene Arztpraxis. Viele junge Königsberger Juden begannen nun auch ein Studium der Rechtswissenschaft in der Erwartung, später zum Staatsdienst, mindestens aber als Anwalt zugelassen zu werden, oder bereiteten sich auf eine Hochschullaufbahn als Naturwissenschaftler vor.

Für Gerson ben Jakob brachte das Emanzipationsedikt zunächst nichts anderes als die Pflicht, sich einen Familiennamen zuzulegen. Während viele der besser situierten Königsberger Juden diese Gelegenheit benutzten, einen Namen zu wählen, der ihr Deutschtum unterstrich – aus Markus wurde Lewald; David Assur nannte sich fortan gut hanseatisch Assing, Heimann Friedländer hieß nun Maximilian Friedholm –, begnügte sich Gerson damit, dem Namen seines Vaters ein y anzuhängen – aus ben Jakob wurde Jacoby.

An einen Berufswechsel oder gar an Grunderwerb war für Gerson Jacoby nicht zu denken; der »allgemein geachtete, streng rechtliche jüdische Geschäftsmann«, als den ihn sein Sohn später einmal beschrieben hat, war dazu viel zu arm. Was er und seine Frau sich vom Munde absparen konnten, wurde auf die Bildung und Erziehung der Kinder verwandt, vor allem auf die des Jüngsten, des 1812 gerade siebenjährigen Jonny.

Es grenzt fast an ein Wunder, daß Gerson Jacoby, dessen Jahreseinkommen um 500 Reichstaler schwankte und der damit am unteren Rand des Kleinbürgertums in der vierten Einkommensklasse rangierte, für die Erziehung des Sohns einen Privatlehrer bezahlen konnte. Doch er und seine Frau waren fest entschlossen, ihren aufgeweckten und lernbegierigen jüngsten Sohn später auf die beste Schule der Stadt, das ehrwürdige Friedrich-Kollegium, zu schicken. Die öffentliche Volksschule aber reichte damals, wegen ihrer anders gearteten Ziele, zur Vorbereitung auf das Gymnasium keineswegs aus.

Kinder, die später einmal studieren sollten, ließ man deshalb in Königsberg ganz allgemein privat unterrichten, und so wurde Johann Jacoby, obwohl seine Eltern sich diesen Luxus wahrlich nicht leisten konnten, dem Hauslehrer Jakob Abraham Goetze zum Privatunterricht anvertraut.

Herr Goetze war ein freundlicher, pädagogisch begabter Mann, an den sich sein Schüler später mit großer Dankbarkeit erinnerte und der auch, nachdem sein Zögling längst auf dem Gymnasium war, sich weiter um ihn kümmerte und ihm Ratschläge gab, die die mit den Anforderungen einer höheren Schule nicht vertrauten Eltern ihrem Sohn nicht geben konnten. Doch ehe Jonny die Aufnahmeprüfung für das Friedrich-Kollegium mit Glanz bestand, erlebte er in den Jahren 1813 bis 1815 mit, wie von Königsberg aus die vom christlichen wie jüdischen Bürgertum der Stadt heiß ersehnte »Wiedergeburt Preußens« Wirklichkeit wurde, und er war davon, erst recht von dem lebhaften Anteil, den die jüdische Jugend daran hatte, außerordentlich stark beeindruckt.

Schon im Frühjahr 1812 mehrten sich in Ostpreußen die Anzeichen dafür, daß ein neuer Krieg bevorstand. Napoléon schickte sich an, das russische Zarenreich anzugreifen, und das östliche Königreich Preußen war sein Aufmarschgebiet. Sehr gegen den Willen der preußischen Reformer hatte König Friedrich Wilhelm III. dem französischen Druck nachgegeben und sich bereit erklärt, die Hälfte des ihm verbliebenen Heeres, rund zwanzigtausend Mann, für den Feldzug nach Rußland als Hilfskorps zur Verfügung zu stellen. Das Bürgertum der preußischen Städte, besonders die Gebildeten, Christen wie Juden, sowie viele der jüngeren Offiziere waren zutiefst verbittert über die neuerliche Unterwerfung Preußens unter den

Willen des Franzosenkaisers. Diese Patrioten, wie sie sich nannten, träumten bereits von einem bewaffneten Aufstand gegen die französische Besatzungsmacht; viele junge Offiziere desertierten nach Rußland, wo sich um den nach Petersburg geflüchteten Freiherrn vom Stein beinahe eine Art von patriotischer preußischer Gegenregierung gebildet hatte.

Aber bis zum Herbst 1812 behielten die antipatriotischen, reaktionären Kräfte bei Hofe und im Lande genügend Einfluß, um den König von jeder ihnen zu riskanten Kursänderung abzuhalten, und einer der Ihren, General v. York, ein stockkonservativer Junker, hatte den Oberbefehl über das preußische Korps, das die Nordflanke der Großen Armee auf ihrem Vormarsch nach Rußland zu sichern hatte.

Anfangs erzielte Napoléons Riesenheer, zu dem auch rund zweihunderttausend deutsche Soldaten aus den Rheinbund-Staaten gehörten und das von der verbündeten österreichischen Armee unterstützt wurde, große Erfolge. Die Russen begnügten sich mit hinhaltender Verteidigung und ließen den Gegner immer weiter vordringen. Am 14. September 1812 konnte der Franzosenkaiser in Moskau einziehen.

Ende Oktober aber trafen in Ostpreußen erste Nachrichten ein, die den Patrioten neuen Auftrieb gaben: Napoléons Armee, hieß es, habe den Rückzug antreten müssen. Seine Truppen würden nun von den Russen hart bedrängt, erlitten schreckliche Verluste und wären zudem auf den frühen Wintereinbruch nicht vorbereitet.

Im November erfuhr man in Königsberg, das französische Heer befände sich bereits in voller Auflösung und sei auf weniger als ein Viertel der ursprünglichen Mannschaftsstärke zusammengeschmolzen. Nun wurde auch General v. York, den die Patrioten bisher vergeblich zum Abfall von Napoléon zu verleiten versucht hatten, allmählich unsicher. Er bat den König dringend um Instruktionen für sein Korps, erhielt aber nur unklare Antworten. Als ihm schließlich dämmerte, welche Gefahr für die preußische Monarchie und die Junker entstand, wenn sie jetzt an der Seite des Verlierers blieben, entschloß er sich zum eigenmächtigen Handeln. Nachdem kein Zweifel mehr möglich war, daß Napoléon eine katastrophale

Niederlage erlitten hatte und daß in Ostpreußen jeden Augenblick ein Aufstand gegen die französische Besatzung ausbrechen konnte, traf York am 30. Dezember in der Nähe der litauischen Kleinstadt Tauroggen eine Abmachung mit dem russischen Befehlshaber General Diebitsch, einem Preußen, der in die Dienste des Zaren getreten war. Er verpflichtete sich, sein Korps abzuziehen, es in Ostpreußen zu »neutralisieren« und nicht zur Deckung des Rückzugs der Reste des napoleonischen Heeres gegen die Russen einzusetzen.

Die Kunde davon verbreitete sich in Königsberg wie ein Lauffeuer und löste beim patriotischen Bürgertum, Juden wie Christen, großen Jubel aus. Nun also würde die Fremdherrschaft beseitigt, ein moderner Staat geschaffen werden!

Auch in Berlin waren die Bürger begeistert von der neuen Entwicklung. Nur der König war außer sich vor Zorn. Er ließ bekanntmachen, General v. York sei abgesetzt und käme vor ein Kriegsgericht; seine Abmachung mit dem Feind sei null und nichtig. Zugleich verließ der König nun eilig seine Hauptstadt, die noch von den Franzosen besetzt war, und flüchtete nach Breslau. Aber damit – er merkte es zu spät – hatte er sich zwischen alle Stühle gesetzt: Franzosen wie Russen mußten ihn nun gleichermaßen als Verräter ansehen, und sie hatten zudem fast sein ganzes Königreich in der Hand. York, den er abgesetzt hatte, kommandierte in Ostpreußen und hatte dort schon die Russen einmarschieren lassen, und zu allem Überfluß hatte in Königsberg, von der Bevölkerung stürmisch gefeiert, der von Friedrich Wilhelm davongejagte Freiherr vom Stein die Zivilverwaltung der abgefallenen Provinzen übernommen und mit der Volksbewaffnung begonnen.

Im Februar 1813 endlich ließ sich der König, nahe daran, vor Angst sein bißchen Verstand zu verlieren, von dem als russischer Bevollmächtigter in Breslau erschienenen Freiherrn vom Stein dazu zwingen, den von dem Königsberger Theodor Gottlieb Hippel, dem Freund E. T. A. Hoffmanns, verfaßten Aufruf »An Mein Volk!« zu unterzeichnen. Blaß und zitternd willigte er schließlich in ein Bündnis mit Rußland gegen Napoléon ein und gab damit nachträglich dem Befreiungskrieg, der schon begonnen hatte, widerstrebend seinen Segen. Dann reiste er – die Franzosen waren dort abgezogen – zurück nach Berlin.

In der Hauptstadt wie auch in Breslau und Königsberg war das Bürgertum, weit weniger die breite Unterschicht, von patriotischer Begeisterung erfüllt wie noch nie zuvor. Aus ganz Preußen meldeten sich an die zehntausend Bürgersöhne freiwillig zu den Fahnen, obwohl sie von der bis dahin so verhaßten Militärpflicht befreit waren. Etwa sechshundert Freiwillige kamen allein aus Königsberg, und ein erheblicher Teil davon waren Juden!

Das war etwas bis dahin Unerhörtes, das nicht nur in der jüdischen Gemeinde zu lebhaften Diskussionen führte. Den Strenggläubigen unter den Königsberger Juden erschien es geradezu frevelhaft, daß ihre Söhne in die Armee eintraten, wo weder der Sabbat noch die strengen Speisegesetze eingehalten werden konnten. Erst nachdem die höchsten rabbinischen Autoritäten in Preußen erklärt hatten, daß für die Soldaten alle religiösen Pflichten gegenüber den vaterländischen zurückzutreten hätten, beruhigten sich die Gemüter, wogegen nun bei einigen konservativen Christen Bedenken laut wurden, teils die mangelnde Eignung der Juden für den Militärdienst, teils die Gefahren betreffend, die sich aus ihrer Teilnahme am Feldzug ergeben könnten. Würden die jüdischen Kriegsteilnehmer nicht dreiste Forderungen stellen, womöglich zu den Zünften und zum Staatsdienst zugelassen werden wollen?

Die jüdischen Freiwilligen ließen sich von alledem nicht beeindrucken. Ihre patriotische Begeisterung, dann auch die persönliche Tapferkeit derer, die meist mit eigenem Pferd zum Jägerkorps oder zur Garde ausrückten, übertraf alle Erwartungen. Zahlreiche Auszeichnungen, rasche Beförderungen, darunter zwei Dutzend namentlich bekannte Ernennungen zum Offizier, sowie eine Fülle von Berichten lassen dies erkennen.

Allein von der Königsberger Universität nahmen elf jüdische Studenten an den Befreiungskriegen teil, und wenn man bedenkt, daß die ganze medizinische Fakultät der Albertina insgesamt nur etwa fünfundzwanzig Studierende zählte, so dürften damals fast alle diensttauglichen Juden, die an der Königsberger Universität studierten, als Freiwillige ins Feld gezogen sein.

Der erst siebzehnjährige Sohn Joseph des Medizinalrats Dr. Hirsch und dessen in der Armenpflege so aktiver Ehefrau fiel als freiwilliger Jäger bei Großgörschen, ebenso der Student Marcus Grünberg. John Friedländer wurde verwundet, wegen ungewöhnlicher Tapferkeit zum Leutnant befördert und mit dem Eisernen Kreuz ausgezeichnet. Den gleichen Orden sowie das russische Georgskreuz erhielt Dr. David Assur-Assing für seine Verdienste als Feldarzt. Auch August Lewald wurde ein russischer Orden verliehen. Sogar der Königsberger Rabbiner Dr. Cohn-Francolm diente als Freiwilliger und erhielt eine Auszeichnung.

Am meisten Aufsehen erregte der Fall eines Freiwilligen, der mit achtundzwanzig Jahren in das 2. Königsberger Ulanenregiment eintrat, den ganzen Feldzug mitmachte, zweimal verwundet und wegen besonderer Tapferkeit zum Wachtmeister befördert wurde. Dieser patriotische Reitersmann war eine jüdische Frau, Luise Grafemus, die eigentlich Esther Manuel hieß und hundertzwanzig Jahre später als »Schwarzer Jäger Johanna« der Kriegspropaganda der Nazis als Vorbild diente. Mit dem Eisernen Kreuz ausgezeichnet, kehrte sie nach Kriegsende heim zu ihren beiden Kindern; ihr Ehemann, ebenfalls ein jüdischer Kriegsfreiwilliger, war in Frankreich gefallen.

Diese Welle des Patriotismus, die von Königsberg ihren Ausgang nahm und die dortige jüdische Jugend noch stärker mitriß als die christlichen Bürgersöhne, beschränkte sich im wesentlichen auf das Königreich Preußen. Vordergründig ging es dabei um die Befreiung von der französischen Fremdherrschaft, doch in Wahrheit wollten die Patrioten nicht allein Preußen, sondern »das ganze Deutschland« befreien, und nicht nur von der Herrschaft Napoléons, sondern auch von der seiner Vasallen, der deutschen Fürsten.

Die patriotischen Kräfte erstrebten ein geeintes deutsches Vaterland, ein Land der Freiheit mit einer modernen, fortschrittlichen Verfassung. Fürstenwillkür und Adelsprivilegien sollten ebenso verschwinden wie Fron, Zunftzwang, Zensur, kirchliche Einmischung in Privatangelegenheiten, Kabinettjustiz, Binnenzölle und andere Relikte der absolutistischen und feudalistischen Kleinstaaterei, zu denen auch die Unterdrückung der Juden gehörte.

Diese sehr weitgesteckten, geradezu revolutionären Ziele weckten die Angst des Königs und der Junker. Aber in Wahrheit waren die Patrioten nicht gar so gefährlich und nur in ihren Träumen revolutionär. Sie genossen zwar das »Schwingen, Klingen und Ringen dieser Morgenröte deutscher Freiheit«, wie der Dichter Ernst Moritz Arndt es nannte, aber sie waren dabei, von wenigen Ausnahmen abgesehen, von geradezu rührender Naivität.

Es hätte sie eigentlich alle, nicht nur wenige Warner, sehr bedenklich stimmen müssen, daß es doch gerade die reaktionärsten, ihre eigenen Völker in Knechtschaft haltenden Herrscher von Rußland und Österreich waren, die mit ihren Kosaken, Panduren und Kroaten der deutschen Freiheit zum Durchbruch verhelfen sollten. Preußens patriotische Bürgersöhne hätten sich wahrlich denken können, daß die als Befreier gefeierten Russen und Österreicher an einem geeinten Deutschland nicht im mindesten interessiert waren.

Es gab kaum etwas Törichteres, als ausgerechnet vom Zaren, vom Wiener Außenminister und späteren Staatskanzler Metternich oder auch vom Preußenkönig Friedrich Wilhelm III. die Schaffung oder auch nur Duldung eines geeinten und freien Deutschlands zu erwarten. Der Sturm der Begeisterung, der 1813 von Ostpreußen her weite Teile des deutschen Bürgertums und zumal die studentische Jugend erfaßt hatte, mußte zwangsläufig in Enttäuschung enden.

Was jedoch nach dem endgültigen Sieg über Napoléon als Resultat der Befreiungskriege für die Deutschen herauskam, übertraf noch die schlimmsten Befürchtungen jener, die vergeblich vor Illusionen gewarnt hatten: Statt eines geeinten Deutschlands wurde nur ein loser Deutscher Bund, eine Vereinigung gegen die nationalen Interessen des Volkes, geschaffen, bestehend aus vierunddreißig Souveränen und vier Freien Städten, ohne Verfassung oder gar Volksvertretung. Sein Zweck war allein die Wiederherstellung und Gewährleistung der den Patrioten so verhaßten alten Ordnung, die Unterdrückung jeder liberalen und nationalen Regung.

Ergänzt wurde dieses rückschrittliche Zweckbündnis durch die 1815 zwischen dem Zaren, dem Kaiser und dem Preußenkönig »zum Schutze der christlichen Religion« geschlossene »Heilige

Allianz«, die jede Erinnerung an die Französische Revolution auslöschen und politische oder soziale Veränderungen durch bewaffnete Intervention verhindern sollte.

In Preußen, dessen östliche Provinzen – Posen, West- und Ostpreußen – nicht zum Deutschen Bund gehörten, so wie zuvor nicht zum Deutschen Reich, verschob Friedrich Wilhelm III. die Einlösung seines zu Beginn der Befreiungskriege gegebenen Versprechens, dem Land eine moderne und halbwegs liberale Verfassung zu geben, auf den St. Nimmerleinstag. Er brach auch sein Wort, allen Kriegsteilnehmern, unbeschadet ihrer Religion, also auch den Juden, den Eintritt in den Staatsdienst zu gestatten.

Die Hoffnung der jüdischen Bürger Preußens, daß sie nach dem Kriege endlich völlig gleichberechtigt sein würden, wurde bitter enttäuscht, denn das Gegenteil war der Fall: Die kleinlichen Beschränkungen, die ehedem, von Provinz zu Provinz verschieden, in Preußen bestanden hatten, wurden gerade dort wieder eingeführt, wo unter napoléonischer Herrschaft den Juden die volle Gleichberechtigung gewährt worden war. 1818 schloß eine königliche Verordnung die preußischen Juden von der akademischen Laufbahn aus; einige Monate später wurden im ehedem französischen Rheinland alle jüdischen Beamten, unter ihnen der Vater von Karl Marx, aus dem Staatsdienst entlassen.

Diese Rückschritte waren ein schwerer Schlag für das jüdische Bürgertum, besonders in Königsberg, wo dessen Patriotismus noch größer gewesen war als in den meisten anderen Städten Preußens. Erbittert mußten die Juden Königsbergs erkennen, daß ihre patriotische Opferbereitschaft umsonst gewesen, ihr Vertrauen in das vom König gegebene Versprechen getäuscht worden war. Er wollte sie nicht einmal als gleichberechtigte Bürger Preußens anerkennen, schon gar nicht als Deutsche, und sie wieder in die Rolle der nur geduldeten Schutzjuden zwingen.

Dies alles bewegte auch das Gemüt des Gymnasiasten Johann Jacoby, der 1815 als zehnjähriger, von dem freundlichen Hauslehrer Goetze gründlich vorbereitet, in die Sexta des Königsberger Friedrich-Kollegiums eingetreten war. Er wußte, welche Opfer seine Eltern dafür auf sich genommen hatten und weiter täglich brachten. Er war sich auch schon darüber im klaren, welche großen Hoffnungen sie daran hinsichtlich seiner, des so begabten Sohnes, Zukunft geknüpft hatten und wie diese Hoffnungen nun dahinschwanden.

Denn das Friedrich-Kollegium war weit mehr als nur das angesehenste Gymnasium der Stadt. Es war eine der wenigen Eliteschulen Preußens, und wer das Reifezeugnis des Königsberger Fridericianums in der Tasche hatte, konnte damit nicht nur studieren, dem stand vielmehr – doch wie sich nun zeigte, nicht wenn er Jude war – jede Tür in Preußen offen, ja der konnte sich auch ohne Adelsprädikat eine glänzende Karriere im höheren Staatsdienst, in den Wissenschaften oder auch in der Wirtschaft des Landes erhoffen.

Das Friedrich-Kollegium stellte sehr hohe Anforderungen an seine etwa zweihundertdreißig bis -fünfzig Schüler, zu denen auch Immanuel Kant gehört hatte, ebenso an sein Lehrerkollegium, dessen Mitglied, wenn auch nur für kurze Zeit, der 1803 in Weimar verstorbene, mit Goethe bis 1788, als er sich mit ihm überwarf, gut befreundete kosmopolitische, die Befreiung der Menschheit, nicht zuletzt von nationalen Vorurteilen, fordernde Aufklärer Johann Gottfried Herder gewesen war.

Während Jacobys Schulzeit amtierte als Direktor dieser schon 1698 gegründeten Anstalt der ebenso gelehrte wie gewissenhafte Altphilologe Friedrich August Gotthold, ein der Wissenschaft ergebener Mann, allerdings auch – so einer seiner ehemaligen Schüler rückblickend – ein »Nörgler ersten Ranges, der nie mit etwas oder jemandem zufrieden war« und dessen diktatorische Amtsführung, unerbittliche Strenge und verletzende Kälte Lehrer wie Schüler an den Rand der Verzweiflung brachten.

Johann Jacoby, der das Friedrich-Kollegium von 1815 bis 1822 besuchte, hat es dort ohne Zweifel sehr schwer gehabt. Viel zu viel mußten schon die Zehn- bis Zwölfjährigen auswendig lernen; das wöchentliche Pensum erforderte achtzig Stunden und mehr intensiver Aufmerksamkeit beim Unterricht und bei den Hausaufgaben. Es blieb den Schülern so gut wie keine Freizeit übrig, und die Sommerferien dauerten ganze zwei Wochen, was Direktor Gotthold bereits als ein »Privilegium der Trägheit« bezeichnete.

Zu der maßlosen »Paukerei«, die am Friedrich-Kollegium unter Gottholds Oberaufsicht betrieben wurde, kam die unfreundliche, wenn nicht gar frostige Behandlung der Schüler, und was den jungen Jacoby betraf, so litt er besonders unter dem verletzenden Ton des Direktors, der mit Kränkungen nicht sparte, aus denen sich für einen empfindsamen Jungen nicht selten heraushören ließ, daß sie auch seiner jüdischen Religion galten.

Es ist nicht anzunehmen, daß Direktor Gotthold ein »Judenfresser« war. Dagegen spricht nicht nur seine strenge Wissenschaftlichkeit und der Geist der Aufklärung, der im Königsberger Bürgertum während seiner Amtszeit herrschte, sondern auch die Tatsache, daß es am Friedrich-Kollegium mehrere jüdische Lehrer gab – so Herrn Cerf, der Französisch und Englisch unterrichtete, Herrn Heinrich Friedländer, der für Englisch und sogar für Deutsch als Fachlehrer tätig war, sowie den für Unterricht in Französisch und Polnisch zuständigen Herrn Grodzinski. Ein antisemitischer Direktor hätte sie an seiner Eliteschule gewiß nicht geduldet.

Indessen ist zu vermuten, daß sich der tyrannische Grobian Gotthold mitunter zu Äußerungen hinreißen ließ, die von den Juden unter seinen Lehrern und Schülern als eine über den Tadel hinausgehende Herabsetzung oder Kränkung empfunden wurden. Und gewiß hat Johann Jacoby während seiner Schulzeit nicht nur von seiten des Direktors und des einen oder anderen Lehrers manches zu hören bekommen, das ihn als Kind jüdischer Eltern besonders verletzte; auch seine gleichaltrigen Mitschüler werden ihn mit derben Späßen immer wieder daran erinnert haben, daß er etwas anderes als sie, nämlich ein nicht gleichberechtigter, nur geduldeter Jude war.

Zehn Jahre nach seinem Abitur am Friedrich-Kollegium, wo er als guter, wahrscheinlich sogar sehr guter Schüler alle Klassen in acht Jahren anstandslos absolvierte, schrieb er an seinen Vetter Jakob Jacobson, der das Königsberger Altstädtische Gymnasium besucht, Medizin studiert und sich als Arzt in Braunsberg niedergelassen hatte, einen sehr aufschlußreichen Brief. Darin heißt es im Rückblick auf seine Jugendjahre:

»...Mitten unter frohen christlichen Genossen fühlte ich mich oft plötzlich durch ein dunkles Gefühl beklemmt... Oft habe ich über Ursache und Folgen dieser Erscheinung nachgedacht und gefunden, daß ähnliches gewiß jedem gebildeten und edlerdenkenden Juden begegnet, sobald er sich über seine unnatürliche Stellung zur Mitwelt aufrichtige Rechenschaft gibt. Der Gedanke: Du bist ein Jude! ist eben der Quälgeist, der jede wahre Freude lähmt, jedes sorglose Sichgehenlassen gewaltsam niederdrückt! Durch die Staatsgesetze von äußeren Ehren und so vielen Rechten ausgeschlossen, in der Meinung seiner christlichen Mitbürger niedriger gestellt, dies wenigstens stets (und wer kann es ihm verdenken?) argwöhnend, fühlt der Jude sich durch fremde Überhebung gedemütigt und ist so nur zu sehr geneigt, in jeder unschuldigen Äußerung eine Kränkung zu befürchten. Wie kann er sich harmlos oder wahr zeigen, da er jeden Augenblick ängstlich auf sich aufpassen muß, um nur ja nicht als Jude (im Sinne der Christen genommen) die ihm – als einzelnem – gewordene Achtung aufs Spiel zu setzen? Und ist er selbst unter Christen, die sich von dem mit der Muttermilch eingesogenen Vorurteil freigemacht, sich nicht besser dünken als der beste Jude, doch kann er sich des Mißtrauens nicht erwehren: eben weil er Gespenster glaubt, sieht er sie...«

Gegen diese scheinbare Überempfindlichkeit ließe sich einwenden, daß es im Königsberg des frühen 19. Jahrhunderts kaum Judenhaß gegeben habe; daß sich Abneigung und Verachtung allenfalls gegen jene Juden richtete, die sich durch starres Festhalten am »Jargon«, an Kaftan, Schläfenlöckchen und ungestutztem Bart sowie »am verrotteten Mißbrauch der rabbinisch-talmudischen Zeremonialgebräuche«, wie Heymann Jolowicz es in seiner 1867, lange vor Beginn des »rassischen« Antisemitismus erschienenen »Geschichte der Juden in Königsberg« nennen zu müssen meinte, selbst isoliert hatten. (Wer konnte damals ahnen, daß 75 Jahre später die Massenmörder keinen Unterschied machten zwischen bärtigen »Kaftanjuden« und christlich getauften, glattrasierten »Nichtariern« im Maßanzug...?)

Indessen gab es selbst im aufgeklärten Bürgertum Königsbergs noch allerlei Vorurteile, auch gegen jene jüdischen Mitbürger, die bestrebt waren, sich ganz an die deutsche Gemeinschaft anzuschließen. Wie diese gutsituierten, kultivierten und gebildeten Juden Königsbergs die Abneigung der christlichen Bürger zu spüren bekamen, hat Fanny Lewald, die um sechs Jahre jüngere Landsmännin Jacobys und seine spätere enge Freundin, in ihrer 1861 erschienenen Lebensgeschichte anschaulich beschrieben. Als sie, ein Kind jüdischer Eltern, in Königsberg die Schule besuchte, wurde es ihr, wie sie es im Rückblick beschrieb, »immer fühlbarer gemacht, sie gehöre der Allgemeinheit nicht an«. Einige ihrer Schulkameradinnen durften sie weder einladen noch besuchen.

Über das Jahr 1819, als in Deutschland Hungersnot und Massenarbeitslosigkeit herrschten und es in einigen Gegenden, vor allem in Süddeutschland, aber auch in Hamburg zu Ausschreitungen gegen jüdische Händler kam, bei denen Angehörige der unteren Volksschichten hoch verschuldet waren, wußte Fanny Lewald zu berichten, daß damals auch die Königsberger Juden befürchteten, man würde etwas Unerhörtes gegen sie unternehmen:

»Mein Vater, meine Mutter versicherten, das sei Torheit, es wäre nichts von alledem wahr, was man fable, aber ich erfuhr doch, daß man in der Langgasse eines Abends einem reichen [jüdischen] Kaufmann die Fenster eingeworfen habe, und daß dies wahr sein müsse, merkte ich daran, daß man uns Kinder abends nicht mehr wie sonst auf den Fenstertritten sitzen ließ, wenn wir bei meinen Tanten waren, die in der Langgasse wohnten und deren Wohnzimmer nach der Straße gelegen waren...«

Johann Jacoby war damals knapp vierzehn Jahre alt und muß die plötzlich wieder aufgeflammte judenfeindliche Stimmung noch deutlicher gespürt haben als die erst etwa achtjährige Fanny Lewald. Nach den Maßstäben unseres Jahrhunderts waren die damaligen Vorkommnisse, zumal in Königsberg, wahrlich harmlos, doch den davon betroffenen jüdischen Bürgern des Jahres 1819 erschienen sie als eine unerhörte Kränkung.

Anders als beispielsweise in Danzig, wo es zu schweren Ausschreitungen gegen die Juden kam und sie von Polizei und Militär geschützt werden mußten, ging in Königsberg »die Epidemie der Judenverfolgung ziemlich gelind vorüber. Es blieb«, so erinnerte sich Fanny Lewald, »bei den spottenden Nachrufen, und als man sich damit genug getan hatte, fand man sich von beiden Seiten äußerlich wieder zurecht. Es kehrte alles wieder in das alte Gleis zurück...«

Indessen blieb bei vielen aufgeklärten und gebildeten Juden Königsbergs, sicherlich auch bei dem jungen Johann Jacoby, ein Riß in der Seele zurück. Später vertraute er seinem Vetter und Freund Jakob Jacobson an: »Ich weinte oft, wenn ich zu lachen schien«, und das bezog sich gewiß auch auf die Jahre seiner Schulzeit und die Ereignisse von 1819.

IV.
Studentenjahre in der Zeit finsterster Reaktion

Im Wintersemester 1822/23 bezog Johann Jacoby die Universität seiner Heimatstadt; am 22. März 1823 wurde er offiziell immatrikuliert als »Jacoby Jonny, Regiomontan(us), cum testimonio Nr. 2, Iudeus, med. cult.«, was bedeutete, daß der Medizinstudent Jonny Jacoby aus Königsberg mit dem Abiturzeugnis Nr. 2 Jude war und folglich die doppelte Aufnahmegebühr zu entrichten hatte; die einfache betrug 10 Gulden und 15 Groschen, was schon ein stattlicher Betrag war. Der Vater des nunmehr in die medizinische Fakultät der Königsberger Albertina regulär aufgenommenen Studenten Jacoby hatte damals ein Monatseinkommen von etwa 50 Gulden.

Was Jonny Jacoby bewogen haben mochte, sich auf den Arztberuf vorzubereiten, läßt sich nur vermuten. Zehn Jahre später äußerte er in einem Brief an den Juristen, Vorkämpfer der Judenemanzipation und späteren Vizepräsidenten der deutschen Nationalversammlung in der Frankfurter Paulskirche, Gabriel Rießer, seine »schönsten Hoffnungen« seien durch ein »empörendes Vorurteil Andersglaubender zerstört« worden, und er beklagte seine »verfehlte Lebensrichtung«. Vielleicht hatte er von einer Laufbahn als Universitätsprofessor geträumt, wie sie den Juden aber in Preußen noch immer versperrt war; vielleicht galt sein Interesse weit mehr der Philosophie als der Medizin. Zumindest hörte er dann, neben seinen Pflichtvorlesungen, auch die der damaligen Königsberger Philosophen.

Die medizinische Fakultät der Albertina mit ihren nur etwa zwanzig bis dreißig Studenten war überaus kümmerlich ausgestattet. Überhaupt standen der Königsberger Universität sehr geringe Mittel zur Verfügung. »Das alte, bis 1862 benutzte Universitätsgebäude«, erinnerte sich Ludwig Friedländer, »erfreute sich zwar eines malerischen stillen Hofes mit schönen alten Bäumen, genügte aber auch den bescheidensten Ansprüchen nicht und zeigte überall Spuren der Vernachlässigung und des Verfalls. Die Bibliothek war äußerst mangelhaft. Die Zustände in den Gebäuden der medizinischen Institute waren kaum erträglich...«

Die Spezialisierung, vor allem bei den Naturwissenschaften, war gering. Für viele Fächer fehlten eigene Lehrstühle. So las beispielsweise Professor Karl Gottfried Hagen Chemie, Pharmazie, Physik, Mineralogie, Botanik und Zoologie. Dieser vielseitige Gelehrte, dessen Vorlesungen Jacoby regelmäßig besuchte, gehörte zu den größten naturwissenschaftlichen Autoritäten seiner Zeit, hatte sich namentlich als Chemiker internationale Berühmtheit erworben und war dadurch reich geworden, daß er neben seiner amtlichen Lehrtätigkeit die größte Apotheke der Stadt betrieb. Dieser Professor Hagen, der zu Immanuel Kants Freundeskreis und Tischgesellschaft gehört hatte, hielt seine Vorlesungen grundsätzlich nicht in den Räumen der heruntergekommenen Universität, sondern – wie übrigens auch einige andere Professoren – in seiner geräumigen Privatwohnung.

Von den übrigen Hochschullehrern des Studenten Jonny Jacoby seien noch drei genannt: Ludwig Wilhelm Sachs, bei dem er Pathologie und medizinische Berufsethik hörte, ein Mann, der für seinen sprühenden Witz bekannt war; Christoph Johann Heinrich Elsner, ein talentvoller und kenntnisreicher, jedoch recht barocker, weit mehr an Praxis als an Wissenschaft interessierter Lehrer, bei dem Jacoby ein Jahr lang sein klinisches Praktikum absolvierte, und Karl Friedrich Burdach, ein Anatom und Physiologe von europäischem Ruf, zugleich ein Meister schöner Diktion, der sich bei seinen Studenten besonderer Beliebtheit erfreute, hatte er doch den Mut, seine liberalen Anschauungen öffentlich zu äußern.

Das war etwas Unerhörtes in dieser Zeit, als Reaktion und Biedermeier ihren Einzug hielten. Jede Erinnerung an die Französische Revolution sollte damals ausgelöscht, jeder Zweifel am Gottesgnadentum getilgt werden. Friedrich Wilhelm III. wollte auch sein im Mai 1815 gegebenes Versprechen, seinen Untertanen eine repräsentativ-parlamentarische Verfassung zu geben, in Vergessenheit geraten lassen, zumal ihn dazu nur die Furcht vor dem aus der Verbannung noch einmal zurückgekehrten Napoléon getrieben hatte. Aber nun, da dieser mächtige Feind endgültig geschlagen und 1821 auf der fernen Insel St. Helena gestorben war, hätte der Preußenkönig am liebsten alles rückgängig gemacht, was seit Beginn des Jahrhunderts an politischen und sozialen Fortschritten erzielt worden war. Dergleichen war ihm unheimlich, weil er es nicht verstand. Ihm, dem – so Franz Mehring– »selbst Jena und Tilsit nicht ein dürftiges Licht der Vernunft anzuzünden vermocht hatten«, flößte nur der russische Zar, sein Retter, Vertrauen ein. Der aber hatte den im Herbst 1818 in Aachen zusammengetretenen Kongreß der »Heiligen Allianz« eindringlich gewarnt vor den Gefahren, die den Monarchien aus dem Freiheitsgeist der deutschen Bürger erwachsen könnten; besonders gefährlich seien die deutschen Universitäten und die deutsche Presse, am meisten bedroht von einer neuen Revolution aber sei das Königreich Preußen.

Da auch der österreichische Staatskanzler Metternich in diesem Sinne auf den ängstlichen Preußenkönig eingewirkt hatte, sah sich Friedrich Wilhelm III. im Geiste schon von den Professoren, Studenten und Journalisten seines Landes auf die Guillotine geschleppt. Die Folge dieser Angst, die bei Hofe von den reaktionären Junkern noch eifrig geschürt wurde, war jene »Demagogenverfolgung«, die schon begonnen hatte, ehe der Student Karl Sand den Lustspieldichter und zaristischen Chefagenten August v. Kotzebue im März 1819 erdolchte und damit der Reaktion den willkommenen Vorwand lieferte, ihre längst beschlossenen Maßnahmen nun eilig und rücksichtslos durchzuführen.

Zu den ersten Opfern polizeilicher Willkür gehörten so königstreue Patrioten wie der Dichter Ernst Moritz Arndt, der seine gerade erst angetretene Professur in Bonn wieder verlor, und der »Turnvater« Friedrich Ludwig Jahn, der seit 1811 in Berlin »Wehrertüchtigung« gepredigt hatte und nun ins Gefängnis wanderte. Aus Protest gegen diese und andere reaktionären Maßnahmen nahmen die Minister Wilhelm v. Humboldt, Karl v. Grolman und Karl Friedrich v. Beyme ihren Abschied. Der Freiherr vom Stein zog sich völlig ins Privatleben zurück. Der neue Polizeiminister Karl Heinrich v. Kamptz setzte die »Reden an die deutsche Nation« des 1814 verstorbenen Philosophen Johann Gottlieb Fichte auf die Liste der verbotenen Schriften, und selbst gegen den Theologen Schleiermacher, den zarten Seelenfreund der schönen Henriette Herz, wurde bereits wegen des Verdachts der staatsgefährdenden »Demagogie« ermittelt.

Nur am Rande sei's bemerkt: Als Untersuchungsrichter zuständig für die verfolgten »Demagogen« beim Berliner Kammergericht war Herr Rat E. T. A. Hoffmann aus Königsberg. Der 1819 zum »Staatsschutzbeauftragten« avancierte, vielseitig talentierte Künstler und Schriftsteller Hoffmann, der von sich selbst dann sagte, er sei »stets das zu tun gezwungen« gewesen, was seinem »eigentlichen tieferen Prinzip widerstrebte«, sympathisierte heimlich mit den von ihm verfolgten »Demagogen«, vermochte dem einen oder anderen auch wirksam zu helfen, aber wäre dann um ein Haar selbst ein Opfer seines vorgesetzten Ministers v. Kamptz geworden, den er – wie erst 1905, lange nach beider Tod, herauskam und wie Hoffmanns Biographin Gabrielle Wittkop-Ménardeau es treffend formuliert hat – »unter den Zügen des imbezilen Spitzels Knarrpanti in ›Meister Floh‹ grausam zu karikieren« verstanden hatte. Schon war gegen Herrn Rat Hoffmann ein Verfahren eingeleitet worden; der ängstliche König, vom Staatskanzler informiert, hatte strengste Bestrafung des besonders gefährlichen »Demagogen« befohlen. Doch Hoffmann entzog sich dem Verfahren, indem er »am 24. Juli 1822 in Folge seines unregelmäßigen Lebens an der Rückenmarkdarrsucht nach qualvollen Leiden starb«. So die »Allgemeine deutsche Real-Encyklopädie für die gebildeten Stände« über den in Königsberg betrauerten Tod E. T. A. Hoffmanns in jenem Sommer, da Johann Jacoby an der Albertina Medizin zu studieren begonnen hatte. Es war die Zeit, als an den meisten deutschen Universitäten eine studentische Geheimorganisation, der sogenannte »Jünglingsbund«, von sich reden machte. Genaueres darüber wußten natürlich nur wenige, aber es hieß, die noch vorhandenen Reste der verbotenen Burschenschaften lenkten diesen Bund, dessen Mitglieder nicht mehr daran glaubten, daß bürgerliche Freiheiten und nationale Einigung von den herrschenden Mächten zu erwarten seien, sondern nur noch durch einen gewaltsamen Umsturz, den es vorzubereiten gelte. 1823 wurde der »Jünglingsbund« an die Obrigkeit verraten. An fast allen Hochschulen Deutschlands kam es zu Massenverhaftungen. Zahllose Studenten wurden auf bloßen Verdacht hin vom Studium ausgeschlossen. Viele flüchteten ins Ausland; andere, die schon 1819 in die Schweiz geflohen waren, sahen sich gezwungen, nach Amerika auszuwandern, denn der Druck Österreichs und Preußens auf die Behörden der Schweiz, die vermeintlichen Terroristen auszuliefern, verstärkte sich von Woche zu Woche.

Zu Hunderten wurden Studenten an allen deutschen Hochschulen verhaftet und angeklagt, denn auf diesem einen Gebiet, der »Demagogen«verfolgung, war die sonst vergeblich ersehnte nationale Einigung Deutschlands zwischen den Regierungen schon herbeigeführt. Nach aufwendigen Ermittlungen wurden sie dann meist zu langjährigen Freiheitsstrafen verurteilt, und zwar in geheimen Verfahren, ohne Verteidiger und ohne Berufungsmöglichkeit.

Einer der damals Verurteilten, der Student Arnold Ruge, mit dem Jacoby später freundschaftliche Beziehungen hatte, verbüßte über sechs Jahre Haft auf den Festungen Köpenick und Kolberg.

In seinen Memoiren hat er dazu bemerkt, »daß unsre Gefangenschaft mit der allgemeinen Europäischen zusammenfällt. Das Festland von Europa ist das Gefängniß der Heiligen Allianz: der Russe, der Preuße, der Östreicher halten Wache vor seiner Thür und sind selbst die Gefangenen ihrer eigenen Rohheit...«, und Ruge stellte dem Kapitel, worin seine Haftzeit beschrieben ist, eine von ihm in der Berliner Hausvogtei – dem berüchtigten Gefängnis für politische Gefangene – entdeckte Wandinschrift als Motto voran: »Wo sich der Kerker schließt um Eure Denker, / wo Ihr den Freien Ketten schickt und Henker, / da reißt der Menschheit alter Wahn entzwei. / Durch Fesselträger wird die Erde frei!«

Im ostpreußischen Königsberg, wo man geographisch Rußland viel näher war als den west- und süddeutschen Universitätsstädten, wirkten sich die »Demagogen«verfolgungen weit weniger stark aus als etwa in Halle, wo Ruge studiert hatte, oder in Gießen, wo Georg

Büchner einige Jahre später von den Staatsschutzbehörden verfolgt wurde, oder in Jena, wo Fritz Reuter, später berühmt als plattdeutscher Dichter, Student der Rechte gewesen war und dann ebenfalls zu einer langen Festungsstrafe verurteilt wurde.

Doch auch im verhältnismäßig ruhigen Königsberg konnte, so hat es Edmund Silberner beschrieben, »von einem freien Lehr- und Studienbetrieb... keine Rede sein. Der Staat beschränkte sich nicht auf eine Kontrolle des Studiums. Vielmehr wurden die Hochschulen angewiesen, in den Zöglingen Gesinnungen der Anhänglichkeit und des Gehorsams gegenüber dem Landesherrn und dem Staat zu erwecken und zu festigen, was in praxi hieß, daß alle Studierenden wie die Professoren einer kleinlichen Beaufsichtigung und Bevormundung unterworfen und Studentenverbindungen strengstens verboten wurden. Trotz der Repressivmaßnahmen lebte aber das Verbindungswesen in der Stille fort, und selbst eine abgeschwächte Form der Burschenschaft nistete sich auf der Albertina ein«.

Diese unter dem Namen »Lithuania« heimlich fortlebende Burschenschaft, die einmal wöchentlich in einem abgelegenen Gasthaus vor den Toren der Stadt tagte, Kommers abhielt und sogar die verbotenen Mensuren focht, wurde dann auf Vorschlag Johann Jacobys, der ihr trotz dringenden Abratens älterer Freunde und Verwandter 1823 beigetreten war, vorsichtshalber in »Litauer-Kränzchen« oder einfach »unser Kränzchen« umbenannt.

Johann Jacoby war – so nachzulesen in »Vorwärts! Volkstaschenbuch für das Jahr 1843« – »bei vollster geistiger und körperlicher Gesundheit einer der ›flottesten‹ Studenten der Hochschule, jeder ritterlichen Übung hold und besonders mit der Klinge stets bei der Hand«. Er hielt, so heißt es weiter, »streng auf studentische Ehre«, bewies Mut, Entschlossenheit und Hilfsbereitschaft und »wirkte überhaupt anregend auf seine Umgebung«.

Diese burschenschaftliche Aktivität Jacobys hatte sicherlich noch keine politischen Motive und war mehr bestimmt vom Geist der Romantik. Auch ging es ihm, was die studentische Ehre betraf, vor allem darum, als Jude volle Gleichberechtigung unter Christen zu erlangen und jede Kränkung energisch zurückzuweisen.

Dafür spricht auch, was Reinhard Adam über Jacobys Verhalten während seiner Studentenzeit berichtet:

Die Studenten der Albertina veranstalteten oft Gartenkonzerte und Winterbälle, die der beliebteste Treffpunkt der Königsberger Beamten- und Bürgerfamilien waren. Mit der Organisation und Leitung solcher Festlichkeiten wurden die von der Studentenschaft gewählten »Entrepreneure« beauftragt.

Obwohl Juden studieren und auch in die Verbindungen eintreten konnten, wurden sie zu dem Ehrenamt der »Entrepreneure«, etwa vergleichbar den heutigen AStA-Vorsitzenden, nicht zugelassen, und diese kränkende Zurücksetzung erregte bei Jacoby große Empörung. Als »Fuchs«, das heißt: als Neuling in seiner Verbindung während des ersten und zweiten Semesters, mußte Jacoby seinen Unmut verbeißen und schweigen. Kaum aber war diese Zeit der Unmündigkeit vorüber, setzte er sich als nunmehr freier »Bursche» mit allem Nachdruck für die Abschaffung dieses ungerechten »Kommentgesetzes« ein. Schon zu Beginn seiner Burschenzeit, im dritten Semester, gelang es ihm, durch »Kraft, Beredsamkeit und Energie« die althergebrachte diskriminierende Regel abzuschaffen. Fortan konnten auch Juden »Entrepreneure« werden. Sein energisches Auftreten – er selbst nannte es ein »Knabengefecht gegen Distelköpfe« – machte Jacoby erstmals über seinen engeren Kreis hinaus in Königsberg bekannt und festigte sein Ansehen unter den Studenten der Albertina.

Zu Johann Jacobys Kommilitonen, mit denen er auf freundschaftlichem Fuße stand, gehörten damals Bruno Abegg, der spätere Polizeipräsident von Königsberg; Robert v. Schön, der Sohn des ostpreußischen Oberpräsidenten Theodor v. Schön; Ludwig Eberhard Marenski, der später einmal als Anwalt Jacobys Verteidigung in einem Strafprozeß wegen angeblichen Hochverrats übernahm, und Eduard Simson, der als Sohn einer wohlhabenden jüdischen Kaufmannsfamilie mit dieser schon als Kind zum Christentum übergetreten war. Der fünf Jahre jüngere Simson, der von 1826 an Rechtswissenschaft studierte und schon 1833 ordentlicher Professor der Rechte an der Albertina wurde, war ein Duzfreund Jacobys. »Erst das Jahr 1848 schied ihre Wege scharf voneinander« heißt es dazu in den von Simsons Sohn Bernhard zusammengestellten Lebenserinnerungen seines Vaters, der später als Präsident der Nationalversammlung in der Paulskirche, dann als erster Reichstagspräsident zweimal preußischen Königen die Kaiserkrone antrug und 1888 in den preußischen Adelsstand erhoben wurde.

Zu den Jugend- und Studienfreunden Jacobys zählten seine Vettern Jakob Jacobson und die Brüder Eduard und Julius Waldeck, von denen einer, Eduard Waldeck, vier Jahre lang bei Jacobys Eltern wohnte. Weitere enge Freunde waren Raphael Jakob Kosch und Gustav Dinter, beide Mediziner, die später in Königsberg praktizierten, wobei Dinter seinen engen persönlichen wie politischen Freund Jacoby häufig in dessen Praxis vertrat, sowie Alexander Küntzel und August Hobrecht, die beide Juristen waren. Spätestens von 1830 an gehörte auch Simon Meyerowitz, Sohn eines reichen jüdischen Kaufmanns, der aber 1834 evangelisch wurde, zu Jacobys besten Freunden.

In der Burschenschaft »Lithuania«, »unserem Kränzchen«, nannten Jacoby auch etliche Angehörige des auf großen Gütern ansässigen ostpreußischen Adels »Freund und Bruder«, so ein v. Hindenburg und Beneckendorff, ein Graf Dohna, ein von der Groeben, ein v. Brünneck, ein Graf Eulenburg sowie die Brüder Otto und Rudolf v. Keudell, mit denen Jacoby besonders eng befreundet war. Nach beendetem Studium war er auch der Hausarzt der Mutter dieser beiden Kommilitonen, Malwine v. Keudell.

Doch wenden wir uns zunächst dem weiteren Verlauf und Abschluß des Studiums zu, das Jacoby am 20. September 1827 mit einer Dissertation über die Natur des Delirium tremens beendete. Es scheint sich dabei eher um eine nicht weiter aus dem Rahmen fallende Fleißarbeit gehandelt zu haben als um bahnbrechende neue Erkenntnisse. Zeitgenössische biographische Skizzen über Jacoby erwähnen die Doktorarbeit mit keiner Silbe, und es entsprach auch den bis weit ins 19. Jahrhundert hinein geltenden Regeln der Königsberger Universität, daß in der Dissertation »keine Neuerungen« vorkommen durften.

Nach seiner Promotion hat sich Jacoby noch etwa ein halbes Jahr lang in Königsberg aufgehalten. Wahrscheinlich bereitete er sich in dieser Zeit auf das Staatsexamen vor, das im damaligen Königreich Preußen nur vor einer Kommission in Berlin abgelegt werden konnte. Im Frühjahr 1828 reiste er jedenfalls in die Landeshauptstadt, und nach bestandenem Examen trat er von Berlin aus eine wohlvorbereitete und großangelegte Studienreise an. Sie war als Belohnung und zugleich als Abrundung der beendeten Ausbildung gedacht.

Es gab damals in Deutschland noch keine Eisenbahn; die erste, von Nürnberg nach Fürth, wurde erst sieben Jahre später, 1835, eröffnet. So reiste der junge Doktor mit der Pferdepost oder wanderte, den Ranzen auf dem Rücken, zu Fuß durch die schönsten Gegenden.

Seine ersten Stationen waren Potsdam, Halle, Leipzig, Meißen und Dresden. Es folgte eine ausgedehnte Wanderung durch die Sächsische Schweiz. Danach fuhr er von Dresden aus mit der Postkutsche weiter über Altenburg, Weimar, Erfurt, Eisenach und Kassel nach Göttingen. Diese Fahrten dauerten lange – allein von Dresden nach Altenburg waren es dreiundzwanzig Stunden! –, und um Zeit zu sparen, war er mitunter die ganze Nacht hindurch unterwegs.

Von Göttingen reiste Jacoby ins Rheinland. Elberfeld, Moers, Düsseldorf, Köln, Bonn waren weitere Etappen. Danach hielt er sich in Koblenz, Mainz und Frankfurt am Main auf, fuhr dann von Darmstadt aus über die Bergstraße nach Heidelberg, und dort blieb er sechs Wochen, zunächst in einem vornehmen Gasthof, dann in einem billigeren Quartier, bei einem Fuhrmann am Ufer des Neckars.

Überall auf dieser »Grand Tour«, wie man damals solche ausgedehnten Bildungsreisen nannte, besuchte er nicht nur die jeweiligen örtlichen Sehenswürdigkeiten sowie Konzerte, Theater- und Opernaufführungen, Museen und Galerien, sondern auch die Universitäten, Kliniken und sonstigen medizinischen Einrichtungen wie Entbindungs- und Nervenheilanstalten, um sich über alle Neuerungen, besonders in der Geburtshilfe, Psychiatrie und Chirurgie, zu informieren.

Auf dieser »Kursusreise«, wie er selbst sie nannte, führte er sorgfältig Tagebuch, und dem einzigen in Abschrift erhalten gebliebenen Teil dieser Aufzeichnungen, der bis Mitte Juli 1828 reicht, ist zu entnehmen, daß sich der junge Doktor unterwegs keineswegs ausschließlich mit Kunst und Wissenschaft befaßte.

Er feierte Wiedersehen mit alten Freunden aus Königsberg, schloß neue Bekanntschaften – in Moers mit der Tochter seines Gastgebers, deren Kuß er sehr beeindruckt in seinem Tagebuch vermerkte –, und genoß noch einmal das studentische Leben in vollen Zügen.

In Heidelberg besuchte er das Alemannen-Lokal, das Borussen-Café, nahm an »Bierroutinen« teil und »kontrahierte« dort auch einige Male, was in der Studentensprache soviel wie »zur Mensur auffordern« bedeutete.

Man gewinnt aus Jacobys Tagebuch den Eindruck, daß das schöne Geschlecht sein besonderes Interesse fand. In beinahe jeder Stadtbeschreibung finden sich Anmerkungen, die dortigen Frauen und Mädchen betreffend. Besonders schön fand er die Leipzigerinnen und die Bonnerinnen. Die Frankfurter Prachtstraße, die Zeil, beeindruckte ihn als »sehr breit und mit hohen herrlichen Palästen geschmückt; sehr elegante Läden; vorzügliches Pflaster und schöne Mädchen...«

Von Heidelberg aus, wo er die jungen Frauen »hübsch und munter« gefunden hatte, reiste er Anfang 1828 weiter über Würzburg, Bayreuth, Hof, Eger, Karlsbad und Prag ins schlesische Riesengebirge und dann nach Breslau, wo er am 22. August eintraf. Über Polen kehrte er schließlich nach Königsberg zurück. Dort erschien am 10. Dezember 1828 im »Amtsblatt der kgl. preußischen Regierung« folgende Notiz:

»Der hiesige Doktor der Medizin und Chirurgie Johann Jacoby ist von dem Kgl. Ministerio der geistlichen, Unterrichts- und Medizinal-Angelegenheiten als praktischer Arzt, Wundarzt und Geburtshelfer approbiert.« Wenige Monate später, am 17. Mai 1829, wählte ihn der Königsberger israelitische Verein für Krankenpflege zum Arzt am Jüdischen Krankenhaus der Stadt. Obwohl er günstige Angebote aus anderen Gegenden erhalten hatte, war er zu dem Entschluß gekommen, in seiner Heimatstadt zu bleiben.

Dafür gab es, neben anderen Erwägungen, wohl auch einen ganz privaten, sein »Herzensleben« betreffenden Grund: Schon zwei Jahre zuvor, noch als Student, hatte er sich in eine vier Jahre ältere, mit einem Königsberger Kaufmann unglücklich verheiratete Frau verliebt, wovon im Folgenden noch die Rede sein wird, und natürlich wollte er in ihrer Nähe bleiben.

Doch davon abgesehen, hatte er mit seiner Entscheidung, in Königsberg zu bleiben, keine schlechte Wahl getroffen. In der alten Stadt am Pregel hatte er Verwandte, Freunde und Förderer. Vor allem aber war das politische Klima dort günstiger als anderswo in Deutschland. Als Jude, heimlicher Burschenschafter und Jünger Kants, eines Philosophen, der im Verdacht des Atheismus gestanden hatte, drohten ihm im vergleichsweise liberalen und toleranten Königsberg weit weniger Gefahren als in anderen preußischen oder außerpreußischen Städten. Denn welcher Druck damals auf den politisch rechtlosen Bürgern der deutschen Mittel- und Kleinstaaten lastete, läßt sich erahnen aus einer vertraulichen Mitteilung die der an der Berliner Universität lehrende Philosoph Georg Wilhelm Friedrich Hegel (1770–1831) damals einem engen Freund zukommen ließ:

»Wem... irgendwo irgend ein Stempel, zum Beispiel der Demagogie, vollends gar des Atheismus, aufgedrückt ist, trägt für allerwärts im Deutschen Reiche – Gebiet der heiligen Allianz – dieses Caveto auf der Stirne...«

Noch war der junge Dr. Johann Jacoby für die Polizei des Ministers v. Kamptz und deren Spitzel ein völlig unbeschriebenes Blatt. Der Chef der Provinzialverwaltung von Ostpreußen, Oberpräsident v. Schön, war dem jüdischen Freund seines Sohnes durchaus gewogen. Beim Magistrat der Stadt Königsberg wie auch bei den Universitätsbehörden war nichts Nachteiliges über den jungen Akademiker bekannt.

Es sollte noch einige Zeit dauern, bis sich das änderte.

V.
Demokratische Fingerübungen eines jungen Arztes

Im Hochsommer 1830 war Dr. Johann Jacoby in Marienbad. Ein Patient aus seiner Verwandtschaft, der in diesem böhmischen Badeort zur Kur war, hatte ihn als ärztlichen Begleiter dorthin mitgenommen.

Anfang August trafen in Marienbad erste Nachrichten von einem Aufstand der Pariser Arbeiter ein, bald darauf meldeten die Zeitungen den Sturz und die Flucht des verhaßten Bourbonenkönigs. Dessen reaktionäres Regime war bis dahin ein Stützpfeiler des ganz Europa beherrschenden »Systems Metternich« gewesen, so benannt nach dem weit über die Habsburger-Monarchie hinaus maßgebenden Wiener Staatskanzler Klemens Fürst Metternich, der die weitgehende Wiederherstellung der alten Ordnung, wie sie vor der Französischen Revolution in den großen und kleinen europäischen Staaten geherrscht hatte, mit aller Energie und mit Hilfe des Militärs, der Zensur und eines Heers von Polizeispitzeln betrieb.

Die Kunde von der Juli-Revolution in Frankreich, vom Sieg des französischen Volkes über das ihm von den alten Mächten 1814 wieder aufgezwungene Königtum von Gottes Gnaden, erregte auch im fernen Marienbad alle Gemüter, aber dem jungen Dr. Jacoby, so wußte später einer seiner Freunde zu berichten, fuhr die Nachricht »wie ein elektrischer Funke in seine Seele; er träumte begeistert von der Freiheit Europas und glaubte, daß die Sonne, die in Paris einen Thron vernichtet hatte, als der Morgen eines neuen schönen Tages über unserm Weltteil aufgegangen sei«.

Doch wenn er gehofft hatte, dieser Traum würde sich rasch verwirklichen, so wurde er enttäuscht: Statt der Republik, die die Pariser Arbeiter hatten erkämpfen wollen, brachte die Julirevolution nur den gemäßigt liberalen »Bürgerkönig« Louis Philippe an die Macht; Belgien erkämpfte seine Unabhängigkeit von den Niederlanden, bekam aber – gegen den heftigen Widerstand des katholischen Klerus – einen protestantischen deutschen Prinzen, Leopold von Sachsen-Koburg, zum König. Die Unruhen in den deutschen Kleinstaaten – in Kurhessen, Hessen-Darmstadt, Sachsen, Hannover, Braunschweig und sogar in der preußischen Rheinprovinz –, die als Folge der französischen Juli-Revolution ausbrachen und sämtlich vom Militär niedergeschlagen wurden, bewirkten nur wenig. Zwar gelang es, den einen oder anderen verhaßten Minister zu stürzen, diesen oder jenen Zwergstaat-Despoten davonzujagen (und durch einen als etwas liberaler geltenden Verwandten zu ersetzen), ein paar Steuer- und Zollerleichterungen, Zensurlockerungen und hie und da auch einige spärliche politische Mitbestimmungsrechte zu erzwingen. Aber im wesentlichen profitierte davon nur das wohlhabende Bürgertum, während die kleinen Handwerker, Arbeiter und Bauern leer ausgingen. Es zeichnete sich auch bereits ab, was später überdeutlich wurde: Das in seinen Forderungen nach wirtschaftlicher Freiheit und Beteiligung an den Staatsgeschäften einigermaßen befriedigte Großbürgertum war fortan nicht mehr gewillt, auch der Masse der Besitzlosen mehr Rechte zuzubilligen, sondern half nun mit, die Rebellierenden wieder zum Gehorsam zu bringen.

Indessen bewirkte die französische Juli-Revolution in ganz Deutschland eine stärkere Politisierung der Intellektuellen, besonders der studentischen Jugend, aber auch zahlreicher jüngerer Anwälte, Ärzte, Schriftsteller, Verwaltungsbeamter und Richter. Auf sie traf zu, was ein Freund Jacobys über dessen Reaktion auf die Ereignisse in Paris und ihre Auswirkungen in Deutschland schrieb: Wie wenig sich auch von seinen Träumen alsbald verwirklichte, »so gab doch der Eindruck, den die Juli-Revolution auf Jacoby machte, ihm die politische Richtung; er entschloß sich, mit Wort und Tat, mit allen seinen Mitteln und Kräften für die Freiheit zu wirken...«.

Anfang September 1830, auf der Rückreise nach Königsberg, erlebte Jacoby mit, wie das aufständische Volk im Königreich Sachsen den reaktionären Minister v. Einsiedel stürzte, sein Polizeiregime beseitigte, Bürgergarden bildete und den König zu dem

Versprechen zwang, dem Land binnen Jahresfrist eine liberale Verfassung zu geben.

Auch diese Erlebnisse auf der Durchreise, bei einem kurzen Zwischenaufenthalt in Dresden, beeindruckten den jungen Arzt aus Königsberg, noch mehr aber das, was bald nach seiner Rückkehr in die Heimatstadt im benachbarten Polen geschah: Dort brach Ende November 1830 – die von den Juli-Ereignissen in Paris ausgelöste revolutionäre Welle hatte nun auch das östliche Europa erreicht – ein allgemeiner bewaffneter Aufstand gegen die russische Oberherrschaft aus.

Auf dem Wiener Kongreß, bei der Neuordnung Europas nach dem Sturz Napoléons, war 1815 Polen zum viertenmal aufgeteilt worden. Preußen hatte sich diesmal mit Westpreußen und Posen begnügen müssen, Österreich mit Galizien – außer Krakau, das zum »Freistaat« erklärt worden war –; dagegen hatte sich das russische Zarenreich den großen Rest als »Königreich Polen« einverleibt, das unter der Statthalterschaft eines russischen Vizekönigs, des Großfürsten Konstantin, ein begrenztes nationales Eigenleben führen durfte.

Schon 1825, nach dem Tod des Zaren Alexander I., hatte es einige Versuche gegeben, das russische Joch abzuschütteln, doch sie waren von der Besatzungsmacht, die durch Verräter gewarnt worden war, schon im Keim erstickt worden. Dagegen kam der Aufstand am 29. November 1830 für die Russen völlig überraschend: Eine Schar junger polnischer Offiziere konnte ins Hauptquartier des Großfürsten Konstantin eindringen und fast die gesamte politische und militärische Führung des verhaßten Besatzungsregimes niedermetzeln. Der Großfürst selbst entging nur um Haaresbreite den Dolchen der Eindringlinge und konnte fliehen; unter den vielen Toten seiner nächsten Umgebung war auch der kaiserlich russische Generalquartiermeister und Kriegsminister Hauck, der wenige Monate zuvor vom Zaren zum »Grafen v. Hauke« ernannt worden war und den die Polen besonders haßten, weil er, ein Nationalheld früherer Aufstände, zum Feind übergelaufen war. Nur am Rande sei's vermerkt: Dieser Graf v. Hauke, der unter Napoléon aus sehr bescheidenen Verhältnissen zum Offizier aufgestiegen war, hatte eine Tochter, Julie, die dann auf dem Umweg über den Zarenhof und einige karrierefördernde Amouren »Gräfin v. Battenberg« und damit zur Stamm-Mutter der Familie Mountbatten wurde, deren jüngster Sproß der britische Thronfolger, Prinz Charles, ist.

Doch zurück zum polnischen Aufstand vom November 1830, der zunächst den eiligen Abzug aller Truppen des Zaren aus Polen bewirkte, wo unter der diktatorischen Führung des Generals Joseph Chlopicki eine nationale Regierung die Macht übernahm. Verhandlungen mit Petersburg um die Anerkennung der polnischen Souveränität scheiterten jedoch. Im Januar 1831 – Johann Jacoby in Königsberg hatte das neue Jahr, nicht zuletzt wegen des erfolgreichen Aufstands in Polen, »mit frischem, hoffnungsvollem Leben« angetreten, wie er seinem Vetter und Freund Julius Waldeck schrieb – forderte der Zar die Unterwerfung »auf Gnade oder Ungnade«, die polnische Führung hingegen erklärte das russische Kaiserhaus für abgesetzt. Bald darauf begann der Krieg, und die Polen besiegten im Februar 1831 zwei russische Armeen, errangen auch im März und April weit mehr Siege als Niederlagen. Im Mai jedoch wendete sich das Blatt, und nur der Ausbruch der asiatischen Cholera im russischen Heer verzögerte die Entscheidung. Aber bis zum Herbst hatten die Armeen des Zaren Warschau zurückerobert und das gesamte russisch-polnische Gebiet wieder fest in der Hand; fast sechzigtausend polnische Soldaten retteten sich auf österreichisches und preußisches Gebiet, und damit war der polnische Aufstand endgültig gescheitert.

An seinem wechselvollen Verlauf hatte Dr. Johann Jacoby von Beginn an lebhaften Anteil genommen, zunächst nur mit publizistischen Mitteln. Im Frühjahr 1831 erschien im »Hesperus«, einer fortschrittlichen, in Stuttgart beheimateten, jedoch im ganzen deutschen Sprachgebiet verbreiteten »Zeitschrift für gebildete Leser«, ein vielbeachteter Beitrag, worin die Berichterstattung der »Königsberger Zeitung« über die Ereignisse in Polen heftig angegriffen wurde. Das Blatt lasse die Fortschritte der Menschheit und der bürgerlichen Aufklärung seinen Lesern nur in homöopathischen Dosen zukommen, verkünde aber gegenteilige Nachrichten mit anpreisendem Wohlgefallen. Meldungen über polnische Erfolge veröffentliche diese Zeitung so spät und so entstellt wie nur möglich, bringe dagegen alle für die Polen ungünstigen Ereignisse sofort und mit großer Ausführlichkeit. Sie entblöde sich nicht, die tapferen Polen als »raubsüchtige Empörer« hinzustellen. Es gebe in Königsberg aber nur wenige, die die Ansichten des Blattes teilten, jedoch viele, die seine »unverschämte Parteilichkeit« mit gerechtem Zorn erfülle.

»Fast allgemein herrscht auch bei uns *die* Gesinnung«, hieß es in dem »Hesperus«-Beitrag weiter, »zu welcher sich im *zivilisierten* Europa der bei weitem größte Teil der Gebildeten bekennt. Wer der Vergangenheit kundig und ein für Recht und Menschenwürde schlagendes Herz in der Brust trägt – wie sollte der nicht voll innigen Mitgefühls Anteil nehmen an dem Schicksale eines Volkes, das noch so edel zu denken, so tapfer zu handeln vermag. Auch wir haben ja einst den Druck fremder Zwingherrschaft gefühlt – in jenem großen Freiheitskampfe waren *Königsbergs* Bürger nicht die letzten, die zur Abschüttelung des Joches und zur Wiedererringung der Nationalunabhängigkeit sich erhoben. Unsere Sache, für die damals jeder Gut und Blut freudig opferte – um nichts besser war sie als die gute Sache der *Polen,* und überall spricht sich daher der Wunsch aus: möge gleichen Anstrengungen ein gleiches Gelingen zuteil werden!«

Das waren kühne Worte, wie sie nur im verhältnismäßig liberalen Württemberg gedruckt und verbreitet werden konnten, denn das »System Metternich« und in seinem Gefolge auch die reaktionäre preußische Regierung verdammten den polnischen Aufstand wie jede andere freiheitliche Regung. Deshalb erschien der Artikel im »Hesperus« anonym, ohne Verfasserangabe, um der preußischen Polizei keine Handhabe zu geben, gegen Dr. Jacoby in Königsberg – denn er war der Autor des polenfreundlichen Beitrags – eine strenge Untersuchung einzuleiten.

Die Redaktion der »Königsberger Zeitung«, von Jacoby so hart angegriffen und wohl vermutend, wer der Verfasser sei, wehrte sich gegen den Vorwurf der Parteilichkeit. Sie sei einer strengen Zensur unterworfen, und es stehe ihr nicht zu, die Maßregeln der Zensurbehörde zu beurteilen. In Preußen herrsche allgemeines Vertrauen zu den Behörden, und sie fühle sich nicht berechtigt, »die höheren Ansichten und Motive« der Regierung in Berlin zu kritisieren.

Mit dieser Replik, die Ende Juni 1831 in der »Königsberger Zeitung« erschien, forderte die Redaktion ihren Angreifer geradezu heraus, sie wegen ihrer würdelosen Haltung noch schärfer zu attackieren: Es sei wahr, erwiderte Jacoby, wiederum anonym, aber mit Orts- und Datumsangabe »Königsberg in Preußen, im September 1831«, daß die »Königsberger Zeitung« unter strenger Zensuraufsicht stehe; es sei aber unwahr und zeuge von Feigheit, wenn die Redaktion meine, es stehe ihr nicht zu, die Maßnahmen der Zensurbehörden zu beurteilen. Nichts stehe so hoch, daß der menschliche Geist es nicht zu prüfen und zu beurteilen berechtigt wäre. Übrigens habe er gar nicht die Zensur als solche angegriffen, obwohl er es gewiß getan hätte, gäbe es den Schimmer einer Hoffnung auf Erfolg, vielmehr nur die Willkür des Zensors. Auf die Gefahr hin, von der so zartbesaiteten und staatsloyalen Redaktion der »Königsberger Zeitung« für einen Revolutionär und Freiheitskämpfer gehalten zu werden, könne er es nicht lassen, das Tadelnswerte zu tadeln und das Verwerfliche zu verwerfen. Auch erinnere er daran, daß die einst den Preußen versprochene Verfassung ihnen bislang nicht gewährt worden und somit kein Grund vorhanden sei, die preußischen Zustände zu loben. »Überhaupt wäre zu wünschen, daß doch endlich einmal das ewige, ekelhafte Selbstlob der Preußen aufhörte...! Auch hier«, in Königsberg, erklärte Jacoby, »floß manche Träne den tapferen Vaterlandsverteidigern, und manches Jünglingsherz pochte ungestüm aus Verdruß, für die gerechte Sache nicht mitstreiten zu dürfen...«, womit der gerade sechsundzwanzigjährige Arzt wohl auch sich selbst meinte, hatte er doch gerade erst das polnische Kampfgebiet verlassen, wohin er im Mai 1831 in besonderer Mission gereist war.

Als sich im Frühjahr 1831 die von den russischen Truppen nach Polen eingeschleppte asiatische Cholera den preußischen Grenzen näherte, war Johann Jacoby, ausgestattet mit einem Dienstpaß und einem Empfehlungsschreiben an den regionalen russischen Befehlshaber, in den Distrikt von Augustów gereist, der östlich und südlich der masurischen Seenplatte an Ostpreußen grenzte. Im amtlichen

Auftrag des Oberpräsidenten v. Schön, des Vaters seines Schulfreundes, sollte er an Ort und Stelle die Entstehung, den Verlauf und die Möglichkeiten der Bekämpfung jener asiatischen Seuche erkunden, die erneut, wie schon mehr als hundert Jahre zuvor, nach Ostpreußen überzugreifen drohte und der die damalige Medizin so gut wie hilflos gegenüberstand.

Es läßt sich nicht mehr ergründen, wer den Anstoß zu dieser nicht ungefährlichen Reise gegeben hat; ob der Oberpräsident einen tüchtigen Arzt auf Erkundung schicken oder ob Jacoby – aus welchen Gründen auch immer – nach Polen reisen wollte und dafür einen Vorwand suchte. Vieles spricht dafür, daß mehrere Faktoren zusammentrafen: Jacobys Polenbegeisterung, sein medizinisches *und* politisches Interesse, die von der polnischen Revolutionsregierung ergangene Aufforderung an die deutschen Ärzte, ihr bei der Seuchenbekämpfung behilflich zu sein*, wie auch der Wunsch des höchsten für die Provinz Ostpreußen verantwortlichen Beamten, schnellstens Näheres über die gefährliche Epidemie durch einen zuverlässigen Arzt in Erfahrung zu bringen.

Jedenfalls reiste Dr. Jacoby Ende Mai und Anfang Juni vierzehn Tage lang durch den Distrikt, besuchte furchtlos Kranke und Sterbende in ihren Häusern und in Notlazaretten, sammelte so viele Informationen über die Epidemie, wie nur irgend möglich war, und schien bei alledem nicht die geringste Sorge zu haben, sich anzustekken.

»Kurz vor seiner Abreise hatte ich ihn noch in einer Gesellschaft gesehen«, berichtet Fanny Lewald darüber in ihren Memoiren, »und es hatte uns Mädchen überrascht, daß jemand so fröhlich tanzen und so sorglos heiter sein könne, der einer so ernsten Zeit und einer so ernsten Aufgabe enttgegenging...« Auch in Polen war

* Noch zwei namentlich bekannte, demokratisch gesinnte Mediziner waren 1830/31 zur Bekämpfung der Cholera in Polen: der jüdische Arzt Leopold Eichelberg, damals Privatdozent in Marburg (vgl. W. Grab, Leopold Eichelbergs revolutionäre Agitation, in: Beiheft 4 zum Jahrbuch des Instituts für deutsche Geschichte, Tel Aviv, April 1982, S. 143 f.), und Dr. Gustav Bunsen aus Frankfurt, den Eichelberg in Warschau traf, nachdem die Russen die Stadt erobert und ein Gemetzel unter der Bevölkerung angerichtet hatten.

er dann – zumindest läßt sich das aus einigen Hinweisen schließen – nicht *nur* als offiziell entsandter Arzt. Immerhin machte er dort Bekanntschaft mit einer adligen Dame namens Gawrónska in Pojeziory, die ihm dann noch eine Weile lang fast täglich schrieb, voll Bewunderung und Lob für die Sympathien, die er der guten Sache Polens (und wohl auch ihr) entgegenbrachte. Später erkundigte sie sich bei ihm, wie besonders gefährdete polnische Patrioten, Abgeordnete und Offiziere am günstigsten über die preußische Grenze (und weiter nach Frankreich, wo sich die polnische Emigration sammelte) gelangen könnten.

Auf der Rückreise nach Königsberg wurde Dr. Jacoby, trotz seines Dienstpasses, an der litauischen Grenze von preußischen Wachen festgehalten, nach Eydtkuhnen, der ersten Poststation, gebracht und zwanzig Tage einer den äußeren Umständen nach sehr unerfreulichen Quarantäne unterworfen. Ende Juni konnte er endlich nach Königsberg heimkehren, wo ihn – so berichtete später sein Freund Guido Weiß – der Oberpräsident v. Schön mit großem Lob bedachte. »Er freute sich herzlich des tüchtigen, eifervollen Arztes und dessen, was der Mann unter den schwierigsten Umständen vollführt hatte. ›Ich werde auch nach Berlin darüber berichten‹, sagte er, ›aber einen Orden, eine Auszeichnung, wissen Sie, können Sie nicht bekommen. Sie sind Jude‹...«

Die wissenschaftliche Ausbeute, über die Jacoby am 9. Juli 1831 der physikalisch-medizinischen Gesellschaft zu Königsberg berichtete, erschien ihm selbst nicht sehr groß; die geringe Zivilisation, die herrschende Anarchie, das Mißtrauen der russischen Militärbehörden, die ihm nirgendwo einen längeren Aufenthalt gestattet hatten, sowie das Fehlen aller seuchenpolizeilichen Vorkehrungen waren seinen Beobachtungen sehr hinderlich gewesen. Aber die Abfuhr, die ihm der sonst so freundliche, ihm durchaus gewogene Oberpräsident wegen seiner Religion erteilt hatte, erschien Jacoby empörend ungerecht.

Dergleichen bestärkte ihn nur noch darin, sich nicht vom Judentum, mit dem er sich religiös kaum noch verbunden fühlte, auch äußerlich zu lösen. Während sich die Mehrzahl der sehr begüterten und gebildeten Königsberger Juden schon hatte taufen lassen oder es bald darauf tat, widmete Jacoby in den Jahren bis 1838 einen erheblichen Teil seiner freien Zeit reformerischen Aktivitäten in der jüdischen Gemeinde.

Doch zunächst konnte für ihn als Arzt von freier Zeit keine Rede sein, denn schon am 22. Juli 1831 erreichte die Choleraepidemie Königsberg. In kurzer Zeit forderte sie mehr als 1300 Menschenleben; Ende Juli brach ein Aufstand der ärmeren Stadtbevölkerung aus, die in ihrer Verzweiflung glaubte, daß die Behörden und Ärzte von den Reichen bestochen seien und die Armen vergifteten, um die Wohlhabenden vor der Krankheit zu bewahren. Es kam zu Mißhandlungen von einzelnen Polizeibeamten und Ärzten, und erst das zu Hilfe gerufene Militär konnte die Ordnung wiederherstellen.

Dr. Jacoby hatte während der Königsberger Choleraepidemie, die erst Ende September abklang, Tag und Nacht alle Hände voll zu tun. Er hatte als einziger Arzt in Ostpreußen schon praktische Erfahrung mit der Seuche, und dieser Umstand sowie seine aufopfernde Hilfsbereitschaft, die allgemein gerühmt wurde, machten ihn rasch zu einem der geachtetsten und gesuchtesten Ärzte seiner Vaterstadt.

Dabei war er sich durchaus darüber im klaren, daß er – wie die ganze ärztliche Zunft seiner Zeit – der Cholera nichts Wirksames entgegenzusetzen hatte. Er hielt es für geraten, sich mit dem Eingeständnis, nichts über die Ursachen der rätselhaften Seuche zu wissen, zu bescheiden. Bei seinen Patienten konnte er kaum mehr tun, als deren Kräfte zu stärken und ihre Leiden zu lindern. Seinen Kollegen aber erklärte er nach seiner Rückkehr aus Polen:

»Ob die jetzt epidemisch vorkommende Cholera an und für sich kontagiös, d. h. von Kranken auf Gesunde übertragbar, oder miasmatisch, d. h. durch besondere, im größeren Umkreis verbreitete Schädlichkeiten bedingt sei – diese wichtige Frage wird wohl nicht eher entschieden und von Ärzten einstimmig beantwortet werden, als bis die Krankheit ihre verheerende Reise durch Europa trotz Bajonetten und Räucherfässern und zum Verdruß aller Zentralkommissionen vollendet haben wird…«

Er sollte damit nur teilweise recht behalten: Die Cholera, die 1830 vom südlichen Rußland nach Polen und dann nach Ostpreußen gelangt war, breitete sich zwar, wie er befürchtet hatte, immer weiter aus: über ganz Deutschland und Österreich, über Hamburg nach England, von dort nach Irland, nach New York, Quebec, Havanna, über ganz Nordamerika und die Karibik, brach dann 1832 erneut in Europa aus, zuerst in Paris, dann rasch in ganz Westeuropa, bis sie gegen Ende 1832 wieder erlosch. Aber es sollte noch ein halbes Jahrhundert dauern, ehe Robert Koch 1883 den Cholerabazillus als Erreger der Seuche entdeckte.

Als Ende 1831 die Choleraepidemie in Königsberg vorüber war, begann für Jacoby eine schwierige Zeit, gekennzeichnet von Zweifeln und Depressionen. Die französische Juli-Revolution hatte nicht mehr hervorgebracht als ein behäbiges Bürgerkönigtum, Geschäftemacherei und Korruption unter dem Deckmantel der Wohlanständigkeit des »Juste Milieu«. In Polen war der Aufstand gescheitert, und das zaristische Regime bedrückte das Land nun weit härter als zuvor. In Preußen gab es keine Hoffnung mehr, daß König Friedrich Wilhelm III. sein anderthalb Jahrzehnte zuvor gegebenes Versprechen, dem Land eine Verfassung zu geben, je einhalten würde. Auf ganz Deutschland lastete der Druck des »Systems Metternich«, das jede freiheitliche Regung schon im Keim erstickte. Jacoby sah alle seine Hoffnungen enttäuscht, und was die Lage der Juden betraf, so war – wie er es später im Rückblick ausdrückte – »die schöne Hoffnung, daß einem lang verachteten und dadurch verächtlich gewordenen Volke endlich einmal Gerechtigkeit zuteil werde, nichts weiter als leere Täuschung gewesen...«

»Es ist zum Verzweifeln«, schrieb Jacoby Anfang 1832 an Eduard Waldeck, »daß ich jede Dummheit und Miserabilität der Zeit – und ihre Zahl ist Legion – so schwer trage, als träfe sie nur mich und nicht zugleich viele Millionen Mitmenschen. Die Cholera mit ihren Mühen und Aufregungen war nur ein betäubendes Palliativ...«

Dem von Tatendrang erfüllten Sechsundzwanzigjährigen, der, wie er fand, in Königsberg »ein wahres Philisterleben« führte, seinen Arztberuf zwar gewissenhaft ausübte, sich aber davon nicht hinreichend ausgelastet und befriedigt fühlte, war es unerträglich, daß er als Jude von allem ausgeschlossen war, wonach er strebte:

von allen Ehren- und Staatsämtern, von jeder akademischen Laufbahn. Er konnte weder einen Lehrstuhl erhalten noch als höherer Beamter über die Volksgesundheit wachen. »Nicht einmal Offizier, Torschreiber, Feldmesser, Apotheker, Kalkulator, Briefträger oder Sekretär« könne der Jude werden. Überall werde der Jude »in seiner Entwicklung gehemmt, in dem ungestörten Genuß der Menschen- und Bürgerrechte gekränkt und überdies noch allgemein verachtet«. Und dennoch gebe es Juden, die nicht einmal zur Sehnsucht nach Freiheit gelangt seien! Die meisten hätten eben durch die gewohnte Kettenlast eine so hartschwielige Haut bekommen, daß sie den Druck nicht mehr empfänden... »Ich für mein Teil«, fuhr Jacoby fort, »habe mit meinem Schicksal abgerechnet... Die Lebensrichtung, die ich unter *anderen* Verhältnissen genommen, ist mir nun einmal... verpfuscht...« Aber, so schloß er, als Opfer eines Vorurteils habe er »dem Kampf gegen dasselbe mein Leben geweiht und halte jeden Augenblick... für verloren, in dem ich nichts dafür tun kann«.

Dieser Entschluß Jacobys vom Frühjahr 1832 beendete die Krise, in der er sich den ganzen Herbst und Winter über befunden hatte. Und so wie er im fernen Königsberg nun zum politischen Kampf gegen die Reaktion und die von ihr geschaffenen, unerträglich gewordenen Zustände entschlossen war, so ergriffen zur selben Zeit auch viele ähnlich denkende junge Menschen in Deutschland wieder die Initiative. Tausend Kilometer westlich von Königsberg, in Hambach in der bayerischen Rheinpfalz, demonstrierten am 27. Mai 1832 Zehntausende für Freiheit und Recht.

Die friedliche Versammlung, auf der neben schwarzrotgoldenen auch polnische und französische Fahnen gezeigt wurden, stimmte den Forderungen nach Beseitigung der Fürstenherrschaft, einer demokratischen Reform Deutschlands als Grundlage für die Reorganisation Europas und nach der Befreiung Polens, Italiens und Ungarns vom Joch der »Heiligen Alllianz« begeistert zu und appellierte zugleich an alle freiheitlich Gesinnten, gemeinsam zu handeln, ohne Rücksicht auf Standesunterschiede. Nur hinsichtlich der zu treffenden praktischen Maßnahmen gab es Uneinigkeit. Die radikalen Demokraten und Republikaner traten für eine allgemeine Bewaffnung zur Erringung der Volkssouveränität ein, die Gemäßigten waren für ein gewaltloses Bemühen um eine allmähliche Vergrößerung des von den Fürsten gewährten Freiheitsraums.

Als die aufgeschreckten Behörden dann gegen die Veranstalter des »Hambacher Festes« vorgingen, machten sie keinen Unterschied zwischen Gemäßigten und Radikalen; wer noch gefaßt werden konnte, wurde »zuchtpolizeilich« bestraft, jedoch die meisten der Aktiven konnten ins Ausland flüchten.

Darüber hinaus gingen die Behörden, diesmal unter bayerisch-preußischer Führung, noch im Sommer 1832 zu einer reaktionären Gegenoffensive über: Die Rechte der Landtage wurden stark beschnitten, die Zensur noch erheblich verschärft, alle politischen Vereine und Versammlungen verboten, ja, selbst Volksfeste untersagt. Auch errichteten die deutschen Staaten wieder eine Zentraluntersuchungsbehörde in Frankfurt am Main, deren Aufgabe es war, die Fahndung nach politischen »Kriminellen« zu lenken. Die Regierungen sicherten sich gegenseitig deren Auslieferung zu sowie »auf Verlangen die prompteste militärische Assistenz«.

Natürlich wirkten sich diese den allgemeinen Druck noch verstärkenden Beschlüsse bis nach Ostpreußen hin aus, wo es aber – jedenfalls soweit es den Behörden bekannt war – in den frühen 1830er Jahren noch keine politischen Zirkel oder Klubs gab, geschweige denn eine auch nur halbwegs organisierte liberale oder gar demokratische Opposition.

Hingegen gab es stadtbekannte, oppositionell eingestellte Persönlichkeiten, und zu diesen gehörte, spätestens von 1833 an, auch Dr. Jacoby, wenngleich er sich öffentlich nur zu scheinbar unpolitischen, meist jüdischen Angelegenheiten äußerte. 1831 hatte er, diesmal nicht anonym, »Einige Worte gegen die Unentbehrlichkeit der medizinisch-chirurgischen Pepiniere zu Berlin« in der »Zeitschrift für die Staatsarzneikunde« veröffentlicht. Die Pepiniere, eine Fachschule für Militärärzte, war nach Jacobys Meinung überflüssig, weil die medizinischen Fakultäten der preußischen Hochschulen ebenso gut Militär- wie Zivilärzte ausbilden könnten. Wenn die Anstalt aber nur dazu diene, künftige Militärärzte schon früh an den Staatsdienst und an militärischen Gehorsam zu gewöhnen, so sei dagegen einzuwenden, daß jetzt jeder Bürger dienstpflichtig sei und folglich am Ende »jeder Bürger in eine Art Pepiniere geschickt werden« müßte.

Der letzte Absatz dieses Artikels ist zum einen sehr charakteristisch für Jacoby, zum anderen zeigt er, daß diese und andere Veröffentlichungen von ihm mehr oder weniger als bloße »Fingerübungen« gedacht waren, denn er fragt, ob denn sein Aufsatz etwas erzielen werde, und antwortet darauf: »Nichts! Es bleibt, wie in vielen Dingen, so auch hier – bei Wünschen. Aber auch wenn die Rede nicht fruchtet, sollte man doch deshalb nicht den Mund ganz verschließen. Worte gewähren mindestens Trost und Kurzweil. Daher spreche man sich aus, bis – dank der streichenden Hand des Zensors oder des Todes – man nicht länger sprechen darf oder kann.«

Weniger ironisch und etwas schärfer im Ton war eine andere Publikation Jacobys aus dieser Zeit gehalten, eine Flugschrift mit dem Titel »Über das Verhältnis des kgl. Preuß. Oberregierungsrats Herrn Streckfuß zur Emanzipation der Juden«, die Ende Mai 1833 in Hamburg – in Preußen hätte die Zensur sie nicht erscheinen lassen! – bei Hoffmann & Campe erschien.

Karl Streckfuß, in seiner Freizeit Schriftsteller, Lyriker und Übersetzer von Tasso, Ariost und Dante, hauptberuflich aber ein hoher Beamter im preußischen Innenministerium, hatte maßgeblich mitgearbeitet an einem Plan der Regierung, die insgesamt 21 verschiedenen regionalen Judengesetze des Königreichs zu vereinheitlichen, und war dabei auf den Gedanken verfallen, die preußischen Juden in zwei Klassen einzuteilen. Die erste sollte gebildete und wohlsituierte Personen – Gelehrte, Künstler, Großhändler, Industrielle, Bankiers, Inhaber von Läden, Werkstätten, Gärtnereien sowie Landwirte – umfassen, die ein beschränktes Staatsbürgerrecht erhalten sollten, das sie von höheren Staatsämtern, militärischer Beförderung und ständischen Vertretungen ausschloß. Die zweite Klasse, die große Masse der preußischen Juden, zumal die der Provinz Posen, sollte vom Staatsbürgerrecht gänzlich ausgeschlossen und größtmöglichen Beschränkungen aller Art unterworfen sein. Dadurch sollten sie gezwungen werden, »sich zu bessern«, damit sie oder ihre Kinder später einmal in die erste Klasse aufrücken könnten.

Gegen diese Schrift wandte sich Jacoby sofort nach ihrem Erscheinen, noch ehe einer der jüdischen Wortführer, etwa Gabriel Rießer oder Isaak Markus Jost, seine Stimme erheben konnte. Das Thema selbst, so bekannte Jacoby freimütig, reize ihn wenig, schien es ihm doch beinahe ebenso erschöpft »wie die Grausamkeit, mit der ein erfinderischer Haß die Juden von jeher mißhandelt« habe. Wenn er dennoch die Feder ergreife, so vor allem deshalb, weil er mit unsinnigen Vorurteilen aufräumen wolle.

»Wen denkt Herr Streckfuß zu überreden«, heißt es in seiner Flugschrift, »daß die Juden nicht einen bloßen Glaubensverein, sondern eine Nation ausmachen; daß sie das Vaterland nicht als *ihr* Vaterland und den König nicht als *ihren* König betrachten? Wer, im Lande geboren und erzogen, die gleiche Sprache spricht, wer die Landesgesetze anerkennt und befolgt und jede Beisteuer zum Staatshaushalte leistet, ist *der* ein Fremdling zu nennen oder kann er sich selbst dafür halten? Wer überdies im Gefühl seiner Vaterlandsliebe, die keine Spitzfindigkeit der Prozeßkrämer wegzudemonstrieren vermag, trotz stiefväterlicher Behandlung für die Freiheit des Volks mitgekämpft und mitgeblutet hat, – *den* wollt ihr nicht einmal als euern Landsmann achten? Was leistet ihr denn mehr? Was in aller Welt gibt euch denn größere Ansprüche ans Vaterland?« Am Schluß wies er noch die Vermutung entschieden zurück, daß die Juden um eine Begünstigung flehten: »Nicht eine Gnade ist zu gewähren; wir fordern die Gleichstellung als ein uns vorenthaltenes Recht...!«

Diese Flugschrift war von Jacoby wohl mehr aus Pflichtgefühl als in der Hoffnung verfaßt worden, damit etwas bewirken zu können. Auch ist es fraglich, ob es Jacoby damit und mit anderen, der Judenemanzipation dienenden Aktivitäten überhaupt vornehmlich oder gar ausschließlich um die Verbesserung der Lage seiner Glaubensgenossen und damit auch seiner eigenen ging. Er selbst hat darauf einige Jahre später eine klare und überzeugende Antwort gegeben.

In einem Brief an seinen Freund Alexander Küntzel schrieb er im Mai 1837: »Wie ich selbst Jude und Deutscher *zugleich* bin, so kann in mir der Jude nicht frei werden ohne den Deutschen und der

Deutsche nicht ohne den Juden; wie ich mich selbst nicht trennen kann, ebensowenig vermag ich in mir die Freiheit des einen von der des anderen zu trennen.«

Die Volksfreiheit, heißt es weiter in diesem aufschlußreichen Brief, liege ihm am Herzen *auch* wegen der Juden, aber nicht *nur* ihretwegen. Deutschland sei ein großes Gefängnis für Juden und Christen, mit Hafterschwernis und Extrafesseln für die Juden. »Ich gestehe Dir ein«, fuhr er in dem Briefe fort, »es wäre mir lieb, meine Fesseln zu brechen und gleich Euch wenigstens in dem Gefängnisse mich bewegen zu können. Mit solcher Gleichstellung wäre aber immer noch wenig gewonnen; ob das Gefängnis weiter oder enger, die Fesseln schwerer oder leichter, ist nur ein geringer Unterschied für den, der nicht etwa nach der Bequemlichkeit, sondern nach Freiheit sich sehnt. Diese Freiheit kann aber nicht dem einzelnen zuteil werden; nur wir *alle* zusammen erlangen sie oder *keiner* von uns: denn ein und derselbe Feind und aus gleicher Ursache hält uns gefangen, und nur allein die *Zerstörung* des Gefängnisses kann uns zum Ziel führen.«

Dieser Brief Jacobys an seinen Freund Küntzel läßt klar erkennen, daß Jacoby nicht zu jenen gemäßigten Liberalen gehörte, die auf eine allmähliche Gewährung von mehr Freiheit durch die Fürsten hofften; er hatte sich bis 1837 schon zum entschiedenen Demokraten entwickelt und sah als sein Ziel die völlige Beseitigung nicht nur des »Systems Metternich« an, sondern der Fürstenherrschaft überhaupt samt allen feudalistischen und absolutistischen Überbleibseln vergangener Zeiten.

Im Gegensatz zu dieser Haltung Jacobys standen die Forderungen der gemäßigten Liberalen. Einer ihrer Wortführer in der preußischen Rheinprovinz, David Hansemann, verlangte beispielsweise, nur der politische Einfluß der »höheren und wohlhabenden Volksklassen« müsse stärker sein als »der von den übrigen Volksklassen auszuübende«. Diese »übrigen«, die übergroße Mehrheit der etwa 30 Millionen Einwohner Preußens und der deutschen Kleinstaaten, waren noch vorwiegend Bauern, Landarbeiter, ländliche Kleinhandwerker, Bedienstete und andere vom Landadel Abhängige. Sie unterlagen überall noch der feudalen Herrschaft der adligen Grund-

und Gutsherren, die die Polizeigewalt und die niedere Gerichtsbarkeit ausübten. Diese Masse der Bevölkerung wurde in Knechtschaft, Unbildung und totaler politischer Unmündigkeit gehalten, und so sollte es sowohl nach dem Willen des herrschenden Adels wie des gemäßigt liberalen Großbürgertums auch bleiben. Dessen Interessen waren vor allem auf wirtschaftliche Freiheit und Einfluß auf die Staatsfinanzen, die Steuergesetzgebung und die Verwaltung gerichtet, denn der Übergang zum Kapitalismus, der sich in Deutschland in den 1830er Jahren vollzog, wurde von zahlreichen Überresten des mittelalterlichen Feudalismus noch stark behindert.

Als am 1. Januar 1834 endlich ein Deutscher Zollverein zustandegekommen war, dem sich unter Führung Preußens achtzehn deutsche Kleinstaaten angeschlossen hatten, war damit eine wichtige Voraussetzung für das volle Einsetzen der Industrialisierung und des Eisenbahnbaus erfüllt. Aber der Kampf zwischen dem seine Privilegien verteidigenden Adel und dem nach völliger wirtschaftlicher Freiheit und politischer Mitentscheidung strebenden Bürgertum ging weiter.

Dabei wuchs das Lager der Opposition: Viele der zumeist adligen Gutsbesitzer gingen zu kapitalistischen Betätigungen über, errichteten industrielle Nebenbetriebe, vor allem Schnapsbrennereien und Rübenzuckerfabriken, beteiligten sich auch als Aktionäre am Eisenbahnbau und wechselten wegen ihrer veränderten Interessen auch politisch die Front; aus regimetreuen Konservativen wurden gemäßigte Liberale, wobei dieser »Junker-Liberalismus« besonders in Ostpreußen das Bündnis mit den Bürgern suchte.

Etwa gleichzeitig begann sich aus verarmten, landlos gewordenen Kleinbauern, durch die Industrialisierung um ihre Existenz gebrachten Handwerkern und anderen Angehörigen der städtischen Unterschichten ein – zahlenmäßig noch nicht sehr stark ins Gewicht fallendes – Industrieproletariat zu bilden. Entschiedene Liberale wie Jacoby schlossen weder diese in elendesten Verhältnissen lebenden Menschen noch das gutsabhängige Landproletariat von dem aus, was sie für alle Staatsbürger forderten und wofür der Dichter Ferdinand Freiligrath, 1837 noch ein unpolitischer Romantiker, wenige Jahre später, als er sich zum radikalen Demokraten entwickelt hatte, die kurze Formel prägte: Die Freiheit! Das Recht!

Denn im Gegensatz zu den kapitalstarken Großbürgern, für die der Liberalismus in erster Linie das Mittel zur Durchsetzung ihrer wirtschaftlichen Interessen war, ging es Johann Jacoby um Freiheit und Recht für *alle* Unterdrückten, nicht zuletzt auch für die Juden, aber durchaus nicht für diese allein.

Wie streng die preußische Regierung noch immer ihre judenfeindlichen Gesetze anwendete, zeigt die folgende Episode, die zugleich erkennen läßt, mit welcher Sturheit die Zensur gehandhabt wurde:

Im Spätsommer 1837 brach in Europa wieder die Cholera aus; Warschau, Berlin und Paris waren besonders durch sie betroffen. Da erschien in der »Allgemeinen Preußischen Staatszeitung« ein Beitrag des Warschauer Arztes Dr. Leo, der die Seuche für »eine unbedeutende, immer heilbare Krankheit« erklärte und als einzig wirksame Therapie Bettruhe und Schwitzkuren mit Fliedertee empfahl. Jacoby reagierte darauf mit einer Veröffentlichung in der »Königsberger Zeitung« und bewies darin die Unhaltbarkeit der Thesen des Warschauer Kollegen. Aber als dieser darauf in der Berliner »Vossischen Zeitung« Jacoby heftig angriff – nicht mit wissenschaftlichen Argumenten, sondern nur mit persönlichen Diffamierungen –, verweigerte der Zensor Jacoby eine Erwiderung und begründete dies damit, er wolle dem Streit ein Ende machen, da er eine Beunruhigung des Publikums befürchte. Jacoby beschwerte sich, erst beim Oberpräsidenten, dann beim Oberzensurkollegium, schließlich beim Innenminister und wandte sich, nach dreimaliger Ablehnung seiner Beschwerde, mit einer Eingabe an den König. Er wies darin auf seine Erfahrung mit der Cholera sowie auf das allgemeine Interesse hin, das Aufklärung gebiete und nicht die Verschleierung der gefährlichen Krankheit.

Wie Jacoby es erwartet hatte, verweigerte ihm auch der König die Erlaubnis, seine Entgegnung auf den unwissenschaftlichen Unfug des Dr. Leo drucken zu lassen, woraufhin Jacoby beschloß, die preußische Zensur zu umgehen. Aber weder bei Hoffmann &

Campe in Hamburg noch in Leipzig oder bei anderen sächsischen Verlagen wagte man es, die kleine Schrift herauszubringen, weil man Repressalien von seiten der preußischen Behörden befürchtete. Selbst in Zürich und Winterthur gelang es Jacoby nicht, die Publikation durchzusetzen. Alle waren interessiert, zollten ihm Beifall, aber scheuten das Risiko einer sofortigen Beschlagnahme, denn da Jacoby die Zensurgeschichte seiner Entgegnung einschließlich des abschlägigen Bescheids Friedrich Wilhelms III. im Anhang mitveröffentlichen wollte, war die Schrift zu einem heiklen Politikum geworden. Am Ende erschien sie mit einiger Verspätung in Paris, nachdem das Manuskript »die kostspielige Reise von 1047 deutschen Meilen« – das waren rund 7 890 Kilometer! – »auf dem Eilwagen« zurückgelegt hatte, unter dem bezeichnenden Titel »Beitrag zu einer künftigen Geschichte der Zensur in Preußen«

Gerade als der Streit Jacobys mit dem die Cholera verharmlosenden Dr. Leo begann und in Berlin schon einige hundert Opfer der zweiten Epidemie dieses Jahrzehnts zu verzeichnen waren, hatte sich der berühmteste Gelehrte seiner Epoche, Alexander v. Humboldt, bei den preußischen Behörden darum bemüht, Dr. Johann Jacoby, der als erster Arzt des Königreichs Erfahrungen mit der Seuche gemacht hatte, in die zentrale medizinische Kommission berufen zu lassen.

Wie aus einem – der Forschung wohl bislang unbekannten – Brief Humboldts an die »Frau Hofrätin Herz« vom 1. September 1837* hervorgeht, war der große Gelehrte bei Ministern und anderen hohen Staatsbeamten in dieser Sache vorstellig geworden. Die 73jährige Frau Henriette, Witwe des Berliner Arztes und begeisterten Kantianers Markus Herz, mit der Humboldt seit Jahrzehnten freundschaftliche Beziehungen unterhielt, hatte ihn darum gebeten, dafür zu sorgen, daß Jacoby nach Berlin geholt, vielleicht mit einer Professur betraut werde.

Humboldt mußte seiner alten Freundin jedoch mitteilen, er habe zwar alles Erdenkliche unternommen, den jungen jüdischen Arzt, »der sich in den Cholera-Hospitälern so verdient gemacht«, im

* Original des Briefes in der Handschriftensammlung des Autors.

Staatsdienst unterzubringen; jedoch »die Intoleranz und Härte unsrer Gesetzgebung stehen dem im Wege«.

Humboldt bat in seinem Brief die Frau Hofrätin Herz, ihren Schützling nichts von seinen Bemühungen wissen zu lassen, und es scheint, daß sie sich an diesen Wunsch ihres Freundes gehalten hat. Jedenfalls gibt es keinen Hinweis, daß Jacoby von dieser vergeblichen Intervention unterrichtet war. Er hatte wohl auch die Hoffnung auf eine Professur ohnehin bereits aufgegeben und mit um so größerem Eifer damit begonnen, sich auf den politischen Kampf vorzubereiten.

Noch im selben Jahr 1837 gab ein Vorfall im Königreich Hannover Dr. Jacoby die – ihm sehr erwünschte – Gelegenheit, öffentlich zu demonstrieren, daß es ihm keineswegs *nur* um die Emanzipation der Juden ging. In Hannover hatte gerade der sechsundsechzigjährige Ernst August, ein Schwager des Preußenkönigs, den Thron bestiegen und sich mit der Erklärung eingeführt, die gemäßigt liberale Verfassung von 1833 habe fortan im Königreich keine Gültigkeit mehr. Die dagegen protestierende Ständeversammlung löste er kurzerhand auf, und tags darauf entließ er auch alle Minister.

Diese Willkürakte, von denen selbst Metternich dem König abgeraten hatte, riefen einen Sturm der Entrüstung im ganzen deutschen Bürgertum hervor, der sich noch steigerte, als sieben Professoren der hannoverschen Universität Göttingen, die öffentlich erklärt hatten, sie fühlten sich durch ihren Diensteid weiterhin an die vom neuen König abgeschaffte Verfassung gebunden, am 14. Dezember 1837 amtsenthoben, drei von ihnen sogar sofort des Landes verwiesen wurden. Doch die allgemeine Empörung führte nicht zur Rücknahme der »Maßregeln«, und selbst die Intervention einiger weltberühmter Wissenschaftler, unter ihnen wiederum Alexander v. Humboldt, blieb erfolglos. Ihr Hinweis, daß diese »Maßregelung« von verdienten Gelehrten dem Königreich beträchtlichen Schaden zufüge, wurde von Ernst August mit der Bemerkung abgetan: »Professoren, Huren und Ballettänzerinnen kann man überall für Geld haben!«

Bei den so von ihrem Landesherrn verspotteten »Göttinger

Sieben«, wie man sie hinfort nannte, handelte es sich um die sehr namhaften Historiker Friedrich Christoph Dahlmann und Georg Gottfried Gervinus; den Physiker Wilhelm Eduard Weber, der 1833, zusammen mit dem berühmten Mathematiker Carl Friedrich Gauß, die erste elektromagnetische Telegraphenanlage gebaut hatte; den Staatsrechtler Wilhelm Eduard Albrecht, einen eminenten Juristen; den Sprachforscher und Begründer der modernen semitischen Linguistik, Georg Heinrich August Ewald, sowie um die Brüder Jacob und Wilhelm Grimm, die sich um die Geschichte der deutschen Sprache und Literatur, die Sammlung von Volksmärchen und Sagen, später durch die Schaffung der Grundlagen für ein vollständiges »Deutsches Wörterbuch« außerordentliche Verdienste erwarben.

Alle sieben wurden ohne Bezüge aus dem Dienst entlassen; Dahlmann, Gervinus und Jacob Grimm wurden zudem des Landes verwiesen, obwohl Dahlmann ein eher Konservativer, Jacob Grimm ein recht gemäßigter Liberaler war und nur Gervinus als ein radikaler Demokrat gelten konnte. Man war – schon damals – in deutschen Landen nicht pingelig, wenn es sich um Berufsverbote und andere Schikanen gegen Personen handelte, die ihren jeweiligen Obrigkeiten mißliebig waren. Auch ließ sich wahrlich nicht behaupten, daß die »Göttinger Sieben« seltene Einzelfälle darstellten – im Gegenteil! Es gab in diesen Zeiten der Reaktion kaum einen namhaften deutschen Gelehrten, Schriftsteller oder Künstler, der nicht auf die eine oder andere Weise »gemaßregelt«, für mehr oder weniger lange Zeit eingesperrt oder zumindest von der Zensur behelligt worden wäre, und darüber hinaus waren Zigtausende von weniger oder einer Öffentlichkeit gar nicht bekannten deutschen Bürgern, vor allem Studenten, aber auch zahlreiche Handwerker und Beamte, auf den bloßen Verdacht demokratischer »Umtriebe« hin eingekerkert oder zur Flucht ins westliche Ausland gezwungen worden.

Zu den Geflüchteten gehörte der junge Mediziner und hochbegabte Dramatiker Georg Büchner, Verfasser des »Hessischen Landboten«, der bedeutendsten revolutionären Agitationsschrift des Vormärz, der, bald darauf steckbrieflich gesucht, 1835 gerade noch nach Straßburg hatte entkommen können; sein Förderer, der einflußreiche Publizist und Kritiker Karl Gutzkow, war Ende 1835 wegen angeblich unzüchtiger, die »Emanzipation des Fleisches« propagierender und religionsfeindlicher Tendenzen in seinem Roman »Wally, die Zweiflerin« zu einer Gefängnisstrafe verurteilt worden, die er in Mannheim verbüßte, und während seiner Haft, am 10. Dezember 1835, hatte die Bundeszentralbehörde seine und aller weiteren Autoren der »Junges Deutschland« genannten Literaturrichtung bisherige Veröffentlichungen kurzerhand verboten, vorsorglich auch alle *künftigen* Werke dieser Dichter, von denen der berühmteste Heinrich Heine war.

Selbst Deutschlands 1832 verstorbener Dichterfürst Johann Wolfgang v. Goethe, der seinen Landsleuten als »der Weisheit letzter Schluß« die von Faust ausgesprochene Erkenntnis hinterlassen hatte: »Nur der verdient sich Freiheit wie das Leben, der täglich sie erobern muß!«, war vor der Zensur nicht sicher gewesen. Die Kommissare der Theaterpolizei strichen schon zu seinen Lebzeiten, erst recht nach seinem Tode, in seinen Stücken herum, tilgten jeden Kraftausdruck, jeden »die Religion beleidigenden« Witz, ja, schrieben Goethes Text bedenkenlos um, so daß der Dichter sein eigenes Werk nicht mehr wiedererkannt hätte!

Doch so sehr man sich in zwei langen Jahrzehnten der Reaktion und Restauration in den deutschen Staaten auch schon an Polizeiwillkür, obrigkeitliche Schikanen und brutale Unterdrückung jeder freiheitlichen Regung gewöhnt hatte – die »Maßregelung« der »Göttinger Sieben« brachte die Gemüter nicht nur der deutschen Bürger, sondern der ganzen zivilisierten Welt in Wallung. Über Nacht erlangten die sieben Professoren kontinentweite Popularität, und selbst in den Vereinigten Staaten von Amerika fanden Protestveranstaltungen statt.

In Preußen und dort vor allem in Berlin und im fernen Königsberg kam es zu besonders eindrucksvollen Solidaritätsbekundungen. Die Königsberger Universität zeichnete zwei der Gemaßregelten – Dahlmann und Albrecht – mit der Ehrendoktorwürde aus. In Berlin stellte sich der Rechtsphilosoph und Freund Hegels Eduard Gans an die Spitze einer Unterschriften- und Spendensammlung für die »Göttinger Sieben«; in Königsberg aber war es der bis dahin über seine Heimatstadt hinaus kaum bekannte Arzt Dr. Johann Jacoby.

Die von ihm organisierte Solidaritätsaktion der Königsberger Oppositionellen erbrachte die stolze Summe von 1600 Reichstalern – das war mehr als das Jahreseinkommen eines wohlsituierten Kaufmanns, Arztes oder Anwalts, mehr als das Dreifache dessen, was Jacobys Ende 1832 verstorbener Vater im Jahresdurchschnitt verdient hatte und nach heutiger Kaufkraft etwa hunderttausend Mark!

Jacoby überwies diesen Betrag an den aus Hannover ausgebürgerten und landesverwiesenen Professor Dahlmann, der in Leipzig Zuflucht gefunden hatte, mit folgendem Begleitschreiben:

»Im Namen von 130 Bürgern der Stadt Königsberg ersuche ich Sie und Ihre würdigen Herren Kollegen, die durch freimütige Verteidigung des Rechts den Unwillen des Machthabers und den Dank jedes braven Deutschen erworben haben, Einliegendes als Zeichen unserer Achtung anzunehmen. Wer das Rechtsgefühl teilt, aus welchem Ihre Tat hervorgegangen, ist verpflichtet, Ihnen auch die Folgen dieser Tat tragen zu helfen. Hochachtungsvoll Dr. med. Jacoby.«

Natürlich ging es Jacoby und seinen Freunden nicht allein um die finanzielle Unterstützung der »Göttinger Sieben«, sondern auch um eine Stärkung der oppositionellen Bewegung insgesamt. Also sorgten sie dafür, daß die Kunde von ihrer Hilfsaktion von den Zeitungen verbreitet wurde, zwar von der Zensur verstümmelt, aber gerade dadurch Aufmerksamkeit erregend und propagandistisch wirksam. Auch Dahlmanns Danksagung wurde von Jacoby an die Presse weitergegeben und trug dazu bei, daß die Diskussion über die empörenden »Göttinger Vorfälle« anhielt. »Am Ende der dreißiger Jahre«, hat Edmund Silberner dazu bemerkt, »war Jacoby in bester Kampfstimmung.« An seinen Freund Alexander Küntzel, der Jacobys Optimismus nicht teilte und meinte, sie würden wohl erst am Ende ihres Lebens »noch den ersten Strahl des anbrechenden Morgens begrüßen und zugleich von ihm Abschied nehmen«, schrieb er zurück: »Jetzt gerade, da es nach langem Warten losgehen soll, läßt Du den Kopf hängen...! Wenngleich unsere Rüstung morsch und unser Körper gebrechlich«, spottete der vitale, gerade vierunddreißigjährige Jacoby, »wir wollen dennoch hoffen und kämpfen, bis jene erblichen Revolutionäre gegen die Souveränität des Volkes, bis die gekrönten Barbiergesellen elend zu Boden liegen!«

VI.
Jacoby eröffnet die Partie

»Wenn man an gewissen Tagen der Woche, um die Mittagsstunde, aus dem Innern des Siegelschen Kaffeehauses vor der Glastür einen Halbwagen halten sieht, aus dem ein schwarzgekleideter, ernst vor sich blickender Herr in hastiger Beweglichkeit herausspringt, der durch die Konditorei in das Lesezimmer eilt und in rascher Abfolge Zeitung auf Zeitung durchfliegt, indem er dazu ebenso hastig und nur ganz wie beiläufig einen kleinen Kuchenimbiß verzehrt, so kann man ziemlich sicher darauf rechnen, daß dieses Dr. Johann Jacoby... sein wird...«, heißt es in der schönen Schilderung, die Alexander Jung in seinem 1846 erschienenen Buch »Königsberg und die Königsberger« vom politisch-literarischen Leben der Pregelstadt im Vormärz und seinem Zentrum, der Siegelschen Konditorei in der Französischen Straße, gegeben hat.

Das Café des aus der Schweiz gebürtigen, in Paris ausgebildeten Konditors Siegel bot seinen zahlreichen Gästen, Damen und Herren, Einheimischen und Fremden, Beamten und Professoren, Gutsbesitzern, Offizieren und Handwerksmeistern, Ärzten, Anwälten und Journalisten, neben etlichen Sorten Kaffee, Tee, Schokolade, alkoholischen Getränken und Limonaden, Kuchen, Torten und Süßigkeiten aller Art, feinen Pasteten mit pikanter Füllung und vielen anderen kulinarischen Genüssen in seinen oberen Räumen eine reiche Auswahl der neuesten, mit der Eilpost eingetroffenen Zeitungen Deutschlands und seiner Nachbarländer.

Das »Lesezimmer« des Siegelschen Kaffeehauses, wo auch geraucht werden durfte, war der Versammlungsort der Königsberger Oppositionellen, und deren Wortführer, der sich gegen Ende der 1830er Jahre schon über seine Heimatstadt hinaus als Publizist und Organisator von Unterschriften- und Geldsammlungen wie der für die »Göttinger Sieben« einen Namen gemacht hatte, war Dr. Johann Jacoby.

Fast täglich kam er zwischen 13 und 15 Uhr, wenn er alle Patienten besucht und im elterlichen Haus mit der Mutter und den beiden unverheirateten Schwestern zu Mittag gegessen hatte, zu Siegel ins Lesezimmer. Dort fanden sich auch seine Gesinnungsfreunde ein und waren vor Spitzeln sicher, denn jeder kannte jeden. Zu den Stammgästen zählten beispielsweise der alte Sanitätsrat William Motherby und dessen Sohn Robert, die zu den engeren Freunden Immanuel Kants gehört hatten; Ferdinand Falkson, ein junger Arzt und Dichter, der 1844 vor Gericht gestellt wurde, weil er als Jude im Ausland eine Christin geheiratet hatte, ohne sich taufen zu lassen. Erst nach fünf Jahren wurde das Verfahren gegen ihn eingestellt, sehr zum Ärger des Königs.

Mit Falkson befreundet und ebenfalls Stammgast bei Siegel war der Leutnant Wilhelm Rüstow, der Festungsbaumeister werden sollte, später aber um ein Haar Festungsgefangener geworden wäre, denn er konnte, wegen »demokratischer Umtriebe« vor das Kriegsgericht gestellt, dann gerade noch entfliehen; er, ein Freund Lassalles und Briefpartner von Karl Marx, brachte es im schweizerischen Exil zum Oberst im Generalstab, nahm führend an der Befreiung des Königreichs Neapel von der Bourbonenherrschaft teil und lebte dann in Zürich als einer der angesehensten Militärschriftsteller seiner Zeit.

Von 1841 an verkehrte bei Siegel auch der junge Dichter Ferdinand Gregorovius, ein leidenschaftlicher Verfechter der Idee des Polentums; von 1849 an ging er freiwillig ins Exil nach Italien und schrieb dort seine berühmte Geschichte Roms im Mittelalter. Der entschiedenste Liberale unter den jungen Dichtern bei Siegel aber war Ludwig Walesrode, ein Freund Jacobys, der eigentlich Ludwig Cohen hieß. Er hatte sich taufen lassen, weil er als Jude aus Danzig in Königsberg keine Aufenthaltsgenehmigung erhielt, obwohl sich der Polizeipräsident Abegg, ein enger Studienfreund Jacobys, energisch für ihn eingesetzt hatte. Walesrodes »Untertänige Reden«, die 1843 erschienen, brachten ihm eine einjährige Festungsstrafe ein, die er in Graudenz verbüßen mußte. 1841 kam ein weiterer junger

Dichter nach Königsberg und ins Siegelsche Kaffeehaus: Rudolf von Gottschall, der wegen »Verdachts auf demokratische Gesinnung« von der Breslauer Universität verwiesen worden war und sich dann mit seinen »Liedern der Gegenwart« rasch einen Namen machte. Von Gottschall stammt auch die Beschreibung des mit Kants Lehren bestens vertrauten Schornsteinfegers Sydow, der eine große Bibliothek besaß und bei Siegel verkehrte: »Wer dort philosophieren wollte, mochte sich zu Sydow ans Fenster setzen, eine Prise aus seiner Dose nehmen« und sich mit dem Kaminkehrermeister über die Kritik der reinen wie die der praktischen Vernunft, für die er durchaus kompetent war, »großartig unterhalten«.

Schließlich sei noch ein Stammgast und Freund Jacobys erwähnt: der damalige Oberlandesgerichtsreferendar Eduard Flottwell, wie die Motherbys britischer Herkunft, Sohn des erzreaktionären Oberpräsidenten von Posen und späteren Innenministers. Im Gegensatz zu seinem Vater war der junge Flottwell überzeugter Demokrat, wurde wiederholt »gemaßregelt« und schließlich aus dem Staatsdienst entfernt, nicht zuletzt wegen seiner Mitarbeit an der Kölner »Rheinischen Zeitung«, deren Chefredakteur Dr. Karl Marx war.

Weitere Stammgäste in Siegels Lesezimmer waren die Ärzte Gustav Dinter und Raphael Jakob Kosch sowie der Privatgelehrte Simon Meyerowitz, alle drei enge Freunde Jacobys, Professor Cäsar v. Lengerke, Oberlandesgerichtsrat Ludwig Crelinger und die Brüder Witt, beide Oberlehrer, schließlich der Buchhändler Voigt, der Kaufmann Karl Ludwig Heinrich und der Divisionspfarrer und Privatdozent Julius Rupp, der 1845 amtsenthoben wurde. Alle diese Herren trafen sich fast täglich im Café Siegel. Es wurde offen diskutiert, was aus den verschiedenen Zeitungen zu erfahren war und was die Lücken, die die Zensur in fast jedem Artikel hinterlassen hatte, wohl bedeuten mochten. Jacoby war bekannt als sehr aufmerksamer Zeitungsleser und Zuhörer, der selbst wenig sagte. Aber wenn er, wie es häufig vorkam, kurz vor 15 Uhr auf seine Taschenuhr schaute und Anstalten zum Aufbruch traf, wurde es still im Lesezimmer, denn nun konnte man mit einiger Sicherheit darauf zählen, daß der junge Arzt in wenigen kurzen, sehr prägnanten Sätzen eine klare Analyse der politischen Lage geben und seine dezidierte Meinung dazu sagen würde, ehe er wieder in seine Praxis zurückkehrte.

Alexander Jung, selbst Stammgast bei Siegel, wo Dr. Jacoby damals das betrieb, was man heute politische Bildungs- und Schulungsarbeit nennen würde, wo er seine Agitation und Propaganda erprobte und seine Rhetorik schulte für den ungeduldig erwarteten Augenblick, da er sie vor einer breiten Öffentlichkeit würde anwenden können, hat ihn sehr ausführlich beschrieben:

»Man sieht es dem jedenfalls scharf sich markierenden Manne gleich an, daß ihn als Arzt den Tag über noch mehr beschäftigt als seine Patienten. Es müßte denn sein, daß er den modernen Staat selbst als einen sehr bedenklichen Patienten betrachtete... Diese feste, gedrungene Gestalt, diese edle, freie Stirn, dieses verständige und doch zugleich milde blaue Auge, dieses im Widerstreit zur Mode *bartlose* offene Gesicht unseres Mannes flößen Zutrauen ein... Wie groß und belebt die Gesellschaft im Kaffeehaus sein möge, er fragt nicht leicht etwas und sagt auch nicht leicht etwas,... er ist überhaupt ein Mann der strengsten Nüchternheit und Präzision, ein Feind des Sprechens, um zu sprechen, kaum noch ein Freund des Reflektierens, sondern nur des Ereignisses, der Tatsache, des strikten Vorgangs, des tagesgeschichtlichen Moments, des konkretesten Jetzt. So ist er ein Feind von allem Zuviel und Zuwenig des Ausdrucks, ein Verehrer des Einfachen... bis auf die Kleidung hin, so jedoch, daß... er auf der Stelle überall erscheinen dürfte, um mit Anstand die Rechte des Volkes zu repräsentieren. Während alles jetzt den Überrock anlegt, haben wir Dr. Jacoby an öffentlichen Orten nicht leicht anders gesehen als... im schwarzen Frack mit weißer Manschette und schwarzen Beinkleidern... Dr. Jacoby ist ein Charakter von eiserner Konsequenz, wir verehren ihn als solchen;... auch ein Mann von catonischer Unermüdlichkeit des Dafürhaltens, der Forderung; wir wissen, was dieses in einer Zeit wie der unsrigen sagen will...«

Diese Zeit, der Beginn des fünften Jahrzehnts des 19. Jahrhunderts, war in Preußen eine Zeit wiedererwachender Hoffnungen auf ein Ende der politischen Unmündigkeit, der bürgerlichen Unfreiheit, der Polizeiwillkür und Gesinnungsschnüffelei, der seit einem Vierteljahrhundert andauernden reaktionären Wende. Denn im Juni 1840 war Friedrich Wilhelm III., »einer der größten Holzköpfe«, nach dreiundvierzigjähriger Regierungszeit gestorben. Sein ältester Sohn und Nachfolger, Friedrich Wilhelm IV., war im Gegensatz zu seinem Vater gebildet und geistreich, aber ebenso hoch- wie wankelmütig. Zu allem Überfluß war er ein Schwärmer, der von einem christlich-germanischen, streng hierarchisch gegliederten Königreich Preußen träumte und am liebsten die Augen verschlossen hätte vor den Erfordernissen der Gegenwart. Denn mit dem Beginn der industriellen Revolution in den dreißiger Jahren war das Bürgertum des preußischen Junkerstaats mit wachsendem Wohlstand auch erheblich selbstbewußter geworden. Seine junge Intelligenz machte sich zum Sprecher der politische Mündigkeit fordernden Bourgeoisie. Wollten die den Staat seit altersher beherrschenden Junker und mit ihnen das Königshaus die Macht behalten, so mußten sie diesen Bürgern einige Zugeständnisse machen, vor allem auf wirtschaftlichem Gebiet, ihnen aber auch ein gewisses Mitspracherecht, zumindest bei der Steuergesetzgebung, einräumen.

Die Industrialisierung und die damit wachsenden Erfordernisse einer Ausdehnung des Absatzmarktes ließen der preußischen Regierung nun auch den Wunsch nach einer nationalen Einigung Deutschlands, der sich das Junkertum bislang widersetzt hatte, in einem neuen Licht erscheinen: Es bot sich Preußen damit die Chance, künftig anstelle Österreichs die Vormacht in Deutschland zu werden, vorausgesetzt, das Königreich gäbe sich einen modernen, liberalen Anstrich und es gelänge auch, die starke Abneigung der Katholiken in den anderen deutschen Staaten und in der preußischen Rheinprovinz gegen das protestantische Hohenzollern-Königtum durch ein paar großzügige Gesten zu überwinden, etwa durch die Vollendung des seit der Reformation unterbrochenen Baus des Kölner Doms – ein Gedanke, der wiederum den ostelbischen Junkern absurd erscheinen mußte, so sehr er nicht nur den Rheinländern und den Katholiken im übrigen Deutschland gefiel, sondern auch den romantischen Neigungen Friedrich Wilhelms IV. entsprach. Kurz, drei Jahre lang, von 1840 bis 1843, versuchte der neue, sehr wankelmütige Preußenkönig, es Junkern wie Bürgern, Katholiken wie Protestanten, Konservativen wie Liberalen gleichermaßen recht zu machen.

Einige mehrdeutige, schwärmerische Äußerungen des bei seiner Thronbesteigung knapp Fünfundvierzigjährigen hatten bei den preußischen Liberalen Hoffnungen auf Reformen geweckt. Viele erwarteten sogar vom neuen König, daß er nun endlich das von seinem Vater am 22. Mai 1815 gegebene Versprechen einlösen und dem Land eine »Konstitution«, eine die politische Mitsprache der Bürger gewährleistende Verfassung geben würde. Jacobys Freund Ferdinand Falkson bemerkte dazu: »Worauf sich die Hoffnungen stützten, darüber konnte niemand zuverlässige Auskunft geben«, und Jacoby selbst dachte wohl ebenso, nur versprach er sich von der zu erwartenden Enttäuschung erheblichen Auftrieb für die demokratischen Kräfte.

Anfang September kam der neue Herrscher nach Königsberg, um die Huldigung der Provinz entgegenzunehmen.

Die sogenannten Provinzialstände, ein allein für die Provinz zuständiges, an der Gesetzgebung nur beratend beteiligtes, lediglich zu Bitten und Beschwerden an die Regierung berechtigtes Scheinparlament, zusammengesetzt aus Standesherren, Kirchenvertretern, Repräsentanten der Rittergutsbesitzer und der dörflichen Gemeinden sowie Deputierten der Städte, wagten einen Antrag des – von Jacoby bei Siegel dazu ermunterten – Königsberger Kaufmanns und Stadtverordnetenvorstehers Heinrich, den König an die Erfüllung des alten Verfassungsversprechens seines Vaters zu erinnern, nicht anzunehmen – das dünkte ihnen zu radikal. Ihre dann beschlossene Adresse an Friedrich Wilhelm IV. beschränkte sich auf die Bitte, daß ein Vereinigter Landtag – die sogenannten »Reichsstände« – für das ganze Königreich Preußen einberufen und mit gewissen Mitspracherechten ausgestattet werden möge.

Demütiger konnte man es kaum ausdrücken, daß die Bürger es satt hätten, in totaler politischer Unmündigkeit gehalten zu werden. Aber Friedrich Wilhelm IV. mochte sich selbst auf so bescheidene Zugeständnisse nicht festlegen.

Er ließ lediglich am 9. September den versammelten Ständen

mitteilen, sein Vater habe seinerzeit beschlossen, sich »von den herrschenden Begriffen sogenannter allgemeiner Volksvertretung« fernhaltend, sein Wort einzulösen durch die Einführung der bestehenden provinzial- und kreisständischen Verfassung. »Dieses edle Werk treu zu pflegen« und es einer »immer ersprießlicheren Entwicklung entgegenzuführen«, sei ihm »eine der wichtigsten und teuersten Pflichten des königlichen Berufs.« Das war, wenn man die Botschaft des Königs aller Blumen und Ranken entkleidete, eine deutliche Absage. Sie war jedoch »in so gnädigem Ton« gehalten, »daß die Stände in der Tat glaubten«, der König habe ihrer Bitte, zumindest weitgehend, entsprochen. »Sie begrüßten die Verlesung des Aktenstücks mit freudigen Hochrufen...«

Ihre Täuschung wurde noch verstärkt, als Friedrich Wilhelm IV. tags darauf, am 10. September 1840, unerwartet selbst das Wort ergriff und auf offenem Schloßplatz mitten in Königsberg eine schwungvolle Rede hielt, die mit dem Schwur endete, er wolle seinen preußischen Untertanen ein »treuer, sorgfältiger, barmherziger Fürst, ein christlicher König sein«.

Es war das erste Mal, daß ein preußischer Monarch das Volk einer Rede für würdig befand. Der Eindruck auf die Königsberger war überwältigend; selbst Jacoby, der dieser Ansprache beiwohnte, war nach eigenem Eingeständnis davon ergriffen, was für das große schauspielerische Talent des Königs spricht, das ihm auch andere nachsagten, die ihn besser kannten.

»Glaube mir«, schrieb Julius Waldeck aus Berlin an Jacoby, der ihm von der Wirkung der königlichen Rede geschrieben hatte, ein paar Wochen später, »der Katzenjammer kam dann ihm so gut wie Euch nach... Wenn ich den König in einzelnen Handlungen so der Leitung seiner momentanen Gefühle unterworfen mir denke, so bin ich dennoch überzeugt, daß im ganzen und großen die wohlberechnetste, schlaueste Politik ihn lenke...«

Auf jeden Fall währte die auf Täuschung beruhende Begeisterung der preußischen Bürger nicht sehr lange. Die konservativen Junker, die im Königreich Regierung, Verwaltung und Militärapparat beherrschten und nicht bereit waren, auch nur das kleinste Stück ihrer feudalen Privilegien preiszugeben oder gar die Macht mit den

Bürgern zu teilen, sorgten für rasche Klarstellung. Bereits am 4. Oktober 1840 erging eine Kabinettsorder, die ausdrücklich »jeder irrigen Ansicht«, der König hätte dem Antrag auf »Entwicklung der Landesverfassung im Sinne der Verordnung vom 22. Mai 1815« zugestimmt, energisch entgegentrat. Damit hatten sich die Junker bei Hofe durchgesetzt; einer der Ihren, der Minister des Innern und der Polizei, Rochus v. Rochow, der seit 1834 die Politik Preußens maßgeblich bestimmte, hatte Friedrich Wilhelm IV. zu der jeden Zweifel ausschließenden Kabinettsorder bewogen.

Von diesem Minister v. Rochow stammte das geflügelte Wort vom »beschränkten Untertanenverstand«: Als nach der Entlassung der »Göttinger Sieben« durch den König von Hannover preußische Oppositionelle – wie Johann Jacoby in Königsberg – Unterschriften und Geld für die Gemaßregelten sammelten, erklärte der Minister v. Rochow am 15. Januar 1838 dies »für eine ebenso unbesonnene als tadelnswerte und nach diesseitigen Landesgesetzen selbst strafbare Anmaßung«, und er fügte, an die Adresse der ostpreußischen Sympathisanten der Göttinger gerichtet, wörtlich hinzu:

»Es ziemt dem Untertanen, seinem Könige und Landesherrn schuldigen Gehorsam zu leisten und sich bei Befolgung der an ihn ergehenden Befehle mit der Verantwortlichkeit zu beruhigen, welche die von Gott eingesetzte Obrigkeit dafür übernimmt; aber es ziemt ihm nicht, die Handlungen des Staatsoberhauptes an den Maßstab seiner beschränkten Einsicht anzulegen und sich in dünkelhaftem Übermute ein öffentliches Urteil über die Rechtmäßigkeit derselben anzumaßen.«

Aus diesen Sätzen sprach die schier grenzenlose Borniertheit der preußischen Junkerkaste, und es muß einem fast als ein Wunder erscheinen, daß dieser Polizeiminister den Königsberger jüdischen Arzt Dr. Jacoby bislang unbehelligt gelassen hatte.

Das lag indessen an gewissen örtlichen Gegebenheiten: Königsberg war sehr weit weg von Berlin, und der ostpreußische Oberpräsident Theodor v. Schön war ein gemäßigter Liberaler, der bald zum Gegenspieler des Ministers v. Rochow wurde. Als Provinzchef konnte er vieles mildern, was der erzkonservative Minister von Berlin aus anordnete. Er und der noch liberalere Königsberger

Polizeipräsident Dr. Bruno Erhard Abegg, der wie v. Schöns Sohn Robert ein Studienfreund Jacobys war, sorgten dafür, daß in der fernen Provinzhauptstadt am Pregel die Uhren ein wenig anders gingen als in der Residenz an der Spree.

So brauchte Jacoby, trotz seiner inzwischen stadtbekannten führenden Stellung in den oppositionellen Kreisen Königsbergs, behördliche Schikanen oder gar überraschende polizeiliche Aktionen nicht zu befürchten. Wenn er dennoch in den letzten Wochen des Jahres 1840 seinen Schreibtisch sehr gründlich aufräumte, so daß kein einziges Stück seiner Korrespondenz aus jener Zeit erhalten geblieben ist, so deshalb, weil er eine baldige Änderung seiner Lage voraussah, zumindest nicht das Risiko eingehen wollte, daß eine Beschlagnahme seiner Papiere andere Personen in Schwierigkeiten bringen würde.

Denn er schickte sich gerade an, die Partie zu beginnen mit dem Ziel, den Hochmut des neuen Königs von Preußen zu dämpfen und aller Welt zu beweisen, wie wenig liberal Friedrich Wilhelm IV. in Wirklichkeit war.

Die Vorbereitungen des Eröffnungszugs, den er zu machen gedachte, beschäftigten ihn von Oktober 1840 bis zum Januar 1841. Daneben warb er weiter Anhänger für seine politischen Ansichten, agitierte im Café Siegel und verbreitete verbotene Schriften.

An dieser Stelle, mitten in Jacobys rastlosen Aktivitäten und noch vor der Eröffnung der großen Partie, die ihn mit einem Schlage weit über Ostpreußen hinaus berühmt machte, bietet sich eine Gelegenheit, einen kurzen Blick auf sein privates Leben zu werfen, von dem leider nur wenige Spuren übriggeblieben sind:

Obgleich er von seiner ärztlichen Praxis stark in Anspruch genommen wurde, betrieb er daneben mit großem Eifer vielseitige Studien. »Keine wichtige Erscheinung der Zeit, mochte sie eine streng wissenschaftliche in theoretischer oder praktischer Hinsicht, eine politische oder ästhetische sein, blieb von ihm unbeachtet«, heißt es in einem zeitgenössischen Nachschlagewerk, dem 1845 in Leipzig erschienenen »Konversationslexikon der neuesten Literatur-, Völker- und Staatengeschichte«, und der Beitrag darin enthält noch eine weitere Information: »So fesselte z. B. die interessante

Entdeckung Daguerres gleich bei ihrem ersten Bekanntwerden* in bloßen Zeitungsberichten Jacobys wissenschaftliche Aufmerksamkeit in hohem Grade, und obgleich ihm das Verfahren der Daguerreotypie erst aus unvollständigen Journalartikeln bekannt geworden war, experimentierte er unablässig mit einem selbst gebauten Apparate, bis es ihm glücklich gelang, das erste in Königsberg gefertigte Lichtbild herzustellen.«

Bis 1838 wirkte Jacoby auch bei der gegen heftige Widerstände der Orthodoxen durchgeführten Reform des Gottesdienstes in der Königsberger Synagogengemeinschaft mit. Er selbst besuchte die Synagoge nur selten, einmal, Anfang 1839, hielt er dort eine Predigt, was ein Polizeibericht als »wirklich originell für die Königsberger Zustände« vermerkte. Im übrigen fühlte er sich an die jüdische Religion kaum noch gebunden, hielt sich nicht an die streng vorgeschriebenen Äußerlichkeiten und blieb Mitglied der Gemeinde sicherlich nur, weil er zu stolz war, sich durch einen Übertritt zum Christentum Vorteile zu verschaffen; zudem war es für ihn ein Akt der Solidarität, seine noch immer stark benachteiligten, soweit sie zur ärmeren Bevölkerungsschicht gehörten auch hart bedrückten und übel geschmähten Glaubensgenossen nicht im Stich zu lassen.

Am gesellschaftlichen Leben der Stadt und ihrer bürgerlichen Kreise nahm Jacoby mehr Anteil, als man vermuten könnte. Er war durchaus gesellig, konnte im engeren Freundeskreis auch heiter, sogar ausgelassen sein. Offizielle Festlichkeiten besuchte er auch nicht zuletzt, um damit seinen Anspruch auf volle Gleichberechtigung zu unterstreichen. Im September 1840, kurz nach dem Besuch des neuen Königs, war Jacoby – so berichtet Oberpräsident v. Schön in seinen Memoiren – einer der beiden »Repräsen-

* Der französische Kunstmaler Louis Daguerre (1787–1851) kam zuerst auf den Gedanken, das Bild in der *Camera obscura* festzuhalten, jedoch zunächst ohne bedeutenden Erfolg. Erst 1839 erfand er als brauchbare Methode die Daguerreotypie. Mit Hilfe des Lichtes werden dabei auf einfache Weise dauerhafte Bilder auf hochpolierten, silberplattierten Kupferplatten hergestellt, die zuvor Joddämpfen ausgesetzt waren; das zunächst unsichtbare Bild wird durch Quecksilberdämpfe sichtbar gemacht (»entwickelt«).

tanten« auf einem Fest, das die Gelehrten Königsbergs für Alexander v. Humboldt gaben, der ihre Stadt besuchte.

Der Junggeselle Jacoby war – wie uns Fanny Lewald überliefert hat – ein ausgezeichneter, bei den Damen sehr beliebter Tänzer, doch scheint er es vermieden zu haben, engere Bindungen einzugehen, vielleicht, weil er sich bereits entschlossen hatte, ohne Rücksicht auf das damit verbundene Risiko den Kampf gegen das feudalabsolutistische Regime aufzunehmen. Dazu gehörte nach seinen Plänen als erstes, der Öffentlichkeit zu beweisen, daß es mit der Liberalität und Toleranz Friedrich Wilhelms IV. nicht weit her, ja, daß sie nichts als Schaumschlägerei sei. Er mußte, wenn er den Monarchen öffentlich angriff, mit Einkerkerung, bei einer Anklage wegen Hochverrats sogar mit der Todesstrafe rechnen. Da wäre, so fand er, Heirat verantwortungslos, die Gründung einer Familie seinem vollen Einsatz für die gute Sache nur hinderlich.

Eine tiefe Neigung hatte Jacoby indessen zu einer unglücklich verheirateten Frau, Fanny Adelson, in die er schon als Student verliebt war. Sie hatte seine Gefühle erwidert, aber, wie es in jüdischen Bürgerfamilien damals üblich war, nicht nach eigenem Wunsch heiraten dürfen. Ihre Eltern hatten sie einem wohlhabenden russischen Juden, Jakob Adelson, zur Frau gegeben, und mit diesem war sie ins Gouvernement Wilna gezogen. Im Herbst 1839 war Fanny mit ihrem Mann und sieben Kindern – das älteste war zwölf Jahre alt, das jüngste neugeboren – evangelisch geworden. Ihr Mann, inzwischen zum russischen Konsul in Königsberg ernannt, wurde bald darauf vom Zaren geadelt, was Fannys ohnehin nur sehr gemäßigt liberale Ansichten weiter abschwächte; fortan verabscheute sie alles, was ihr »umstürzlerisch« schien. Doch trotz allem, was sie nun äußerlich trennte, hing Dr. Jacobys Herz an der immer noch schönen, um vier Jahre älteren Frau Konsulin. Als er Ende 1840 alle seine für sich und andere kompromittierenden Briefschaften vernichtete, geschah das sicherlich auch um ihretwillen. Doch weil alle privaten Aufzeichnungen auf diese Weise verlorengegangen sind, wissen wir nichts Näheres über die Beziehungen, die über lange Jahre zwischen den beiden bestanden.

Für seine Vorsichtsmaßnahme hatte Jacoby gute Gründe. Nach

der Kabinettsorder, die alle liberalen Hoffnungen zerstört hatte, spitzte sich die politische Lage in Preußen zu. In Ostpreußen spaltete sich die Opposition in einen adligen und einen bürgerlichen Flügel. Der führende Kopf des liberalen Adels war der Oberpräsident v. Schön, der eine gemäßigt liberale Verfassung und eine Volksvertretung für ganz Preußen forderte, aber zu königstreu war, um etwas gegen den Willen des Monarchen zu unternehmen.

Theodor v. Schön, in dem viele schon den Nachfolger des reaktionären Polizeiministers v. Rochow sahen, hielt es für geboten, ja für seine Pflicht, den König vor den Folgen seiner unnachgiebigen Haltung zu warnen. Ende Dezember verfaßte er eine Denkschrift für Friedrich Wilhelm IV. mit dem Titel »Woher und Wohin?«, die im Januar 1841, als sie der Öffentlichkeit als Broschüre zugänglich wurde, viel Aufsehen erregte. Immerhin wies darin der Verfasser, dessen voller Titel, »Staatsminister und Oberpräsident der Provinz Preußen«, auf dem Titelblatt stand, den König in ehrerbietiger Form auf die Einrichtung von »Generalständen« als geschichtliche Notwendigkeit hin.

Es gelang indessen v. Schön keineswegs, den Monarchen für seine Pläne zu gewinnen. Zu tief saß dem Hohenzollern die Angst vor einer Revolution, wie sie in Frankreich erst fünfzig Jahre zuvor alle Stützen des Königsthrons hinweggefegt, die Monarchie samt der alten Ordnung beseitigt und das Unterste zu oberst gekehrt hatte. Und war nicht diese Französische Revolution von 1789 dadurch eingeleitet worden, daß sich Ludwig XVI. der von seinen Ratgebern geforderten Einberufung der Generalstände nicht energisch widersetzt hatte?

Der Minister v. Rochow bestärkte den König in dieser Ansicht, und v. Schön geriet nun in einen noch heftigeren Kampf mit seinem reaktionären Widersacher in Berlin, wobei hier schon vorweggenommen sei, daß diese politische Fehde damit endete, daß im Juni 1842 sowohl v. Schön wie v. Rochow aus ihren Ämtern entlassen wurden.

Der bürgerliche Flügel der ostpreußischen Opposition mit Dr. Jacoby an der Spitze war Anfang 1841 schon bereit, auch gegen den Willen des Königs für die Verfassung zu kämpfen, aber grundsätzlich allein mit legalen Mitteln; die Bewegung war radikal, aber nicht – oder noch nicht – revolutionär. Praktisch stand den bürgerlichen Liberalen damals nur ein Mittel zur Verfügung: der Appell an die öffentliche Meinung, ihre Mobilisierung mit überzeugenden, jedermann verständlichen und einleuchtenden Argumenten zu verstärktem Druck auf Regierung und König.

Schöns Denkschrift richtete sich respektvoll allein an die Majestät, wobei sich die Ziele von denen Jacobys in der Sache nicht unterschieden. Deshalb unterstützte Jacoby, obwohl er weiter zu gehen gewillt war, den allseits verehrten Oberpräsidenten; im Januar 1841 sammelte er Unterschriften für eine Solidaritätserklärung, die v. Schön den Rücken stärken sollte, und er verteidigte ihn später auch mit großer Beredsamkeit gegen die Angriffe der Reaktionäre, die von Berlin aus eine Kampagne gegen den Oberpräsidenten organisiert hatten. Aber Mitte Februar 1841 eröffnete Jacoby selbst den Angriff, den er sorgfältig vorbereitet hatte und der zeitlich so berechnet war, daß er mit der Einberufung des ostpreußischen Provinziallandtags nach Danzig zusammenfiel.

Die Waffe, mit der Jacoby zum Kampf gegen den preußischen Absolutismus antrat, war nur eine dünne Broschüre, einschließlich des Umschlags 48 Seiten stark und luftig gesetzt in hinreichend großen, gut lesbaren Buchstaben – eine gewöhnliche Flugschrift, nicht anders als die vielen hundert sonstigen Publikationen, die damals allmonatlich überall in Deutschland gedruckt und verbreitet wurden, und unter dem nicht gerade sensationellen, wenig besagenden Titel: »Vier Fragen beantwortet von einem Ostpreußen«.

Jacobys Flugschrift hatte keine Verfasser- und eine falsche Verlagsangabe: »Bei H. Hoff, Mannheim«, der bei den Agenten Metternichs als »Sitz der demokratischen Verschwörung« galt. In Wirklichkeit waren die »Vier Fragen«, die Mitte Februar in beträchtlicher Auflage erschienen und nach einem ausgeklügelten Plan in ganz Deutschland verteilt wurden, von dem »Erzrepublikaner« Otto Wigand in Leipzig verlegt worden. Gleich nach Empfang des Manuskripts hatte Wigand noch in der Nacht den Text setzen lassen, selbst die Korrekturen gelesen und sich von einem gefälligen Zensor die Druckerlaubnis beschafft, als die Leipziger Polizeidirektion, die ein Pflichtexemplar erhalten hatte, überraschend eingriff. Sie verbot die Verbreitung und verfügte wenig später die Beschlagnahme aller fertigen Exemplare.

Aber Otto Wigand gab an, er habe direkt nach dem Verbot schon alles vernichten lassen, während in Wahrheit die fertigen Exemplare bereits der Post übergeben worden waren. Außerdem hatte er durch einen anderen Buchdrucker weitere 2500 Exemplare herstellen lassen – mit dem Inpressum des liberalen Verlegers Heinrich Hoff in Mannheim, dessen Leipziger Kommissionär Otto Wigands Bruder Georg war, der dafür später, zusammen mit dem Buchdrucker Ney, eine Gefängnisstrafe verbüßen mußte.

Um eine vorzeitige Beschlagnahme in Preußen zu verhindern, ließ Otto Wigand die Berliner Buch- und Zeitungshändler als letzte beliefern. Dadurch erfuhr Polizeiminister v. Rochow erst mit einiger Verspätung von der Broschüre, die er dann sofort für ganz Preußen verbot. Er wies auch alle Oberpräsidenten an, die Schrift in ihren Provinzen unverzüglich beschlagnahmen zu lassen. Doch die Maßnahme kam zu spät; man fand nur noch sehr wenige Exemplare. Das interessierte Publikum hatte – so berichten viele bekannte Zeitgenossen übereinstimmend – die »Vier Fragen« den Buchhändlern förmlich aus den Händen gerissen.

Tatsächlich schlug Jacobys knapp und präzise abgefaßte Flugschrift wie eine Bombe ein. Sie beschrieb die politische Rechtlosigkeit der Bürger Preußens, die Allmacht und Willkür der Polizei und Verwaltung. Aus der politischen Mündigkeit des Volkes, der geschichtlichen Entwicklung des preußischen Staates und dem nicht eingelösten Verfassungsversprechen Friedrich Wilhelms III. leitete er – »mit zwingender Logik«, wie es in einer Rezension hervorgehoben wurde – das Recht des preußischen Volks auf eine Staatsverfassung ab, die eine »wahre Vertretung« aller mündigen Bürger vorsehen müsse. Die vier Fragen lauteten schlicht: »Was wünschten die Stände? Was berechtigte sie? Welcher Bescheid ward ihnen? Was bleibt ihnen zu tun übrig?« Jacobys Antwort auf die erste Frage läßt sich in einem Satz zusammenfassen: »Gesetzmäßige Teilnahme der selbständigen Bürger an den Angelegenheiten des Staates.« Selbständige, das heißt: nicht beamtete, vom Staat abhängige, sondern die Interessen der Allgemeinheit vertretende und von dieser frei gewählte Repräsentanten des Volkes sollten Einsicht in die Staatsgeschäfte sowie Kontroll- und Mitgestaltungsrechte haben.

Jacobys Antwort auf die zweite Frage, was die Stände zu dieser Forderung berechtige, gipfelt in dem Satz: »Das Bewußtsein eigener Mündigkeit und ihre am 22. Mai 1815 faktisch und gesetzlich erfolgte Mündigsprechung.«

Auf die dritte Frage, welchen Bescheid die Stände erhalten hätten, antwortet er: »Anerkennung ihrer treuen Gesinnung, Abweisung der gestellten Anträge und tröstende Hindeutung auf einen künftigen unbestimmten Ersatz«, denn eine ersprießliche Entwicklung der bestehenden Provinzialstände, wie sie Friedrich Wilhelm IV. zugesagt habe, sei keinesfalls die Erfüllung des Versprechens, das sein Vater, Friedrich Wilhelm III., in der Stunde größter Bedrängnis, nämlich nach Napoléons Wiederkehr aus der Verbannung, am 22. Mai 1815 dem preußischen Volk gegeben hatte, um es zum Kampf gegen den Franzosenkaiser anzuspornen. Diese königliche Verpflichtung bestehe daher nach wie vor in ihrer vollen gesetzlichen Kraft.

Mit der vierten und letzten Frage: »Was bleibt der Ständeversammlung zu tun übrig?«, kam die Schrift zu den praktischen Konsequenzen. Die Antwort, die der Verfasser gab, war kurz und bündig: »Das, was bisher als Gunst erbeten, nunmehr *als erwiesenes Recht* in Anspruch zu nehmen.«

Zum erstenmal in der preußischen Geschichte forderte hier einer öffentlich, bedingungslos und fast ultimativ die Bürger auf, nicht länger auf die Gnade des Königs zu warten, sondern von ihrem Recht auf politische Mitbestimmung selbständig Gebrauch zu machen. Das war etwas Unerhörtes!

»Weder vorher noch nachher hat eine politische Flugschrift sich in Deutschland einer auch nur entfernt ähnlichen, blitzartigen Wirkung rühmen können«, hat Edmund Silberner dazu mit Recht vermerkt, denn tatsächlich: »Der Verfasser dieses Meisterstücks deutscher Publizistik war mit einem Schlage ein berühmter Mann geworden. Der Eindruck seiner Schrift war überwältigend in allen deutschen Staaten: Man bewunderte den Mut ihres Verfassers und freute sich über seine Tat.«

Arnold Ruge, der Herausgeber der »Hallischen Jahrbücher«, die das damals wichtigste politisch-literarische Organ in Deutschland waren, sah in den »Vier Fragen« das preußisch-deutsche Gegenstück zu Sieyès' berühmter Schrift: *Qu'est-ce que le tiers-état?«* (»Was ist der Dritte Stand?«) Damit hatte der Abbé Emmanuel Joseph Sieyès im Januar 1789 die Französische Revolution eingeleitet; sechs Monate später war die Bastille erstürmt worden.*

Zwischen den beiden Flugschriften, der des französischen Prälaten und der des jüdischen Arztes aus Königsberg, der sich davon Ähnliches für Preußen erhoffte, bestand jedoch in zumindest einer Hinsicht ein wesentlicher Unterschied: Sieyès hatte sein Pamphlet mit vollem Namen gezeichnet; Jacobys Schrift war anonym erschienen. Die Öffentlichkeit, die den Mut ihres Verfassers rühmte, ahnte nicht einmal, wer dieser war. Auch das gehörte zu Dr. Jacobys Plan; zunächst war nun der Gegner am Zuge, Friedrich Wilhelm IV. Erst danach war er wieder an der Reihe und konnte dann, je nach der Entwicklung der »Partie«, seine Identität enthüllen oder auch nicht.

* Emmanuel Joseph Sieyès (1748–1836) wurde für den geistlichen Stand vorgebildet. Bevor er sein berühmtes Pamphlet herausgab, war er Generalvikar des Bistums Chartres. *»Qu'est-ce que le tiers-état?«* beginnt mit den Worten: »Der Plan dieser Schrift ist sehr einfach. Wir haben uns drei Fragen zu stellen: 1. Was ist der dritte Stand? – Alles. 2. Was ist er innerhalb der bisherigen Staatsordnung gewesen? – Nichts. 3. Was verlangt er? – Etwas zu sein.« Der Verfasser wendet sich dann mit leidenschaftlichem Haß gegen die bestehende Adels- und Privilegienherrschaft des Ancien Régime.
Als Redner ist Sieyès nie hervorgetreten. Im Prozeß gegen Ludwig XVI. stimmte er für den Tod des Königs. 1799 wurde er einer der fünf Direktoren, die die Exekutive bildeten, und begab sich gemeinsam mit Talleyrand und Fouché auf die Suche nach einem Diktator, der die Revolution beenden sollte. Kurze Zeit war er (Mit-)Konsul Napoléon Bonapartes in dessen erster Regierung. Er starb 1836 in Paris im Alter von 88 Jahren.

VII.
Schach dem König!

Nach dem Erscheinen der anonymen Flugschrift »Vier Fragen beantwortet von einem Ostpreußen« rätselte man überall, wer wohl der Verfasser dieses unerhörten Pamphlets sein könnte, das wie keines zuvor die Bürger Preußens und bald ganz Deutschlands erregte.

An den bürgerlichen Stammtischen, in den Lesezimmern der politischen Cafés, in den Amtsstuben der Behörden, in allen Ministerien und natürlich auch bei Hofe wurde darüber diskutiert. Man kam schließlich zu der Überzeugung, daß nur ein sehr hoher adeliger Beamter als Autor der Schrift in Frage käme, denn soviel Mut und Sachkenntnis, wie die »Vier Fragen« zu stellen voraussetzten, konnte nur ein Behördenchef, Staatsrat oder Minister haben. Kein einfacher Bürger, dessen war man sicher, aber auch kein Professor, Landrat oder Richter wäre zugleich imstande und couragiert genug gewesen, die Forderungen der Opposition so präzis, scharf formuliert und juristisch einwandfrei öffentlich zu erheben, und da der anonyme Autor in der Provinz Ostpreußen leben mußte, vermutete man allgemein, es müßte sich um den Staatsminister Theodor v. Schön handeln, den Königsberger Oberpräsidenten und bekannten Liberalen.

Auch der über die Dreistigkeit der »Vier Fragen« aufs äußerste empörte Friedrich Wilhelm IV. war davon überzeugt, daß v. Schön der Schuldige sei. Er beriet sich mit dem Innen- und Polizeiminister, und das Ergebnis war eine dienstliche Anweisung, die Herr v. Rochow auf dem schnellsten Weg an den Oberpräsidenten in Königsberg schickte.

Des Königs Majestät, teilte der Minister dem ostpreußischen Verwaltungschef mit, habe mit lebhafter Entrüstung von dem anonymen Pamphlet Kenntnis genommen und zu bestimmen geruht, man solle es nicht bei dem Verbot und der Beschlagnahmung dieser Schrift bewenden lassen, sondern alles unternehmen, den Verfasser ausfindig zu machen und dessen unerhörte Frechheit zu bestrafen. Er müsse ohne Ansehen der Person zur Verantwortung gezogen werden. Da Inhalt und Darstellung außer Zweifel ließen, daß der Schuldige in der Provinz Ostpreußen lebe, habe Seine Majestät dem Minister befohlen, die Ermittlung und Anzeige dem Oberpräsidenten aufzutragen. Allerhöchstdieselbe erwarte von dessen Diensteifer und Pflichttreue, »daß mit voller Energie und ohne alle persönlichen Rücksichten verfahren werde«.

Der König und sein Minister hielten diesen Befehl für einen besonders schlauen Schachzug, der Herrn v. Schön in arge Bedrängnis bringen würde, und Herr v. Rochow sah seinen Königsberger Gegenspieler bereits in Ungnade entlassen und des Landes verwiesen. Er ahnte nicht, daß die Eilpost aus Königsberg, der sein Kurier auf halbem Wege begegnete, mit ihrer Ankunft in Berlin der ganzen Affäre eine für den König wie für den Minister überraschende Wende geben würde.

Denn Jacoby hatte am 23. Februar, drei Tage vor Abgang der königlichen Order nach Königsberg, schon seinen wohlberechneten zweiten Zug eingeleitet und seine Schrift mit einem höflichen Begleitschreiben direkt an Friedrich Wilhelm IV. geschickt!

In seinem Brief an den König bekannte sich Jacoby als Verfasser der »Vier Fragen«. Er erklärte: »Offen und wahr sind darin die Gesinnungen und Wünsche ausgesprochen, die der Verfasser als die unter seinen Mitbürgern allgemein vorwaltenden erkannt hat. Mit Bewilligung des Zensors gedruckt, wurde diese Schrift in Leipzig von der Polizei mit Beschlag belegt, weil, wie der Verleger schreibt, ›das preußische Ministerium nicht wolle, daß über Preußen irgend etwas, gut oder böse, veröffentlicht werde‹.« Die freie Rede Friedrich Wilhelms auf offenem Platz bei der Huldigungsfeier in Königsberg aber habe »jedem Untertan die freudige Überzeugung gewährt, daß es nicht Euer Majestät Wille ist, die Stimme des Volkes vom Throne fernzuhalten. Und so wage ich denn vor meinem Könige die Anonymität aufzugeben und – der *gesetzlichen* Verantwortung mich unterziehend – diese jetzt in Mannheim erschienene Schrift gegen jeden Eingriff *willkürlicher* Deutung unter Euer Majestät erhabenen Schutz zu stellen«.

Friedrich Wilhelm IV., dem die Dreistigkeit Jacobys zunächst die Sprache verschlug, grübelte einige Tage lang, wie er diesem kühnen Schachzug am besten begegnete. Er kam zu dem Ergebnis, daß es wohl das Klügste sei, die verbotene Schrift und den Bekennerbrief ihres für die Öffentlichkeit noch anonymen Verfassers gleichermaßen zu ignorieren und keine Anklage gegen Jacoby erheben zu lassen.

Auch diese Reaktion des Königs hatte Jacoby richtig vorausgesehen und im Gegenzug, zwei Tage nach Abgang seines Briefs an Friedrich Wilhelm IV., selbst dafür gesorgt, daß dessen Inhalt der Öffentlichkeit bekannt würde. So schrieb er an Julius Waldeck in Berlin und ließ diesen wissen, was er dem König mitgeteilt habe. Er erklärte Waldeck, welche Teile des Briefs nur für ihn, den Freund, welche für die breite Öffentlichkeit bestimmt seien, und forderte ihn auf: »Mache diese Tatsachen bekannt und trage durch Wort und Schrift – soviel in Deiner Macht – zur Veröffentlichung bei! Die Öffentlichkeit allein ist die Waffe, durch die wir siegen können...!«

Dieser Brief an Julius Waldeck, auf den Jacoby, wie er am Schluß betont, »mit nächster Post... mit Sicherheit« Antwort haben wollte, hat noch eine Nachschrift: »Schließe den Brief an mich in einen an Adelson adressierten ein; denn auf der Post ist er anders nicht sicher...«

Diese Vorsicht sowie einige Hinweise in anderen Briefen lassen vermuten, daß Fanny Adelson, Jacobys unglücklich verheiratete Jugendfreundin, nicht nur eingehende Briefe für ihn in Empfang nahm, sondern auch seine vertrauliche Korrespondenz mit ihrem Siegel oder dem ihres Ehemanns, des russischen Konsuls, versah und unter ihrem Absender befördern ließ.

So gelang es Jacoby, die Polizei und Rochows Geheimagenten zu täuschen. Er konnte die Tatsache, daß er der Verfasser der »Vier Fragen« war und dies dem Preußenkönig selbst offenbart hatte, zunächst in Berlin, dann überall in Deutschland bekanntmachen. Es dauerte nicht lange, bis auch Minister v. Rochow davon erfuhr und seinerseits Friedrich Wilhelm IV. davon unterrichtete, daß sich nun nichts mehr verheimlichen ließe. So geriet der König wieder in Zugzwang.

Zunächst sträubte er sich noch dagegen, etwas zu tun, was dieser Jacoby offenbar zu bezwecken schien. Denn Friedrich Wilhelm IV. durchschaute wohl, worauf es dem Verfasser der unverschämten »Vier Fragen« ankam, nämlich für sein Pamphlet soviel Publizität zu erlangen wie nur irgend möglich. Doch Sträuben half nichts. Minister v. Rochow drängte von Tag zu mehr darauf, daß dem ja nun durch seine Selbstanzeige bekannten Übeltäter unverzüglich der Prozeß gemacht werde.

Er erklärte dem König, daß die »Vier Fragen« überall das größte Aufsehen erregten; die braven Untertanen seien darüber empört; die aufrührerischen Elemente aber freuten sich und würden nun noch dreister, besonders in Königsberg, wo der mit der Opposition sympathisierende Oberpräsident v. Schön nichts unternehme, sondern abwarte. Er scheine längst zu wissen, daß sich Jacoby dem König als Verfasser der hochverräterischen Schrift dreist bekannt habe. Es tauchten sogar schon Gerüchte auf, Ostpreußen werde demnächst vom Königreich abfallen und unter v. Schöns liberaler Führung selbständig werden! So gehe es nicht weiter, und an allem schuld sei dieser Jacoby, der die Unverfrorenheit gehabt habe, sich als bloßer Schutzjude, der er sei, in die hohe Politik zu mischen und des Königs Majestät herauszufordern! Dieser »freche Empörer« müsse jetzt unverzüglich zur Rechenschaft gezogen und drakonisch bestraft werden. Es gebe »kein Gericht in der Monarchie, das Jacoby nicht verurteilen würde«.

Schließlich gab der König nach, obwohl er befürchten mußte, dadurch in womöglich noch ärgere Bedrängnis zu kommen. Am 28. Februar 1841 schrieb Friedrich Wilhelm IV. an den Oberpräsidenten v. Schön, er habe sich jetzt entschlossen, »Jacobys Herausforderung« anzunehmen. »Machen Sie nun, teuerster Freund, daß unbeschnittene Männer von alter Treue, und die ein Herz zu Mir haben, die Schmach gutmachen, welche der Beschnittene Ostpreußen angetan.«

Noch ehe das königliche Schreiben Herrn v. Schön erreichte,

hatte dieser sich brieflich an Friedrich Wilhelm IV. mit dem dringenden Anraten gewandt, Jacobys Schrift »als der Königlichen Beachtung nicht wert zu ignorieren«. Doch am selben Tag, dem 28. Februar, an dem v. Schön dies mit Eilpost nach Berlin schickte, gab Friedrich Wilhelm dem Justizminister Mühler und dem Innenminister v. Rochow bereits Order, die gerichtliche Untersuchung gegen Jacoby zu eröffnen. Zugleich aber – und das zeigt deutlich, wie sehr sich der König der Absichten seines Herausforderers bewußt war – wies er den Justizminister an, Jacoby vor einer rechtskräftigen Entscheidung nicht zu verhaften.

Kaum hatte der Oberpräsident Kenntnis von den neuen Befehlen aus Berlin, als er sich nach Beratung mit seinen Freunden, liberalen Rittergutsbesitzern von Adel, erneut an den König wandte und ihm »auf das dringendste« anriet, die Anordnungen rückgängig zu machen und keine Anklage erheben zu lassen – jedoch vergebens. Friedrich Wilhelm ließ sich nun nicht mehr davon abhalten, »den Juden« vor Gericht zu stellen.

An seine Frau schrieb v. Schön von Danzig aus, wo er an der Ständeversammlung teilgenommen hatte: »Für Dich, *aber nur für Dich* sei es gesagt, daß ich alles angewendet habe, dies abzuwenden, um so mehr, da nichts herauskommen kann. Schreibe mir doch, welches Spektakel die Untersuchung dort macht. Ich wünschte, daß man dort Haltung behielte und ruhig alles gehen lasse, der Richter wird Jacoby kaum etwas anhaben können, und dann steht er noch besser als jetzt da.«

Ähnliches muß wohl auch der Minister v. Rochow befürchtet haben, und er tat sein Äußerstes, die Möglichkeit eines Freispruchs auszuschließen. Obwohl es allein Sache des Gerichts gewesen wäre, den Fall zu untersuchen und nach Prüfung aller Beweismittel in den für relevant befundenen Punkten Anklage zu erheben, ließ v. Rochow sein Ministerium einen Entwurf der Anklageschrift ausarbeiten, worin er – als der Innen- und Polizeiminister verantwortlich für die öffentliche Sicherheit im Königreich – dem Gericht in Königsberg praktisch vorschrieb, was es zu tun hätte. »Ohne der richterlichen Beurteilung irgend vorgreifen zu wollen«, hatte er auf 32 Seiten feststellen lassen, daß Jacoby als der Autor der »Schandschrift« des versuchten Hochverrats, der Majestätsbeleidigung sowie der Aufreizung zur Unzufriedenheit und unehrerbietigen Tadels der Regierung unzweifelhaft schuldig sei. Darüber hinaus sei die Untersuchung auch auf alle auszudehnen, die an der Herstellung und Verbreitung des Pamphlets beteiligt gewesen seien; der Verfasser könne es schwerlich ohne fremde Hilfe geschrieben haben, denn es zeige juristische Kenntnisse, wie sie ein praktischer Arzt nicht habe; also käme es darauf an, auch Jacobys Gehilfen zu ermitteln.

Zur Verstärkung der beabsichtigten Wirkung auf das Königsberger Gericht ließ v. Rochow seinen Anklage»entwurf« auch noch vom Justizminister absegnen, der ihn mit der dienstlichen Anweisung, die Kriminaluntersuchung gegen Dr. Jacoby unverzüglich einzuleiten, an das Königsberger Oberlandesgericht schickte, das schon am Tag nach dem Eingang einen den v. Rochowschen Wünschen in allen Punkten entsprechenden Beschluß faßte. Dies geschah in aller Heimlichkeit am Sonnabend, dem 13. März 1841, aber schon am Abend zuvor hatte sich die Nachricht von der Anweisung aus Berlin wie ein Lauffeuer in der Königsberger Bürgerschaft herumgesprochen.

Für Jacoby war die Nachricht, als sie ihn erreichte, keine Überraschung, denn zum einen hatte er fest damit gerechnet, und zum anderen hatte ihm Julius Waldeck, der über alles, was in den Ministerien vorging, stets bestens informiert war, den Inhalt der Anweisung an die Königsberger Justiz bereits mitgeteilt, ehe das amtliche Schreiben aus Berlin beim Oberlandesgericht eingetroffen war. Alles spricht dafür, daß der Arzt Dr. Waldeck in Berlin hohe und mit der liberalen Sache heimlich sympathisierende Ministerialbeamte unter seinen engsten Freunden und Patienten hatte.

Was allerdings noch niemand, außer den Königsberger Richtern, wußte und auch keiner, ausgenommen Jacoby selbst, zu ahnen schien: Der beschlußfassende Senat des Oberlandesgerichts hatte erklärt, daß er nicht zuständig sei, da für die Aburteilung von versuchtem oder vollendetem Hochverrat allein das Berliner Kammergericht die gesetzliche Kompetenz habe. Doch bereits am 17. März – der Bericht an das Justizministerium muß mit Eilstafetten befördert worden sein! – erging vom Minister selbst die Anweisung an das Königsberger Gericht, die Untersuchung gegen Jacoby beschleunigt fortzusetzen. Sollte nach ihrem Abschluß der Senat befinden, daß Hochverrat vorliege, so seien die Akten dem Berliner Kammergericht vorzulegen.

Indessen hatten die Königsberger Richter ohnehin nicht gewagt, wegen ihrer möglichen Unzuständigkeit eine Verzögerung eintreten zu lassen. Schon am Tag nach ihrem Beschluß, am Sonntag (!), dem 14. März 1841, um 10 Uhr vormittags, erschien mit ernster, amtlicher Miene Herr Kriminalrat Richter bei Dr. Jacoby und wies ihm seinen Haussuchungsbefehl vor. Jacoby gab sich nicht einmal die Mühe, Überraschung vorzutäuschen. Er behandelte den ungebetenen Gast sehr höflich, händigte ihm seine Schlüssel aus und führte ihn durch alle seine Räume. Es ist fast überflüssig zu erwähnen, daß der Kriminalrat nichts Belastendes vorfand; Jacoby hatte ja schon vor Wochen sehr gründlich bei sich aufgeräumt und auch seither größte Vorsicht walten lassen.

Am nächsten Tag, dem 15. März, begann der Prozeß hinter verschlossenen Türen. Die im Polizeiministerium verfaßte 32seitige Anklageschrift bildete die Grundlage der richterlichen Vernehmung Jacobys, doch händigte ihm das Gericht keine Abschrift davon aus, las sie ihm auch nicht einmal in Gänze vor und untersagte es Jacoby sogar, sich von einzelnen daraus verlesenen Abschnitten Notizen zu machen. Offenbar wollten die sehr diensteifrigen Richter so verhindern, daß Jacoby die in Berlin zusammengestellte Anklageschrift etwa veröffentlichte, womöglich mit hämischen Kommentaren versehen, die dann für noch mehr Aufregung sorgen würden. Doch sie hatten, wie schon zuvor der Minister v. Rochow, die Fähigkeiten des Angeklagten gründlich unterschätzt!

Obwohl die ersten vier Verhöre je sechs Stunden dauerten – von 3 Uhr nachmittags bis 9 Uhr abends – und zudem für Dr. Jacoby sehr anstrengend waren, weil er ohne erkennbaren Zusammenhang mal mit diesem, mal mit jenem konfrontiert wurde, schrieb er gleich im Anschluß an jede Vernehmung den ganzen Verlauf des Verhörs, alle Fragen und alle Antworten, so wortgetreu wie möglich nieder. Sein Gedächtnis war so ungewöhnlich gut, daß sich bei einem späteren Vergleich seiner Aufzeichnungen mit dem amtlichen Protokoll und einer ihm dann zugespielten Abschrift des ministeriellen »Entwurfs« der Anklageschrift kein wesentlicher Unterschied herausstellte; lange Passagen seiner nachträglich angefertigen Notizen waren fast wortgleich mit den ihm vorgelesenen Abschnitten der Anklageschrift!

Bis zum 26. April wurde Jacoby insgesamt sechzehnmal vernommen. Außerdem wurden auch die Gerichte in Breslau, Danzig, Marienwerder, sogar im sächsischen Ausland, nämlich in Leipzig, im Wege der Amtshilfe bemüht, um die Verbreiter der »Vier Fragen« zu ermitteln. Allein in Königsberg wurden 96 Zeugen – Buchhändler und -drucker, die Innungsmeister aller Handwerke, auch Ladenmädchen, sogar Köchinnen und Schulkinder – vernommen.

Bei seinen eigenen, insgesamt mehr als achtzig Stunden dauernden Vernehmungen bestritt Dr. Jacoby nachdrücklich jeden Anklagepunkt. Zwar bekannte er sich ohne Umschweife dazu, allein und ohne fremde Hilfe seine »Vier Fragen« verfaßt zu haben; er bewies auch eine so »vollkommene Bekanntschaft mit allen in der Schrift berührten Gegenständen, Gesetzen und administrativen Bestimmungen«, daß das Gericht die Suche nach einem Mitverfasser aufgab. Aber Jacoby wies es weit von sich, mit seiner Schrift irgendein Gesetz verletzt zu haben. Weder hätte er den König beleidigt noch die Regierung unehrerbietig getadelt oder jemanden zur Unzufriedenheit aufgereizt, und gar von Hochverrat könne überhaupt keine Rede sein.

Doch gerade auf dieses mit der Todesstrafe bedrohte Verbrechen und darauf, daß der Angeklagte es mindestens versuchsweise begangen habe, legte der Untersuchungsrichter allergrößten Wert, wohl nicht zuletzt, weil das Königsberger Gericht sich damit der leidigen Angelegenheit entledigen konnte. Denn überall in Preußen, ja in ganz Deutschland verfolgte man den Königsberger Prozeß mit gespannter Aufmerksamkeit. Was immer davon nach außen drang – und der Angeklagte sorgte dafür, daß jeden Tag etwas für die Behörden Ärgerliches bekannt wurde –, fand seinen Weg an die deutsche Öffentlichkeit – vorbei an allen Zensurbehörden und Polizeispitzeln. Die eigentliche Bedeutung des Verfahrens lag darin, daß es nicht einfach der Prozeß eines einzelnen Bürgers war, sondern daß mit ihm die ganze Opposition auf der Anklagebank saß; daß von dem Ausgang des Prozesses die weitere Entwicklung des ganzes Staates abhing. Fast unnötig zu sagen, daß dabei überall in den deutschen Staaten, vor allem aber in ganz Preußen und besonders in Königsberg selbst, die Sympathien für Jacoby jeden Tag größer wurden – genau wie er es sich erhofft, wie der König es befürchtet hatte, ehe er sich von seinem Minister dazu verleiten ließ, die Anklage zu befehlen.

Am letzten Apriltag unterbrach das Königsberger Gericht das Verfahren und schickte die Akten dem Berliner Kammergericht zu mit der Feststellung, es liege Hochverrat vor, und damit sei Königsberg nicht mehr zuständig.

Am nächsten Tag, dem 1. Mai, feierte Johann Jacoby seinen 36. Geburtstag. Seine politischen Freunde hatten eine große öffentliche Feier vorgesehen, die Jacoby jedoch zu verhindern verstand; das wäre, befand er, eine momentan »unzweckmäßige Demonstration«, und so feierte man ihn nur im kleinen Kreis. Jedoch auch dies hatte ernste Folgen: Der Theologe Cäsar v. Lengerke wurde wegen eines von ihm verfaßten Festgedichts vom Universitätsrichter dienstlich vernommen und ernstlich verwarnt; der Gymnasialoberlehrer Witt, auch er ein Freund Jacobys aus dem Kreis der Stammgäste im Kaffeehaus Siegel, wurde vom Dienst suspendiert, weil er den Druck der Festgabe hatte besorgen lassen und sich weigerte, eine Erklärung abzugeben, daß er sich künftig jeder politischen Äußerung und Aktivität enthalten werde. Der Zensor, Polizeirat Jonass, der den Druck der Festschrift gestattet hatte, verlor sein Amt und erhielt einen nachdrücklichen Verweis.

Auch diese Maßregelungen trugen nicht wenig dazu bei, die Königsberger Bürgerschaft zu politisieren, ihr die ganze Erbärmlichkeit des von der Regierung praktizierten »Systems Metternich« vor Augen zu führen und sie die Willkür der v. Rochowschen Polizei erkennen zu lassen.

Gerade in diesen ersten Maitagen bewahrheitete sich, was Jacobys Freund Alexander Küntzel schon im März prophezeit hatte, als er seinem »lieben Kobchen« schrieb: »Nun wirst Du es endlich dahin bringen, ... ein berühmter Mann zu werden. Herr v. Rochow wird mir verehrungswürdig. Ich habe häufig behaupten hören, er sei eigentlich ein *dummer* Teufel; das glaube ich nun nicht mehr. Er liebt Dich, er ist Dein Freund, er teilt Deine Ansichten und will Dir einen Namen machen. Das ist klar. Ich kenne Dich zu lange, um zu glauben, Du habest Dummheiten in Deinem Brief an den König auslaufen lassen; also ist die Anklage auf frechen und unehrerbietigen Tadel etc., Majestätsbeleidigung und hochverräterische Tendenz nur auf Deine Schrift begründet, und das ist in der Tat ein feiner Humor...«

Tatsächlich nahm die ganze Angelegenheit, so wichtig sie für die politische Entwicklung Preußens, ja ganz Deutschlands war, soviel Staub sie aufwirbelte und immer mehr Bürger, nicht nur in Königsberg, als gemaßregelte Sympathisanten in die Affäre verwickelte, nun wirklich komische, fast groteske Züge an: Das Kammergericht in Berlin war nämlich nicht bereit, den Prozeß zu übernehmen, vermochte aus den Akten keinen hinreichenden Verdacht auf Hochverrat zu erkennen und wollte die Sache wieder den Königsberger Richtern zuschieben, die sich ihrerseits für unzuständig erklärten, weil sie Jacobys Hochverrat für erwiesen hielten. Justizminister Mühler war ratlos und wandte sich an seinen Kollegen v. Rochow, der ihm die leidige Geschichte eingebrockt hatte; v. Rochow, obwohl er doch selbst die Anfertigung der Anklage in seinem Ministerium befohlen hatte, erklärte sich nunmehr als Polizeiminister für inkompetent, in Justizangelegenheiten hineinzureden, und da sich die Minister nicht einigen konnten, wandten sie sich nun hilfesuchend an den König. Der war, je länger er über die Sache nachdachte, desto weniger imstande, eine gute, also sein und des preußischen Staates Ansehen wahrende Lösung zu finden: Er erkannte jetzt, in welche verteufelte Lage ihn dieser freche Jude in Königsberg hineinmanövriert hatte, als er so unverschämt gewesen war, seine Anonymität ihm, dem Monarchen, zu offenbaren und sich dreist unter seinen königlichen Schutz zu stellen.

Denn wie er nun auch entschied, die deutsche Öffentlichkeit würde nicht die angeblich unabhängigen Richter, sondern ihn, den König selbst, für ein hartes Urteil gegen den inzwischen so berühmten und populären Dr. Jacoby verantwortlich machen. Verwies er die Sache an das Kammergericht, das die Übernahme abgelehnt hatte, so kam das einem Befehl zur Verurteilung wegen Hochverrats gleich, denn für anderes war dieses höchste Gericht ja nicht zuständig. Befahl er dagegen, das Königsberger Gericht, dessen Senat den Dr. Jacoby bereits des Hochverrats für schuldig befunden hatte, solle den Fall zu Ende bringen trotz seiner Unzuständigkeit, so war es nicht anders, und überdies entzog er damit den Angeklagten dem allein für ihn zuständigen Gericht und verletzte damit das geltende Recht.

Nach vier langen Monaten des Hin und Her entschied der bis zuletzt unschlüssige König am 30. August 1841: »Wiewohl Ich nun der Ansicht des Kammergerichts beistimme, so will Ich doch zur Beseitigung jedes Kompetenzzweifels hiermit besonders anordnen, daß der Kriminalsenat zu Königsberg als der ordentliche Gerichtsstand des Jacoby wegen der gegen denselben aufgestellten Anschuldigungen die Untersuchung zu führen und das Erkenntnis abzufassen berechtigt sein soll.«

Fast allzu lange hatte sich der König diesen Zug überlegt, und kaum daß er ihn getan hatte, bedauerte er ihn auch schon, wenngleich er gewiß noch nicht ahnte, daß Jacobys nächster Zug ihn noch mehr in die Enge treiben würde. Auch der Doktor, der im Spätsommer und Herbst gesundheitlich nicht wohlauf war und unter starken Schmerzen litt, ließ sich diesmal viel Zeit. Zunächst beschwerte er sich beim Königsberger Gericht über die ungebührliche Verschleppung seines Prozesses, wandte sich dann an den Justizminister mit einer Eingabe, worin er auf die Gesetzwidrigkeit der mehrmonatigen Unterbrechung seines Verfahrens hinwies und, da beides unbeantwortet blieb, sorgte er dafür, daß auch diese für die Justiz wenig schmeichelhaften Fakten der Öffentlichkeit bekannt wurden.

Am 10. November nahm der Königsberger Senat die Voruntersuchung wieder auf. Noch viermal verhörte er den Angeklagten und kam am 22. November 1841 zu dem Beschluß, die Sache nun zu beenden und das Urteil zu beraten, das mit Sicherheit gegen Jacoby ausfallen würde, denn es war allgemein bekannt, daß das Königsberger Oberlandesgericht unter seinem Chefpräsidenten Christian

v. Zander ein willfähriges Werkzeug des Polizeiministers v. Rochow war und nur dessen Wünschen entsprechend urteilte. So schien Jacobys Schicksal besiegelt; es war damit zu rechnen, daß der Kriminalsenat das Todesurteil aussprechen würde, um dann dem König Gelegenheit zu geben, Jacoby am Ende doch noch »allergnädigst« mit einer langen Freiheitsstrafe davonkommen zu lassen. Doch einen Tag vor dem Abschluß der Voruntersuchung führte Jacoby, noch gerade rechtzeitig, seinen nächsten Zug aus:

Mit einer Eingabe an den König bestritt er dem Königsberger Gericht die Zuständigkeit in Hochverratsfällen, der königlichen Order vom 30. August die Rechtmäßigkeit, weil in Preußen unzweifelhaft niemand, auch nicht der Monarch, einen Angeklagten seinem ordentlichen Richter entziehen dürfe. Das war erneut ein Schach dem König, und dieser konnte gar nicht anders als dem Gesuch stattgeben. Am 11. Dezember erließ er eine neue Kabinettsorder, worin er erklärte, mit seiner Anordnung vom 30. August habe er nur alles Außergewöhnliche in der Untersuchung gegen Jacoby vermeiden, keineswegs aber ihn dem zuständigen Gericht entziehen wollen; die alte Order sei hiermit aufgehoben, der Angeklagte möge nun entscheiden, welches Gericht über ihn das Urteil sprechen solle.

Das war, wie der König meinte, nicht nur eine noble Geste, sondern auch ein glänzender Schachzug, der ihm in der verfahrenen Angelegenheit weiterhelfen und einiges an verlorengegangener Popularität zurückgewinnen würde. Er übersah dabei, daß die Öffentlichkeit längst wußte, wie unfreiwillig edelmütig er handelte. Jacoby hatte ihn auf die Ungesetzlichkeit seiner ersten Entscheidung ja erst energisch hinweisen müssen und zudem mit seinen Freunden dafür gesorgt, daß dies jedem Verständigen im Lande klar geworden war.

Wie sich Jacoby nun verhalten würde, war ebenfalls jedermann klar. Da die Königsberger Richter nur darauf warteten, ihn – wie es Oberpräsident v. Schön formulierte – »zum höllischen Feuer« zu verurteilen, das Berliner Kammergericht jedoch bereits entschieden hatte, es läge kein Hochverrat vor, wählte Jacoby natürlich das Kammergericht, wo er zumindest vor der Verurteilung zum Tode sicher war.

Die Monate, die bis zur Entscheidung der Berliner Richter

vergingen, nutzte er zur gründlichen Vorbereitung seiner Verteidigungsschrift, die er am 31. Dezember 1841, einen Tag vor Ablauf der ihm gesetzten Frist, fertigstellte und dem Kriminalsenat einreichte. Die damalige Prozeßordnung sah ein nichtöffentliches, schriftliches Verfahren vor, bei dem die erkennenden Richter den Angeklagten überhaupt nicht zu sehen oder zu hören bekamen. Für den Angeklagten war es daher allein von Bedeutung, daß er die Anklage mit zwingenden juristischen Argumenten entkräftete. Jacoby hätte sich eigentlich eines erfahrenen, mit den Gepflogenheiten des Berliner Kriminalsenats vertrauten Verteidigers bedienen müssen, doch er zog es vor, seine Sache selbst zu vertreten.

In dem Schriftsatz, den er am 31. Dezember 1841 bei Gericht einreichte, widerlegte er die Anklage Punkt für Punkt, als erstes den Vorwurf des versuchten Hochverrats. Man warf ihm vor, mit seinen in den »Vier Fragen« erkennbar werdenden Forderungen habe er nicht nur den bestehenden Gesetzen, sondern auch den erklärten Absichten des Königs widersprochen und die Bürger und deren Vertreter offen zum Widerstand gegen die bestehende Regierungsform aufgefordert.

Jacoby erwiderte darauf, es möge Höflingstugend sein, sich alle Absichten des Königs zu eigen zu machen, keine andere Meinung als die Seiner Majestät gelten zu lassen. Aber es gebe kein Gesetz, das die Bürger zwinge, die politischen Ansichten des Königs und seiner Minister zu teilen. Eine entgegengesetzte Meinung zu vertreten könne daher kein Hochverrat noch überhaupt etwas Ungesetzliches sein. Sodann bewies er, daß in seiner Schrift auch von Majestätsbeleidigung keine Rede sein könne; er habe sich darin »die rücksichtsvollste Beobachtung des Anstands und der Mäßigung selber zur Pflicht gemacht«. Auch der Vorwurf, die Landesgesetze frech und unehrerbietig getadelt zu haben, sei unbegründet.

»Wofür will man mich strafen? Dafür, daß ich geschrieben, was täglich von Tausenden meiner Mitbürger gedacht und gesagt wird? Und welchen Vorteil erwartet man von der Strafe? Die Wahrheit, so lehrt die Geschichte, ist niemals den Staaten nachteilig gewesen, wohl aber das Verhüllen der Wahrheit. Nicht der freimütige Schriftsteller, sondern nur die Verfolgung desselben hat von jeher den Regierungen Gefahr gebracht ...«

»Ohne Scheu würde ich«, heißt es am Ende der Verteidigungsschrift, »auch jetzt noch öffentlich aussprechen, daß Beamtengewalt und politische Nichtigkeit der selbständigen Bürger das Gebrechen des Vaterlands, Öffentlichkeit und wahre Vertretung dagegen die Heilmittel dieses Gebrechens... sind. Dies sind die Grundzüge meiner Schrift, die an den Stufen des Thrones niedergelegt zu haben, ich selbst jetzt nicht bereue... Hier ist mein Bekenntnis; ich habe nichts verschwiegen und nichts zu widerrufen. Frei spricht mich die Überzeugung, frei das Gewissen, und ich stehe vor selbstgewählten, gewissenhaften Richtern.« So endet der Schriftsatz.

Knapp zwei Monate hatte Jacoby daran gearbeitet. Von Anfang an plante er, seine Rechtfertigung nicht nur beim Kammergericht einzureichen, sondern ihr die größtmögliche Publizität zu verschaffen. Otto Wigand hatte ihm versprochen, sie sogleich nach Fertigstellung in Druck zu geben und als Broschüre zu verbreiten, aber es zeigte sich bald, daß niemand in Deutschland die Verantwortung für Druck und Vertrieb zu übernehmen bereit war. So erschien Jacobys Verteidigungsschrift Mitte Juni 1841 in Julius Fröbels »Literarischem Comptoir« in Zürich und Winterthur.* Von der Schweiz aus

* Die Aufgabe des Literarischen Comptoirs war nach Fröbels eigenen Worten »die Übernahme und Verbreitung zensurflüchtiger Schriften zur Förderung des in Deutschland erwachten politischen Geistes«. Zusammen mit dem Buchdrukker Ulrich Hegner und mit finanzieller Hilfe seines reichen Schwiegervaters hatte Julius Fröbel Ende 1840 den Verlag mit Sitz in Zürich und Winterthur gegründet. Sein erster großer Erfolg waren Georg Herweghs »Gedichte eines Lebendigen«.
1843 erreichte die Verlagsproduktion ihren Höhepunkt; u. a. erschienen im Literarischen Comptoir Werke von Robert Prutz, Hoffmann von Fallersleben, Rudolf von Gottschall u. v. m; Gottfried Kellers erste Gedichte erschienen in den von Fröbel 1845 und 1846 herausgegebenen »Deutschen Taschenbüchern«.
Die wichtigste politische Veröffentlichung, die das Literarische Comptoir während der sechs Jahre seines Bestehens – 1846 machten Bundestagsbeschlüsse seiner Tätigkeit ein Ende – herausbrachte, war das Hauptwerk des Frühsozialisten Friedrich Wilhelm Schulz, »Die Bewegung der Produktion«, das starken Einfluß auf Karl Marx ausübte.

wurde sie illegal in ganz Deutschland, von Juli an auch in Preußen, verbreitet und mußte wegen der großen Nachfrage noch im selben Jahr zweimal nachgedruckt werden.

Doch noch ehe die Rechtfertigung dem deutschen Publikum zugänglich gemacht werden konnte, nämlich schon am 5. April 1842, erging das Urteil gegen ihn: Von der Anklage auf Hochverrat wurde er erwartungsgemäß freigesprochen, dagegen wegen Majestätsbeleidigung sowie wegen frechen, unehrerbietigen Tadels und Verspottung der Landesgesetze und Erregung von Mißvergnügen zu zweieinhalb Jahren Festungshaft verurteilt, auch des Rechtes, die preußische Landeskokarde zu tragen, für verlustig erklärt, was etwa der Aberkennung der bürgerlichen Ehrenrechte gleichkam.

Dieses Urteil, mit dem Jacoby durchaus gerechnet hatte, fachte die Diskussion über die »Vier Fragen« und alles, was sich bislang daraus ergeben hatte, wieder heftig an. »Deine Prozeßakten oder doch Deine Verteidigung zirkulieren in Abschriften in Berlin«, schrieb ihm am 18. April sein Studienfreund Siegfried v. Brünneck, auch daß sie »von einem hohen Adel und einem verehrten Publikum« bewundert würden. Es herrsche selbst in den sogenannten »höheren Kreisen« die Meinung vor, daß Jacoby in zweiter Instanz, die er gewiß anrufen würde, gänzlich freigesprochen werden müßte.

Darauf hoffte auch Jacoby. Er legte gegen das erstinstanzliche Urteil Berufung ein, führte wiederum seine Verteidigung ohne anwaltliche Hilfe und veröffentlichte abermals seine dem Gericht eingereichte Rechtfertigungsschrift, doch nun lange vor dem Urteilsspruch. Bereits im September erschien »Meine weitere Verteidigung« als Broschüre im »Literarischen Comptoir« und wurde von der Schweiz aus nach Preußen und in die anderen deutschen Staaten eingeschleust.

Aus dieser »Weiteren Verteidigung« sind zwei Punkte von besonderem Interesse. Bei dem einen handelte es sich nochmals um den Vorwurf des Hochverrats, von dem er zwar freigesprochen worden war, jedoch mit der Bemerkung des Richters, Jacobys Forderung, die preußischen Stände mögen »das, was sie bisher als Gunst erbeten«, nämlich die endliche Gewährung der schon 1815 versprochenen Verfassung für den ganzen Staat mit gesetzlichen Mitspracherechten für ein gewählten Parlament, »nunmehr als erwiesenes Recht in Anspruch nehmen«, beinhalte revolutionäre Absichten. Denn wie wollte der Angeschuldigte denn anders zum Ziel gelangen, wenn ein neuerlicher Antrag der Stände vom König wiederum abgelehnt würde?

Darauf antwortete Jacoby in seiner »Weiteren Verteidigung«: Er verlange nicht mehr, als daß der Antrag nach jeder Ablehnung aufs neue gestellt werde, und den preußischen Ständen wünsche er »jene edle Beharrlichkeit William Wilberforces«, des britischen Unterhausabgeordneten, der von 1789 an immer wieder, mit insgesamt 19 Anträgen, die er stellte, die Abschaffung des Sklavenhandels, dann der Sklaverei überhaupt, betrieben hatte, wobei er sich zu seinen Lebzeiten nicht in vollem Umfang hatte durchsetzen können; erst kurz nach seinem Tode im Jahre 1833 war auch der Sklavenhandel vom britischen Unterhaus für ungesetzlich erklärt worden.

Der andere Punkt in Jacobys »Weiterer Verteidigung«, der besondere Beachtung verdient, betraf die Behauptung der Richter erster Instanz, der Angeschuldigte sei weder durch seinen Beruf noch durch seine Bildung zur Kritik der Staatseinrichtung oder gar des Staatsoberhauptes berechtigt. Darauf erwiderte nun Jacoby:

»Ich habe in mir den Beruf gefühlt, öffentlich auszusprechen, was ich für Wahrheit und Recht halte; ob dieses Gefühl ein richtiges war, darüber steht nicht dem einzelnen Richter, sondern allein der Stimme des Volkes die Entscheidung zu.«

Das waren kühne Worte, die von einem bis dahin in Preußen unerhörten Bürgerstolz und Selbstbewußtsein zeugten, und sie fanden sehr starken Widerhall, wiederum weit über das Königreich Preußen hinaus. Die »Leipziger Allgemeine Zeitung«, die damals in ganz Deutschland verbreitet war, widmete der »Weiteren Verteidigung« Jacobys eine acht Spalten lange Besprechung, worin dem Verfasser höchste Anerkennung für die Weckung des politischen Bewußtseins im Vaterlande gezollt wurde. Auch die anderen großen Blätter spendeten Jacoby viel Beifall und lobten sein Eintreten »für die edelsten Interessen des Vaterlandes«.

Wie groß die allgemeine Teilnahme an Jacobys Prozeß war, zeigte sich auch an einem öffentlichen Aufruf, der in den großen Zeitungen Hamburgs, Leipzigs und Augsburgs im Herbst 1842 erschien. Damit forderten bekannte Liberale zu Spenden für eine »Bürgerkrone« aus edlen Metallen auf, die Dr. Johann Jacoby überreicht werden sollte – als Beweis der Anerkennung seines Muts und Bürgersinns »und vielleicht auch als einen Ersatz für jenes Wahrzeichen bürgerlicher Ehre« – die preußische Staatskokarde –, »dessen ihn seine Richter für unwürdig erklärt« hatten.

Friedrich Wilhelm IV. selbst ordnete voller Empörung sofort eine strenge Untersuchung gegen diejenigen preußischen Bürger an, die den Spendenaufruf unterzeichnet hatten. Aber alle polizeilichen Maßnahmen bewirkten nur eine noch stärkere Solidarisierung: Noch am 5. Dezember 1842 unterzeichneten mehr als sechzig angesehene Königsberger Bürger, darunter viele Staatsbeamte, einen Protest gegen alle obrigkeitlichen Versuche, die Spendensammlung für die »Bürgerkrone« zu verhindern, und sie veröffentlichten ihre Erklärung als bezahltes Inserat in der Königsberger »Kgl. preuß. Staats-, Kriegs- und Friedenszeitung«. Nun wurde es dem König zuviel.

Es sollte, so ließ er den Chefpräsidenten des Kammergerichts, Wilhelm Heinrich v. Grolmann, wissen, endlich Schluß sein mit der leidigen Sache, die dieser Königsberger Jude, dieser Jacoby angezettelt hatte. Das Urteil gegen den »frechen Empörer« müsse nun »schleunigst« ergehen, wobei Friedrich Wilhelm IV. für niemanden Zweifel offen ließ, daß er eine strenge Bestrafung Jacobys und sofortige Vollstreckung wünschte. Damit, so hoffte der König, würde der rasch um sich greifenden, von den »Vier Fragen« ausgelösten Aufsässigkeit seiner Untertanen endlich energisch Einhalt geboten werden können.

Das endgültige Urteil erging dann nach insgesamt fast zweijähriger Prozeßdauer am 19. Januar 1843: Dr. Johann Jacoby wurde in allen Punkten freigesprochen, das Urteil der ersten Instanz aufgehoben!

Was niemand so recht zu hoffen gewagt hatte: Jacoby hatte die höchsten Richter Preußens überzeugt, und sie waren bereit gewesen, dies uneingeschränkt in ihrem Urteil zum Ausdruck zu bringen.

Der König mußte die Niederlage hinnehmen: Sein Königsberger Herausforderer hatte die Partie glänzend gespielt und unbestreitbar gewonnen.

VIII.
Der Liebling der Nation

Jacobys Freispruch am 19. Januar 1843 wurde zunächst in Berlin, in den folgenden Tagen entlang den Poststraßen auch im übrigen Preußen und innerhalb einer Woche überall in Deutschland mit großem Jubel als ein glänzender Sieg der Gerechtigkeit über Polizei- und Justizwillkür, als ein Triumph des Fortschritts und Freisinns über das reaktionäre »System Metternich« gefeiert.

Es gab noch keine Telegraphenlinien, erst wenige Städteverbindungen mit der Eisenbahn; die Nachrichten verbreiteten sich entweder durch die mündliche Übermittlung oder aber durch Briefe, Zeitungen und Flugschriften, jedoch nur ausnahmsweise auf schnelleren Wegen als denen der Postkutschen und berittenen Boten. Immer noch dauerte es mindestens fünf Tage, bis eine Neuigkeit aus Berlin im fernen Königsberg eingetroffen war, und bis sie eine amtliche, will heißen: durch Veröffentlichung in einer konzessionierten und zensierten Zeitung erfahrene Bestätigung erhielt, vergingen oft weitere Tage.

Am 25. Januar 1843 schrieb Jakob van Riesen, der Führer der Danziger Liberalen, an Jacoby nach Königsberg, er habe gestern von dem Freispruch durch das Berliner Kammergericht erfahren, doch schien ihm die Nachricht zu schön, um wahr zu sein. »Heute«, heißt es weiter in der Botschaft, »kam aber ein Brief aus Berlin an den Herausgeber der Elbinger Anzeigen, der diese Nachricht vollkommen bestätigt, indem der Verfasser des Briefes schreibt, daß er sie aus dem Munde eines Kammergerichtsrats hat. Ihre Freisprechung steht heute abend in den Elbinger Zeitungen, wenn sie der Zensor nicht streicht. In Berlin soll darüber eine allgemeine Aufregung sein, man läuft von Haus zu Haus und teilt sich diese Nachricht mit...«

Zwei Tage später, am 27. Januar, meldete Jacobys Freund und Vetter Julius Waldeck aus Berlin: »Welche freudige Sensation die Nachricht Deiner Freisprechung hier verursacht, kann ich Dir nicht beschreiben…« Er fügte noch hinzu, daß nach seinen Informationen der Vereinigte Senat des Kammergerichts unter Vorsitz des Chefpräsidenten v. Grolmann das Urteil sehr gründlich beraten und dann *einstimmig* beschlossen habe.

In der Urteilsbegründung, die erst später bekannt wurde, hieß es, der Angeklagte habe »nicht nur niemals die seinem Landesherrn schuldige Ehrfurcht außer acht gelassen, sondern im Gegenteil unserm erhabenen Könige seine Ergebenheit und Ehrfurcht in so hohem Maße und in solcher Weise bezeugt, daß an der Aufrichtigkeit seiner Gesinnung nicht gezweifelt werden kann. Daß aber eine solche Gesinnung sehr wohl vereinbar ist mit einem freimütigen, die Grenzen des Anstands und der dem Landesherrn schuldigen Ehrfurcht beachtenden Tadel bestehender Einrichtungen, dies wird wohl von niemandem in Abrede gestellt werden können.«

Friedrich Wilhelm IV., dem diese Urteilsbegründung wie blanker Hohn erscheinen mußte, war darüber außer sich vor Zorn. Er überhäufte den Chefpräsidenten des Kammergerichts, den er zu sich befohlen hatte, mit so harten Vorwürfen, daß dieser sich die Einmischung des Königs in seine, des unabhängigen Richters, alleinige Amtssache energisch verbat. Als daraufhin der König noch ärgerlicher wurde und erklärte: »In solchen Dingen kann Ich die Person nicht vom Amte trennen!«, gab der Chefpräsident kühl zur Antwort, *er* könne das. Er forderte seine Entlassung, und Friedrich Wilhelm IV., blaß vor Wut, erteilte sie ihm, zu spät erkennend, daß er sich damit eine weitere moralische Niederlage und einen Verlust an Ansehen eingehandelt hatte.

Dabei hatte sich der König noch wenige Wochen zuvor, im November 1842, zunächst recht erfolgreich bemüht, sich tolerant gegenüber dem aufmuckenden liberalen Bürgertum zu zeigen. Er hatte sogar den fünfundzwanzigjährigen Dichter Georg Herwegh, der auf einer Deutschlandreise nach Berlin gekommen war, im Schloß empfangen und ihm erklärt: »Ich liebe eine gesinnungsvolle Opposition!«

Herwegh, der mit seinen im Jahr zuvor in Fröbels »Literarischem Comptoir« erschienenen »Gedichten eines Lebendigen« gerade zum populärsten politischen Lyriker Deutschlands geworden war, reiste damals durch Deutschland, um mit seinem neugewonnenen Dichterruhm für die von ihm geplante Monatsschrift »Der deutsche Bote aus der Schweiz«, die bei Fröbel erscheinen und allen oppositionellen Strömungen ein Diskussionsforum eröffnen sollte, Leser zu werben und interessante Mitarbeiter zu gewinnen. Es wurde dann zwar nichts aus diesem Plan; die Zeitschrift wurde noch vor ihrem ersten Erscheinen verboten, weshalb Herwegh die dafür schon vorhandenen Beiträge in einem Buch zusammenfaßte, das unter dem Titel »Einundzwanzig Bogen aus der Schweiz« erschien und von dem noch die Rede sein wird. Von alledem konnte der junge Dichter noch nichts ahnen; der liebenswürdige Empfang bei Friedrich Wilhelm IV. war ihm vielmehr als gutes Omen für sein Projekt erschienen, und er hatte sich von dem Königswort ebenso beeindruckt gezeigt wie viele Bürger Berlins. Aber dann war der junge Dichter, dessen Deutschlandreise einem wahren Triumphzug glich, weitergereist nach Königsberg, um Dr. Johann Jacoby, dem berühmten Verfasser der »Vier Fragen«, seine Aufwartung zu machen. Vom 26. November bis 7. Dezember hielt sich Herwegh in Königsberg auf, und Jacoby sorgte mit seinen politischen Freunden dafür, daß der Besuch des populären Freiheitssängers zu einer eindrucksvollen Manifestation der freisinnigen Sache wurde.

Die preußische Regierung hatte allen Beamten, der Prorektor der Albertina allen Studenten streng untersagt, sich an den Herwegh-Feiern zu beteiligen. Aber die Studentenschaft hielt sich nicht an das Verbot, und auch viele Staatsbeamte mißachteten es. Oberlandesgerichtsrat Crelinger nahm Herwegh in seinem Hause auf, und am 2. Dezember fand ein Bankett zu Ehren des jungen Dichters statt, an dem etwa hundertfünfzig Honoratioren, darunter zahlreiche höhere Beamte, Professoren und Richter, teilnahmen. Eine Musikkapelle der Garnison in Uniform spielte zur Begrüßung – die Marseillaise, die in Preußen wie überall im »System Metternich« geächtete und bei strenger Strafe auch nur zu summen verbotene Hymne der Französischen Revolution!

In seiner Dankesrede hob Herwegh dann hervor, daß er nicht zuletzt nach Königsberg gekommen sei, um den Mann persönlich kennenzulernen, mit dem er schon seit Jahresfrist die tiefste geistige Freundschaft geschlossen habe. Dieser Mann sei Johann Jacoby, der Verfasser der »Vier Fragen« – »er lebe hoch!« Später schrieb Herwegh, Königsberg und die Begegnung mit Jacoby sei der Höhepunkt seiner Deutschlandfahrt gewesen.

Am 29. November 1842 hatten die beiden eine lange Unterredung, in der Jacoby dem jungen Dichter, wie dieser später seiner Braut schrieb, »sein ganzes politisches Glaubensbekenntnis ablegte«. Er muß damit tiefen Eindruck auf Herwegh gemacht haben. »Leider hat Herwegh das Gespräch nicht aufgezeichnet«, heißt es darüber bei Edmund Silberner. »Er bemerkt nur, Jacoby sei weitaus der tüchtigste und idealste unter den Königsberger Liberalen... Tatsache aber ist es, daß die beiden in Königsberg Freundschaftsbande anknüpften, die viele Jahre hielten.«

Darüber hinaus spricht jedoch alles dafür, daß es Jacoby bei diesem langen Gespräch auch gelungen ist, Herwegh zur Korrektur eines politischen Fehlers zu bewegen. Wie man annehmen darf, war der junge Dichter noch beeindruckt von seinem freundlichen Empfang durch den Preußenkönig, und Jacoby wird ihm wohl klargemacht haben, daß den Kämpfern für Freiheit und Fortschritt von Friedrich Wilhelm IV. keineswegs Liebe, sondern unerbittliche Verfolgung zuteil werde. Nun sei es dem König auch noch gelungen, aus dem Besuch des populären Freiheitsdichters politisches Kapital zu schlagen, denn er versuche, die Opposition zu spalten in Sanft-Gemäßigte, mit denen er weiter sein Spiel treiben könne und denen er nur ab und zu ein wenig zu schmeicheln brauche, um sie weiter an seine vagen Versprechungen glauben zu lassen, und in Entschiedene, die er als »freche Empörer« mit Kerker und Galgen bedrohe.

Jedenfalls muß der Aufenthalt in Königsberg, dessen Höhepunkt das lange Gespräch mit Jacoby war, bei Herwegh einen Sinneswandel, seine Meinung vom Preußenkönig betreffend, herbeigeführt haben. Kurz vor seiner Abreise schrieb der Dichter einen Brief an Friedrich Wilhelm IV., worin er dem König dringend riet, seinem

Volk endlich die geforderten Rechte und Freiheiten zu gewähren. Dieser Brief, der – so die Brockhaussche »Allgemeine deutsche Real-Encyklopädie für die gebildeten Stände« von 1845 – »allerdings alle conventionellen Formen vermissen ließ«, muß Friedrich Wilhelm IV. sehr verärgert haben. In einem Schreiben an den – bald darauf entlassenen – Oberpräsidenten v. Schön beschwerte sich der König darüber, daß an dem Königsberger Festmahl für Herwegh, neben stadtbekannten Aufwieglern, »dreizehn Juden, darunter Jacoby« teilgenommen hätten, und er verfügte die sofortige Ausweisung des Dichters aus dem Königreich!

Damit waren die Fronten wieder klar und von Liebe zur Opposition, ob gesinnungsvoll oder nicht, beim König für jedermann erkennbar keine Rede mehr. Für die gemäßigt liberalen Bürger Preußens aber war die Verbannung des gefeierten Dichters ein neuer Beweis dafür, wie wankelmütig der König war und wie wenig man seinen Worten trauen konnte. Mit bloßem Händeringen, demütigem Bitten und selbst sanftem Drängen, so erkannten nun zumindest einige der bis dahin gemäßigt Oppositionellen, war dem fortschrittsfeindlichen Regime der Junker und des Königs nicht beizukommen.

Schon kurz zuvor, im September 1842, hatte der Lyriker und Ordinarius für deutsche Sprache in Breslau, August Heinrich Hoffmann von Fallersleben, ebenfalls durchaus »gesinnungsvoll« und »ehrerbietig«, die Aufhebung der Zensur in Preußen erfleht. Der letzte Vers seines Gedichts »An meinen König« lautete:

»O sprich ein Wort in diesen trüben Tagen, / wo Trug und Knechtssinn, Lug und Schmeichelei / die Wahrheit gern in Fesseln möchten schlagen, / mein König, sprich das Wort: Das Wort sei frei!« Daraufhin war auch dieser Dichter aus dem Staatsdienst entfernt und aus Preußen ausgewiesen worden.

Die in Köln erscheinende »Rheinische Zeitung«, die Hoffmanns Gedicht am 22. September 1842 veröffentlicht hatte, war dafür gemaßregelt und vom 31. März 1843 an dauernd verboten worden – ein schlagender Beweis für die Wankelmütigkeit Friedrich Wilhelms IV.! Denn der König hatte erst am 24. Dezember 1841 durch sein sogenanntes »Weihnachtsdekret« eine Lockerung der Zensur verfügt. Dadurch war das Erscheinen der »Rheinischen Zeitung« von Anfang 1842 an überhaupt erst möglich geworden. Aber keine fünfzehn Monate später hatte der Monarch bereits genug von dieser Liberalisierung; das oppositionelle Blatt mußte sein Erscheinen einstellen, und sein Redakteur, Dr. Karl Marx, hatte sich dann, in Preußen brotlos geworden, den Zigtausenden von Deutschen zugesellt, die vor den Verfolgungen der Reaktion in Paris Zuflucht gefunden hatten.

In Berlin war, ebenfalls um die Jahreswende 1842/43, die Schriftstellerin Bettina v. Arnim, Witwe Achim v. Arnims und Schwester eines anderen großen Romantikers, Clemens Brentanos, mit einem Werk an die Öffentlichkeit getreten, von dem sie sich eine Besserung der politischen und sozialen Verhältnisse in Preußen erhoffte. Sie hatte Friedrich Wilhelm IV. zuvor gebeten, es ihm widmen zu dürfen, was ihr auch gnädig gestattet worden war. Das zweibändige Werk hatte den Titel »Dies Buch gehört dem König!« und war ein leidenschaftlicher Appell an den verehrten Monarchen, endlich die Zeichen der Zeit zu begreifen und die hohen Erwartungen zu erfüllen, die die Bürger Preußens an seine Thronbesteigung geknüpft hatten. Doch auch dieser Versuch war gescheitert; Friedrich Wilhelm IV. hatte – nach dem Zeugnis Alexander v. Humboldts – nur einmal flüchtig in dem Buch geblättert und es dann achtlos beiseite gelegt; im übrigen war es sofort nach Erscheinen verboten und beschlagnahmt worden.

Diese und viele andere wohlmeinende Versuche gemäßigter Liberaler zeigten deutlich, daß Jacobys in den »Vier Fragen« abgegebenes Urteil über die Zustände im Königreich Preußen durchaus den Tatsachen entsprach und daß seine Aufforderung, doch endlich, »was bisher als Gunst erbeten, als erwiesenes Recht in Anspruch zu nehmen«, wahrlich ihre Berechtigung hatte. Die Entschiedenheit, mit der er aufgetreten war und sich zum Sprecher einer Opposition gemacht hatte, die eine so klare Sprache zu führen noch nicht mutig genug war, hatten ihn in zwei harten Jahren des Kampfes mit der preußischen Justiz zum Populärsten unter denen gemacht, die man damals die »Freiheitsmänner« nannte.

Als man ihm am 2. Februar 1843 beim Königsberger Gericht

offiziell bekanntgab, was er selbst und alle Welt längst wußten, nämlich daß ihn das Berliner Kammergericht in zweiter und letzter Instanz in allen Anklagepunkten freigesprochen hatte, verweigerte ihm der Richter die von Jacoby erbetene Aushändigung einer Abschrift des Urteils und seiner Begründung.

Jacoby erhob dagegen sofort Beschwerde, denn es lag ihm sehr viel daran, den vollen, für seine Gegner wenig schmeichelhaften Wortlaut der Urteilsbegründung zu veröffentlichen. Doch gerade dies wollte die Regierung verhindern: Der Freispruch des »frechen Empörers« und die weite Verbreitung seiner »Vier Fragen« wie auch seiner Rechtfertigungsschriften trotz Verbot und Beschlagnahme waren schon schlimm genug; sollte die Öffentlichkeit nun auch noch erfahren, was das höchste Gericht des Königreichs alles zum Lobe Jacobys und seiner dreisten »Vier Fragen« in seiner Urteilsbegründung ausgeführt hatte?

Also entschied der Justizminister, eine schriftliche Ausfertigung des Urteils stehe Jacoby nicht zu, und der wandte sich nun an den König selbst, darauf bestehend, daß man ihm eine Abschrift des ihn von jeder Anklage freisprechenden Urteils nach Recht und Billigkeit nicht verweigern dürfe.

Friedrich Wilhelm IV. war zwar, wie er verlauten ließ, »sehr geneigt«, dem Antrag Jacobys stattzugeben, forderte aber zunächst die Gutachten der Minister der Justiz und des Innern an. Beide empfahlen dem König die Ablehnung des Gesuchs, der Innenminister Adolf v. Arnim-Boitzenburg – v. Rochow war schon entlassen worden – begründete seine Empfehlung mit der zu erwartenden Publikation des Urteils durch Jacoby. Da sein Inhalt »die Bestrebungen der Opposition fördern« würde, müßte die Zensur die Druckerlaubnis verweigern, und es wäre »in hohem Grade mißlich«, die Polizei in die Lage zu bringen, dem Urteil des höchsten Gerichts Staatsgefährdung zu bescheinigen.

Schließlich kam die preußische Regierung zu der Entscheidung, daß zwar aufgrund des königlichen Reskripts vom 12. November 1831 jedem Angeklagten »auf sein Verlangen Abschrift des wider ihn ergangenen Kriminalerkenntnisses mit den Gründen erteilt werden müsse«, daß aber im *besonderen* Fall des Dr. Jacoby die Gegengründe so gewichtig seien, daß sie eine Abweichung von den gesetzlichen Vorschriften zwingend erforderlich machten.

Dementsprechend wies der König das Gesuch Jacobys ab, was diesem Gelegenheit gab, weitere Pluspunkte für die freisinnige Opposition zu sammeln. In einer Erklärung, die er an die wichtigsten Zeitungen sandte und die weite Verbreitung fand, wies er auf das offenkundige Unrecht hin, einem rechtskräftig Freigesprochenen die Aushändigung des Urteils und desen Bekanntgabe zu verweigern, wohl um ihn so weiteren Verdächtigungen auszusetzen. Zugleich veröffentlichte er den Wortlaut seines Gesuchs an den König und dessen abschlägige Antwort.

Die ganze Angelegenheit erregte nochmals großes Aufsehen und stärkte, wie es in Jacobys Absicht lag, den radikalen Flügel der Opposition. Viele bis dahin sehr gemäßigte Liberale meldeten sich zu Wort, und als auch der führende Strafrechtler, Kriminalrat Julius Eduard Hitzig, in Berlin erklärte, ihm sei in seiner jahrzehntelangen Praxis noch kein einziger Fall einer solchen Verweigerung vorgekommen, konnte Jacoby die Sache – vorerst – damit beenden, daß er in der Königsberger »Kgl. preuß. Staats-, Kriegs- und Friedens-Zeitung« einen Artikel veröffentlichte, der mit den Worten schloß: »Man beachte es wohl! Es handelt sich hier weder um meine Person noch um einen bloßen Meinungskampf; es handelt sich vielmehr um ein allen gemeinsames Interesse: um Rechtssicherheit und den Schutz der bürgerlichen Ehre.«

Dann beantragte er, daß man ihm die Urteilsbegründung wenigstens verlesen solle, was das Gericht bewilligte, jedoch mit der Einschränkung, er dürfe sich dabei keine Notizen machen. Er prägte sich dann, wie schon zuvor bei seinen Vernehmungen, den Wortlaut der Urteilsbegründung so gut ein, daß er ihn sinngemäß, teilweise fast wörtlich, in einer neuerlichen Flugschrift, »Über das Recht des Freigesprochenen, eine Ausfertigung des wider ihn ergangenen Erkenntnisses zu verlangen«, publizieren konnte. Diese Schrift, für die ihm die Königsberger Zensur die Druckerlaubnis verweigern mußte, erschien dann im Februar 1844 in Paris in den von Arnold Ruge und Karl Marx redigierten »Deutsch-Französischen Jahrbüchern«.

Jacobys striktes Beharren auf seinen staatsbürgerlichen Rechten ebenso wie seine Prinzipientreue, Tatkraft und Unerschrockenheit steigerten noch sein Ansehen und gewannen ihm viele neue Anhänger. Seinen Verehrern, die ihm – wie schon kurz erwähnt – eine »Bürgerkrone« aus edlen Metallen verleihen wollten und dafür bereits in einigen Städten erhebliche Beträge gesammelt hatten, gab Jacoby jedoch den Rat, darauf zu verzichten; es gehe nicht um seine Person, sondern um die Sache. Er schlug dann vor, das gesammelte Geld, eine stattliche Summe, dem Marburger Professor der Rechte Sylvester Jordan zukommen zu lassen, wie es auch geschah. Jordan, der als Führer der entschiedenen Liberalen in Kurhessen schon seit 1839 eingekerkert war, habe das eher verdient und, da seine Familie ohne Einkommen sei, auch dringend nötig.

Alles in allem erwarb sich Johann Jacoby in den Jahren 1841–1843 einen Ruhm, wie er kaum einem anderen deutschen Politiker in der ersten Hälfte des 19. Jahrhunderts zuteil wurde. Überall in Preußen, aber auch in den anderen deutschen Staaten, nannte man ihn mit Respekt den mutigsten und tatkräftigsten Verfechter bürgerlicher Rechte und Freiheiten. »Für eine Nation, die so in ihren politischen Windeln lag«, erinnerte sich Robert Prutz in seiner »Zehn Jahre« betitelten Beschreibung des Vormärz, »...und die dabei eine so bedenkliche Vorliebe für das Abstrakte und Phantastische hatte, war dies Beispiel von unschätzbarem Wert.« Jacoby habe damals dem radikalen preußischen Liberalismus seine unkompromißlerische Prägung gegeben: das Festhalten am Rechtsstandpunkt, die Unnachgiebigkeit in politischen Grundsatzfragen, die unaufhörliche Forderung nach der Einlösung des Verfassungsversprechens. »Wir alle sahen in Jacobys Verurteilung unsere eigene Niederlage, in seiner Freisprechung unseren eigenen Sieg«, heißt es bei Prutz weiter; ohne Übertreibung sei Jacoby damals »der Liebling der Nation‹ gewesen.

Aber natürlich hatte er auch zahlreiche Gegner, offene und versteckte, begreiflicherweise hauptsächlich im reaktionären Lager, jedoch auch in Kreisen, die sich als fortschrittlich ausgaben. Zu den letzteren gehörten die Verfasser einiger Gegenschriften, die von sich behaupteten, sie repräsentierten die Meinung der Mehrheit aller

Bürger und seien vom Staat unabhängige Publizisten. Sie warfen Jacoby mangelnde Sachkenntnis und groteske Übertreibung der in Preußen angeblich herrschenden Mißstände vor und tadelten sein Mißtrauen gegen den »edlen und wohlmeinenden« König. Einer dieser »vom Staat unabhängigen« Kritiker war in Wahrheit ein vom Innenminister beauftragter adliger Regierungsrat; ein zweiter der – später wegen Unterschlagung bestrafte – Hauptagent der Rochowschen Geheimpolizei, Landrat v. Hake. Und bei einem dritten handelte es sich um Oberstleutnant v. Schmeling, den Kommandeur der 1. Gendarmerie-Brigade in Königsberg.

Jacoby schenkte ihnen allen wenig Beachtung. Er versagte sich auch, auf Pamphlete zu antworten, die eine angeblich linke Berliner Gruppe 1843 gegen ihn in Umlauf setzte. Dieser sich als »Freie« bezeichnende Kreis um die Brüder Bruno und Edgar Bauer nannte Jacoby verächtlich einen »Legitimisten«, weil er die Forderung nach einer Verfassung von einem Versprechen des Königs, also von einem »Willkürwort«, abgeleitet hätte. Das wäre eines Demokraten unwürdig.

Auch hätte sich Jacoby in seinem Prozeß überhaupt nicht verteidigen sollen, weil er damit die bestehenden Gesetze anerkannt habe. Besser wäre es gewesen, fanden die »Freien«, wenn er sich »mit stoischem Gleichmut« hätte verurteilen lassen, wodurch bewiesen worden wäre, wie das Streben nach Fortschritt dem geistlosen System und dessen abscheulichen Gesetzen zum Opfer falle.

Alexander Jungs »Königsberger Literaturblatt« wies diese Angriffe auf Jacoby entschieden zurück. Die »Freien« um die Brüder Bauer, die im Jahr zuvor noch mit dem Jacoby-Kreis solidarisch gewesen seien und mit ihm zusammengearbeitet hätten, trieben, so hieß es in dem Beitrag, das Jonglieren mit Ideen »bis zum Exzeß des Absurden«.

Unter dem Eindruck der »ultraradikalen« Kampagnen dieser Berliner Clique, die damit der Reaktion Hilfsdienste leistete, wandte sich erst Arnold Ruge und dann auch Karl Marx von den Brüdern Bauer ab. Die eitlen Berliner »Freien«, erklärte Ruge, seien »nichts als gemein«; sie hätten sich selbst als eine literarische Elite konstituiert und schienen nicht wenig stolz darauf zu sein. In Wahrheit handele es sich bei ihnen aber um eine »Pariakaste«, die sich dem reaktionären Regime als Handlanger andiene. Julius Waldeck, der die »Freien« aus der Nähe kannte, hielt sie alle für Leute, die im Grunde überhaupt nicht an den Fortschritt glaubten, sich deshalb am politischen Kampf auch gar nicht beteiligen, sondern nur die Öffentlichkeit auf sich aufmerksam machen wollten.

Sein Urteil erwies sich später als durchaus richtig: Bruno und Edgar Bauer bekämpften dann auch die revolutionär-demokratische Richtung der – von der Regierung bald darauf verbotenen – »Rheinischen Zeitung« und gerieten immer stärker ins rechte Fahrwasser. Bruno Bauer wurde schließlich sogar Mitarbeiter der erzreaktionären, 1848 gegründeten Berliner »Kreuzzeitung«, für die er judenfeindliche Artikel schrieb.

Als die Brüder Bauer und ihr Berliner Anhang noch als entschiedene Linke galten, sorgten sie jedenfalls innerhalb der hart kämpfenden Opposition für etliche Verwirrung, als sie Jacoby plötzlich in den Rücken fielen. Damals schrieb Arnold Ruge über die Brüder Bauer sehr empört an Karl Marx: »Jacoby, die Königsberger, die Rheinische Zeitung – also Charaktere und wesentliche Erweiterungen des politischen Bewußtseins – gelten ihnen nicht mehr als ihre Dogmen und Extremitäten, die sie gar nicht einmal erfunden haben, auch gegen keinen ernstlichen Angriff behaupten können.« Die »Geniesucht und Selbstverkennung« dieser sich »Freie« nennenden Leute sei »wirklich lächerlich groß«, nur richteten sie leider viel Schaden an.

Jacoby aber war zu dieser Zeit bereits voll damit beschäftigt, sein mit den »Vier Fragen« und den anschließenden Prozessen erworbenes politisches Gewicht noch zu verstärken, um es zu gegebener Zeit, die nicht mehr fern sein konnte, voll wirksam werden zu lassen.

IX.
Am Vorabend der Revolution

Das Königreich Preußen, das von Friedrich Wilhelm IV. seit 1840 regiert wurde, galt – obwohl es dort weder ein Parlament noch irgendeine Kontrolle der Verwaltung oder gar der Finanzen durch Volksvertreter gab – im Vergleich zur Mehrzahl der deutschen Klein- und Mittelstaaten als modern und wirtschaftlich hochentwickelt.

Das traf indessen allenfalls auf die westlichen, an die Niederlande, Belgien, das damals noch holländische Luxemburg und das französische Lothringen grenzenden Landesteile, die Rheinprovinz und Westfalen zu, und diese waren vom Mittelteil Preußens, der Provinz Brandenburg mit Berlin und der von Magdeburg aus regierten Provinz Sachsen, durch eine breite Barriere sehr rückständiger Kleinstaaten getrennt. Im Norden blockierten die mecklenburgischen Großherzogtümer Schwerin und Strelitz, die dänischen Herzogtümer Lauenburg und Holstein sowie das Königreich Hannover die Landverbindung, im Mittelteil wurden die preußischen Provinzen Westfalen und Sachsen durch ein Dutzend kleiner Herzog- und Fürstentümer getrennt, und die südliche Rheinprovinz grenzte an die bayerische Pfalz, das oldenburgische Fürstentum Birkenfeld, das Großherzogtum Hessen-Darmstadt und das Herzogtum Nassau. Die an Fläche weit größeren Mittel- und Ostteile des Königreichs, zumal die ostelbischen Provinzen Pommern, West- und Ostpreußen, erst recht Posen, waren von der industriellen Entwicklung noch kaum berührt.

Alles in allem hatte König Friedrich Wilhelm IV. rund 16 Millionen Untertanen, und die meisten – mehr als drei Viertel – lebten nicht in den Städten, sondern in kleinen Dörfern und als Gutsabhängige auf den Besitzungen der Junker. Vierzig Jahre zuvor waren noch annähernd neunzig Prozent der preußischen Untertanen ausschließlich in der Landwirtschaft beschäftigt gewesen. Seither hatte die Anzahl derer, die nur noch nebenher ein wenig Landwirtschaft betrieben, erheblich zugenommen. Diese ehemaligen Bauern und Landarbeiter fanden nun ihren Haupterwerb in den Zuckerrübenfabriken und Brennereien ihrer Gutsherren, waren als Heimarbeiter, vor allem als Weber, in doppelter Abhängigkeit, zum einen von ihrem feudalen Grundbesitzer, zum anderen von einem »Verleger« genannten kapitalistischen Unternehmer, arbeiteten beim Eisenbahnbau oder in Bergwerken und Fabriken oder waren bereits in die städtischen Industriezentren abgewandert.

Überall dort, wo nur Landwirtschaft oder Guts- und Heimindustrie vorherrschten, und das war im größten Teil Preußens noch der Fall, waren die Arbeiter noch weit entfernt von ersten Ansätzen gesellschaftlichen und politischen Bewußtseins. In den wenigen großen Städten des Königreichs, zumal in und um Berlin, bildeten die in dürftigen Bretterbuden hausenden Zuzügler vom Lande eine »rohe, dumpfe Masse«. Friedrich Engels, der zu dieser Feststellung kam, mußte dann, als er mit seinem Freunde Marx die Lage der arbeitenden Klasse näher untersuchte, zu dem Ergebnis kommen, sie sei »ebensoweit hinter der Englands und Frankreichs zurück wie die deutsche Bourgeoisie hinter der Bourgeoisie jener Länder. Wie der Herr, so's Gescherr«. Der tiefere Grund für die Rückständigkeit des deutschen Bürgertums aber war, daß es im Königreich Preußen so gut wie gar kein selbstbewußtes, historisch gewachsenes Bürgertum gab, einige linksrheinische Städte wie Köln oder Aachen ausgenommen.

In ihren Kernprovinzen hatten die Hohenzollern den städtischen Bürgern schon früh alle Freiheiten und Privilegien abgenommen, die kleineren Städte den Junkern, die größeren den Offizieren der Garnisonen ausgeliefert, den Handel durch strenge Reglementierung und vielerlei Zölle und Abgaben ruiniert und den angerichteten Schaden dadurch zu beheben versucht, daß sie etwa vom Ende des 17. Jahrhunderts an Bürger aus dem Ausland nach Preußen holten. So war das im Dreißigjährigen Krieg vollends vernichtete bürgerliche Element Preußens vornehmlich von französischen, niederländischen, schottischen, böhmischen und norditalienischen Glaubensflüchtlingen sowie von anderwärts vertriebenen Juden gebildet worden. Diese Zuzügler hatten zur Entwicklung des rückständigen Landes außerordentlich viel beigetragen. Aber es darf nicht übersehen werden, daß die beiden Hauptgruppen, die überprivilegierten Hugenotten und die unterprivilegierten Juden, bis ins 19. Jahrhundert hinein eine vom städtischen Leben weitgehend isolierte, eigenständige Existenz geführt hatten. Auch noch in der Regierungszeit Friedrich Wilhelms IV. waren sie nicht das historisch gewachsene, die Stadtpolitik beherrschende und den Kleinbürgern zum Vorbild dienende Patriziat, so rasch und gründlich sie sich auch bereits der übrigen städtischen Mittel- und Oberschicht angepaßt hatten. Sie spielten zwar die Hauptrolle in dem Prozeß, der zur Bildung einer bürgerlichen Intelligenz geführt hatte, aber deren Einfluß auf die Gesamtheit der Einwohner Preußens war auch zur Regierungszeit Friedrich Wilhelms IV. noch nicht sehr groß: Der untere Mittelstand, erst recht das sich bildende Industrieproletariat und das Heer der Dienstboten sowie die arme Landbevölkerung, die zugleich die große Mehrheit der Rekruten des preußischen Heeres stellte, blieben davon nahezu unberührt, zumal diese am meisten unterdrückten und ausgebeuteten Menschen kaum oder gar nicht lesen und schreiben konnten. Bauern und Handwerker, die aber dennoch Freiheitsdurst verspürten und zu selbständigem Handeln fähig waren, wanderten meist aus – in die westeuropäischen Nachbarländer oder ins ferne Amerika.

Wer sich – wie Jacoby mit seinen »Vier Fragen« oder wie die Autoren des »Literarischen Comptoirs« in Zürich und Winterthur – publizistisch darum bemühte, die gehorsamen Untertanen, zumal die des Königs von Preußen, wachzurütteln, zu politisieren und sie zum Kampf für ihre staatsbürgerlichen Rechte zu bewegen, der konnte nicht mit einer Wirkung auf die breite Masse rechnen. Von den 16 Millionen Preußen waren allenfalls einige Zigtausend Gebildete und Wohlhabende überhaupt an Politik interessiert – bis dann, um die Mitte der 1840er Jahre, zwei Faktoren hinzukamen, die auch Teile der unteren Schichten aus ihrer Schicksalsergebenheit zu reißen vermochten. Der eine dieser beiden Faktoren war der technische und industrielle Fortschritt, der am deutlichsten beim Eisenbahnbau erkennbar wurde. 1838 war in Preußen auf der nur etwa dreißig Kilometer langen Strecke von Berlin nach Potsdam die erste Eisenbahn in Betrieb genommen worden. 1844 gab es bereits Bahnverbindungen zwischen Berlin und Stettin, zwischen Düsseldorf und Elberfeld sowie von Magdeburg nach Leipzig – insgesamt 861 Kilometer, und bis 1848 waren die preußischen Bahnlinien auf eine Streckenlänge von 2363 Kilometer angewachsen, wobei angemerkt sei, daß die preußischen Gebiete östlich der Weichsel und damit auch Königsberg erst im folgenden Jahrzehnt an das rasch wachsende Bahnnetz angeschlossen wurden.

Der Eisenbahnbau wirkte sich aber nicht nur in starkem Maße auf die Wirtschaft, sondern auch auf die politische Bewußtseinsbildung der Landbevölkerung aus, und er wurde ohne nennenswerte maschinelle Hilfe unter Einsatz von Abertausenden von Handarbeitern durchgeführt. Diese kamen von überall her zusammen, lernten einander und die einheimische Bevölkerung abgelegener Gegenden kennen, und »in dem gegenseitigen langen Verkehr sind die meisten von uns gescheiter geworden«, heißt es dazu in einem Bericht aus Schlesien von Wilhelm Wolff. »Es sind nur noch wenige unter uns, die an die alten Faxen glauben. Wir haben jetzt verteufelt wenig Respekt vor den vornehmen und reichen Leuten. Was einer zu Hause kaum im Stillen gedacht, das sprechen wir jetzt unter uns laut aus: daß wir die eigentlichen Erhalter der Reichen sind und daß wir nur zu wollen brauchen, so müssen sie von uns ihr Stück Brot betteln oder verhungern...«

Denn in Preußen herrschte – und das war der zweite wichtige Faktor – um die Mitte der 1840er Jahre eine Hungersnot: die Lebensmittelpreise stiegen im Vergleich zum Beginn des Jahrzehnts auf das Doppelte und Dreifache an. Gleichzeitig sanken die Reallöhne beträchtlich, und es herrschte trotz des umfangreichen Bahnbaus Massenarbeitslosigkeit.

Die Ursachen dieser sich verschärfenden Krise seien hier nur angedeutet: Die preußische Industrie war größtenteils nicht mehr konkurrenzfähig gegenüber der Westeuropas und vor allem Englands. Sie versuchte dies auszugleichen durch erhöhte Produktion mit weniger Arbeitskräften, die für gleichen oder geringeren Lohn länger und härter arbeiten mußten. Gleichzeitig verteuerten sich infolge von Mißernten und einer erstmals auftretenden Kartoffelkäferplage die Grundnahrungsmittel. Es kam zu Hungerrevolten, wobei der Aufstand der schlesischen Weber im Juni 1844 für die politische Bewußtseinsbildung in Preußen und weit darüber hinaus besonders wichtig war, weil niemand den Verzweifelten das Recht zur Empörung absprechen, niemand die Härte, mit der die Rebellion unterdrückt und bestraft wurde, billigen konnte.

Die Heimarbeiter der zusammen rund 17 000 Einwohner zählenden Weberdörfer Langenbielau und Peterswaldau hatten ihr Elend nicht länger ertragen, als ihre – ohnehin nur ein Viertel des im Ausland Üblichen betragenden – Löhne wegen der herrschenden Absatzkrise weiter gekürzt werden sollten. Als ihre Forderungen mit Hohn und Spott zurückgewiesen worden waren, hatten sie das Haus eines Fabrikanten verwüstet, das herbeigerufene Militär, das sogleich in die Menge geschossen und elf Menschen, darunter Frauen und Kinder, getötet hatte, mit Knüppeln vertrieben. Aber die Soldaten waren mit großer Verstärkung wiedergekommen und hatten jeden weiteren Widerstand gebrochen. Hundertfünfzig Männer, wahllos verhaftet, kamen vor ein Sondergericht in Breslau, das die meisten zu langen Zuchthausstrafen sowie zu je zwanzig bis dreißig Peitschenhieben verurteilte. An dem Elend der Weber von Peterswaldau und Langenbielau aber änderte sich nichts.

Die Kunde von ihrem gescheiterten Aufstand und seiner brutalen Niederschlagung weckte jedoch über Schlesien, ja weit über Preußen hinaus das politische Bewußtsein vieler Menschen aus allen Schichten. In der »Allgemeinen deutschen Real-Encyklopädie« von F. A. Brockhaus in Leipzig war erstmals – und bezeichnenderweise unter dem Stichwort »Communismus« – von einer »eventuellen Kriegserklärung an das Eigenthum« zu lesen. In dem Lexikon heißt es dazu weiter, daß »solche Drohungen nicht leichtfertig zu verachten« seien. »So ist es denn wahrlich an der Zeit, endlich die Bestimmungen unseres Privatrechts, namentlich die über das Eigenthum und wohl hauptsächlich die über das Erbrecht, mit Rücksicht auf die Lage und die Interessen der untern Classen einer gründlichen

Revision zu unterwerfen. Wird uns erst die Noth dazu zwingen müssen?... Schon jetzt ist es die Sache des Staatsmanns und der wissenschaftlichen Politik, die wichtigste Zeitfrage mit einem von den Illusionen des Herkommens ungetrübten Blicke scharf ins Auge zu fassen.«

In Ostpreußen, wo es noch sehr wenig Industrie und kaum Heimarbeiter gab und wo sich das städtische Proletariat, beispielsweise in Königsberg, auf einige hundert Sackträger und andere Hafenarbeiter beschränkte, begann man sich um diese Zeit ebenfalls stärker mit dem befassen, was man »die soziale Frage« nannte, allerdings nur theoretisch.

»Das Proletariat als die zahlreichste und ärmste Klasse«, so erkannte 1846 ein Königsberger Journalist, »...ist in unserer Provinz unbekannt, unseren Zuständen fremd, weil die Industrie Ostpreußens nicht bedeutend genug ist, um jene imposante Masse der Besitzlosen hervorzurufen, in deren Tiefen die sozialen Ideen gären.«

Die ostpreußischen Liberalen schenkten daher der sozialen Frage weit weniger Beachtung als ihre Berliner oder Breslauer Gesinnungsfreunde, die das schier grenzenlose Elend der untersten Volksschichten ständig vor Augen hatten. Auch Johann Jacoby hatte sich in seinen Publikationen bislang nicht mit sozialen Problemen befaßt. Für ihn waren Freiheit und Recht die vorrangigen politischen Forderungen. Aber die politische Freiheit war ihm nicht Selbstzweck. Bereits im September 1843 erklärte er einem Freund: »All unser Streben nach politischer Freiheit ist nichts wert, es sei denn ein Mittel zur Umgestaltung unseres sozialen Elends, zur Veredelung der armen Volksklassen, die als Lasttiere von den Mächtigen mißbraucht werden.« Ein paar Wochen später schrieb er an Arnold Ruge: »Die unteren Volksklassen müssen zur Menschenwürde erhoben werden; nur als Mittel zu diesem Zweck haben die freien politischen Institutionen einen Sinn...«

Zugleich war er davon überzeugt, daß die politische Freiheit ohne Mitwirkung der arbeitenden Klassen nicht zu erringen sei; für den Kampf gegen das bestehende feudal-absolutistische System müßten die Arbeiter als Verbündete gewonnen werden. Denn so hatte er bereits erkannt, dem gebildeten Bürgertum fehle die Kraft und der Wille, die bestehende Gesellschaft umzugestalten. »Von der Feigheit und Selbstsucht der sogenannten ›Gebildeten‹ ist nichts zu erwarten«, schrieb er im November 1843 an Julius Fröbel. »Alles kommt darauf an,... die tatkräftigen arbeitenden Klassen – das eigentliche Volk – zum Bewußtsein ihrer unwürdigen Stellung zu bringen. Gelingt dies – und es wird sicher gelingen –, dann wollen wir mit den Junkern und Pfaffen bald fertig werden!«

Noch glaubte er allerdings, daß eine soziale Reform möglich sei, sobald man die politischen Voraussetzungen dafür geschaffen habe. An eine soziale Revolution dachte er allenfalls als letztes Mittel, falls alle anderen versagen würden. So richtete er seine rege publizistische Tätigkeit in erster Linie gegen das bestehende politische System.

Für Georg Herweghs »Einundzwanzig Bogen aus der Schweiz« – ein die Zensur verhöhnender Titel, weil nur Werke mit einem Umfang von maximal zwanzig Druckbogen der Vorzensur unterlagen – verfaßte er einen Aufsatz, der sich mit der zweijährigen Amtszeit des preußischen Kultusministers Eichhorn befaßte. Dieser Beitrag war indessen mehr als nur eine scharfe Kritik an der reaktionären Schul- und Kulturpolitik eines Ministers, denn er endet mit der Feststellung: »Ohne Zweifel bewährt Herr Eichhorn auch die bekannte Behauptung, daß Monarchen aus ihren Beamten erkannt werden.«

Außer Jacoby hatten noch zahlreiche andere bekannte und weniger bekannte Demokraten und Sozialisten Beiträge zu den »Einundzwanzig Bogen« geliefert, darunter Friedrich Engels, der – ebenso wie Jacoby und die Mehrzahl der übrigen Autoren – nicht mit seinem Namen zeichnete, denn wegen der herrschenden Unruhe und Spannung griffen die Regierungen der deutschen Staaten zu immer schärferen Maßnahmen gegen »Aufwiegler« und »Empörer«. 1844 wurde auch ein bis dahin ganz unpolitischer, dafür von Friedrich Wilhelm IV. mit einem stattlichen Ehrensold belohnter Dichter, Ferdinand Freiligrath, ein Opfer der preußischen Zensur und beinahe auch der politischen Strafjustiz. Er schickte daraufhin dem König das für das Jahr 1844 empfangene Gehalt zurück und ging ins Ausland. Die Titel der drei Gedichte, an denen die preußischen Behörden Anstoß genommen hatten, waren »Trotz alledem«, eine Übersetzung eines Liedes von Robert Burns aus dem Englischen, sodann Verse sanft-liberalen Inhalts mit der Überschrift »Am Baum der Menschheit...« sowie als drittes ein kämpferisches »Zeitgedicht«, »Die Freiheit! Das Recht!«, dessen zweite Strophe mit den Worten endete:

»Wo das Recht ist, da wohnen von selber schon Freie,
und immer, wo Freie sind, waltet das Recht!
Die Freiheit! Das Recht!«

Mit dieser Auffassung kam Freiligrath den Vorstellungen Johann Jacobys schon recht nahe, und so war es nicht zufällig, daß sie beide mit Beiträgen in einem Volkstaschenbuch vertreten waren, das unter dem Titel »Vorwärts!« von Robert Blum in Leipzig herausgegeben wurde. Es fand weite Verbreitung, obwohl es sofort nach Erscheinen in Preußen verboten worden war.

Jacobys Beitrag war der zweite Teil einer Schrift, an der er schon 1844 intensiv gearbeitet hatte. Der erste Teil, »Das königliche Wort Friedrich Wilhelms III.«, ein achtseitiges Pamphlet von vorbildlicher Knappheit und Klarheit, wiederholte die Forderungen der »Vier Fragen« und war nur deshalb vorab veröffentlicht worden, um den wieder zusammentretenden Provinzialständen Preußens als Petition vorgelegt werden zu können; der zweite Teil, »Preußen im Jahre 1845«, war noch nicht fertig geworden.

Der erste Teil der Schrift wurde zuerst in Deutschland, wieder unter Umgehung der Zensur, gedruckt und verbreitet. Arnold Ruge ließ die Broschüre in Paris nachdrucken und sorgte für ihre Verbreitung im preußischen Rheinland. Sie erschien auch in französischer Übersetzung im Pariser »Journal des Débats«, in englischer wurde sie von mehreren britischen Zeitungen übernommen. Außerdem erschien in London eine weitere deutsche Ausgabe der Broschüre, die insgesamt eine starke Wirkung erzielte.

Den zweiten Teil wollte Julius Fröbel im »Literarischen Comptoir« herausbringen, doch sein schweizerischer Geschäftspartner ließ das nicht zu. Fröbel brachte die Schrift dann auf eigene Faust im Kanton Glarus heraus und sorgte für ihre Verbreitung in Deutschland.

Neben dieser publizistischen Tätigkeit nahm Jacoby auch auf lokaler Ebene regen Anteil an allem, was die politische Bewußtseinsbildung der Bürger fördern konnte. Jede größere Veranstaltung, jede Vereinsgründung wurde von ihm und seinen politischen Freunden dazu benutzt, die Teilnehmer im Sinne der demokratischen Bewegung zu agitieren. Da Jacoby sich stets streng an die Gesetze hielt, konnten die Behörden nichts gegen ihn ausrichten, ließen ihn aber ständig überwachen, wohl in der Hoffnung, diesen höchst gefährlichen Oppositionellen doch einmal zu fassen.

Ende April 1844 veranstalteten die Mitglieder des ostpreußischen Generallandtags ein Mittagessen, zu dem auch Jacoby eingeladen war. Zu den Gästen zählten der neue Oberpräsident Karl Wilhelm v. Bötticher, der Nachfolger v. Schöns, und der Kommandierende General Graf Dohna.

Kurze Zeit später meldeten die »Posener Zeitung« und das »Danziger Dampfboot«, Jacoby habe sich in diesem erlauchten Kreis dem üblichen Hoch auf den König nicht angeschlossen, auch nicht auf das Wohl Seiner Majestät sein Glas geleert. Das waren allerdings keine im Strafgesetzbuch aufgeführte Delikte, jedoch der Innenminister v. Arnim ordnete sofort eine strenge Untersuchung an. Sie verlief indessen ergebnislos, da keiner der bei dem Mittagsmahl Anwesenden als Denunziant auftreten wollte.

Einige Zeit später verdächtigten die Königsberger Behörden Jacoby, er habe »aus dunkler Quelle« zwölfhundert Taler empfangen, doch wieder kam bei den Nachforschungen nichts heraus. Bald darauf ordnete der Innenminister Ermittlungen an, die Jacobys Beziehungen zum russischen Generalkonsul Adelson klären sollten; aus »zuverlässiger Quelle« hatte der Minister erfahren, daß zwischen Jacoby und dem Generalkonsul »ein lebhafter und auffallender Verkehr« stattfinde, und das schien ihm seltsam, waren doch die Vertreter des Zaren durchweg die zuverlässigsten Verbündeten der preußischen Polizei bei der Bekämpfung oppositioneller Tendenzen.

Es stellte sich dann heraus, daß das vom Generalkonsul bewohnte Haus den Schwestern Jacobys gehörte, für die er gelegentlich die Miete kassierte und nach dem Rechten sah; auch, daß er wiederholt als Arzt zu den Adelsons gerufen worden war. Daß es daneben auch noch ganz andere, sehr private Gründe für Jacobys häufige Besuche im Hause der Adelsons gab, blieb den Behörden verborgen.

Schließlich befahl der Justizminister eine Untersuchung, durch die das Königsberger Oberlandesgericht ermitteln sollte, ob Jacoby wegen seiner Schrift »Das königliche Wort« der Prozeß gemacht werden könnte. Schon elf Tage später, am 14. März 1845, befand das Gericht, daß zwar kein Hochverrat, wohl aber Majestätsbeleidigung vorliegen könnte, und eröffnete eine Kriminaluntersuchung gegen den Verfasser. Ein paar Wochen danach empfahl der Innenminister dem Oberpräsidenten v. Bötticher, auch wegen des zweiten Teils der Schrift, »Preußen im Jahre 1845«, eine gerichtliche Untersuchung anzuregen. Bötticher gab diesen Wunsch des Ministers dem Gerichtspräsidenten bekannt, und am 8. August begann ein zweites Verfahren gegen Jacoby, diesmal wegen frechen Tadels der Landesgesetze und Erregung von Mißvergnügen.

So strengte man also gleich zwei Prozesse gegen Jacoby an, und dies wegen ein und derselben Schrift, die nur durch einen Zufall in zwei Teilen und im Abstand von nur wenigen Tagen erschienen war. Jacoby mußte damit rechnen, zweimal verurteilt zu werden und dann möglicherweise für lange Zeit nicht mehr am politischen Kampf teilnehmen zu können. So setzte er alles daran, den ersten Prozeß zu verzögern, bis das Gericht gezwungen sein würde, die beiden Verfahren zusammenzulegen. Zum Glück half ihm dabei der mit der Untersuchung beauftragte Richter Wilhelm v. Neitzschütz, ein heimlicher Bewunderer des Beschuldigten. Mit viel Geschick brachten sie es gemeinsam soweit, daß die beiden Prozesse vereinigt werden mußten, wobei ein Freund Jacobys, Justizrat Malinski, in die Schlußphase dieser trick- und fintenreichen Justizkomödie eingeschaltet wurde. Jacoby bestellte ihn zu seinem Verteidiger, und Malinski ließ die ihm vom Gericht gesetzten Fristen zur Abfassung der Verteidigungsschrift zweimal verstreichen, so daß die Kammer ihn vom Verfahren ausschloß und den Angeklagten aufforderte, einen anderen Anwalt zu benennen. Jacoby verzichtete jedoch darauf und übernahm selbst seine Verteidigung, wie er es von Anfang an geplant hatte, aber die eingetretenen Verzögerungen reichten aus, das Ziel zu erreichen: Der Kammer blieb keine andere Wahl, als die nun parallel laufenden Verfahren zu vereinigen. Ende Januar reichte Jacoby seine Rechtfertigungsschrift bei Gericht ein, und fast gleichzeitig gab er sie auch in Druck.

Wiederum erreichte sie die Öffentlichkeit, bevor die Behörden sie beschlagnahmen konnten, und das Aufsehen, das sie erregte, war gewaltig. »Unbeugsam tapfer« nannte Varnhagen v. Ense ihren Verfasser in seinem Tagebuch unter dem Datum vom 26. April und fügte hinzu, die Schrift sei noch nicht verboten, werde es aber gewiß, »nur alsdann zu spät«. Tatsächlich erging das Verbot schon wenige Tage später. Nur sehr wenige Exemplare konnten noch beschlagnahmt werden, und auch die Ermittlungen gegen die Verleger, Drucker und Vertreiber der Schrift blieben ohne Ergebnis. Ebenso scheiterte ein Versuch der Regierung, Jacoby selbst wegen der Veröffentlichung seiner Verteidigungsschrift zur Verantwortung zu ziehen. Aber dann kam es zur Verhandlung im eigentlichen Prozeß, und am 18. April 1846 wurde das Urteil verkündet: Zweieinhalb Jahre Festungshaft wegen Majestätsbeleidigung und frechen, unehrerbietigen Tadels!

Der Triumph der Regierung war jedoch von kurzer Dauer. Jacoby legte gegen das Urteil Berufung ein. Am 26. Oktober 1846 stellte er seine Verteidigungsschrift fertig und gab sie gleichzeitig in Druck. »Der zweite Richter«, hieß es darin am Schluß, »entscheide nunmehr, ob in unserem preußischen Vaterland die Wahrheit offen und frei verkündet oder ob jenes Schweigen erzwungen werden soll, das den Regierungen noch niemals Heil gebracht. Nicht um meinetwillen nur – im Interesse der von mir vertretenen Sache, im Interesse der preußischen Justiz selbst trage ich auf vollständige Freisprechung an.«

Gegen Jahresende 1846 erschien diese Schrift, wieder unter Umgehung der Zensur und mit der Verlagsangabe »Bei Heinrich Hoff in Mannheim«. Sie war im Nu vergriffen, und die Behörden konnten nur wenige Exemplare davon beschlagnahmen. Der Königsberger Polizeipräsident Lauterbach beschwerte sich am 6. Januar 1847 beim Oberpräsidenten v. Bötticher: »Wie ich gehört, soll der Verfasser der Schrift die Frechheit gehabt haben, jedem Mitgliede des Tribunals, bei welchem seine Untersuchung zum Spruch vorliegt, ein Exemplar dieser Schrift zuzuschicken. Es liegt darin offenbar der Versuch zu einer Bestechung...«

Aber der Oberpräsident reagierte nicht darauf; er hatte längst eingesehen, daß es ein Fehler gewesen war, überhaupt gegen Jacoby gerichtlich vorzugehen. Außerdem war noch eine zweite Schrift erschienen, die an Dreistigkeit alles andere in den Schatten stellte!

Unter dem Titel »Johann Jacoby: Rechtfertigung meiner Schrift ›Preußen im Jahre 1845‹« und mit dem Impressum eines norwegischen Verlages – Carl Bennmann in Bergen – hatte Jacoby alle Vernehmungsprotokolle des Untersuchungsrichters v. Neitzschütz, dessen Berichte an seine vorgesetzten Behörden sowie deren Anweisungen zusammengestellt und mit bissigen Kommentaren versehen – »eine beispiellose Frechheit«, wie der Justizminister befand. Es war tatsächlich das erste Mal, daß eine geheime politische Kriminaluntersuchung in allen Einzelheiten der Öffentlichkeit bekanntgemacht wurde!

Auch diese Schrift wurde – wiederum zu spät – polizeilich verboten, und es begann dann eine umständliche Untersuchung zur Aufhellung der Frage, wie die geheimen Protokolle und der amtliche Schriftwechsel in unbefugte Hände gelangt waren, doch auch diese Ermittlungen blieben erfolglos. Man kann nur vermuten, daß es der Untersuchungsrichter selbst gewesen war, der seine Akten dem Beschuldigten oder dessen Beauftragten überlassen hatte wobei angemerkt sei, daß damals nicht wenige preußische Richter die von der Regierung stark beeinflußte Geheimjustiz entschieden ablehnten und für öffentliche Verfahren und völlige Unabhängigkeit der Gerichte eintraten. Die Aufregung über diese neuen Publikationen Jacobys hatte sich noch nicht gelegt, als am 28. Januar 1847 das Urteil der zweiten Instanz bekannt wurde: Das Königsberger Tribunal hatte in einer ganztägigen Plenarsitzung den Angeklagten in allen Punkten freigesprochen!

Es war, wie die »Bremer Zeitung« vom 4. Februar treffend

feststellte, »ein Trauertag für die Reaktion«. Der Königsberger Polizeipräsident Lauterbach schrieb an den Innenminister: »Der Fall ist entsetzlich und zum Verzagen! Was helfen alle Anstrengungen der Polizeibehörden, wenn sie keine Unterstützung bei den richterlichen Spruchbehörden finden!«

Bei der wachsenden Schar der oppositionellen Bürger Preußens löste der Freispruch, sobald er bekannt wurde, großen Jubel aus. In Regierungskreisen war man bestürzt; einige höhere Beamte äußerten die Besorgnis, daß das Königsberger Urteil wesentlich zur Stärkung der Opposition beitragen und Jacoby zu noch dreisteren Angriffen ermuntern könnte.

Noch entsetzter waren die hohen Beamten, als die »Bremer Zeitung«, deren – der Polizei unbekannter – Korrespondent in Königsberg offenbar über ungewöhnlich gute Beziehungen verfügte, zwei Tage später auch noch alle Einzelheiten der Urteilsfindung, die – bislang streng geheimgehaltene – Urteilsbegründung und sogar die Namen der beteiligten Richter samt ihrem jeweiligen Abstimmungsverhalten veröffentlichte!

Es wurde auf diese Weise bekannt, daß von den sechzehn Tribunalräten acht für, acht gegen Jacoby gestimmt hatten; der Präsident war selbst nicht stimmberechtigt und hatte nur feststellen können, daß entsprechend der Kriminalordnung bei Stimmengleichheit der Angeklagte freizusprechen sei.

Unter den acht Richtern, die diesen Freispruch herbeigeführt hatten, war auch der Tribunalrat Eduard Simson, Jacobys Duzfreund aus Schul- und Universitätstagen. Mit einem zweiten Richter, dem Tribunalrat Friedrich Karl Ulrich, war Jacoby noch enger befreundet, und auch dieser hatte für ihn gestimmt. Die Behörden führten dann eine langwierige Ermittlung durch, um herauszufinden, wie die »Bremer Zeitung« sich so genau hatte informieren können, aber der Vorgang konnte nie aufgeklärt werden.

Nur wenige Tage nach Jacobys sensationellem Freispruch, am 3. Februar 1847, erließ Friedrich Wilhelm IV. ein sogenanntes »Patent«, worin er bestimmte, daß die acht preußischen Provinziallandtage am 11. April als »Vereinigter Landtag« in Berlin zusammentreten sollten. Der König und die Regierung hielten es für dringend erforderlich, der aufbegehrenden, immer stärker werdenden Opposition ein Zugeständnis zu machen, das die Gemäßigten halbwegs zufriedenstellen und den Radikalen etwas Wind aus den Segeln nehmen sollte. Auch befand sich der Staat in einer Finanzkrise: Seine laufenden Ausgaben konnten nicht mehr aus dem Steueraufkommen gedeckt werden; er brauchte dringend eine große Anleihe, aber die Bankiers weigerten sich, sie zu gewähren, solange Preußen keine Verfassung und kein ständiges, die Regierungsgeschäfte kontrollierendes und mitbestimmendes Parlament hätte.

Wenn Friedrich Wilhelm IV. gehofft hatte, mit dem »Patent« die Gemüter zu beruhigen und die Bankiers umzustimmen, so zeigte sich bald, daß damit eher das Gegenteil bewirkt worden war: Sobald klar wurde, daß der König nur eine vorübergehende »Mitwirkung« der Stände bei der Sicherung des Staatshaushalts im Auge hatte, erhob sich ein Sturm der Entrüstung. Der angesehene Breslauer Jurist Heinrich Simon, der 1844 aus dem Staatsdienst ausgeschieden war, weil er durch eine Verordnung Friedrich Wilhelms IV. die Unabhängigkeit der Richter gefährdet sah, wandte sich in einem Flugblatt an den König und machte ihm darin öffentlich den Vorwurf: »Wir baten Dich um Brot, und Du gibst uns einen Stein!« Er wies dann darauf hin, daß das »Patent« keineswegs das Verfassungsversprechen von 1815 einlöse, sogar weit hinter der verheißenen »Nationalrepräsentation« zurückbleibe, ja geltendes Recht schmälere.

Auch Jacoby wurde von seinen Freunden gedrängt, eine Schrift nach Art der »Vier Fragen« herauszugeben, aber er weigerte sich. Wahrscheinlich hielt er es für besser, abzuwarten, bis die allgemeine Entrüstung noch weiter gewachsen war, ehe er sich wieder öffentlich zu Wort meldete.

Doch schrieb er dann für die »Leipziger Konstitutionelle Staatsbürger-Zeitung« einen anonymen Aufsatz über das »Patent«, in dem er feststellte, daß dem vom König einberufenen »Vereinigten Landtag« jede Kompetenz fehle; das »Patent« sei weit davon entfernt, den Ansprüchen des Volkes zu genügen, und daß die Stände es abzulehnen berechtigt, ja verpflichtet seien.

Aber im übrigen trat er nicht mehr publizistisch hervor; er

verfolgte andere Pläne. Er beantragte und erhielt einen Reisepaß, der ihn dazu berechtigte, drei Monate lang innerhalb des Deutschen Bundes umherzureisen. Am 6. April verließ er Königsberg, besprach sich in Elbing und Marienburg mit führenden ostpreußischen Liberalen und traf schon am 9. April – es gab bereits ein Dampfboot von Danzig nach Stettin und von dort eine Eisenbahn nach Berlin – in der Hauptstadt ein, wo er bei Dr. Eduard Waldeck in der Breiten Straße 5 abstieg. Eine Aufenthaltskarte – dergleichen brauchte man, wenn man als Preuße von auswärts auf Besuch kam! – wurde ihm ohne weiteres erteilt, wobei anzumerken ist, daß die Polizei von seinem Kommen bereits unterrichtet war und ihn während seines Berliner Aufenthalts ständig beobachtete. Der Polizeipräsident v. Puttkamer ließ ihn durch einen Mittelsmann wissen, er wünsche Herrn Dr. Jacoby inoffiziell zu sprechen, doch der kümmerte sich nicht darum. Er nahm dagegen an den Besprechungen der Opposition im Russischen Hof und im Hotel de France teil. In der Gaststätte Mielentz hielt er eine Art von politischem Salon, und in der berühmten Konditorei Stehely, dem Treffpunkt der entschiedenen Linken, bemühte er sich, die zum Teil sehr Zerstrittenen auf eine gemeinsame Linie zu bringen. Sein Ziel war es, im »Vereinigten Landtag«, der kurz vor seinem Zusammentreten stand, eine Mehrheit zu bilden, die zu einem entschiedenen Protest gegen die Regierungspolitik bereit war.

Drei Wochen später erkannte er, daß die Deputierten zu keiner festen Haltung zu bringen waren. Es fehlte ihnen an Mut und Tatkraft. Zusammenfassend stellte er – in einem Brief an seine Schwestern – enttäuscht fest: »Durch die auf Schrauben gestellte Adresse« an den König »– ›Höflich Recht will nichts heißen‹ – haben unsere Abgeordneten Terrain verloren... Wenn sie doch endlich einmal das leidige Vermitteln und Diplomatisieren ließen...!« Aber sie ließen es nicht.

Immerhin hatten dann 138 Abgeordnete – »hochverräterische Schurken, angestiftet von Jacoby, um den König zu schikanieren«, nannte sie der Königsberger Polizeipräsident Lauterbach öffentlich – eine »Deklaration der Rechte« unterzeichnet, um deren Diskussion im Plenum die Gemäßigten nicht herumkamen. So blieb zumindest die demokratische Idee lebendig, wenngleich jedermann klar war, daß die entschiedenen Demokraten keine Chance hatten, sich mit ihren Forderungen durchzusetzen.

Ende April erhielt Jacoby eine Einladung zu einem Treffen der demokratischen Führer ganz Deutschlands, das der 72jährige badische Politiker Johann Adam v. Itzstein organisierte. Zwei Jahre zuvor hatte Itzstein, zusammen mit seinem Gesinnungsfreund, dem Mannheimer Advokaten Friedrich Hecker, die Absicht gehabt, Jacoby in Königsberg zu besuchen. Doch die beiden badischen Demokraten waren unterwegs in Berlin von der preußischen Polizei ausgewiesen worden.

Nun schrieb Itzstein an Jacoby: »Ich kenne Sie persönlich nicht, aber ich verehre Sie wie Tausende mit mir als wahren, furchtlosen Patrioten, als Freund des Volkes und des Rechtes!«

Jacoby nahm die Einladung zu der Konferenz deutscher Oppositionsführer, die auf Itzsteins Landgut Hallgarten stattfinden sollte, mit Freuden an, denn ein solches Treffen entsprach ganz seinen eigenen Plänen. Zunächst aber blieb er noch einige Tage in Berlin, wo er zahlreiche bedeutsame Bekanntschaften machte. Einige davon führten zu engen und dauerhaften Freundschaften, so die mit Fanny Lewald, die Jacoby als Hausarzt ihrer Eltern in Königsberg als junges Mädchen gekannt hatte und die inzwischen eine namhafte, durch ihren klaren Stil und herben Realismus auffallende Schriftstellerin geworden war und sich lebhaft für die Emanzipation der Frauen einsetzte.

Bei Fanny Lewald, die als 17jährige zum Christentum übergetreten war, lernte Jacoby auch den Literaturkritiker Adolf Stahr kennen, Fannys Lebensgefährten und späteren Ehemann, ebenso den damals schon berühmten, aus einer armen jüdischen Familie Böhmens stammenden Dichter Moritz Hartmann. Der erst 26jährige Hartmann, ein glühender Bewunderer Jacobys, wurde Anfang 1848, als er sich nach dreijähriger Abwesenheit wieder in seine Heimat begab, dort in Untersuchungshaft genommen. Erst die Märzereignisse gaben ihm die Freiheit zurück.

Schließlich lernte Jacoby nun auch Heinrich Simon aus Breslau kennen, der ein Vetter der Fanny Lewald war. Jacoby und Simon, gleichaltrig und einander sehr ähnlich in ihren Ansichten und der Entschiedenheit, mit der sie sie öffentlich vertraten, wurden enge Freunde.

Ehe Jacoby am 5. Mai 1847 Berlin verließ, begegnete er dort dem aus Hamburg angereisten Gabriel Rießer, einem unermüdlichen Kämpfer für die vollständige Gleichberechtigung der Juden. Rießer, der dem »Vereinigten Landtag« ein Memorandum unterbreiten wollte, das sich gegen ein von der preußischen Regierung geplantes neues Judengesetz wandte, fand dafür auch Jacobys volle Unterstützung.

Von Berlin aus begab sich Jacoby nach Leipzig und Dresden, wo er Robert Blum, Julius Fröbel, Arnold Ruge und Otto Wigand persönlich kennenlernte. Von Leipzig aus reiste er dann nach Zürich und traf dort mit Schweizer Politikern zusammen, deren Bekanntschaft ihm der dortige Professor der Philosophie Eduard Bobrik, ein Königsberger Studienfreund, wohl vermittelte.

Der Abstecher Jacobys in die Schweiz hing vermutlich mit der sehr gespannten Lage zusammen, die in der Eidgenossenschaft entstanden war. Dort hatten sich sieben katholische, rechtskonservativ regierte Kantone zu einem Sonderbund zusammengeschlossen und trieben eine – von Metternich, aber auch von der russischen und preußischen Regierung sowie vom König von Frankreich unterstützte – reaktionäre Politik gegen die übrige Schweiz. Schon drohte der Sonderbund, der eifrig aufgerüstet hatte, mit einer Sprengung des Schweizer Bundes und seinem Anschluß an Österreich. Im Herbst kam es dann zu einer kriegerischen Auseinandersetzung, bei der hunderttausend Mann Bundestruppen dem Sonderbund im Handumdrehen ein Ende machten. Dieses energische Vorgehen der freisinnigen Regierung gegen die von Jesuiten beeinflußten Sonderbündler wirkte sich dann auch auf die Entwicklung in Deutschland aus, wo man im Sommer 1847 die Vorgänge in der Schweiz mit Spannung verfolgte.

Von Zürich reiste Jacoby Ende Mai 1847 nach Karlsruhe, wo er mit Itzstein ein langes Gespräch führte und auch den oppositionellen Abgeordneten Karl Mathy kennenlernte. Danach traf er in Heidelberg den entschiedensten Demokraten unter den 1837 dienstenthobenen »Göttinger Sieben«, Georg Gottfried Gervinus, der dort als Honorarprofessor vielbesuchte Vorlesungen hielt. Von preußischen Spitzeln, die der Regierung in Berlin laufend Bericht erstatteten, auf Schritt und Tritt beobachtet und belauscht, führte Jacoby in Heidelberg auch Gespräche mit dem Advokaten Gustav v. Struve, einem Freund und Gesinnungsgenossen Friedrich Hekkers, sowie mit Karl Theodor Welcker, dem Wortführer der badischen Liberalen.

Am 6. Juni fuhr Jacoby nach Mannheim, wo er im Hause des liberalen Politikers Friedrich Daniel Bassermann Aufnahme fand und erstmals auch an einem ihm zu Ehren gegebenen Festmahl teilnahm, um so möglichst viele badische Oppositionelle kennenzulernen. Über Frankfurt am Main reiste er dann nach Hallgarten, wo bald auch die anderen von Itzstein eingeladenen Führer der deutschen Opposition eintrafen.

Der alte Hofrat v. Itzstein hatte Vorsorge getroffen, daß die Konferenz auf seinem Gut nicht bespitzelt werden konnte, und so gibt es keine Polizeiberichte darüber. Indessen geben spätere Veröffentlichungen einzelner Teilnehmer Aufschluß darüber, daß es in Hallgarten vor allem um die Frage ging, wer künftig die oberste Gewalt ausüben sollte: die gewählten Volksvertretungen oder, wie bisher, die Fürsten, wobei die Parlamente lediglich Kontrollfunktionen sowie das Recht der Bewilligung von Steuern und Anleihen zu erhalten hätten. Während die radikalen Demokraten den Fürsten höchstens noch den Schein der Macht überlassen wollten, wünschten die Liberalen sich mit wirtschaftlicher Macht zu begnügen und sahen in der Beibehaltung der Monarchie und der obersten Gewalt der Krone den besten Schutz des Eigentums gegenüber den besitzlosen Massen. Einig waren sich alle nur darin, daß es angesichts der katastrophalen Wirtschafts- und Ernährungslage über kurz oder lang zu Unruhen kommen würde; daß die schlechte Kassenlage der Staaten, zumal Preußens, zu verstärktem Druck auf die Regierungen ausgenützt werden könnte, und daß die bürgerliche Opposition jetzt die Chance hätte, parlamentarische Kontroll- und Mitspracherechte durchzusetzen.

Im Berliner Vereinigten Landtag demonstrierten die dortigen

Liberalen gerade in den Tagen der Hallgartener Konferenz, daß sie zu keiner weiteren Bewilligung von Steuern oder Anleihen mehr bereit waren, solange der König ihren Wünschen nicht entgegenkam. Am 8. Juni 1847, als die preußische Regierung dem Vereinigten Landtag ihre Pläne für den Bau einer Eisenbahn von Berlin nach Königsberg unterbreitete, ohne die die Güter der Junker in den Ostprovinzen mit ihren Produkten nicht mehr konkurrenzfähig seien, erklärte der rheinische Industrielle David Hansemann für die Liberalen, die Landtagsmehrheit werde die für den Bahnbau geforderte Anleihe nicht bewilligen, solange ihre politischen Forderungen nicht erfüllt wären. »In Geldsachen hört die Gemütlichkeit auf, da muß bloß der Verstand uns leiten!«

Solche scharfen Worte waren bisher im Landtag noch nie gefallen. Zum erstenmal zeigten sich die Wortführer des Besitzbürgertums zum Widerstand entschlossen, und der König wußte sich angesichts seiner Niederlage nur noch zu helfen, indem er die Sitzungsperiode des Landtags für beendet erklärte und die Abgeordneten mit vagen Versprechungen nach Hause schickte; ein »Ständischer Ausschuß«, der nun zu wählen sei, sollte die Dinge weiterberaten.

Jacoby war zu dieser Zeit bereits nach Köln weitergereist, wo er sich etwa eine Woche lang aufhielt. Dann fuhr er nach Brüssel, wo er Herwegh traf und von diesem mit Karl Marx bekanntgemacht wurde. Friedrich Engels, der zu dieser Zeit nicht in Brüssel war, hat uns ein Indiz dafür geliefert, welchen Eindruck Jacoby auf Marx machte; in einem Artikel für die »Deutsche Brüsseler Zeitung«, der einige Wochen später, am 3. Oktober 1847, erschien und sich gegen den politischen Publizisten Karl Heinzen richtete, der sich als »den Repräsentanten sämtlicher deutschen nichtkommunistischen Radikalen« ausgegeben hatte, wies Engels dies energisch zurück: »Er (Heinzen) würde damit die deutschen Radikalen... lächerlich machen, wenn sie ihm den Schein ließen, als verträte er sie, als mache er sich in ihrem Namen lächerlich. Aber Herr Heinzen repräsentiert die deutschen Radikalen nicht. Diese haben ganz andere Repräsentanten, z. B. Jacoby...« Und Ende Oktober 1847 bezeichnete Engels, wie er Marx schrieb, gegenüber französischen Sozialisten

»Jacoby und die badischen Demokraten« als die »Alliierten« der Marxschen Anhänger.

Jacoby war zu dieser Zeit längst von seiner Erkundungsreise nach Königsberg zurückgekehrt. Sein Interesse galt in diesen Herbsttagen besonders den Ereignissen in der Schweiz, wo sich eine bewaffnete Auseinandersetzung zwischen der freisinnigen Mehrheit der Kantone und dem reaktionären, von Österreich begünstigten »Sonderbund« anbahnte; als am 4. November die Berner Tagsatzung die Eidgenossen zum militärischen Vorgehen gegen den »Sonderbund« aufrief, sammelte er in Königsberg hundert Unterschriften für eine Glückwunschadresse. Zwei Tage später, am 6. November, lief in Königsberg ein Schnellsegler vom Stapel, der – ein Zeichen für das hohe Ansehen, das sich der Verfasser der »Vier Fragen« erworben hatte, und ein gutes Omen für das kommende Jahr der Entscheidung – auf den Namen »Johann Jacoby« getauft wurde.

X.

März 1848: Die Niederlage der Reaktion

»Im Hochland fiel der erste Schuß, / im Hochland, wider die Pfaffen«, dichtete am 25. Februar 1848 Ferdinand Freiligrath, der noch im Londoner Exil war und ungeduldig das Übergreifen der revolutionären Entwicklung auf Deutschland erwartete. Doch zunächst war Frankreich an der Reihe:

Am selben 25. Februar, nach nur dreitägigen, aber sehr heftigen Kämpfen wurde in Paris der korrupte »Bürgerkönig« Louis Philippe zur Abdankung gezwungen, die Republik ausgerufen und eine liberale »Regierung der Reformen« gebildet, in die auch zwei Vertreter der radikalen Arbeiterschaft der Pariser Vorstädte aufgenommen werden mußten.

»Die Ereignisse in Frankreich«, erklärte Fürst Metternich in Wien seinen Mitarbeitern, als diese Nachrichten ihn erreichten, »haben meine Berechnungen zunichte gemacht...« Metternich, das Haupt der europäischen Reaktion, war der Meinung gewesen, die Gefahr drohe von Italien her, wo die Aufstandsbewegung in vollem Gange war. Deshalb hatte er ein österreichisches Heer in Oberitalien zusammenziehen lassen. Die Lage in Frankreich war von ihm falsch eingeschätzt worden; er hatte geglaubt, Louis Philippes Truppen wären jederzeit in der Lage, einen Umsturz zu verhindern. Aber die Pariser Arbeiter hatten als erstes die Telegraphenleitungen und Eisenbahnen zerstört. Damit war ein rasches Eingreifen der Truppen aus der Provinz verhindert worden; die Revolution hatte gesiegt, und nun drohte der Funken nach Deutschland überzuspringen.

Wie es Metternich befürchtet hatte, geschah es auch. Nur fiel der Funken nicht in ein Pulverfaß, sondern – infolge der Zersplitterung Deutschlands in eine Vielzahl kleiner und kleinster Staaten und des Fehlens einer zentralen Hauptstadt – in drei Dutzend unterschiedlich trockene Pulverfäßchen. Das erste stand dicht an der französischen Ostgrenze, im Großherzogtum Baden; es explodierte nicht, aber es brannte knisternd etwa zur Hälfte aus. Die Bauern erhoben sich gegen ihre adligen Grundherren und beseitigten selbst die sie bedrückenden Feudallasten, ohne auf nennenswerten Widerstand zu stoßen. Auch in den übrigen deutschen Kleinstaaten geschah ähnliches: In Bayern wurde die Tänzerin Lola Montez, die vom Volk gehaßte Mätresse König Ludwigs I., verjagt, der König bald darauf zur Abdankung gezwungen. Statt seiner übernahm sein Sohn Maximilian II. den Thron und setzte eine gemäßigt liberale Regierung ein. In Württemberg vertraute der König am 9. März gemäßigten Liberalen die Regierungsgeschäfte an in der Hoffnung, so das Volk zu beruhigen. Doch in einem Brief an Metternich vom 11. März gestand er, die Entwicklung nicht mehr aufhalten zu können. Er flehte den österreichischen Staatskanzler um rasche Hilfe an. Aber der konnte nun niemandem mehr helfen.

Am 13. März stand bereits ganz Wien in Aufruhr. »Weg mit Metternich! Freiheit! Verfassung!« hallte es durch die Straßen. Die Hofkamarilla wagte nicht mehr, das Militär gegen das Volk einzusetzen. Statt dessen opferte sie Fürst Metternich den aufgebrachten Massen. Noch am Abend erhielt er, der vier Jahrzehnte lang jede freiheitliche Regung in Europa erstickt hatte, seine Entlassung. Wie schon zuvor der französische »Bürgerkönig« Louis Philippe und wie wenige Tage später Prinz Wilhelm von Preußen floh er nach London.

Metternichs Sturz wurde im ganzen österreichischen Herrschaftsbereich mit Jubel aufgenommen. Mailand und Venedig befreiten sich nun von der habsburgischen Fremdherrschaft. Wie schon zuvor in Wien, bildeten sich jetzt auch in Prag, Agram und Budapest Bürgerausschüsse, die eine Teilhabe an der Macht forderten. Das Militär wurde überall zurückgezogen; bewaffnete Studenten und Bürgerwehren beherrschten das Straßenbild. Am 15. März verlas ein Herold vor der Wiener Hofburg eine Proklamation, die eine Neuordnung des politischen Lebens verhieß. Die Zensur wurde für abgeschafft erklärt, eine Verfassung sowie die Aufstellung einer Nationalgarde versprochen.

Einen Tag zuvor, am 14. März, hatte die in Heidelberg erscheinende liberale »Deutsche Zeitung« gemeldet: »Der Bauernkrieg ist förmlich wieder entbrannt. Das schreckliche Losungswort ›Krieg den Schlössern!‹ ist bereits durch die Einäscherung einer Anzahl derselben durch bewaffnete Banden von Bauern zur greuelhaften Wirklichkeit geworden. Der Aufstand ist da entbrannt, wo auch der Druck der Feudallasten am unerträglichsten war: in den Besitzungen der Fürsten von Hohenlohe...«

Auch im bayerischen Franken, im Odenwald und in den thüringisch-sächsischen Kleinstaaten kam es zu Bauernaufständen. Das gräflich Schönburgsche Schloß Waldenburg wurde von den Aufständischen bis auf die Grundmauern niedergebrannt.

In Braunschweig und Hannover erzwangen Bürger und Bauern von ihren Landesherren beträchtliche Zugeständnisse und die Einsetzung liberaler Regierungen. In Sachsen erreichte die Volksbewegung, vor allem durch die energische Haltung der Leipziger unter Führung des Schriftstellers Robert Blum, daß der zögernde König sein reaktionäres Kabinett entließ und eine neue Regierung berief, die die vom Volk geforderten Reformen in Angriff nehmen sollte.

Auch in Preußen gärte es bereits, besonders in der Rheinprovinz. Dort stellte die Arbeiterschaft der größeren Städte schon revolutionäre Forderungen, wogegen das liberale Großbürgertum die Regierung in Berlin drängte, schleunigst Zugeständnisse zu machen, um den Aufrührern den Wind aus den Segeln zu nehmen. Der preußische Innenminister hatte gerade erst die Oberpräsidenten der Provinzen angewiesen, allen Versuchen, durch Massendemonstrationen entsprechend »dem Beispiel der Schweiz, Italiens und Frankreichs Konzessionen irgendeiner Art zu erzwingen«, mit der »größten Festigkeit und Entschiedenheit entgegenzutreten«, da erreichte die revolutionäre Woge auch Berlin.

Am Abend des 6. März begann es. Vor dem Lokal »In den Zelten« am Rande des Tiergartens strömten Kleinbürger, Arbeiter und Studenten zusammen und diskutierten über die Forderungen, die es durchzusetzen galt. Am nächsten Abend einigte sich die Menge auf folgende Ziele: unbedingte Pressefreiheit, vollständige Redefreiheit, sofortige und vollständige Amnestie aller wegen politischer und Pressevergehen Verurteilter und Verfolgter, freies Versammlungs- und Vereinigungsrecht, staatsbürgerliche Gleichberechtigung aller ohne Rücksicht auf Besitz oder religiöses Bekenntnis, Geschworenengerichte und Unabhängigkeit der Richter, Verminderung des stehenden Heeres und Volksbewaffnung mit freier Wahl der Führer, allgemeine deutsche Volksvertretung, schleunigste Einberufung des Vereinigten Landtags in Preußen.

In den folgenden Tagen nahmen die Versammlungen immer größeren Umfang an, die Reden wurden immer kühner. Am 9. März wurde Prinz Wilhelm, der Bruder des Königs, mit unbeschränkten Vollmachten in die unruhige Rheinprovinz entstandt, wo er den Oberbefehl über die preußischen Truppen übernehmen sollte; er kam indessen nur bis Hamburg und floh von dort nach London.

Am 13. März begannen in Berlin militärische Maßnahmen gegen die Volksbewegung, die sich noch verstärkt hatte. Am Abend des 14. März fing das Militär an, von sich aus gegen die Bürgerschaft vorzugehen. Kanonen wurden aufgefahren, Kavallerie jagte durch die Straßen und hieb mit dem Säbel wahllos auf die Passanten ein. Das verstärkte zwar noch die Erbitterung der Berliner, aber erst vier Tage später, nachdem der König in einer Proklamation die »Reform des Deutschen Bundes«, Beseitigung aller Zollschranken, Pressefreiheit sowie die Einberufung des Vereinigten Landtags versprochen, zugleich aber alle verfügbaren Truppen in der Hauptstadt zusammengezogen hatte, riß dem Volk die Geduld. Was bedeuteten Versprechungen, wenn der König gleichzeitig Kanonen auf die Bürger richten ließ? Als dann auch noch in die vor dem Schloß versammelte Menge geschossen wurde – niemand wußte und weiß bis heute, woher und warum –, erscholl der Ruf: »Verrat! Zu den Waffen!«

»Zwölf Barrikaden erheben sich im Nu in der Königstraße«, heißt es in einem Augenzeugenbericht, »aus Droschken, aus Omnibuswagen, aus Wollsäcken, aus Balken, aus umgestürzten Brunnengehäusen bestehend, tüchtige, musterhaft gebaute Barrikaden. Haus an Haus werden die Dächer abgedeckt. Oben am schwindelnden Rand stehen die Menschen, mit Ziegeln in der Hand die Soldaten erwartend... Alles ist bewaffnet, mit Mistgabeln, mit Schwertern, mit Lanzen, mit Pistolen, mit Planken; die Knaben dringen in die

Häuser, um große Körbe mit Steinen auf die Dächer zu tragen... Gegen 5 Uhr nachmittags war die ganze Stadt, auch in den entlegenen Teilen, mit Barrikaden überdeckt...« Überall wehten schwarzrotgoldene, als Freiheitszeichen stürmisch begrüßte Fahnen. Ein blutiger Kampf entbrannte mit dem anrückenden Militär, vor allem in der Gegend um den Alexanderplatz, »wo sich drei Barrikaden von kolossaler Bauart erhoben hatten«. Den ganzen Abend und die Nacht hindurch tobte der Straßenkampf, wobei sich zeigte, daß das darin ungeübte Militär der Lage keineswegs gewachsen war.

»Zehn, zwölf junge Leute, entschlossen und todbereit, haben die Barrikaden mit wohlgezielten Schüssen – hinter den Barrikaden hervor, aus den Fenstern der Häuser, mit Steinhagel von den Dächern herab – siegreich verteidigt gegen Kanonen, Reiter und Fußvolk; ganze Regimenter mußten weichen«, notierte am 9. März Karl Varnhagen v. Ense. »Die eigentlichen Kämpfer waren wenig zahlreich, die Gehilfen aber willig und die Masse günstig; so konnte es geschehen, daß zwanzigtausend Mann Truppen nichts ausrichteten.«

Schon am Abend des 19. März hatte sich entschieden, daß mit militärischer Macht in Berlin nichts mehr auszurichten war. Die Soldaten, die sich schon vereinzelt mit den Berlinern zu verbrüdern begannen, machten deutlich, daß sie sich fortan allen Schießbefehlen widersetzen würden. Der König machte noch einen letzten Versuch, durch eine weitere Proklamation Verwirrung und Zwietracht unter den Bürgern zu stiften, indem er die aktiven Kämpfer als »fremde Bösewichter«, die übrigen aber als seine »treuen und lieben Berliner« bezeichnete, deren Wünsche er erfüllen wollte. Er versprach, alle Truppen aus Berlin abzuziehen, sobald die Barrikaden entfernt und die gewohnte Ordnung wiederhergestellt wären. Aber damit konnte er das Volk nicht mehr täuschen. Es zwang ihn, hundertfünfzig gefallene Barrikadenkämpfer, deren Leichen man blumengeschmückt vor dem Schloß aufgebahrt hatte, ehrerbietig zu grüßen, vor den toten Revolutionären den Hut zu ziehen und sich tief zu verneigen.

Dann gab der bislang so hochmütige König blaß und stammelnd den Befehl zum sofortigen Abzug aller Truppen aus Berlin. Bewaffnete Bürger übernahmen die Wache am Schloß. Das Volk, das bei den Kämpfen insgesamt 231 Todesopfer – darunter nicht weniger als 21 Juden – zu beklagen hatte, schien auf der ganzen Linie gesiegt zu haben.

Im fernen Königsberg ging die Märzrevolution mit etwas Verspätung und weit weniger turbulent vonstatten. Zwar hatte schon die Kunde von der Ausrufung der Republik in Paris viel Jubel und große Hoffnungen ausgelöst; »die Funken von den Pariser Barrikaden«, erinnerte sich Rudolf v. Gottschall, »wehten bis an das baltische Gestade herüber, und der ganze, lange in Preußen aufgehäufte Zündstoff drohte auf einmal in vollen Flammen zu stehen«. Aber die Ostpreußen warteten erst einmal ab, wie sich die Dinge anderswo entwickeln würden.

Jacoby – so berichteten alle, die ihn damals sahen – schien um ein Jahrzehnt verjüngt und war voller Optimismus, zumal er in der ersten Märzwoche einen Brief von Herwegh aus Paris erhalten hatte, worin es hieß: »In einer Woche ist die Monarchie eine Utopie geworden und der Sieg der Demokratie für das ganze westliche Europa vielleicht entschieden...« Aber Jacoby war Realist genug, zu erkennen, daß er und seine Anhänger weit in der Minderzahl waren. Die Königsberger Liberalen wollten Reformen, keinen Umsturz; sie fürchteten bei größeren Unruhen einen Einmarsch der russischen Regimenter, die der Zar an der ostpreußischen Grenze in Bereitschaft hielt. Aber je mehr Nachrichten aus der preußischen Rheinprovinz und aus Berlin in den beiden ersten Märzwochen nach Königsberg gelangten, desto zuversichtlicher wurde Jacoby. Die Entscheidung – davon war er überzeugt – würde in Berlin fallen. In Königsberg galt es, das dortige Geschehen rasch nachzuvollziehen und zu verhindern, daß die Behörden in Panik gerieten, das Militär einsetzten und die russische Armee zu Hilfe riefen.

Was in diesen Märztagen in Berlin das Lokal »In den Zelten« war, nämlich der Ort, an dem sich alle Oppositionellen versammelten, um ihre Forderungen zu diskutieren und die nächsten Aktionen zu planen, das waren in Königsberg die Säle der »Städtischen Ressource«. Dort versammelten sich nun täglich immer mehr Bürger und Studenten. Es wurde lebhaft diskutiert, und am 6. März nahm die

Versammlung eine Resolution an, an deren Formulierung Jacoby maßgeblich beteiligt war. Die Forderungen lauteten: wahre Volksvertretung, ein deutsches Parlament, unbedingte Pressefreiheit!

Die Behörden wagten nicht, direkt einzuschreiten. Aber bei der nächsten großen Versammlung in der »Ressource« am 13. März teilte der Vorsitzende der Bürgergesellschaft, Jacobys Freund Raphael Jakob Kosch, der Menge in den überfüllten Sälen mit, er habe ein Schreiben des Oberpräsidenten erhalten, worin dieser jede politische Diskussion in der »Ressource« untersagte. Dagegen erhob sich lauter Protest. Von draußen drängten Studenten herein, und als sie sahen, daß kein Platz mehr war, riefen sie Jacoby zu sich heraus und ließen ihn hoch leben. Dann setzte sich die Menge zur Stadt hin in Bewegung, zog laut schreiend durch die Straßen und warf dem Polizeipräsidenten Lauterbach die Fensterscheiben ein. Der hatte schon die Garnison alarmiert. Eine Abteilung Kürassiere trieb die Menschen auseinander. »Das Militär«, berichtete ein Augenzeuge, »hieb in den verschiedenen Straßen auf einzelne ruhig ihren Wohnungen zueilende Leute ein und mißhandelte sie mit Bajonettstichen und Kolbenstößen.« Tags darauf verlangten die Stadtverordneten, zunächst ohne Erfolg, den Abzug des Militärs und die Bildung einer Bürgergarde.

Am 15. März versammelten sich in Königsberg die Deputierten aller Stadt- und Landkreise Ost- und Westpreußens. Für den Fall, daß der König die gerechten Forderungen des Volkes ablehnen oder gar russische Hilfe herbeirufen sollte, beschloß die Versammlung die Übernahme der Regierung durch einen Bürgerausschuß und nahm dann eine von Jacoby redigierte Adresse an den König an. In dieser forderte man die »schleunige Einführung einer Volksrepräsentation, Verfassung mit gleicher Berechtigung aller Staatsbürger zur Wahl und Wählbarkeit, mit beschließendem Stimmrecht der Volksvertreter und Verantwortlichkeit der Minister« – ein für echte Demokratie entscheidendes Prinzip, nämlich die Unterordnung der vollziehenden Gewalt, also der Regierung, der Verwaltung, der Polizei und auch der Armee, unter den vom Volk frei gewählten Gesetzgeber, das Parlament. Ferner wurde eine bewaffnete Bürgerwehr gefordert sowie die Anerkennung des Grundsatzes, »daß die vom Volk besoldeten Truppen niemals gegen das Volk gebraucht werden dürfen«. Außerdem: »Lossagung von Rußland. Aufnahme der Provinz Preußen in den deutschen Bundesstaat und Vertretung derselben in einem deutschen Volksparlament. Verwirklichung der den polnischen Staatsbürgern 1815 gemachten Versprechungen.«

»Endlich wird es Tag in Deutschland!« schrieb Jacoby am selben Tag an Itzstein. »Überall erhebt sich das Volk und richtet in seiner eigenen Sache! Der Ruf: Es lebe die Republik! hat auch mir nach jahrelanger Gemütsverstimmung wieder Genesung gebracht. Jetzt ist mir wohl, jetzt atme ich wieder frei auf, und der alte Itzstein ist der erste, dem ich in der Freude meines Herzens zujubeln muß... Es lebe die Republik!«

Erstmals bekannte er sich offen als Republikaner. Zwar hatte er schon 1845 erklärt, wer für wahre Volksfreiheit sei, könne nicht bloß wollen, »daß alles für das Volk, sondern auch, daß alles durch das Volk geschehe«. Aber aus taktischen Überlegungen hatte er sich zunächst nur für eine konstitutionelle Monarchie eingesetzt. Seiner Meinung nach fehlte der großen Mehrheit der Deutschen noch jeder republikanische Elan, und zu dieser Auffassung kehrte er auch bald wieder zurück.

Am 19. März 1848 – in Königsberg wußte man noch nichts von den dramatischen Ereignissen in Berlin – führte Jacoby ein Gespräch mit dem Oberpräsidenten der Provinz, Karl Wilhelm v. Bötticher. Er berichtete ihm von der militärfeindlichen Stimmung in der Bürgerschaft, empfahl dringend die Bildung einer Bürgergarde und warnte vor einem Hilfsersuchen an Rußland. Einem Eindringen russischer Truppen würde sich die Bevölkerung mit Waffengewalt widersetzen.

Aber Bötticher ließ sich nicht überzeugen. Am nächsten Tag notierte sich der Oberpräsident in sein Tagebuch: »Montag, 20. März. Ein sehr aufgeregter Tag, ich fühle mich heute abend angegriffener als je. In der ›Städtischen Ressource‹ sind von Ballo-Jacoby-Walesrode sehr aufregende Reden geführt und eine bewaffnete Bürgergarde beschlossen worden. So weit sind wir!«

Tags darauf mußte der Oberpräsident seinem Tagebuch bereits anvertrauen: »Morgens eine Estafette mit der Proklamation des

Königs an die Berliner; ich bewillige die bewaffnete Bürgergarde und die Bewaffnung der Studenten.« Und er fügte dem noch hinzu: »Der unglücklichste Tag meines Lebens!«

Nachmittags verbreitete sich in Königsberg die Nachricht, ein Kurier aus Berlin mit einer Depesche an den Zaren sei eingetroffen. Der König fordere damit russische Truppen an! Darauf begaben sich Jacoby und andere bekannte Bürger zum Postdirektor, der ihnen versprach, die Depesche zurückzuhalten, aber wie sich dann herausstellte, war sie bereits abgegangen. Jacobys Freund, der Oberlehrer Witt, jagte mit einem schnellen Wagen dem Postreiter nach, nahm ihm die Depesche ab und übergab sie ungeöffnet dem Magistrat, der versicherte, sie zurückzuhalten, bis aus Berlin zuverlässige Nachrichten darüber vorliegen würden. Am selben Tag ließ sich Jacoby vom Postdirektor auch alle an das Oberpräsidium und das Generalkommando gerichtete Post aushändigen. Dem Kommandierenden General Graf Dohna erklärte er dann, er erhielte seine Briefe nur dann, wenn er bereit sei, ihm mitzuteilen, ob er Befehle erhalten habe, gegen die Bürger vorzugehen.

Als der General sich weigerte und auf die Ungesetzlichkeit solcher Forderung hinwies, erwiderte Jacoby kühl: Wie dem General wohl bekannt sei, habe die gesetzliche Ordnung aufgehört, und damit höre auch manches Wunderbare auf, wunderbar zu sein. Damit verließ er den General und übergab dessen Post dann dem Magistrat, der nichts Eiligeres zu tun hatte, als sie »mit dem Ausdruck der Entrüstung über Dr. Jacobys Benehmen« dem Grafen Dohna wohlversiegelt wieder zuzustellen.

Beim Oberpräsidenten v. Bötticher verlief die Aktion – dessen Tagebucheintragung zufolge – anders: »Am Abend nimmt ein Detachement der Bürgergarde die Briefe an mich und den Kommandierenden in Empfang. Dr. Jacoby, Malmros und ein Dritter nötigen mich, die an mich gerichteten zu öffnen und ihnen den Inhalt mitzuteilen. Ich bin schwach genug, der Nötigung nachzugeben, und erhalte gegen das Versprechen, alles über Rußland mitzuteilen, was mir zukommt und was Militärisches in Beziehung auf die Stadt angeordnet wird, die Versicherung, daß ich dann die Briefe nicht weiter in Gegenwart noch anderer zu öffnen brauche. O des

Schimpfes und Hohns!... Später erst erhalte ich die Zeitung, welche die Änderung des Ministeriums verkündet. Glück zu! Meine Rolle ist zu Ende...«

Tatsächlich war in Berlin bereits eine mit den Liberalen sympathisierende Übergangsregierung eingesetzt worden. Zehn Tage später übernahmen wohlhabende rheinische Großbürger unter Führung von Ludolf Camphausen und David Hansemann die Leitung der Geschäfte. Einige hohe Beamte, darunter Oberpräsident v. Bötticher und der Königsberger Polizeipräsident Lauterbach, wurden abgelöst. Überall in Preußen, aber auch in den anderen deutschen Staaten waren nun die gemäßigten Liberalen an der Macht, und sobald sie ihre Positionen gefestigt hatten, bemühten sie sich um Aussöhnung mit den Fürsten, dem Adel und dem Militär und um ein gemeinsames Vorgehen gegen die radikalen Elemente, die die gesamte alte Ordnung beseitigen und die Republik ausrufen wollten.

Auch in Königsberg entschied sich die große Mehrheit der Einwohner für die konstitutionelle Monarchie. Die Königstreuen schlossen sich den gemäßigten Liberalen an. Jacoby und sein Kreis sahen sich wieder in die Rolle der Opposition gedrängt. Erste Versuche, mit Hilfe eines Arbeitervereins auch die unteren Volksschichten zu politisieren und damit die Mehrheit zu gewinnen, erwiesen sich als sehr schwierig. Ein von dem Tischler Reich, dem Schneidermeister Hohmann und einigen Freunden Jacobys, darunter Ludwig Walesrode und Ferdinand Falkson, im April 1848 veranstalteter »Gründungsabend« verlief entmutigend. Die meisten, die gekommen waren, wollten nicht schöne Worte hören, sondern verlangten Brot; viele waren angetrunken. Es war, wie Walesrode meinte, in Königsberg »unglücklicherweise... keine Revolution aufzutreiben...« Erst Monate später gelang es, einige hundert Arbeiter und Handwerksgesellen politisch zu organisieren.

Jacoby selbst war sich durchaus darüber im klaren, daß der weitere Gang der Ereignisse nicht von Königsberg aus zu beeinflussen war. Ende März reiste er deshalb ab, zunächst nach Berlin, dann weiter nach Frankfurt am Main, um am Vorparlament teilzunehmen.

Dieses Gremium war – wie es der Historiker Veit Valentin treffend beschrieben hat – »tatsächlich eine Notablenversammlung von politischen Führern der alten Opposition, deren einziges Mandat ihre vaterländische Überzeugung war«. Es gehörten ihm wenig mehr als fünfhundert Persönlichkeiten aus ganz Deutschland an. Die westdeutschen Kleinstaaten waren als der Hort des Liberalismus überrepräsentiert, Österreich war mit nur zwei Abgeordneten vertreten, Preußen mit 141.

Johann Jacoby aus Königsberg, der am 30. März in Frankfurt am Main eintraf, gehörte, wie sich rasch herausstellte, zu der demokratisch-republikanischen Minderheit des Vorparlaments. Mindestens zwei Drittel der Abgeordneten waren gemäßigte Liberale, die sich mit bürgerlichen, vor allem wirtschaftlichen Freiheiten im Rahmen konstitutioneller Monarchien begnügen und die vollständige Beseitigung der alten Ordnung verhindern wollten.

Trotzdem sahen Jacoby und seine politischen Freunde im Vorparlament eine gute Chance, ihren viel weitergehenden Zielen näher zu kommen. Denn in den nur vier Tagen, in denen das Vorparlament in der Frankfurter Paulskirche die Wahlen zur Nationalversammlung vorbereitete, waren viele wichtige Entscheidungen zu treffen – mehr als sich eigentlich in so kurzer Zeit bewältigen ließen. Vielleicht gelang es, sich über die vom alten Bundestag, der verhaßten Repräsentanz der deutschen Fürsten, vorgegebenen Fristen hinwegzusetzen und das Vorparlament über den 3. April hinaus tagen zu lassen – bis zum Zusammentritt der gewählten Nationalversammlung. Dann bestand die Hoffnung, daß aus dem Vorparlament ein nationales revolutionäres Zentrum nach dem Vorbild des Konvents der Französischen Revolution von 1789 werden würde. Dann konnten die Märzerrungenschaften gesichert, neue, weiterreichende Ziele angesteuert werden.

Jacoby und seine politischen Freunde zweifelten zwar mit Recht an dem revolutionären Willen der Mehrheit ihrer in Frankfurt zusammengekommenen Kollegen. Wenn sie dennoch »die Permanenz«, das Weitertagen des Vorparlaments über den 3. April hinaus, anstrebten, so vor allem, um damit das Andauern der Revolution deutlich zu machen.

XI.
Hoffnung und Enttäuschung

Am 31. März 1848, weniger als vierzehn Tage nach den entscheidenden Berliner Barrikadenkämpfen, versammelten sich die Abgeordneten des Vorparlaments im Frankfurter Römer, wählten im Kaisersaal ihr Präsidium und hielten alsdann unter Glockengeläut und Kanonendonner feierlichen Einzug in die Paulskirche. Bürgergarden bildeten für sie ein Spalier.

In der Stadt herrschte große Aufregung. Zum erstenmal wurde auch den obrigkeitsgläubigsten Bürgern bewußt, daß Revolution sich nicht allein auf den Straßen, bei Krawallen und Barrikadenkämpfen abspielte, sondern daß sie auch die eben noch verfemten, von der Polizei verfolgten Repräsentanten der siegreichen Opposition zum Regieren legitimierte, zur verbindlichen Beschlußfassung für ganz Deutschland!

Jubelnd begrüßten die Frankfurter die populären Wortführer der demokratischen Linken: den alten Hofrat v. Itzstein; den Dr. Jacoby aus Königsberg, der mit seinen »Vier Fragen« den preußischen Verfassungskampf eingeleitet hatte; den Professor Gervinus, einen der »Göttinger Sieben«; den Leipziger Buchhändler und Schriftsteller Robert Blum; den Kölner Kaufmann Franz Raveaux; den führenden Breslauer Demokraten Heinrich Simon oder auch den Dichter Ludwig Uhland aus Tübingen. Aus allen Fenstern wehten schwarzrotgoldene Fahnen; die Häuser waren mit Teppichen und Blumenkränzen geschmückt.

Die Paulskirche war von zahlreichen bewaffneten Bürgergardisten streng bewacht, um – wie Jacoby am 4. April an den Königsberger Physikprofessor Ludwig Moser schrieb – »den Deputierten Schutz zu bieten vor den heranziehenden Scharen bewaffneter Republikaner, größtenteils Proletariern«.

In der Versammlung selbst ging es auch recht stürmisch zu. Sie tagte von 9 Uhr morgens bis 4 Uhr nachmittags, und abends, bis tief in die Nacht hinein, fanden die Ausschußsitzungen, Vorbesprechungen und entscheidenden Absprachen statt. Die Mehrheitsverhältnisse waren klar: Jacoby zufolge waren drei Fünftel der Deputierten für die konstitutionelle Monarchie, zwei Fünftel für die Republik. Immerhin kamen einige Beschlüsse zustande, die die Weichen im Sinne der Linken stellten: Schleswig und die preußischen Ostprovinzen, die nicht zum Gebiet des Deutschen Bundes gehört hatten, sollten dem künftigen Deutschen Reich angehören und ebenfalls Abgeordnete zur Nationalversammlung wählen; es wurde ein für die damalige Zeit relativ demokratisches* Wahlrecht beschlossen, von dem – den Anhängern der alten Ordnung sträubten sich die Haare! – auch Dienstboten nicht grundsätzlich ausgenommen sein sollten; schließlich die »Sühnung des an Polen begangenen Unrechts«, die Jacoby besonders am Herzen lag. Er war, noch ehe er gesprochen hatte, von der Versammlung mit großem Beifall begrüßt worden, galt als »der kommende Mann«, neben dem alten Itzstein als der eigentliche Führer der demokratischen Linken, und wurde dann auch mit fast vierhundert Stimmen in den Fünfzigerausschuß gewählt, der in Frankfurt bis zur Eröffnung der Nationalversammlung tagen und diese vorbereiten sollte. Es war dies ein Zugeständnis der gemäßigten Mehrheit an die republikanische Linke, die vergebens die »Permanenz«, die Fortdauer des Vorparlaments bis zum Zusammentritt der gewählten Nationalversammlung, gefordert hatte.

Außer Jacoby wurden nur noch Itzstein, Robert Blum und Franz Raveaux als Vertreter der Opposition in den Fünfzigerausschuß gewählt. »Deshalb zum Teil, und weil ich der einzige Jude« – in diesem Ausschuß – »bin, habe ich es für Pflicht gehalten, hier zu bleiben«, schrieb Jacoby am Tag seiner Wahl an Ludwig Moser.

* Frauen hatten weder aktives noch passives Wahlrecht; es wurde nicht direkt gewählt, vielmehr wählten die »Urwähler« zunächst Wahlmänner, die dann ihrerseits den Abgeordneten zu wählen hatten. Unterstützungsempfänger hatten kein Wahlrecht. Vielerorts waren auch alle »Abhängigen« (Dienstboten, Gesellen etc.) ausgeschlossen.

In einem anderen Brief, den er wenige Tage später an seinen Freund Simon Meyerowitz in Königsberg schrieb, erläuterte er ihm sein Eintreten für die Republik als die »einzige eines freien, politisch gebildeten Volkes würdige Staatsform«. Doch er fügte hinzu: »Tollheit aber wäre es, die Republik machen, sie einem großen Volke auf gewaltsame Weise *aufdrängen* zu wollen«; das könnte nur zur Anarchie oder Despotie führen. Bei der geringen politischen Bildung der Deutschen und ihrer mehrheitlichen Abneigung gegen die Republik sei Freiheit nur auf dem Wege einer demokratisch-konstitutionellen Monarchie zu erzielen. Die Hauptaufgabe werde es sein, durch Hebung und Schutz der besitzlosen, arbeitenden Klassen, durch allgemeine Volksbewaffnung und andere Maßnahmen die Fürstengewalt so zu beschränken, daß sie die selbständige Entwicklung des Volkes nicht ferner durch egoistisch-dynastische Bestrebungen hemmen könne.

Über die Arbeit und Bedeutung des Fünfzigerausschusses berichtete er am 9. April Fanny Lewald in Berlin: »Wir haben jetzt alle Hände voll zu tun. Jeden Vormittag drei bis vier Stunden Beratungen der verschiedenen Kommissionen, nachmittags ebenso lange öffentliche Plenarsitzungen. Fast täglich gehen aus allen Ecken Deutschlands Petitionen und Beschwerden beim Ausschuß ein; die Behörden selbst wenden sich an denselben, um Auskunft über die vorzunehmenden Wahlen zu erhalten oder seine Hilfe gegen Ruhestörungen in Anspruch zu nehmen. Bei der allgemeinen Ratlosigkeit der Regierungen wird der Fünfzigerausschuß in allen allgemeinen Angelegenheiten Deutschlands als die einzige, durch den Volkswillen eingesetzte Autorität angesehen.«

Tatsächlich gewann der Fünfzigerausschuß Tag für Tag mehr Ansehen und Bedeutung. Er war auf dem besten Wege, sich als die provisorische Regierung Deutschlands zu behaupten, und Jacoby nahm darin einen wichtigen Platz ein. Er gehörte der Kommission an, die eine Proklamation an das deutsche Volk auszuarbeiten hatte, ebenso einer anderen zur Beschleunigung und Überwachung der Wahlen zur Nationalversammlung und einer weiteren, die den Bericht an die künftige Volksvertretung vorbereitete. Darüber hinaus setzte er sich energisch ein für die Respektierung der nationalen

Rechte der Polen, vor allem in der preußischen Provinz Posen, und ebenso nachdrücklich warnte er vor einer Unterschätzung der Reaktion und vor einer Wiederbelebung des Bundestags der Fürsten und ihrer Regierungen. Die Reaktion sei nur scheintot; sie sei nur in den einzelnen Staaten gebrochen, erklärte er am 27. April im Fünfzigerausschuß. Sie könne gerade hier in Frankfurt mit Hilfe des Bundestags, einer Institution, die seit dreiunddreißig Jahren und völlig zu Recht allen Deutschen verhaßt sei, wieder zu Kräften kommen. Zwar würde jeder Versuch, zu den alten Verhältnissen zurückzukehren, mißlingen, er sei aber dennoch zu fürchten, weil er mit Sicherheit dahin führen würde, wohin weder er, Jacoby, noch irgendein anderes Mitglied des Ausschusses kommen wolle: zu einer zweiten Revolution in Deutschland.

Wörtlich führte Jacoby aus: »Meine Herren, es ist traurig, wenn man sein ganzes Leben nach einem Ziele gestrebt, wenn man immer in der Opposition gestanden und nun – endlich am Ziel angelangt – sich plötzlich wiederum mitten in die Opposition zurückgeschleudert sieht. Allein, wer für die Freiheit des Volkes ernstlich gekämpft hat, der kann sich unmöglich mit dem bloßen Scheine, mit bloßen Worten begnügen. Er will das Wesen, die Sache selbst haben. Offen herausgesagt, meine Herren: Viele von Ihnen sehen mich und meine Freunde auf dieser Seite für Revolutionäre an. Mögen Sie immerhin! Dadurch werden wir in keiner Weise schlechter. Wahrlich, auch wir wollen die Anarchie nicht, auch wir wollen die Ordnung, aber freilich nicht *auf Kosten der Freiheit!*«

Jacoby erntete für diese Klarstellung viel Beifall, auch von den gemäßigten Liberalen – nur daß diese unter »Freiheit« etwas anderes verstanden als er. Das liberale Besitzbürgertum hatte neben individueller vor allem *wirtschaftliche* Freiheit im Sinn: Beseitigung aller den Handel hemmenden Hindernisse, einen großen, offenen Markt, unbeschränkte Investitionsmöglichkeiten, vor allem bei den neuen Industrien und beim Eisenbahnbau, dazu Kontrolle der Staatsfinanzen und der Steuergesetzgebung durch diejenigen, die die meisten Steuern bezahlten, »freies« Unternehmertum auch gegenüber den schutzlosen und ausgebeuteten arbeitenden Klassen. Wer sonst als die von der Revolution entmachteten Fürsten mit ihrem eingespielten Verwaltungs-, Polizei- und Militärapparat konnte den Besitzenden diese Freiheiten garantieren? Also suchten sie das Bündnis mit den alten Mächten, wobei sie sich als nunmehr gleichberechtigte Partner verstanden.

Jacoby, der für die Freiheit *aller* – auch und gerade der Unterdrückten, Entrechteten und Ausgebeuteten – stritt, der sich für die Rechte der Polen wie der Juden einsetzte, war sich durchaus darüber im klaren, daß er und seine Gesinnungsfreunde damit in einer hoffnungslosen Minderheit waren, was ihre politische Wirksamkeit betraf. Denn mochten die Unterdrückten auch die große Mehrheit ausmachen, so waren sie unter den politisch Bewußten und Aktiven doch nur eine kümmerliche Minorität.

Wenn sich Jacoby dennoch, unbeirrt und kompromißlos, nicht von seinen Zielen abbringen ließ, so wohl vor allem deshalb, weil ihm Immanuel Kants Philosophie in Fleisch und Blut übergegangen war. Eine einmal als solche erkannte moralische Verpflichtung blieb für ihn bindend, mochte sie ihm auch noch so viele Nachteile bringen. Kants in der »Grundlegung der Metaphysik der Sitten« formulierten »kategorischen Imperativ« – *»Handle so, als ob die Maxime (Richtlinie) deiner Handlung durch deinen Willen zum allgemeinen Naturgesetz werden sollte«* – hatte er zu seiner Lebensregel gemacht, was für einen erfolgreichen Politiker – wie schon Franz Mehring bemerkt hat – im Grunde unmöglich war.

Schon daß sich Jacoby in den Fünfzigerausschuß wählen ließ, anstatt nach den vier Sitzungstagen des Vorparlaments nach Königsberg zurückzukehren und dort seine Wahl in die Nationalversammlung vorzubereiten, war für einen Politiker ein nicht wiedergutzumachender Fehler. Gewiß, durch sein Verbleiben in Frankfurt wurde die im Fünfzigerausschuß allzu schwach vertretene republikanische Linke verstärkt, und mit ihm war nun auch einer da, der für die Rechte der Juden einzutreten bereit und imstande war. Aber auch mit ihm waren die Republikaner in hoffnungsloser Minderzahl, und was das Eintreten für die Juden betraf, so wäre dies eigentlich die Sache des Hamburger Notars Gabriel Rießer gewesen, des anerkannten Wortführers des deutschen Reformjudentums, der am Vorparlament teilgenommen hatte, dann aber eilig nach Hamburg zurückgekehrt war, wo er im holsteinischen Wahlkreis Altona in die Nationalversammlung gewählt wurde, deren zeitweiser Vizepräsident er dann war und auch ihrem Verfassungsausschuß angehörte. Auch trat mit Ignaz Kuranda aus Böhmen etwas verspätet ein zweiter Abgeordneter jüdischen Glaubens in den Fünfzigerausschuß ein, so daß Jacoby nun wirklich hätte nach Hause fahren können, und was die Sache der Polen anging, der sich Jacoby ebenfalls verpflichtet fühlte, so wäre sowohl Heinrich Simon aus Breslau wie Bruno Erhard Abegg, der wegen seiner oppositionellen Haltung und Freundschaft mit Jacoby abgesetzte frühere Polizeipräsident von Königsberg, durchaus bereit gewesen, eine mit Jacoby abgestimmte Erklärung zugunsten der preußischen Polen abzugeben; beide hatten einen entsprechenden Appell Jacobys an den neuen Innenminister v. Auerswald mitunterzeichnet.

Überdies hielt Jacoby seine große Polenrede im Fünfzigerausschuß bereits am 26. April 1848. Es wäre dann immer noch Zeit gewesen, eilig nach Königsberg zurückzukehren, wo am 10. Mai die Wahlen zur Nationalversammlung stattfanden. Aber er blieb weit über diesen Termin hinaus in Frankfurt, wo er am 12. Mai im Fünfzigerausschuß eine vielbeachtete Rede hielt und für seinen Antrag, der sich gegen geheime Pläne für eine enge Zusammenarbeit mit Vertretern der fürstlichen Regierungen richtete, sogar eine breite Mehrheit fand.

»Ich verkenne keineswegs die großen Nachteile, die eine längere Abwesenheit von Königsberg notwendig mit sich führt«, hatte Jacoby schon am 12. April seinem Freunde Simon Meyerowitz geschrieben. »Allein, wie unsicher und schwierig auch immerhin meine künftige Stellung dort werden dürfte, das Bewußtsein, zu der großartigen Wiedergeburt des Vaterlands wenn auch nur geringes beigetragen zu haben, wird mich für jede Unannehmlichkeit, für jede Entbehrung reichlich entschädigen.« Tatsächlich war es nicht allein seine unsichere politische Zukunft, um die es ging. Jacoby war kein vermögender Mann; zwar waren seine Ansprüche bescheiden, und er scheint keine Geldsorgen gekannt zu haben, obwohl er, außer für sich selbst, auch für seine beiden unverheirateten Schwestern zu sorgen hatte. Aber seine Existenzgrundlage war die ärztliche

Praxis, die bei längerer Abwesenheit von Königsberg gefährdet war. Trotzdem hatte er sich entschlossen, in seiner Heimatstadt für ein Mandat in der im Mai zu wählenden Nationalversammlung zu kandidieren, was im Fall seiner Wahl eine mindestens einjährige Anwesenheit in Frankfurt am Main erfordern würde. Er war bereit, ein Verkümmern seiner Praxis während dieser Zeit und damit eine erhebliche Schmälerung seines Einkommens in Kauf zu nehmen.

Aber wie standen seine Chancen, in Abwesenheit gewählt zu werden? Gewiß, er war ein sehr bekannter, weit über Königsberg, ja über Preußen hinaus hochangesehener Mann, und er verfügte in seiner Heimatstadt über eine große Anzahl von Anhängern. Hätte die Wahl noch im März oder Anfang April, auf dem Höhepunkt der Begeisterung über den Sieg der Revolution, stattgefunden und wären die Abgeordneten direkt zu wählen gewesen, hätte er mit allergrößter Wahrscheinlichkeit die Wahl gewonnen. Aber inzwischen hatten sich die Oppositionellen von ehedem in zwei Lager gespalten – hie die Anhänger einer Beibehaltung der Monarchie mit liberaler Verfassung, da die entschiedenen Demokraten, deren Ziel die gesamtdeutsche Republik war, und die Gemäßigten waren in Königsberg weit in der Überzahl. Außerdem wurden zuerst Wahlmänner gewählt und dann von diesen die Abgeordneten. »Bei einem solchen System« – so hat dazu Edmund Silberner schon bemerkt – »kam es leicht zu Mißbräuchen seitens der reichen Wahlmänner, die sowohl die Urwähler als auch die ärmeren Wahlmänner durch allerlei Versprechungen und ›Geschenke‹ zu beeinflussen vermochten.«

Jacoby mußte also alles daransetzen, zumindest einen Teil des wohlhabenden Bürgertums für sich zu gewinnen und die Argumente der gemäßigten Liberalen, die in panischer Angst vor einer zweiten Revolution mit nachfolgender »Anarchie« lebten, zu entkräften. Dazu drängten ihn auch einige seiner besten Freunde, und sie rieten ihm nicht nur zur Mäßigung, sondern auch dazu, alles zu versuchen, auch den Fünfzigerausschuß zu mäßigen, noch besser: heimzukehren und von Königsberg aus beschwichtigend auf die Hitzköpfe zu wirken.

Man war in Königsberg mit der Politik des Fünfzigerausschusses ganz und gar nicht einverstanden, obwohl sich dieser doch in überwältigender Mehrzahl aus gemäßigt liberalen Königstreuen und nur ganz wenigen entschiedenen Demokraten zusammensetzte. Die Königsberger Bürger, die – wie Jacoby feststellen mußte – »auf dem schönsten Wege der Reaktion« waren, fanden das Verhalten der »Fünfziger« geradezu empörend. Sie hätten, meinten einige, ihr Mandat überschritten, indem sie es gewagt hätten, den Regierungen Vorschriften zu machen.

»Wer«, hieß es in einem Brief von Simon Meyerowitz an Jacoby vom 19. April 1848, »hat Euch fünfzig zufällig zusammengekommenen Männern das Recht verliehen, mit Deutschland diktatorisch zu verfahren und gegen seine noch bestehenden Regierungen eine Sansculottensprache zu führen?« Die Erbitterung darüber, schrieb er seinem Freund nach Frankfurt, sei in Königsberg außerordentlich; auch Jacobys Freunde Raphael Jakob Kosch und Ludwig Moser seien entrüstet. Die kleinen Fürsten könne der Ausschuß vielleicht einschüchtern. Doch gegenüber Preußen, das sich mächtig und intelligent genug fühle, seine Angelegenheiten selbst zu regeln, verletze solches Verfahren den Nationalstolz jedes einzelnen Bürgers.

Ein paar Tage später, am 24. April, warnte Meyerowitz Jacoby abermals, und er fügte hinzu: »Du befindest Dich auf schwindelnder Höhe, ein Hauch kann Dich in den Abgrund stürzen. Es beschwören Dich Deine in Gram sich verzehrenden Schwestern, Deine Lage und Dein Tun mit Klarheit ins Auge zu fassen...« Jacoby gab in seinem Antwortbrief an Kosch zu, seine Königsberger Freunde hätten Grund und Recht, sich über das entschiedene, mitunter anmaßend erscheinende Vorgehen des Fünfzigerausschusses zu wundern. Doch dieses Vorgehen fände seine Rechtfertigung in den täglich dreisteren Versuchen der Reaktion, die alten Verhältnisse wiederherzustellen.

Aber damit machte Jacoby auf seine Freunde in Königsberg keinen Eindruck, auf seine Gegner schon gar nicht. Was sie ihm vor allem verübelten, war sein Eintreten für die Sache der Polen. Selbst Ludwig Moser meinte, man dürfe die realen Verhältnisse nicht übersehen. Die Polen, so demütig sie sich zuvor verhalten hatten, seien jetzt wie toll; die Deutschen in Posen müßten um ihr Leben fürchten. Es wäre an der Zeit, für die Interessen der eigenen Landsleute einzutreten und nicht für die ihrer Feinde.

So dachten und schrieben seine Freunde. In den Jacoby weit weniger wohlgesonnenen gemäßigt liberalen Kreisen Königsbergs aber verlangte man, wie Ferdinand Falkson schrieb, nur Ruhe; die Leute fürchteten sich vor Bürgerkrieg, Republik und Anarchie gleichermaßen und sehnten sich nach besseren Kursen ihrer Wertpapiere. Meyerowitz und Kosch bezweifelten, daß Jacoby bei der Wahl am 10. Mai durchkommen würde. »Die selbst Deine Gegner sind, ehren Dich immer«, schrieb Meyerowitz, »sie fürchten nur Deinen, wie sie meinen, zu weitgehenden Freiheitssinn.«

Dennoch schien der Sieg Jacobys zunächst sicher. Der Dichter Rudolf v. Gottschall, der sich für Jacoby eingesetzt hatte, berichtet in seinen Memoiren, wie in einer Vorversammlung, zu der die Wahlmänner fast vollständig erschienen waren, eine so große Mehrheit für Jacoby war, daß ein anderer Kandidat gar nicht in Betracht zu kommen schien. Bei der ersten Probeabstimmung wurde der frühere Oberpräsident v. Schön dem »radikalen« Jacoby gegenübergestellt, und nun ergab sich eine Stimmengleichheit, wobei die Ansicht vorherrschte, daß v. Schön überhaupt nicht bereit sei, für die Nationalversammlung zu kandidieren. Weitere Stimmen entfielen auf den Regierungsrat Professor Dr. Friedrich Wilhelm Schubert und den Tribunalrat Professor Eduard Simson. Bei einer zweiten Probeabstimmung trat die Mehrheit für Jacoby wieder zutage; Simson erhielt nur noch eine Stimme.

Doch am nächsten Morgen, so lesen wir bei Gottschall, »fand nun die entscheidende Wahl selbst statt, und nun begab sich das Wunderbare, daß sich das Blatt gänzlich gewandt hatte und daß Simson mit sehr großer Mehrheit« – tatsächlich waren es 63 Stimmen für Jacoby, 67 für Simson – »gewählt wurde. Wodurch den Wahlmännern über Nacht plötzlich diese Erleuchtung gekommen war, blieb uns, den Unerleuchteten, ein vollständiges Rätsel; ein zweiter, ähnlicher Fall wird sich wohl kaum jemals in der Geschichte der politischen Wahlen zugetragen haben. Die Zeit war doch für einen so gänzlichen Umschlag sehr kärglich bemessen.«

Ein anonymer Briefschreiber behauptete, die »erbärmliche Geldaristokratie« habe »die brotlosen Arbeiter gekauft«; die »Kölnische Zeitung« meldete aus Königsberg, Simson sei »der Kandidat des Börsenpublikums« gewesen.

Eduard Simson selbst, der zu den Jacoby freisprechenden Richtern im sensationellen Prozeß des Vorjahrs gehört hatte, war das Peinliche seiner Lage, statt Jacoby gewählt worden zu sein, durchaus bewußt, und er gab dies auch in seiner Ansprache nach der Wahl in einer Jacoby ehrenden Weise den Wahlmännern zu verstehen.

Aber die Würfel waren nun gefallen. Eduard Simson wurde der eine, Friedrich Wilhelm Schubert der andere Vertreter der Stadt und des Landkreises Königsberg; alle Versuche, Jacoby nun sehr verspätet anderswo durchzubringen, wo die Wahlen erst in einigen Tagen stattfanden, scheiterten. In Kreuznach, in Waldshut an der schweizerischen Grenze, wohl noch in anderen Städten gab es solche Bemühungen seiner Freunde, aber nur in Berlin gelang es beinahe, Jacoby eine Mehrheit zu verschaffen. Der Wahlkommissar entschied indessen zugunsten des Gegenkandidaten, des Historikers Friedrich v. Raumer; Jacoby wurde dessen Stellvertreter.

Fast gleichzeitig gab es in Berlin Nachwahlen zur preußischen Nationalversammlung, die aufgrund des Friedrich Wilhelm IV. nach dem Sieg der Revolution im März abgerungenen Versprechens dem Königreich eine liberale Verfassung geben sollte. Im 4. Berliner Bezirk wurde Jacoby ohne sein Zutun am 20. Mai zum Abgeordneten gewählt.

Zwei Tage zuvor, am 18. Mai 1848, hatte Jacoby von Frankfurt aus eine Flugschrift, »Zuruf an die preußischen Abgeordneten«, publiziert, worin er das Ministerium Camphausen scharf kritisierte; es wage weder »den reaktionären Gelüsten einer eigennützigen Geldaristokratie noch dem Polizeikitzel eines durch die gerechten Ansprüche der arbeitenden Klasse eingeschüchterten Pfahlbürgertums entgegenzutreten«. Auch beklagte er, daß die preußische Regierung die verfassunggebende Nationalversammlung des Landes für den 22. Mai nach Berlin einberufen habe, also fast gleichzeitig mit dem Zusammentritt des deutschen Parlaments in Frankfurt. Es gehe nicht an, jetzt in Rivalität zum Ganzen die Verfassungen der deutschen Teilstaaten zu beraten. Die neugewählten Abgeordneten der preußischen Nationalversammlung – zu denen er, ohne davon zu wissen, selbst bereits zählte – sollten daher, so forderte er, lediglich dem König ein neues Ministerium ihres Vertrauens zur Ernennung vorschlagen, diese Regierung mit weitreichenden Vollmachten ausstatten und sich dann vertagen, bis das Verfassungswerk für ganz Deutschland abgeschlossen sei. Alles, was die neue Regierung zu tun habe, sei das Ergreifen energischer Maßnahmen zur Linderung der Not, besonders der des Proletariats, denn Hungernde könnten nicht warten. Außerdem müsse Anarchie wie Reaktion im Keim erstickt werden.

»Mögen die Minister aus eigener Machtvollkommenheit provisorische Gesetze erlassen, den Schutz der Arbeiter und ›die Pflichten, welche das Recht des Besitzes auferlegt‹ feststellen; mögen sie das erforderliche Geld durch eine Einkommensteuer oder auf andere Weise erheben, jedenfalls muß den Besitzlosen Arbeit und ein genügender Lohn geboten... werden.«

Jacobys »Zuruf» fand kein starkes Echo. Julius Waldeck schrieb, man merke es der trefflichen Schrift an, daß ihr Verfasser acht Wochen lang nicht in Berlin gewesen sei und vergessen habe, wie es um Preußen bestellt sei. Seine Forderungen seien viel zu radikal, um beim Publikum Anklang zu finden. »Die meisten sehnen sich nach den Fleischtöpfen Ägyptens, nach der seligen Ruhe der früheren Knechtschaft zurück. Glaube meinem Bericht, ich sehe mit vorurteilsfreien Augen...«

Jacoby konnte diese Lagebeurteilung des Freundes und Vetters nur seufzend zur Kenntnis nehmen. Er blieb noch bis Ende Mai in Frankfurt, um abzuwarten, ob irgendeine Nachwahl ihm doch noch das ersehnte Mandat für die in der Paulskirche bereits zusammengetretene Nationalversammlung bringen würde.

Die meisten seiner Mitstreiter aus früheren Tagen waren nun als gewählte Abgeordnete in Frankfurt: Heinrich Simon aus Breslau; Arnold Ruge, der ebenfalls in Schlesien aufgestellt und durchgebracht worden war; auch vier der »Göttinger Sieben«: Jacob Grimm, Georg Gottfried Gervinus, Wilhelm Eduard Albrecht und Friedrich Christoph Dahlmann; desgleichen v. Itzstein, Robert

Blum, Franz Raveaux, Friedrich Hecker, Moritz Hartmann, Ignaz Kuranda, selbst der so hart gemaßregelte Sylvester Jordan, dem das Geld für die Jacoby zugedachte »Bürgerkrone« zugeflossen war – sie alle und viele andere, die er kannte und schätzte, waren in die Paulskirche eingezogen. Nur er selbst, der an der Spitze der Opposition gestanden, der mit seinen »Vier Fragen« den Kampf um die Verfassung erst in Gang gebracht und kein Wagnis gescheut hatte, der immer noch der »Liebling der Nation« und der von allen geachtete Führer der Demokraten war, hatte das ersehnte Ziel, an dem ersten Verfassungswerk Deutschlands maßgeblich mitzuarbeiten, nicht erreicht.

So reiste er enttäuscht von Frankfurt am Main ab und traf am 4. Juni 1848 in Berlin ein, um nun wenigstens seinen Platz in der preußischen Verfassunggebenden Nationalversammlung einzunehmen. Er hatte eine persönliche Niederlage erlitten, aber sein Kampfgeist war, wie seine Gegner rasch merken sollten, ungebrochen.

So schmerzlich es Jacoby auch empfinden mochte, von der Paulskirche ausgeschlossen zu sein: Es stellt sich die Frage, ob seine Anwesenheit in Berlin nicht weitaus wichtiger war als seine knapp verfehlte Wahl in die Frankfurter Versammlung. Denn während in der Paulskirche viele schöne – und manche weniger schöne – Reden gehalten und wirkungslose Beschlüsse gefaßt wurden, betrieb die preußische Nationalversammlung sehr reale Politik.

Hartnäckig und mit viel Geschick setzte die Linke in Berlin eine Forderung nach der anderen durch, und daran hatte der Abgeordnete Johann Jacoby aus Königsberg maßgeblichen Anteil. Seine kompromißlose Haltung, wenn es galt, »erwiesenes Recht in Anspruch zu nehmen«, bewährte sich aufs neue.

Zwar wurde die preußische Nationalversammlung in Berlin dann ebenso – und sogar noch erheblich früher als die Frankfurter Paulskirche – von der wiedererstarkten Reaktion aufgelöst und auseinandergejagt. Aber der Berliner Verfassungsentwurf, der von Johann Jacoby stark mitgeprägt worden war, hatte – wie noch zu beschreiben sein wird – über das Ende der Revolution hinaus erhebliche und dauerhafte Wirkung.

XII.
In der preußischen Nationalversammlung

Am 5. Juni 1848, schon am Tag nach seinem Eintreffen aus Frankfurt, begann Jacoby seine politische Tätigkeit in Berlin. Als erstes stellte er sich denen vor, die ihn in die preußische Nationalversammlung entsandt hatten. Den Wählern des 4. Berliner Wahlbezirkes erklärte er, daß der Tag der Freiheit noch nicht angebrochen sei; Absolutismus und Junkertum hielten noch immer ihre Machtpositionen. Der Regierung müsse daher mit wachem Mißtrauen begegnet werden, und es gelte, die Märzerrungenschaften energisch zu verteidigen.

»Ich für meinen Teil«, schloß er seine mit viel Beifall aufgenommene Rede, »nehme nicht Anstand, die Revolution als Revolution« – nicht als bloßen, aus einem Mißverständnis entstandenen »Straßenkrawall«, wie die Reaktionäre es hinzustellen versuchten – »anzuerkennen und als solche mit Freude und Dank zu begrüßen... Die Berliner Bürger dürfen stolz sein auf diese Revolution, und ich bin stolz darauf, Berlins Abgeordneter zu sein...«

Er bekannte sich als überzeugter Republikaner, erklärte es jedoch für »töricht und frevelhaft«, die Republik dem Volk aufzwingen zu wollen. Überall in Deutschland, außer in Baden – wo Friedrich Hecker die Republik proklamiert hatte, aber schon acht Tage später geschlagen worden war – habe die Revolution vor den wankenden Thronen haltgemacht. Das beweise, daß das Volk der Gewalt seiner Fürsten Schranken setzen, die Monarchie aber nicht abschaffen wolle. Also müsse man sich fortan an die konstitutionelle Monarchie als die für Deutschland geeignete Staatsform halten und erproben, ob sich die demokratischen Prinzipien bürgerlicher Gleichheit und Selbstregierung mit denen der Monarchie vereinbaren ließen. Der Verfassungsentwurf der preußischen Regierung des Liberalen

Camphausen sei jedoch selbst mit den bescheidensten Forderungen der Zeit unvereinbar.

Er erklärte dann noch seinen Wählern, allzu bescheiden, er besitze »keine besondere Rednergabe«; zwar werde er hin und wieder im Parlament das Wort ergreifen, aber seine Hauptaufgabe sehe er darin, die ihm gleichgesinnten Abgeordneten »zu einem gemeinsamen, einmütigen Vorgehen zu bestimmen«.

Tatsächlich wirkte er dann in der preußischen Nationalversammlung vor allem als Organisator der Linken und als Initiator energischer Vorstöße der Opposition, die mit ihren Anträgen zwar oft unterlag, aber dennoch die Regierung und deren Anhänger dazu zwang, die demokratischen Forderungen zu berücksichtigen. Einmal – es ging darum, ob Preußen die von der Frankfurter Nationalversammlung eingesetzte provisorische Zentralgewalt für ganz Deutschland in Gestalt des »Reichsverwesers«, des österreichischen Erzherzogs Johann, anerkennen müsse – unterlag Jacoby mit seinem Antrag, die Zentralgewalt anzuerkennen, jedoch die Wahl eines Habsburgers zu mißbilligen, mit nur 53 gegen 262 Stimmen bei 48 Enthaltungen.

Der Zweck, meinte Varnhagen dazu, »ist gleichwohl erreicht, die Sachen sind in ausführlicher Erörterung durchgesprochen, die Meinungen hell zutage gekommen. Jacoby selbst hat kräftig gesprochen... Die Minister haben geschwiegen... in trauriger Gestalt und sichtbarer Ohnmacht.«

Diese Debatte war, trotz der Abstimmungsniederlage der Linken, ein großer Erfolg für sie und ein schwarzer Tag für die Regierung. Dennoch konnten Jacoby und seine Freunde mit dem Stand der Dinge durchaus nicht zufrieden ein. Seit im Juni erst in Prag, dann in Paris konterrevolutionäre Militärs das Volk besiegt hatten – der von der französischen Großbourgeoisie unterstützte General Cavaignac ließ unter der Arbeiterschaft ein Blutbad anrichten, das dreitausend Menschenleben forderte –, fühlte sich auch die deutsche Reaktion wieder ermutigt und war überall auf dem Vormarsch. Konnte die deutsche Linke überhaupt noch an einen Sieg glauben?

In einem Antwortbrief an Fanny Adelson, die Jacoby beschworen hatte, von seinem Radikalismus abzulassen, die Politik am besten ganz aufzugeben und so schnell wie möglich nach Königsberg zurückzukehren, heißt es dazu: »Fesselte mich nicht die Pflicht, das einmal Begonnene auszuführen, ich würde lieber heute als morgen der Hauptstadt den Rücken kehren...«

Noch vor einigen Monaten, so erklärte er der besorgten Freundin in diesem Brief vom 20. August 1848, habe ihm die große deutsche Volksbewegung Mut gemacht; er sei des Glaubens gewesen, mit der Märzrevolution den Anbruch einer neuen Epoche der Weltgeschichte mitzuerleben. Doch: »Ich habe mich getäuscht. An der Jämmerlichkeit kleinlicher Menschen ist die Revolution wiederum gescheitert. Seit der Pariser Junischlacht überall Feigheit und Erschlaffung, die Krämer und Philister glücklich wieder obenauf! In Deutschland wie in Frankreich die alte schamlose Wirtschaft des Eigennutzes und der Knechtschaft; nur die Herren hat man gewechselt... Es wäre Torheit, von der Gegenwart zu verlangen, was für jetzt zu erreichen unmöglich ist. Wir... müssen für den Augenblick die Reaktionäre ruhig gewähren lassen und uns darauf beschränken, der neuen Zeit vorzuarbeiten, die uns sicher zum Ziele führen wird. Sie sehen, teure Freundin, wie resigniert ich bin...«

Zwei Wochen später schrieb er an Ludwig Moser: »Die Demokraten der Frankfurter Versammlung, desgleichen die in Paris, Wien, Prag etc. sind so gut wie besiegt. Jetzt kommt die Reihe an Berlin... Ich fürchte, wir gehen einer trüben Zukunft entgegen...«

Dabei hatte die Linke in Berlin gerade etwas errungen, das sie für einen strahlenden Sieg hielt: Nachdem es im schlesischen Schweidnitz zu einem Zusammenstoß zwischen Bürgerwehr und preußischem Militär gekommen war – mit vierzehn Toten auf Seiten der Bürger –, hatte sich die Nationalversammlung dazu aufgerafft, einem Antrag der Linken mit großer Mehrheit zuzustimmen. Darin wurde das Verhalten des Militärs scharf verurteilt und es dem Kriegsminister zur Pflicht gemacht, durch strenge Anweisungen an die Offiziere jede Gewaltanwendung gegen Zivilisten auszuschließen. Erstmals hatten auch die gemäßigten Liberalen geschlossen für diesen Antrag gestimmt; das Ministerium Auerswald/Hansemann mußte kurz darauf zurücktreten, und die Bevölkerung war über diesen Sieg der Linken außer sich vor Begeisterung. Der Name Jacobys, den man zu Recht für den Organisator hielt, war wieder in aller Munde. Als man an diesem denkwürdigen Septembertag Jacoby beim Verlassen der Nationalversammlung stürmisch feierte, ihn auf Schultern zu einem Wagen tragen und mit ihm nach Hause ziehen wollte, wehrte er bescheiden ab: »Meine Herren, wenn es Ihnen einerlei ist, *mir* wäre es lieber, wenn ich zu Fuß nach Hause gehen könnte«, und das tat er auch. Die ihm politisch durchaus nicht wohlgesonnene »Kölnische Zeitung« meinte dazu, die bezaubernde Bescheidenheit und Anspruchslosigkeit »dieses mächtigen Parteihaupts« werde jeden für ihn einnehmen.

Am 12. September 1848 legte Jacoby vor den Bürgern seines Wahlbezirks Rechenschaft ab. Ungeschminkt stellte er die Lage dar, wies auf die drohenden Gefahren hin und versprach seinen Wählern nur, in unerbittlicher Opposition gegen jede Regierung zu stehen, die sich gegen den erklärten Willen der Nationalversammlung auf ein der bürgerlichen Freiheit feindlich gesinntes Militär stütze. Dann ließ er die Versammlung entscheiden, ob er sein Mandat niederlegen oder weiterhin ihr Abgeordneter bleiben solle. Ein nicht enden wollender Beifall war die Antwort.

Jacoby konnte sich also auf das unveränderte Vertrauen seiner Wähler stützen. Dagegen waren viele seiner alten Freunde besorgt, ja, entsetzt über seine starre politische Haltung, und manche wandten sich gar von ihm ab, so alte Verbündete aus dem Lager des »Junkerliberalismus« wie Otto v. Keudell, Siegfried v. Brünneck, Theodor und Robert v. Schön, aber auch Raphael Jakob Kosch und Alexander Küntzel. Fanny Adelson schrieb ihm: »Ich erblicke in Ihnen einen zweiten Robespierre, und ich entsetze mich bei dem Gedanken, daß ein solcher Mensch je mein Freund war! Jonny! Teurer Freund! Man mißbraucht Sie – viele Elende wählen Sie zu ihrem Führer, um mit Ihren reinen Gesinnungen die unedlen Motive ihrer Handlungen zu schützen. Wie können Sie so entsetzlich verblendet sein!«

Etwa gleichzeitig streute die Rechte in Berlin das Gerücht aus, Jacoby und seine politischen Freunde ständen im Solde der russischen Regierung; sie sollten Unruhe stiften, damit die Truppen des

Zaren in Preußen einmarschieren könnten. Jacoby habe die Augen niedergeschlagen, als man ihm ins Gesicht gesagt habe, daß er ein russischer Agent sei. »Ich habe darüber nur lachen müssen«, schrieb Jacoby an Ludwig Moser.

»Als ihn neulich jemand darauf aufmerksam machte«, berichtet Fanny Lewald in ihren Erinnerungen, »daß die ›Kreuzzeitung‹« – das Blatt der Reaktion – »behauptete,... er empfange russische Bestechungen durch ein Königsberger Handlungshaus, und daß er sich doch wenigstens dagegen verteidigen sollte, antwortete er: ›Ich will dem Redakteur der Zeitung anbieten, ihm mein russisches Geld für den zehnten Teil des Betrages zu überlassen – das ist alles, was ich tun kann. Übrigens werde ich bald wie einst O'Connell sagen können: Ich bin der bestverleumdete Mann des Königreichs! Das ist denn doch auch tröstlich‹...«

Daniel O'Connell, der unermüdliche Vorkämpfer für die Freiheit und Unabhängigkeit Irlands, war erst im Jahr zuvor gestorben, sein Ruhm in ganz Europa noch in aller Munde. Er hatte als ein streng rechtlicher, stets die Gesetze achtender Mann den von den Briten unterdrückten und ausgebeuteten Iren gegen heftigsten Widerstand das Wahlrecht erstritten.

Konnte das auch Jacoby von sich behaupten? Gewiß, er hatte mit seinen »Vier Fragen« überhaupt erst in Bewegung gesetzt, was nun, genau sieben Jahre später, als liberale Verfassung Gestalt anzunehmen begann. Aber gleichzeitig drohte diesem hoffnungsvollen Beginn bereits ein jähes und brutales Ende. Die Reaktion hatte sich von ihrem Rückschlag im März wieder erholt. Die preußischen Truppen standen Gewehr bei Fuß rund um Berlin. Auch Wien, wo Anfang Oktober die Demokraten die Macht übernommen hatten, war schon von konterrevolutionären Truppen umzingelt, lag bereits unter Artillerie- und Brandraketenbeschuß, und hunderttausend Berufssoldaten unter dem Befehl des Fürsten Windischgrätz standen bereit, die seit dem 23. Oktober eingeschlossene Stadt zu erstürmen.

Trotz tapferster Gegenwehr der Verteidiger war die Einnahme Wiens nur noch eine Frage von Tagen, und Ferdinand Freiligrath veröffentlichte in der von Karl Marx in Köln herausgegebenen

»Neuen Rheinischen Zeitung« ein Gedicht, das mit den Versen begann: *»Wenn wir noch knien könnten, wir lägen auf den Knien; / wenn wir noch beten könnten, wir beteten für Wien!«*

Die Frankfurter Nationalversammlung schickte wirkungslose Proteste; die Linke entsandte vier Abgeordnete nach Wien, die den Verteidigern die Verbundenheit der Paulskirchen-Demokraten mit ihrer guten Sache demonstrieren sollten, darunter drei Freunde Jacobys: Robert Blum, Moritz Hartmann und den gerade erst in die Nationalversammlung nachgerückten Julius Fröbel. In Berlin fand am 31. Oktober zum Abschluß eines Demokratenkongresses eine Massenversammlung statt, die energische Maßnahmen zur Unterstützung der bedrohten Wiener forderte. Die Abendsitzung der preußischen Nationalversammlung war danach von einer revolutionären Volksmenge umlagert. Die Atmosphäre war drinnen wie draußen sehr gespannt. Ein von Jacoby unterstützter Antrag des Führers der Berliner Linken, des Obertribunalrats Benedikt Waldeck, zum Schutz der in Wien bedrohten Volksfreiheit alle dem preußischen Staat zu Gebote stehenden Mittel schleunigst aufzubieten, wurde von der konservativen und liberalen Mehrheit des Hauses verworfen, statt dessen ein bloßer Protest verabschiedet. Am selben Abend mußte Wien vor der anstürmenden Übermacht konterrevolutionärer Truppen kapitulieren.

Als die preußischen Abgeordneten kurz vor Mitternacht das Haus verließen, empfing die wartende Menge diejenigen, die gegen Waldecks und Jacobys Antrag gestimmt hatten, mit Pfiffen und Verwünschungen. Dagegen wurden die Deputierten der Linken mit stürmischem Beifall bedacht. Der greise Ministerpräsident Ernst v. Pfuel, ein konservativer General a. D., der den gemäßigt liberalen Camphausen im September abgelöst hatte, fürchtete, auf der Straße tätlich angegriffen zu werden. Jacoby und ein weiterer Abgeordneter der Linken, Georg Jung, geleiteten den Ministerpräsidenten unangefochten durch die Menge zu Jungs naher Wohnung, wo sie beisammenblieben, bis sich in den frühen Morgenstunden die Lage draußen wieder beruhigt hatte.

Dieser Vorfall sprach sich herum, und bei Hofe wurde es v. Pfuel sehr verübelt, daß er, ein adliger General und Preußens höchster

Beamter, sich von dem jüdischen Demokraten Jacoby habe beschützen lassen. Zwei Tage später erhielt v. Pfuel seine Entlassung. Der wahre Grund hierfür aber war, daß die Nachricht vom Fall Wiens Friedrich Wilhelm IV. erreicht hatte. Der König sah nun die Bahn frei für einen baldigen entscheidenden Schlag gegen die Revolution in Preußen.

Neuer Ministerpräsident wurde der ultrareaktionäre Graf v. Brandenburg, ein illegitimer Hohenzollernsproß. Mit dessen Ernennung hatte sich die Hofkamarilla aus Junkern und Militärs gegen alle kompromißbereiten liberalen Kräfte durchgesetzt, und es war nun für jedermann klar, daß die Konterrevolution einen Staatsstreich plante.

Noch am selben Tag, dem 2. November 1848, wurden Jacoby und Benedikt Waldeck aktiv. Zusammen mit Jodokus Temme, einem hohen westfälischen Richter, der gleichfalls zur äußersten Linken gehörte, stellten sie den Antrag, die Nationalversammlung möge sofort eine Kommission einsetzen, die die geeigneten Gegenmaßnahmen vorzuschlagen habe, über die das Haus unverzüglich befinden müsse.

Der König, erklärte Jacoby zur Begründung dieses Antrags, habe mit der Ernennung des Grafen Brandenburg seinem Volk den Fehdehandschuh hingeworfen. Er müsse gewarnt und davon abgebracht werden, sich und das Land ins Verderben zu stürzen.

»Täuschen Sie sich nicht, meine Herren«, schloß Jacoby seine kurze Rede und erklärte, auf Dantons berühmten Aufruf von 1792 zur Verteidigung der revolutionären Errungenschaften in Frankreich direkt anspielend: »Das Vaterland ist in Gefahr! Es ist nicht an der Zeit, lange schöne Reden zu halten. Es handelt sich darum, schnell, ohne Verzug, entschiedene Beschlüsse zu fassen!«

Der Antrag wurde jedoch abgelehnt. Statt dessen beschloß die Nationalversammlung, eine Deputation von 25 Abgeordneten aller Parteien zum König zu schicken, um ihm eine Adresse zu überreichen, worin vor der Einsetzung des Ministeriums Brandenburg gewarnt und eine den Mehrheitsverhältnissen entsprechende Regierung erbeten wurde.

Zu dieser Deputation, die unter Führung des Präsidenten Hans

Viktor v. Unruh noch am späten Nachmittag mit einem Extrazug der Eisenbahn nach Potsdam aufbrach, wohin sich Friedrich Wilhelm IV. zurückgezogen hatte, gehörte auch Jacoby. Friedrich Wilhelm IV. weigerte sich zunächst, die Deputation überhaupt zu empfangen; die Nationalversammlung war ihm ohnehin zuwider, hatte doch die Revolution ihre Wahl erst erzwungen. Besonders empört aber hatte es ihn, daß die Abgeordneten bei der Beratung der künftigen Verfassung Preußens aus seinem, des Königs Titel die Worte *»von Gottes Gnaden«* kurzerhand gestrichen und in einer weiteren, mehrheitlich beschlossenen Bestimmung den Adel samt seinen Vorrechten für abgeschafft erklärt hatten. Preußen ohne Junker und sein König des Gottesgnadentums entkleidet – das war zuviel!

Aber schließlich ließ der König die Deputation dennoch vor. Präsident v. Unruh verlas ehrerbietig die sehr respektvoll gehaltene Adresse. Friedrich Wilhelm IV. nahm das Papier wortlos entgegen, kehrte der Deputation dann brüsk den Rücken zu und schickte sich an, den Saal zu verlassen. Unruh blickte verlegen zu Boden, die anderen wagten nicht, etwas zu sagen. Da ergriff Jacoby das Wort: »Wir sind nicht bloß hierhergesandt, um Euer Majestät eine Adresse zu überreichen, sondern auch, um Ihnen über die wahre Lage des Landes mündlich Auskunft zu geben.«

Während der König, ohne sich auch nur umzublicken, weiterging, fragte Jacoby: »Gestatten Euer Majestät uns Gehör?«, woraufhin sich Friedrich Wilhelm IV. ärgerlich umwandte und ihm ein schroffes »Nein!« zurief.

Den Mitgliedern der Deputation stockte der Atem. Sie starrten entsetzt auf den sich rasch entfernenden König, der schon die Tür erreicht hatte, als Jacoby nochmals das Wort ergriff. Laut und mit fester Stimme erklärte er: »Das eben ist das Unglück der Könige, daß sie die Wahrheit nicht hören wollen!«

Friedrich Wilhelm IV. reagierte auch darauf nicht und verließ den Saal. Einen Augenblick später erschien sein Adjutant: Die Deputation sei entlassen; auf Herrn Dr. Jacobys Äußerung gedenke der König vorerst nicht zu antworten.

Für die »unerhörte Dreistigkeit, an Seine Majestät ungefragt das

Wort zu richten«, erntete Jacoby dann von seinen obrigkeitshörigen Kollegen bittere Vorwürfe, von einigen schon im Saal, von anderen auf der Rückfahrt und erst recht am nächsten Tag in der preußischen Nationalversammlung. Nur wenige wie Benedikt Waldeck und der ebenfalls zur äußersten Linken zählende Abgeordnete Karl Ludwig D'Ester billigten seine deutlichen Worte an den König, die, als sie bekannt wurden, überall in Preußen und darüber hinaus ungeheures Aufsehen erregten. Von Jacoby selbst heißt es, er sei aus Potsdam erst gegen halb zwei Uhr früh nach Hause gekommen und habe zu Eduard Waldeck gesagt: »Hier, Eduard, nimm meinen Leibrock! Ich werde wohl so bald nicht wieder einen so groben Menschen besuchen...«

Am nächsten Morgen, in der stürmischen Sitzung der Nationalversammlung vom 3. November 1848, erklärte Jacoby, da weder der Präsident v. Unruh noch ein anderes Mitglied der Deputation beim König das Wort ergriffen habe, sei es ihm als seine Pflicht erschienen, selbst dieses Recht der Deputierten zu wahren und zu vertreten.

Er erntete dafür Pfui-Rufe von rechts, aber stürmischen Beifall nicht nur von links, sondern auch aus der Mitte des Hauses. Presse und Öffentlichkeit reagierten ähnlich: Die reaktionäre »Kreuzzeitung« schalt ihn einen »frechen Juden, der den König in dessen eigenem Hause zu beleidigen gewagt« habe. Nicht viel milder fiel die Kritik der sehr gemäßigten »Vossischen Zeitung« aus. Leopold Zunz, jüdischer Wissenschaftler und entschiedener Demokrat, aber meinte zu diesen Angriffen, einen Talmud-Spruch zitierend: Daß Jacoby, der »sein ewiges Leben in einer Stunde erworben« habe, dafür von Schweinen angegrunzt werde, sei ganz in Ordnung.

Die Linken, aber auch viele Liberale, wußten Jacoby gar nicht genug dafür zu loben, daß er es gewagt hatte, vor dem König offen zu reden; 28 Abgeordnete des Zentrums sandten ihm ein Dankschreiben. Der Berliner Demokratische Klub druckte ein Plakat, um bekanntzumachen: »Der Abgeordnete Jacoby hat sich den Dank des gesamten Vaterlands verdient!«

Am Sonntag, dem 5. November, ehrten die Berliner ihn mit einem Fackelzug. Er zog an »Mylius' Hotel«, dem Treffpunkt der

Linken, vorbei, dauerte eine volle Stunde, und die Scharen füllten die ganze Breite der Straße. Zwei große Transparente wurden dem langen Zug vorangetragen: ein weißes mit der Aufschrift »Dem Abg. Jacoby zur Erinnerung an den 2. November 1848 – Das ist das Unglück der Könige, daß sie die Wahrheit nicht hören wollen«, das zweite, ein schwarzrotgoldenes, trug im roten Mittelfeld die Aufschrift: »Dem Verfasser der Vier Fragen«. Immer und immer wieder ließen sie Jacoby hochleben.

Der aber hielt vom Fenster des Hotels aus nur eine kurze Dankrede, worin er erklärte, nichts weiter getan zu haben als die Pflicht jedes für die Freiheit und das Wohl des Vaterlandes eintretenden Bürgers.

Wie die »Vossische Zeitung«, die »Mannheimer Abendzeitung« und die »Kölnische Zeitung« meldeten, war es eine sehr eindrucksvolle Veranstaltung, die Jacoby mit den Worten beschloß: »Worte verhallen machtlos am Ohr der Könige. Zum Schutz der Freiheit, der blutig errungenen Volkssouveränität bedarf es der kühnen, der tapferen Tat. Wenn... der Absolutismus erneut sein Haupt erhebt, dann, Mitbürger, dann laßt uns eingedenk sein der Helden unserer Märztage, auf daß wir dieser Helden würdig leben oder sterben. Den Männern, die auf den Barrikaden Berlins, den Männern, die auf den Wällen Wiens ihr Blut vergossen, diesen Männern bringt aus vollem Herzen ein schallendes Lebehoch!«

Dies war Jacobys einziger Auftritt bei einer Berliner Massendemonstration. Einen Tag danach schrieb Anna Waldeck in ihr Tagebuch: »Jacoby ist in jedem Munde. Viele für ihn, viele gegen ihn... Und der Mann des Tages,... was sagt er? Ihm ist es ganz gleich, ob er gelobt oder getadelt wird, ihm ist nur am Wohl des Volkes und an der Überzeugung, seine Pflicht getan zu haben, gelegen.«

Als am 8. November die endgültige Bildung des Ministeriums unter Führung des Grafen Brandenburg bekannt wurde, meinte Jacoby, so berichtet Fanny Lewald, es stehe sehr gut für die Demokratie, und als sie ihn daraufhin verblüfft ansah, erklärte er ihr: »Das Untertanengefühl ist noch felsenfest in vielen Deutschen – niemand kann aber dagegen so wirksam ankämpfen wie der Absolutismus selbst!... Die Fürsten nutzen das Vertrauen des Volkes ab...

Das ist mehr, als man von ihnen verlangen kann, denn sie untergraben selbst den Boden, auf dem allein sie stehen können.«

Angesichts der verzweifelten Lage der deutschen Demokraten war dieser Optimismus unbegreiflich. Aber Jacoby ging davon aus, daß es für den einzelnen nicht darauf ankäme, mitzuerleben, wie eine Entwicklung ihr Ziel erreicht, wenn er nur das Seine getan habe, sie in Gang zu setzen und zu erhalten.

Aus Wien traf eine Schreckensnachricht nach der anderen ein. Die Truppen des Fürsten Windischgrätz hielten dort blutige Abrechnung. Rund dreitausend der tapferen Verteidiger waren während der Eroberung der Stadt gefallen; alle Demokraten mußten um ihr Leben fürchten. Einer der Abgesandten der Frankfurter Nationalversammlung, Robert Blum, der im Vertrauen auf seine Immunität als Abgeordneter die Stadt nicht verlassen hatte, war auf Befehl von Windischgrätz erschossen worden!

Ermutigt durch diese Triumphe der Konterrevolution in Österreich, ließ Friedrich Wilhelm IV., der von seiner Umgebung schon lange dazu gedrängt worden war, nun auch seine Truppen marschieren. Am Nachmittag des 10. November 1848 zog das seit dem Sieg der Revolution im März aus der Stadt entfernte Militär wieder in Berlin ein. Die Bürgerwehr leistete keinen Widerstand; die Straßen, durch die die Soldaten einmarschierten, waren wie leergefegt.

Schon am Morgen des 9. November hatte der König die Vertagung der preußischen Nationalversammlung auf den 27. November und ihre Verlegung in die Provinzstadt Brandenburg angeordnet, was von den Abgeordneten fast aller Fraktionen mit Empörung zurückgewiesen worden war. Das Plenum beschloß mit großer Mehrheit, die Beratungen in Berlin fortzusetzen. Der König habe nicht das Recht, die Nationalversammlung gegen deren Willen zu vertagen, zu verlegen oder aufzulösen.

Als am späten Abend die Sitzung beendet wurde, blieben die meisten Abgeordneten im Saal und hielten ihn, sich während der Nacht gruppenweise ablösend, bis zum nächsten Morgen besetzt. Jacoby kam in dieser Nacht überhaupt nicht nach Hause.

Schon um 5 Uhr früh wurde die Nationalversammlung wieder eröffnet. Der Präsident v. Unruh erstattete Bericht und stellte fest, nur »passiver Widerstand« sei möglich. In der folgenden Nacht besetzte das Militär das Schauspielhaus, wo die Nationalversammlung bisher getagt hatte. Sie trat daher am Morgen des 11. November im großen Ballsaal des »Hôtel de Russie« zusammen, am Nachmittag im Schützenhaus. Jacoby, Waldeck und andere beantragten, als radikalstes gewaltfreies Kampfmittel den Steuerstreik zu proklamieren; das Ministerium Brandenburg sei nicht berechtigt, Staatsgelder zu verwenden oder Steuern zu erheben. Der Antrag wurde auf Vorschlag des Präsidenten zur beschleunigten Beratung an den zuständigen Ausschuß verwiesen. Zur selben Zeit verfügte die Regierung die Auflösung der Bürgerwehren.

Am nächsten Tag, dem 12. November, verhängte die Regierung über Berlin den Belagerungszustand. Die Nationalversammlung erklärte auf Antrag Jacobys und seiner Freunde diese Maßnahme für ungesetzlich. Ein weiterer Antrag Jacobys, nun sofort die Steuerverweigerung zu proklamieren, wurde jedoch vertagt, bis der schriftliche Ausschußbericht vorläge.

Am 13. und 14. November hetzte das Militär die preußische Nationalversammlung von einem Tagungsort zum anderen. Vom Schützenhaus zog sie ins Köllnische Rathaus, von dort in den Mielentzschen Saal, wo sie am 15. November über den Steuerstreik beriet, als auch dieses Gebäude vom Militär besetzt wurde.

Bewaffnete Soldaten und Offiziere drangen in den Sitzungssaal ein; ihr Führer, Major Herwarth v. Bittenfeld, forderte die Abgeordneten auf, das Haus zu verlassen, anderenfalls er Gewalt anwenden müsse. Man versicherte ihm, gleich nach der Abstimmung würde die Versammlung friedlich auseinandergehen, worauf sich das Militär vor die Türen zurückzog. Die Nationalversammlung stellte sodann einstimmig fest, die Regierung sei nicht berechtigt, Staatsgelder zu verwenden und Steuern zu erheben, solange die gewählten Volksvertreter nicht in Berlin ungestört ihre Beratungen fortsetzen könnten. Die Linke verzichtete auf einen weitergehenden Antrag.

Aber die preußische Regierung war zu keinem Nachgeben bereit. Vermittlungsversuche der Paulskirche, die Reichskommissare nach Berlin entsandte, scheiterten. General Graf Wrangel verbot bald die

Fraktionssitzungen der Abgeordneten. Am 27. November wurde in Mylius' Hotel die letzte Versammlung der Linken vom Militär gesprengt. Dabei stellte Jacoby den kommandierenden Offizier, einen Major, zur Rede. Das Protokoll dieser Auseinandersetzung, von Waldeck, Jacoby und anderen gleich danach angefertigt und unterzeichnet, ist erhalten geblieben:

Jacoby: »Wie ist Ihr Name?«

Major: »Ich bin der Major Graf Blumenthal.«

Jacoby: »Wer hat Ihnen den Auftrag gegeben?«

Major (nach einer Pause): »Meine vorgesetzte Behörde.«

Verschiedene: »Nennen Sie sie!«

Major (nach einer Pause): »Meine Herren! Setzen Sie mich nicht in Verlegenheit.«

Jacoby: »Nun, so erkläre ich Ihnen, Sie handeln *nicht* im Namen des *Gesetzes*, sondern in Namen der *Gewalt*, und es ist traurig, daß die Soldaten zu solchen Gewalttaten mißbraucht werden.«

Major: »Meine Herren, ich handle meinem Auftrag gemäß.«

Jacoby: »Ich wiederhole Ihnen, daß Sie lediglich kraft der Gewalt handeln. *Sie* sind verantwortlich für dieselbe und alle, welche Ihnen den Auftrag gegeben haben. Sie werden seiner Zeit zur Rechenschaft gezogen werden.«

Woraufhin der Major die auf dem Tisch liegenden Papiere an sich nahm, sie für beschlagnahmt erklärte und die Abgeordneten aufforderte, den Saal unverzüglich zu räumen. Zwei Tage später, am 29. November, vertraute Varnhagen v. Ense seinem Tagebuch an, Jacoby sei gefragt worden, ob ihn die Entwicklung der Dinge nicht resignieren lasse. Nein, gar nicht, habe er erwidert, der Tag der Freiheit sei angebrochen; das habe er mit eigenen Augen gesehen; ob er den vollen Mittag noch erlebe, sei gleichgültig, denn mit geistigen Augen erblicke er ihn schon jetzt, und niemand könne ihm das nehmen. »Er hat recht«, fügte Varnhagen diesem Bericht hinzu, »es sterben ja alle Tage Menschen. Die wären ja alle betrogen, wenn es nötig wäre, gewisse Zielpunkte zu erreichen, die überdies meist willkürlich angenommen und in der Gegenwart kaum zu erkennen sind. Besser wie Robert Blum gestorben, als wie ein Henker Windischgrätz gelebt.«

Am 27. November sollte die preußische Nationalversammlung im Dom zu Brandenburg an der Havel wieder zusammentreten. Da aber, außer der Linken, auch die Mehrzahl der Liberalen aus Protest fernblieb, war die Rechte beschlußunfähig. Am 5. Dezember 1848 erklärte Friedrich Wilhelm IV. die Nationalversammlung für aufgelöst. Gleichzeitig ließ er für ganz Preußen eine Verfassung verkünden, die man, da sie nicht von den gewählten Repräsentanten des Volkes beschlossen, sondern dem Land vom König aufgezwungen worden war, hinfort die »oktroyierte Verfassung« nannte.

In ihren liberalen Bestimmungen ging diese Verfassung weit über das hinaus, was die meisten Bürger Preußens vor der Märzrevolution sich zu erhoffen gewagt hatten. Die von der Paulskirche für eine deutsche Reichsverfassung beschlossenen Grundrechte wurden großenteils übernommen, ebenso wichtige Teile des unter Einfluß der Linken zustandegekommenen Entwurfs für eine preußische Verfassung. Presse-, Versammlungs- und Vereinigungsfreiheit wurden garantiert, ebenso die Unverletzlichkeit der Wohnung, Religionsfreiheit und Gleichheit der religiösen Bekenntnisse, bürgerliche Eheschließung, Freiheit der Wissenschaft und Lehre, Ministerverantwortlichkeit, Zugang aller Befähigten zu öffentlichen Ämtern, Abschaffung der Standesvorrechte, allgemeines Wahlrecht für die Zweite Kammer, freie Verfügung über Grundeigentum, Aufhebung der junkerlichen Gerichtsbarkeit und Polizeirechte auf den Rittergütern und manches mehr. Gleichzeitig wurden mehr als ein Dutzend Gesetze angekündigt, so eins über die Einführung von Geschworenengerichten mit mündlichem und öffentlichem Verfahren, ein anderes über die Demokratisierung der Steuern, ein drittes über die Aufhebung etlicher die Bauern besonders hart bedrückender Lasten und Abgaben.

Diese neue Verfassung, so erstaunlich weit sie in der Erfüllung liberaler und sogar demokratischer Forderungen ging, enthielt jedoch einige sehr bedenkliche Bestimmungen, die den König ermächtigten, notfalls auch die reaktionäre Politik »legal« zu betreiben. Auch das Zweikammernsystem, das diese oktroyierte Verfassung vorsah und das, neben einer nach dem allgemeinen und gleichen Wahlrecht gewählten Zweiten Kammer, noch eine Erste

Kammer einführte, deren Mitglieder nur von den Wohlhabenden gewählt werden konnten, entsprach natürlich nicht den Grundsätzen der Demokratie.

Das Verblüffende jedoch war, daß selbst diese »aufgezwungene« Verfassung die wesentlichen Forderungen erfüllte, die zu Beginn der vierziger Jahre zunächst zögernd, dann immer nachdrücklicher erhoben worden waren, am klarsten und entschiedensten schon 1841 von Jacoby mit seinen »Vier Fragen«. Nun war die Linke geschlagen, die Revolution im ganzen Königreich der Konterrevolution unterlegen, aber der Kampf der preußischen Demokraten hatte sich dennoch als erfolgreich erwiesen.

Als Jacoby kurz vor Weihnachten 1848 von Berlin abreiste, um nach Königsberg zurückzukehren, war er heiter und gelassen. Unterwegs besuchte er in Stettin, von wo aus er das Dampfschiff nach Danzig nahm, den jüngeren Bruder des Lebensgefährten von Fanny Lewald, Karl Stahr. »Er war ruhig wie gewöhnlich«, schrieb dieser an Adolf Stahr nach Berlin, »sprach uns Mut zu, wußte der Sache eine gute Seite abzugewinnen.« Auch habe Jacoby den Stettiner Demokraten geraten, sich an den Wahlen zum neuen Abgeordnetenhaus im Februar unbedingt zu beteiligen, ja, besondere Anstrengungen zu machen, sie zu einem Sieg der Linken werden zu lassen. Er habe alle zur Beharrlichkeit ermahnt: Es sei nur eine Schlacht verloren, der große Krieg dauere fort.

XIII.
Durchhalten – bis zum bitteren Ende

Acht Wochen lang, bis gegen Ende Februar 1849, wurde aus dem führenden Politiker der preußischen Linken wieder der praktische Arzt Dr. Jacoby, der sich in Königsberg seinen Patienten widmete. In dieser Zeit scheint er noch schweigsamer und zurückhaltender als sonst gewesen zu sein, verhielt sich politisch passiv und wartete ab.

Inzwischen bereitete man sich überall in Preußen auf die Wahlen zum Abgeordnetenhaus vor. Die Berliner Demokraten entfalteten eine rege Aktivität, trotz aller Schikanen und Verfolgungen des Militärs, das aufgrund des weiterbestehenden Belagerungszustands die vollziehende Gewalt ausübte.

Schon Ende Januar erfuhr Jacoby aus einem Brief seines später weltberühmten Kollegen und Gesinnungsgenossen, des Mediziners Rudolf Virchow, der den entschieden demokratischen Bürgerverein des 3. Berliner Wahlbezirks leitete, daß dort Jacobys Wahl ins Abgeordnetenhaus beschlossene Sache sei; zwei Drittel der Wahlmänner hätten sich für ihn entschieden, und nur einige sozialistisch oder kommunistisch gesinnte Handwerker und Maschinenbauer bevorzugten einen noch radikaleren Kandidaten.

Noch optimistischer als Virchow war Jacobys Studienfreund Dr. Friedrich Jakob Behrend, Vorsitzender des entschieden demokratischen Berliner Pommernvereins. Er schrieb, daß er mit zweifacher Wahl Jacobys rechne, denn im 4. Berliner Wahlbezirk sei die Stimmung für ihn noch besser als im 3. Bezirk.

Tatsächlich wurde Jacoby im 3. Berliner Bezirk mit 211 von 284 Wahlmännerstimmen gewählt, im 4. Bezirk am selben Tag mit 290 von insgesamt 291 Stimmen!

Der Sieg der Berliner Demokraten war triumphal: Ihre neun Kandidaten gewannen sämtlich, Jacoby und Benedikt Waldeck in zwei Bezirken zugleich. Die noch immer unter Belagerungszustand stehende Hauptstadt Preußens wollte so dem König und der Regierung beweisen, daß sie sich auch unter der Gewaltherrschaft des Militärs in ihren demokratischen Überzeugungen nicht beirren ließ.

Besonders der doppelte Wahlsieg Jacobys war es, der der Reaktion und ihrem großbürgerlichen Anhang sehr mißfiel. »Also selbst Jacoby«, schrieb die »Konstitutionelle Korrespondenz« der königstreuen Liberalen, »der den König von Preußen im eigenen Haus zu beleidigen versuchte, wird von der Hauptstadt desselben Königs, desselben Landes *zweimal* gewählt!«

Jacoby entschied sich für die Annahme des Mandats, das ihm der 4. Bezirk fast einstimmig erteilt hatte, und forderte die Wahlmänner des 3. Bezirks auf, nun statt seiner Heinrich Simon aus Breslau zu wählen, was dann auch geschah. Sodann ließ er sich vom Polizeipräsidium Königsberg einen Paß auf ein Jahr zur Reise nach Berlin und von da nach Österreich und den anderen deutschen Bundesstaaten ausstellen und traf einige Tage vor Parlamentseröffnung in Berlin ein, wo er wieder bei Julius Waldeck wohnte.

Am 24. Februar 1849 erschien Jacoby erstmals in der Öffentlichkeit und nahm an einer Versammlung oppositioneller Abgeordneter im Mielentzschen Saal teil. Er befand sich zu dieser Zeit nicht gerade in bester Stimmung. In Preußen und Österreich war die Reaktion dabei, ihre zurückgewonnenen Positionen weiter auszubauen; der österreichische Reichstag führte nur noch ein Schattendasein in einer fernen Provinzstadt in Mähren. Allerdings hatte nun in Ungarn der Aufstand sich weiter ausgedehnt und beträchtliche Erfolge erzielt. Auch in Italien gab es Fortschritte: Noch im Laufe des Februar wurde in Florenz, dann in Rom die Republik proklamiert. Dagegen hatte sich in Frankreich Prinz Louis Bonaparte, ein Neffe Napoléons I., zum Präsidenten der Republik wählen lassen und steuerte auf die Wiedererrichtung der Monarchie zu.

In der neuen preußischen Zweiten Kammer hatten die Konservativen nur zusammen mit den Liberalen eine knappe Mehrheit. Die demokratische Linke war noch stärker geworden und stand in schroffer Opposition zur Regierung; sie verneinte energisch die Legalität der oktroyierten Verfassung und sparte nicht mit Verachtung für die Liberalen, die aus Angst vor der Volksbewegung und um wirtschaftlicher Vorteile willen ihren Frieden mit den alten Mächten gemacht hatten.

In diesem Sinne sprach sich auch Jacoby am 19. März in seiner ersten Rede vor der Zweiten Kammer aus, und er schloß mit dem Appell, unter keinen Umständen einer Verfassung zuzustimmen, die nicht das volle Recht der Gesetzgebung und der Besteuerung den Volksvertretern zubillige.

»Ohne unsere Zustimmung aber, ohne die Zustimmung der aus allgemeinen Wahlen hervorgegangenen Volksvertreter ist jede Verfassung null und nichtig. Es handelt sich um die wichtigste Frage: ob durch eigenen Willen freie Männer – ob Freigelassene durch Königs Gnade!«

Aber er und seine demokratischen Freunde konnten sich nicht durchsetzen, so wenig wie sich die Linke der Frankfurter Nationalversammlung gegen die liberal-konservative Mehrheit durchzusetzen vermochte. Dort hatte man sich inzwischen darauf geeinigt, Friedrich Wilhelm IV. von Preußen zum deutschen Erbkaiser zu wählen, was am 28. März auch geschah. Als aber am 3. April 1849 eine 33köpfige Abgeordnetendelegation aus Frankfurt, angeführt vom Paulskirchen-Präsidenten Eduard Simson aus Königsberg, in Berlin eintraf und dem Preußenkönig die deutsche Kaiserkrone anbot, wies dieser sie verächtlich zurück. Schon früher hatte Friedrich Wilhelm IV. geäußert, er halte den Liberalismus »für eine Krankheit, gerade wie die Rückenmarksdarre«; der in Frankfurt ausgearbeitete Verfassungsentwurf sei für ihn, nähme er ihn an, ein »eisernes Halsband«, und der ihm angebotenen Kaiserkrone hafte »der Ludergeruch der Revolution« an. So mußte die Paulskirchen-Delegation unverrichteter Dinge nach Frankfurt zurückreisen, von wo die Wiener Regierung am 5. April alle in Österreich gewählten Abgeordneten der Nationalversammlung zurückberufen hatte, angeblich weil die Paulskirche den »Weg der Vereinbarung« verlassen habe und Österreich aus dem zu gründenden Bundesstaat ausschließen wolle.

Die Frankfurter Nationalversammlung, deren einziges Heil jetzt darin bestanden hätte, das Volk ganz Deutschlands zum Kampf für die beschlossene Reichsverfassung aufzurufen, begnügte sich nach dem in Berlin empfangenen Fußtritt damit, bei den Regierungen der deutschen Staaten um Anerkennung der Verfassung zu werben. Tatsächlich fanden sich 28 kleine und kleinste Staaten dazu bereit, darunter als bedeutendster Württemberg; aber die Regierungen der größeren Länder, auf die es ankam, lehnten die Anerkennung ab.

In Berlin, wo noch immer Belagerungszustand herrschte, drängten die Abgeordneten der Zweiten Kammer immer energischer auf dessen Aufhebung, aber die Mehrheit beschloß, zuerst die vorliegenden Gesetzentwürfe zu beraten. Erst am 25. April begann die Debatte über den Belagerungszustand. Es kam dabei zu heftigen Kontroversen zwischen dem Abgeordneten Dr. Jacoby und dem Innenminister v. Manteuffel sowie einigen Abgeordneten der äußersten Rechten. Schließlich warf der Abgeordnete Oberstleutnant v. Griesheim, Verfasser des – wie er und seine Freunde fanden – »geistvollen Sprüchleins *»Gegen Demokraten / helfen nur Soldaten!«*, Jacoby hämisch vor, gegen jeden parlamentarischen Brauch Mehrheitsbeschlüsse zu mißachten und die längst gebilligte Verfassung nachträglich zu kritisieren.

Jacoby erwiderte, es sei zwar richtig, daß die Mehrheit in die Adresse an den König einen Satz über die Rechtmäßigkeit und Gültigkeit der oktroyierten Verfassung eingefügt habe. Schon damals habe er protestiert und darauf hingewiesen, daß das Recht der Mehrheit nicht unbegrenzt sei: So wenig man durch Mehrheitsbeschluß schwarz in weiß verwandeln könne, ebenso wenig könne man durch Mehrheitsbeschluß die Tatsache aus der Welt schaffen, daß die Verfassung vom 5. Dezember 1848 nicht auf dem Wege des Rechts, sondern auf dem der Gewalt entstanden sei. Eine Verfassung, die von den Volksvertretern nicht beraten, vom König nicht beschworen sei, die weder das Recht der Gesetzgebung noch das der Steuerbewilligung in die Hände der Volksvertreter lege, könne nie und nimmer rechtsgültig sein. Daran ändere auch kein Mehrheitsbeschluß etwas, abgesehen davon, daß es fraglich sei, ob ein Parlament, das gegen seinen Willen im Belagerungszustand tagen müsse, als frei in seinen Entscheidungen angesehen werden könne.

Jacobys energischer Protest und der anderer entschiedener Demokraten bewirkte immerhin, daß sich nun doch etliche Liberale der Argumentation der Linken anschlossen. Am 26. April erklärte die Zweite Kammer mit 184 gegen 139 Stimmen die Fortdauer des Belagerungszustands für ungesetzlich und forderte mit 177 gegen 153 Stimmen dessen sofortige Aufhebung. Auch nahm nun das preußische Parlament, dem Friedrich Wilhelm IV. die von der Frankfurter Nationalversammlung beschlossene Reichsverfassung zur Ablehnung empfohlen hatte, diese mit großer Mehrheit an. Schon am nächsten Morgen erhielten die Volksvertreter dafür die Quittung: Eine königliche Order erklärte die Zweite Kammer für aufgelöst!

Damit hatten nur wenige gerechnet. »Die Linke«, so notierte sich Varnhagen, »jubelte fast; sie hatte den wahnsinnigen Streich erwartet und freute sich, daß das Ministerium sich in seiner ganzen Gestalt zeigte. Die Rechte war ganz bestürzt und beleidigt...«

Nun hielt Jacoby nichts mehr in Berlin zurück. Er plante eine kurze Reise nach Frankfurt, von wo aus er nach Königsberg heimkehren wollte. Der Hauptgrund für seinen Abstecher zum Tagungsort der deutschen Nationalversammlung war die Absicht, Heinrich v. Gagern, den Präsidenten des von der Paulskirche eingesetzten Reichsministeriums, zu entschlossenem Handeln zu drängen und ihm klarzumachen, was hinter der Ablehnung der Kaiserkrone durch Friedrich Wilhelm IV. steckte: Es war einerseits die Kampfansage der preußischen Reaktion an die Paulskirchenversammlung, andererseits, wie aus der Begründung der Absage deutlich hervorging, die Einladung an die deutschen Klein- und Mittelstaaten, sich dem »Schutz« Preußens anzuvertrauen und dessen neue Vormachtstellung in einem konterrevolutionären Bündnis anzuerkennen, zumal der Widerstand Preußens, Sachsens und Österreichs gegen die in Frankfurt verabschiedete Verfassung die Revolution in vielen Teilen Deutschlands wieder zu neuem Leben erweckt hatte.

Diese Kampfstimmung galt es nach Jacobys Meinung auszunutzen; es handelte sich, dessen war er sicher, um die vorerst letzte Chance für die deutsche Demokratie: Nur wenn sich die Frankfurter Nationalversammlung jetzt an die Spitze der Volksbewegung stellte und die Anerkennung der Reichsverfassung energisch durchsetzte, waren die bisherigen Errungenschaften der Revolution noch zu retten.

Gerade als Jacoby von Berlin nach Frankfurt abreiste, brach in Dresden der Aufstand zugunsten der Reichsverfassung aus. Der König von Sachsen floh auf die Festung Königstein; die von ihm zu Hilfe gerufenen preußischen Truppen marschierten in Sachsen ein, um die Volkserhebung niederzuschlagen, und nun raffte sich die Paulskirchenversammlung tatsächlich noch einmal auf: Sie forderte alle Regierungen und Gemeinden der deutschen Staaten, ja das ganze deutsche Volk auf, der Reichsverfassung Anerkennung und Geltung zu verschaffen.

Nun hätte, so fand Jacoby, Heinrich v. Gagern als Präsident der legalen Reichsregierung die Führung übernehmen und konkrete Maßnahmen zur Unterstützung der Volksbewegung ergreifen müssen, doch als er kurz nach seinem Eintreffen in Frankfurt eine längere Unterredung mit Gagern führte, mußte er erkennen, daß von diesem Mann kein energisches Handeln mehr zu erwarten war. Gagern wirkte zermürbt und schien sichtlich gealtert. Er gestand Jacoby offen ein, daß er zwar den guten Willen habe, sich an die Spitze des Verfassungskampfes zu stellen, es fehle ihm aber die Kraft und das nötige Selbstvertrauen. »Gagern«, so teilte Jacoby seinen Freunden in Berlin und Königsberg mit, »ist die fleischgewordene Paulskirche...«

Ein paar Tage lang bemühte sich Gagern noch, zwischen der Nationalversammlung, der preußischen Regierung und den anderen Bundesstaaten zu vermitteln. Auch nach dem Fußtritt, den sie vom Preußenkönig erhalten hatten, waren er und die Paulskirchenmehrheit nicht dazu bereit, eindeutig Stellung zu nehmen. Gagern und sein Anhang fürchteten die Volksbewegung, die nun auch in der preußischen Rheinprovinz revolutionären Charakter anzunehmen begann, weit mehr als die konterrevolutionären Komplotte der Länderregierungen unter Führung Preußens.

Nach der Niederwerfung der Volkserhebung in Sachsen durch preußische Garderegimenter am 9. Mai fühlte sich Friedrich Wilhelm IV. stark genug, kurzerhand und obwohl ihm jede rechtliche

Handhabe dazu fehlte, das Mandat der preußischen Abgeordneten in der Frankfurter Nationalversammlung für erloschen zu erklären. Am 10. Mai trat Gagern mit seinem gesamten »Reichskabinett« zurück, und während an Rhein und Ruhr, in der Pfalz und in Baden Arbeiter, Kleinbürger und Studenten sich bewaffneten und für die Reichsverfassung zu kämpfen bereit waren, verließen scharenweise preußische Volksvertreter die Paulskirche. Anstatt in entscheidender Stunde pflichtgemäß ihr Mandat auszuüben, befolgten sie brav den ihnen unrechtmäßig erteilten Befehl ihrer angestammten Obrigkeit.

Unter denen, die ihr Mandat aufgegeben und die Rückreise nach Preußen angetreten hatten, war auch Friedrich v. Raumer, als dessen Stellvertreter Jacoby ein Jahr zuvor in Berlin gewählt worden war. Die Paulskirchen-Linke forderte deshalb Jacoby auf, nun Raumers Platz einzunehmen.

Jacoby zögerte, denn er hatte bereits zwei Parlamenten angehört, die gewaltsam aufgelöst worden waren. Ein drittes Mal, so erklärte er seinen Freunden, diese Erfahrung zu machen, womöglich wieder verursacht durch das preußische Militär, hätte er wenig Lust. Nur wenn die Nationalversammlung ihren Entschluß wahrmache, Frankfurt am Main verlasse und sich nach Württemberg begebe, dessen Regierung die Reichsverfassung anerkannt habe, könne sie noch etwas leisten. Ihr jetziges kraftloses Verhalten mache deutlich, daß sie die mutig kämpfenden Verteidiger von Freiheit und Recht mehr fürchte als die Konterrevolution. Solche Feigheit könne ihn nicht verlocken, seinen Platz unter den Abgeordneten einzunehmen. Eine revolutionäre Versammlung, die sich defensiv verhalte, verspiele ihr Ansehen und ihre Macht gleichermaßen.

»Die Schlinge ist um den Hals der Nationalversammlung geworfen«, schrieb er am 12. Mai 1849 an einen Freund, »und zieht sich mit jedem Tag enger zusammen. Faßt sie nicht schnell einen tatkräftigen Beschluß, so ist sie verloren...«

An diesem 12. Mai erhielt die revolutionäre Bewegung eine neue Qualität, denn in Baden, wo der Volksaufstand für die Reichsverfassung größere Ausmaße angenommen hatte als anderswo, ging erstmals der größte Teil der Armee zum Volk über! Auch strömten jetzt aus anderen Gegenden, zumal aus Hessen, aber auch aus der Rheinprovinz, wo preußische Truppen unter dem Oberbefehl des im Juni aus London zurückgekehrten Prinzen Wilhelm von Preußen den Volksaufstand noch bekämpften, Tausende von Freiwilligen herbei, um sich der badisch-pfälzischen »Reichsverfassungskampagne« anzuschließen. Das südwestdeutsche Aufstandsgebiet, das mit Rastatt über eine starke Festung verfügte und im Westen an Frankreich, im Süden an die Schweiz und im Osten an das die Reichsverfassung anerkennende Württemberg grenzte, war zum neuen Zentrum des Kampfes um Freiheit und Recht geworden. Hier bestand noch die Möglichkeit, den vom Norden her anrückenden preußischen Truppen energischen Widerstand zu leisten und vielleicht gelang es dadurch, auch im übrigen Deutschland die Volksbewegung neu zu entfachen.

Dies alles veranlaßte Jacoby, doch noch eine Zeitlang in Frankfurt zu bleiben. Doch er mußte schon bald erkennen, daß die Mehrheit der Abgeordneten unfähig war, die dringend politischer Führung bedürftige »Reichsverfassungskampagne« in den Griff zu bekommen.

Am 19. Mai trafen Karl Marx und Friedrich Engels in Frankfurt ein. Marx war aus Preußen ausgewiesen worden; seine »Neue Rheinische Zeitung« hatte am Tag zuvor ihr Erscheinen einstellen müssen. Die letzte Ausgabe, rot gedruckt, war von Ferdinand Freiligrath mit einem »Abschiedswort« versehen worden, einem Gedicht, dessen letzte Strophe lautete: *»Wenn die letzte Krone wie Glas zerbricht / in des Kampfes Wettern und Flammen, / wenn das Volk sein letztes ›Schuldig‹ spricht, / dann stehn wir wieder zusammen! / Mit dem Wort, mit dem Schwert, an der Donau, am Rhein, – / eine allzeit treue Gesellin / wird dem Throne zerschmetternden Volke sein / die Geächtete, die Rebellin.«*

Friedrich Engels, Marx' wichtigster Mitarbeiter an der nun verbotenen Zeitung, hatte bis zum 15. Mai in seiner Heimatstadt Elberfeld gegen den heftigen Widerstand der dortigen Fabrikanten eine Erhebung der bergischen Arbeiter organisiert und war auf dem Weg in die Pfalz, wo er sich einem Freikorps anzuschließen gedachte.

Wie schon zuvor Jacoby, so versuchten auch Marx und Engels, die Linke der Frankfurter Nationalversammlung endlich zu energischem Handeln zu bewegen. Sie waren überzeugt davon, daß ein Sieg noch möglich sei, vorausgesetzt, die Nationalversammlung risse die Führung der Volksbewegung an sich und riefe die badisch-pfälzischen Revolutionstruppen zu ihrem Schutz nach Frankfurt.

Ihr Eindruck vom Zustand des Paulskirchen-Parlaments war ebenso niederschmetternd wie der Jacobys, und schon am nächsten Morgen reisten sie angewidert von Frankfurt ab. An diesem 20. Mai 1849 versuchte der als Reichsministerpräsident zurückgetretene Gagern, durch seinen und seiner Parteifreunde Austritt aus der Nationalversammlung diese zur Selbstauflösung zu bringen. Die Linke war bemüht, dies zu verhindern; sie stellte den Antrag, die zur Beschlußfähigkeit erforderliche Anzahl von anwesenden Abgeordneten von 150 auf 100 zu senken.

Aber auch dies stieß auf Schwierigkeiten, weil die noch in Frankfurt verbliebenen Abgeordneten der Rechten durch Verlassen der Sitzung vom 21. Mai eine gültige Abstimmung vereitelten. Unter diesen Umständen sah es Jacoby als seine Pflicht an, das ihm durch den Austritt v. Raumers zugefallene Mandat nun doch zu übernehmen, obwohl er sich der Gefahr bewußt war, in die er sich damit begab, handelte er doch damit gegen den ausdrücklichen Befehl des Preußenkönigs.

Der Zufall fügte es, daß durch Jacobys Mandatsantritt am 24. Mai genau die Anzahl von 150 Stimmberechtigten erreicht wurde. Von diesen stimmten dann 115 für den Antrag, das Quorum zu senken, 35 dagegen. Damit war die Beschlußfähigkeit weiterhin gesichert, die erste deutsche Nationalversammlung vor einem schmählichen Untergang durch Selbstauflösung gerade noch bewahrt. Jacoby aber teilte am nächsten Tag, dem 25. Mai, dem Berliner Oberstaatsanwalt brieflich mit, er werde den Befehl des Königs, nach Preußen zurückzukehren, befolgen, sobald er seiner Pflicht als Abgeordneter der deutschen Nationalversammlung genügt habe. Bei dem Strafprozeß, mit dem er rechnen mußte, wollte er auf keinen Fall den Eindruck erwecken, er sei vor der preußischen Justiz geflohen.

Noch eine knappe Woche blieben die Paulskirchen-Abgeordneten in Frankfurt. Endlich, am 30. Mai, beschlossen sie, den Sitz der Nationalversammlung nach Stuttgart zu verlegen. Schon am Tage darauf reiste Jacoby, zusammen mit sechs anderen Abgeordneten – darunter Heinrich Simon, Moritz Hartmann, Jodokus Temme und Wilhelm Löwe aus Calbe, der zuletzt als Präsident der Paulskirche amtiert hatte – in die württembergische Hauptstadt ab. Sie fuhren teils mit dem Postwagen, teils mit der Eisenbahn über Aschaffenburg, Miltenberg und Heilbronn.

»Überall wurden wir mit der größten Herzlichkeit empfangen«, schrieb Jacoby an Simon Meyerowitz, »an vielen Orten mit Ehrenbezeugungen überhäuft, wie sie sonst nur reisenden Fürsten zuteil werden. In Heilbronn... mußten wir den ganzen Tag verweilen. Das Haus, in dem wir wohnten, war mit schwarzrotgoldenen Fahnen reich geschmückt und eine Ehrenwache vor demselben aufgestellt. Bei der Abreise bildete die trefflich organisierte Bürgerwehr – 900 Mann stark – Spalier, und die halbe Stadt begleitete uns unter Jubel zum Bahnhof. Wenn das Volk von Württemberg überall so gestimmt und so tatkräftig ist,... so hat die Nationalversammlung den Standpunkt gefunden, von dem aus sie den über Deutschland hereinbrechenden Absolutismus bekämpfen kann.«

Die anderen in der Gruppe waren weniger begeistert. Moritz Hartmann, der in seinen Erinnerungen diese Reise ausführlich beschrieben hat, schildert zwar auch ihre begeisterte Aufnahme in Heilbronn, fügt aber hinzu: »Ich gestehe, daß die... feurigen Ansprachen, die uns in Fülle zuteil wurden, wenig zu meiner Erheiterung beitrugen; auch Heinrich Simon war sehr nachdenklich. Nur Jacoby bewahrte jene unerschütterliche und erstaunlich heitere Ruhe... Mit Jacoby konnte man immer über Kant und überhaupt von Philosophen und Dichtern sprechen.«

Dabei hätte gerade Jacoby Grund zur Unruhe gehabt. Meyerowitz, aber auch Kosch und Adolf Stahr hatten ihn brieflich davor gewarnt, sich dem Zugriff preußischer Behörden auszusetzen; der »Kölnischen Zeitung« zufolge fahndete die Polizei bereits nach ihm. »Es ist gefährlicher«, hieß es im Brief von Meyerowitz, »sich in das Loch der Otter als in die Höhle des Löwen zu begeben!« Und von Stahr wußte Jacoby, daß man den alten Benedikt Waldeck, seinen politischen Kampfgefährten in Berlin und einen der höchsten Richter Preußens, bereits eingekerkert hatte. Indessen blieb Jacoby alledem zum Trotz heiter und gelassen.

Zu der Gruppe von Deputierten, mit der er nach Stuttgart reiste, stießen bald noch weitere Abgeordnete. Gemeinsam bestiegen sie einen mit schwarzrotgoldenen Fahnen, Blumen und Girlanden geschmückten Eisenbahnzug, und unterwegs wurden sie auf jeder Station von jubelndem Volk gefeiert. In Ludwigsburg, der königlichen Residenz, bekundeten ihnen auch viele Soldaten ihre Sympathie, und in Stuttgart erlebten sie nochmals einen feierlichen Empfang. Doch hier in der Hauptstadt war die Stimmung schon etwas gedämpfter.

Bis zum 5. Juni waren mehr als hundert Abgeordnete in Stuttgart eingetroffen, so daß sie wieder beschlußfähig waren. Am Morgen des 6. Juni wurde die erste Sitzung im Saal der württembergischen Kammer eröffnet, Wilhelm Löwe wieder zum Präsidenten gewählt. Die ersten Maßnahmen dieses »Rumpfparlaments«, wie es später genannt wurde, waren die Auflösung der bisherigen Zentralgewalt und die Einsetzung einer provisorischen Reichsregentschaft, die aus fünf Regenten, unter ihnen Heinrich Simon und Franz Raveaux, bestand. Jacoby hatte die ihm angetragene Wahl abgelehnt. Überhaupt verhielt er sich seit seinem Eintritt in die Nationalversammlung sehr zurückhaltend; er nahm zwar an allen Sitzungen und Abstimmungen teil, doch das Protokoll verzeichnet bis zur letzten Stunde keine einzige Wortmeldung von ihm, nicht einmal einen Zwischenruf.

Am 7. Juni rief die Reichsregentschaft das deutsche Volk auf, den unvermeidlichen Kampf für die Freiheit gegen den reaktionären Absolutismus kraftvoll durchzufechten. Sie verlangte nun auch von den Soldaten aller deutschen Heere Gehorsam und unbedingte Pflichterfüllung, gab sogar Befehle an die württembergischen Generale und Weisungen an die Stuttgarter Regierung. »Wir können uns nicht verhehlen«, schrieb Jacoby an Meyerowitz, »... daß die Aussicht auf Erfolg... nur gering ist; wir glauben es aber der Ehre der Nation und vor allem der Ehre der Volksvertretung schuldig zu sein, diesen letzten Versuch zu machen...«

Tags darauf hagelte es Proteste. Der württembergische Ministerpräsident Friedrich Römer, ein bürgerlicher Liberaler, der erst durch die Revolution an die Macht gelangt war, lehnte es ab, Weisungen der Nationalversammlung entgegenzunehmen; die Stuttgarter Kammer verbot ihr die weitere Benutzung des Saals. Sie zog dann noch mehrmals um, von einem Stuttgarter Lokal zum anderen. Am 17. Juni ersuchte Ministerpräsident Römer die Nationalversammlung, Württemberg zu verlassen und bis dahin nicht mehr zu tagen. Präsident Löwe berief dennoch für den 18. Juni eine Sitzung ein. Vom Hotel Marquardt aus zogen die Abgeordneten zum Fritzschen Saal, wo sie von württembergischem Militär brutal auseinandergejagt wurden.

So kehrten sie wieder in ihr Hotel zurück, das ebenfalls vom Militär besetzt war, aber dort behelligte man sie nicht mehr. Löwe stellte fest, daß sie mit nur noch 94 Anwesenden nicht mehr beschlußfähig seien, forderte aber die Abgeordneten auf, noch einige Tage zu bleiben. Eine für den 25. Juni geplante Sitzung in Karlsruhe fand nicht mehr statt, weil gerade an diesem Tag die in Baden eingedrungenen preußischen Truppen die Stadt besetzten.

»Gestern, am denkwürdigen 18. Juni*«, schrieb Jacoby an Simon Meyerowitz, »ist die erste deutsche Nationalversammlung durch Waffengewalt gesprengt worden. Der frühere Republikaner Römer hat sich zu dieser schmählichen Tat mißbrauchen lassen. Sein eigener Schwiegervater, der 70jährige Abgeordnete Schott, und sein treuester Freund, der greise Dichter Uhland, schritten neben dem Präsidenten Löwe an der Spitze des Zuges... und wurden nur durch einen glücklichen Zufall vor der Brutalität der Soldaten bewahrt. Die Nationalversammlung hat ein ehrenvolles Ende genommen, selbst die Gegenpartei läßt ihr diese Gerechtigkeit widerfahren... So ist denn die erste Periode der deutschen Revolution beendet und hat dem Volke keinen anderen Vorteil gebracht als den der Selbsterkenntnis, zugleich aber auch die Lehre erteilt, daß jede Revolution verloren ist, welche die alten wohlorganisierten Gewalten neben sich fortbestehen läßt...«

* Jahrestag der Schlacht bei Waterloo von 1815, des endgültigen Sieges der verbündeten Briten und Preußen über Napoléon I.

Tatsächlich dauerten die Kämpfe in Baden noch bis Ende Juli 1849. Unter dem Oberbefehl des polnischen Generals Mieroslawski, der als erfahrener Militär seit dem 9. Juni das Kommando führte, leistete die badisch-pfälzische Volksarmee den vierzigtausend Mann des Prinzen Wilhelm von Preußen erfolgreich Widerstand, bis ihr Ende Juni weitere zwanzigtausend Mann vom »neutralen« Württemberg aus in die Flanke fielen. Rund 5600 Mann der Volksarmee waren von da an in der Festung Rastatt eingeschlossen; das Gros von knapp zehntausend Mann konnte sich geordnet nach Süden zurückziehen, lieferte den Preußen noch heftige Gefechte und trat dann auf schweizerisches Gebiet über. Rastatt leistete noch tapferen Widerstand bis zum 23. Juli, mußte sich dann den Preußen ergeben, und die Reaktion nahm an den Verteidigern der Festung grausame Rache.

Jacobys Feststellung, daß »jede Revolution verloren ist, welche die alten wohlorganisierten Gewalten neben sich bestehen läßt«, traf den Nagel auf den Kopf: Genau daran, an der Aufrechterhaltung der Monarchien samt ihrem Militär, ihrem Verwaltungsapparat, ihrer Justiz und Polizei, die zu beseitigen das ängstliche Bürgertum aus Furcht vor der »Anarchie« – der demokratischen Teilnahme der Unterschichten am politischen Leben – nicht gewagt hatte, war die anfangs so erfolgreiche Revolution gescheitert. Genau siebzig Jahre später, im Frühjahr 1919, beging die nächste deutsche Revolution einen ganz ähnlichen Fehler: Sie vertraute den kaiserlichen Militärs, Beamten und Richtern die Weimarer Republik an, womit deren Schicksal bereits besiegelt war.

Nach dem Ende der Nationalversammlung hatte Jacoby noch etwa zwei Wochen in Württemberg bleiben und dann nach Königsberg zurückkehren wollen. Doch die Stuttgarter Regierung drängte die noch in Württemberg anwesenden preußischen Mitglieder des »Rumpfparlaments«, sich schleunigst in die Schweiz zu begeben, denn Berlin verlangte ihre Verhaftung und – insbesondere Jacobys – Auslieferung. So reisten Jacoby, Moritz Hartmann und Heinrich Simon gemeinsam ab und verbrachten einige Wochen in Vernex, einem Dorf am Genfer See zwischen Clarens und Chillon, wo sie ein bescheidenes Quartier im Gasthaus »Zum Schwan« fanden.

Obwohl alle Freunde ihm den Rat gaben, fürs erste im Exil zu bleiben, weil gerade er die Rache der Reaktion am meisten zu fürchten hätte, war Jacoby nach wie vor fest entschlossen, noch im selben Herbst nach Königsberg zurückzukehren und sich wie angekündigt der preußischen Justiz zu stellen. Am 18. August 1849 schrieb er von Vernex aus an seine Schwestern einen sehr aufschlußreichen Brief:

»Liebe Schwestern!

Es ist nun einmal meine Bestimmung, allen denen, die mich lieben, Sorge und Kummer zu bringen. Der Gedanke an Euch hat in dieser Zeit mich oft schmerzlich bewegt und mehr als alle anderen Erwägungen mir den Entschluß schwer gemacht, den ich doch zuletzt fassen mußte. Glaubt nicht, daß ich leichtsinnig handele! Ich kenne die Macht und den bösen Willen der Regierung, vor der der Unschuldigste nicht sicher ist, ich kenne die politische Apathie des Volkes, die jedes Unrecht ruhig hinnehmen wird; ich weiß, was mir zu Hause bevorsteht und daß ein günstiger Umschwung der Dinge noch nicht so bald zu erwarten ist. Dennoch *kann* ich nicht anders handeln. Ganz abgesehen von der Verpflichtung, die ich durch meine frühere Erklärung eingegangen, sträubt sich mein Gefühl dagegen, gerade jetzt zur Zeit der Not und Unterdrückung das Vaterland zu meiden.

Solange meine Mitbürger in den Fesseln des Absolutismus schmachten, solange viele meiner früheren Genossen – gerade durch mein Wort und Beispiel zum politischen Wirken angeregt – dafür im Kerker büßen, würde ich auch im freieren Auslande *keinen frohen* Augenblick haben; mit meinen Gedanken würde ich doch immer in der Heimat sein: das Ausland wäre mir nur ein *größeres Gefängnis*, in welchem ich – unzufrieden mit mir selbst – körperlich und geistig verkommen müßte.

Ihr schreibt, daß in Preußen die Gewalt jetzt ohne Scheu tun könne, was ihr Vorteil bringt, denn alles *schweige aus Furcht.* Ich glaube es wohl; allein diese allgemeine Entmutigung ist für mich nur eine um so dringendere Aufforderung zur Rückkehr. Längere

Abwesenheit würde unter den jetzigen Verhältnissen einer *Flucht* gleichkommen und diese von dem richtigen Volksinstinkte für ein Eingeständnis der *Furcht* und *Schuld* angesehen werden. Mögen überweise Egoisten mich einen ›Schwärmer‹ heißen oder ›Märtyrersucht‹ mir als Motiv unterlegen – je mächtiger die Willkürherrschaft, je allgemeiner die Furcht vor derselben, um so mehr fühle ich die Verpflichtung in mir, mit dem Beispiele des Mutes voranzugehen und der Gewalt mein gutes Recht entgegenzustellen.

Ich weiß, liebe Schwestern, daß – mehr als alle Vernunftgründe – Euch die Rücksicht für mein *persönliches Wohl* bestimmt. Nun, so versichere ich Euch denn, daß ich mich erst jetzt *frei* und *wohl* fühle, nachdem die Absicht zurückzukehren bei mir zum festen Entschlusse gereift ist. Der Aufenthalt in der Schweiz, die reine Bergluft, die Bäder im Genfer See haben mich körperlich und geistig gestärkt; ich fühle mich kräftig und jeder Prüfung gewachsen, die mir bevorsteht. Was auch kommen mag, es soll mich nicht beugen noch mir die Zuversicht des Sieges rauben.

Habt auch *Ihr* guten Mut! Vertraut der gerechten Sache! Ihr habt ja schon manche Gefahr mit mir überstanden; auch diesmal wird der Ausgang ein glücklicher sein.

Lebt wohl und schreibt bald

Eurem treuen Bruder

J.«

Gegen Ende September erfuhr Jacoby, daß die Polizei ihn in seiner Königsberger Wohnung gesucht habe. Anfang Oktober erreichte ihn eine Vorladung des Stadtgerichts Königsberg, das gegen ihn wegen Hochverrats ermittelte, worauf er sofort die Rückreise antrat.

Um unterwegs nicht verhaftet zu werden, fuhr er verkleidet mit Brille und falschem Bart. In Berlin, wo er am 12. Oktober die Reise kurz unterbrach, erfuhr nur der engste Freundeskreis – Julius Waldeck und Familie, Fanny Lewald, Adolf Stahr und Varnhagen v. Ense – etwas von seiner Anwesenheit. Anna Waldeck notierte sich an diesem Tage:

»Er ist fröhlich und erzählt viel von seiner Reise und ist fest von seiner Freisprechung überzeugt. Als Vater daran zweifelte, sagte er, daß die reaktionärsten Geschworenen ihn nicht verurteilen könnten.«

Am 20. Oktober 1849 – es scheint, daß er etliche Umwege machte und zuvor einige Dinge regelte, die ihm am Herzen lagen – meldete sich Jacoby auf dem Königsberger Stadtgericht, dessen Direktor Fischer zunächst völlig überrascht war, weil er mit dem Erscheinen des »Hochverräters« wahrlich nicht gerechnet hatte, ließ ihn aber dann sogleich ins Kriminalgefängnis abführen.

Die Nachricht von Jacobys Rückkehr und Verhaftung verbreitete sich in Königsberg wie ein Lauffeuer. Sie wurde von den Behörden mit sehr gemischten Gefühlen aufgenommen. Der Chefpräsident des Königsberger Oberlandesgerichts v. Zander, der sich in seiner richterlichen Laufbahn mehr als einmal mit Jacoby hatte befassen müssen, hielt sich Ende Oktober in Berlin auf, wo ihm Fanny Lewald eines Abends beim Kammergerichtsrat Gottheiner begegnete. Er sagte zu ihr – wie sie sogleich an Jacoby schrieb –: »Es ist uns sehr fatal, daß Jacoby zurückgekommen ist, er hätte lieber fortbleiben sollen. Das wird jetzt ewiges Gerede geben, endloses Geschreibe, tausend Schwierigkeiten – Sie begreifen, daß es uns sehr unangenehm ist...«

»Vollkommen!« erwiderte Fanny Lewald. »Aber eben darum wird er wohl wiedergekommen sein!«

Dem schien v. Zander zuzustimmen, sagte aber nichts. Später erbot er sich, alle Briefe, die Fanny Lewald an Jacoby schreiben wolle, Jacoby ungeöffnet sofort zustellen zu lassen – sie müsse nur versprechen, keine fremden Briefe einzulegen und – wie er scherzend hinzufügte – nichts Hochverräterisches zu berichten. Fanny Lewald dankte ihm, machte aber von seinem Anerbieten keinen Gebrauch.

Am 2. November wurde gegen Jacoby Anklage wegen Hochverrats erhoben. Der Oberstaatsanwalt beim Appellationsgericht legte ihm lediglich zur Last, noch am Stuttgarter »Rumpfparlament« teilgenommen und an dessen Beschlüssen mitgewirkt zu haben, vor allem an der Sitzung vom 6. Juni, wo die Auflösung der Zentralgewalt, die Einsetzung der Reichsregenten und die Durchführung der

Reichsverfassung in allen Ländern des Deutschen Bundes beschlossen worden waren.

Die Anklageschrift, die das Datum vom 24. November trug, wurde Jacoby am 28. November ausgehändigt. Bereits am 8. Dezember begann der Prozeß im alten Schloß. Man hatte es offenbar sehr eilig, den »frechen Juden und Empörer«, wie ihn die regierungsnahe Presse nannte, abgeurteilt zu sehen. Überhaupt erweckten der Verlauf der kurzen Voruntersuchung, erst recht die Geschworenenliste bei Jacobys Freunden ernste Besorgnisse. Etliche Angehörige des reaktionären »Preußenvereins«, einige konservative Rittergutsbesitzer sowie mehrere stadtbekannte Spitzel des neuen Polizeipräsidenten Peters waren benannt.

Der Schwurgerichtssaal wurde um 8.30 Uhr geöffnet und war sofort überfüllt; viele hatten schon seit 5 Uhr früh auf Einlaß gewartet. Pünktlich um 9 Uhr begann die Verhandlung. Dreiunddreißig Geschworene waren anwesend; elf davon durfte der Angeklagte, zehn der Staatsanwalt zurückweisen, und beide machten von diesem Recht vollen Gebrauch. Die übrigen Zwölf nahmen auf der Geschworenenbank Platz. Dann wurde die Anklageschrift verlesen, was über eine Stunde dauerte, und danach erhielt Jacoby das Wort.

Seine Verteidigungsrede war ein Meisterstück der Logik. Er verzichtete auf jedes Beiwerk, beschränkte sich auf das Wesentliche und trug seine Argumente sehr ruhig und mit soviel Würde vor, daß auch manche seiner Gegner beeindruckt waren.

Er habe, begann er, schon zweimal wegen politischer Vergehen unter Anklage gestanden und sei freigesprochen worden. Damals habe er als Publizist den Anspruch des preußischen Volkes auf eine Repräsentativverfassung erhoben, und schon die nächsten Jahre hätten seine Forderung gerechtfertigt. Jetzt handele es sich darum, daß er als Abgeordneter das Recht des deutschen Volkes auf ein einiges und freies Vaterland vertreten habe, und – so trostlos auch die Gegenwart sei – es werde der Tag kommen, wo auch diese gerechte Forderung erfüllt sein werde.

Der ihm vorgeworfene Hochverrat solle in den Beschlüssen der Deutschen Nationalversammlung und in seiner Beteiligung daran liegen. Er habe nicht die Absicht, die in Stuttgart gefaßten Beschlüsse – und nur um diese handele es sich – hier zu verteidigen. Das Urteil darüber käme keinem Gericht der Erde zu, allein die Geschichte habe zu entscheiden, auf welcher Seite Wahrheit und Recht, auf welcher Untreue und Verrat gestanden hätten.

Ebensowenig wie die Beschlüsse selbst werde er sein Verhalten bei den Abstimmungen und seine Gründe dafür hier verteidigen. Nur seinem eigenen Gewissen und seinen Wählern sei er darüber Rechenschaft schuldig. Auch werde er alle nicht zur Sache gehörenden Angriffe mit Stillschweigen übergehen, auch die nachdrückliche Feststellung des Oberstaatsanwalts, daß er zur »äußersten Opposition« gehöre. »Ja, meine Herren, ich gehöre zur äußersten Opposition – gegen Unrecht und gegen Unwahrheit!«

Der Anklage habe er nur entgegenzusetzen, daß ein Abgeordneter, was dessen parlamentarische Tätigkeit betrifft, vor jeder gerichtlichen Verfolgung geschützt sei. Auch in Preußen gelte das für ganz Deutschland erlassene Gesetz vom 30. September 1848, das dies bestimme, und selbst die Anklage stelle seine Gültigkeit nicht in Abrede. Sie bestreite nur dessen Anwendbarkeit auf den vorliegenden Fall. Sie behaupte, die Stuttgarter Versammlung sei eine bloße Privatgesellschaft gewesen, nicht mehr die Nationalversammlung, und also hätte er dort nicht mehr Immunität als Abgeordneter zu beanspruchen gehabt. Mit der Richtigkeit dieser Annahme, das gebe auch die Anklage zu, stehe und falle die gegen ihn erhobene Beschuldigung. Er brauchte also nur die völlige Haltlosigkeit dieser Annahme zu beweisen, die sich auf drei Gründe stütze: 1. Der Mangel der angeblich erforderlichen Anzahl von 350 Abgeordneten; 2. die Abberufung der preußischen Abgeordneten am 14. Mai 1849 durch die preußische Regierung; 3. die Verlegung der Nationalversammlung von Frankfurt nach Stuttgart.

Jacoby bewies dann, daß ausschließlich zur Konstituierung der Nationalversammlung und zur Wahl ihres ersten Präsidiums die Anwesenheit von mindestens 350 Abgeordneten erforderlich war und daß die Versammlung dann ihr Quorum selbst bestimmen konnte. Zum zweiten Punkt stellte er fest, daß die Mitglieder der Nationalversammlung nicht Abgeordnete ihrer Regierung, sondern des deutschen Volkes waren. Die preußische Regierung sei nicht befugt gewesen, sie abzuberufen. Dies habe die Nationalversammlung am 16. Mai 1849 ausdrücklich festgestellt; der Reichsverweser habe auch nach der preußischen Abberufung die Nationalversammlung als solche anerkannt und mit ihr amtlich verhandelt. Sie könne also nicht durch eine preußische Maßnahme aus einem Reichstag in eine Privatgesellschaft umgewandelt worden sein. Was aber den dritten Punkt beträfe, so habe die Nationalversammlung zu jeder Zeit das Recht gehabt, ihren Sitz zu verlegen. Er erinnerte an einen Beschluß der Paulskirche vom 30. April 1849 – also zu einem Zeitpunkt, wo diese selbst nach der Ansicht der Anklage den vollen Charakter der Nationalversammlung hatte –, mit dem das Präsidium ausdrücklich ermächtigt wurde, jederzeit und an jedem Ort, den es für zweckmäßig erachte, Sitzungen anzuberaumen.

Wie also, fragte Jacoby nun die Geschworenen, war es der Anklage möglich, auf drei so haltlose Gründe die Behauptungen zu stützen, die Nationalversammlung sei, als sie in Stuttgart tagte, von einem Tag zum anderen zu einem bloßen »Privatklub« geworden? Gleich jedem Irrtum habe auch dieser seine Ursache in einer Schwierigkeit, die zu lösen sei. Im vorliegenden Fall bestehe die Schwierigkeit darin, ihn wegen seiner Beteiligung an den Stuttgarter Beschlüssen zur Verantwortung zu ziehen. Da das Immunitätsgesetz dem im Wege stand, mußte die Anklage versuchen, aus der Nationalversammlung eine »Privatgesellschaft« zu machen, auf die das Gesetz nicht anwendbar sei.

Er klage niemanden an. In einer politisch so bewegten Zeit sehe sich ein Beamter oft wider seinen Willen genötigt, der Politik die Logik zum Opfer zu bringen. Dies sei die Lösung des Rätsels, um dessentwillen man ihn seit nunmehr sieben Wochen seiner Freiheit beraubt habe.

Es handele sich hier gar nicht um seine Person; was die Geschworenen nun zu entscheiden hätten, sei von höherer Bedeutung, denn es gehe um die Ehre, Freiheit und Unabhängigkeit, um die ganze Existenz der Volksvertretung! Das Gesetz schreibe vor: »Kein Abgeordneter darf wegen seiner Abstimmung zur Verantwortung gezogen werden.« Die Geschworenen hätten zu entscheiden, ob dieses Gesetz, ohne das es keine parlamentarische Freiheit gebe, wirklichen Schutz gewähre oder ob es durch allerlei Auslegungen, wie die Anklage sie versuche, zur bloßen Täuschung werden solle. Er sei bereits in seiner Person verletzt; den Geschworenen obliege es jetzt, dem Gesetz Achtung, ihm Genugtuung zu verschaffen. »Ich habe nur getan, was ich für Pflicht hielt: treu ausgeharrt auf dem Posten, den das Vertrauen meiner Wähler mir anwies... Ich erwarte Ihr Urteil.«

Das Gericht unterbrach die Verhandlung, und in der Pause versuchten Mitglieder des »Preußenvereins«, die Geschworenen gegen Jacoby aufzuhetzen. Ludwig Walesrode trat dazwischen. Die Auseinandersetzung wurde so heftig, daß die Polizei einschreiten mußte.

Nach der Pause hielt Ludwig Marenski, Königsbergs bekanntester Anwalt und Jacobys Verteidiger, sein Plädoyer. Er hielt eine juristisch kluge, politisch versöhnliche Rede, die in der Frage gipfelte, »ob es der Gerechtigkeit entspreche, einen politischen Fehler – falls es ein solcher war – als Hochverrat zu bestrafen? Einen politischen Irrtum als Verbrechen? Ich fürchte sehr, meine Herren Geschworenen, wir könnten hier leicht, soll dieser Maßstab an uns gelegt werden, samt und sonders Gefahr laufen, nächstens auf der Anklagebank zu sitzen...«

Er widerlegte dann sehr ausführlich die juristisch unhaltbaren Argumente des Oberstaatsanwalts, wobei er bis ins kleinste Detail ging, und erklärte zum Abschluß sehr geschickt, warum er mit so äußerster, die Geduld der Geschworenen strapazierender Genauigkeit die Anklage habe zerpflücken müssen. »Sie werden das sofort begreifen und verzeihen, wenn ich es Ihnen erkläre. Aus der Anklage, aus der bloßen Anführung von Paragraphenzahlen, werden Sie kaum erraten, welche Strafen Ihr Schuldig unvermeidlich nach sich ziehen würde. Selbst der Gesetzgeber scheute sich, mit deutlichen und dürren Worten die Strafe des Hochverrats auszusprechen. Milder im Ausdruck als in der Tat bediente er sich einer Umschreibung: ›Wer sich des Hochverrats schuldig macht, soll mit der härtesten und schreckhaftesten Leibes- und Lebensstrafe hingerichtet werden‹! Unter dieser härtesten und schreckhaftesten Leibes-

und Lebensstrafe ist – darüber herrscht kein Zweifel – das Rad von unten, mit Schleifung verbunden, gemeint. Ich male Ihnen diese Szene nicht aus: die Schleifung zur Richtstätte, die Hinrichtung durch das Rad von unten, die öffentliche Ausstellung des zerschmetterten Leichnams. Ich erinnere Sie nur, daß selbst die entferntere Teilnahme am Hochverrat schon mit dem Tode durch das Beil bestraft wird.«

Tatsächlich war das Rädern, sowohl in seiner »milderen« Form, »von oben nach unten«, wobei als erstes das Genick gebrochen wurde, als auch in der von Rechtsanwalt Marenski erwähnten noch härteren Form, »von unten nach oben«, das heißt, daß der noch Lebende mit gebrochenen Armen, Beinen und Rücken in die Speichen eines Rades geflochten und zur Schau gestellt wurde, in Preußen bereits durch eine Kabinettsorder abgeschafft worden. Aber Marenskis Plädoyer, das mit dem Hinweis endete, die Geschworenen mögen auch nicht vergessen, daß Jacoby freiwillig aus der Schweiz nach Königsberg zurückgekehrt sei, verfehlte dennoch nicht seine Wirkung.

Der Oberstaatsanwalt, der sich jeder Hoffnung beraubt sah, mit seiner Anklage wegen Hochverrats durchzudringen, entschloß sich in letzter Minute zu einer Abänderung: Zumindest wegen »Aufreizung zum Hochverrat« – das Strafmaß reichte hierfür von zwei bis zehn Jahren Zuchthaus – sei der Angeklagte zu verurteilen. Dagegen legte Marenski erfolgreich Einspruch ein. Die Fragen, die den Geschworenen vorgelegt wurden – es waren zufälligerweise »vier Fragen« –, zielten alle auf einen angenommenen Hochverrat. Schließlich gab es noch eine »Zusatzfrage«: »Ist die Verhängung der Strafe des Hochverrats gegen den Angeklagten ausgeschlossen durch das« – die Immunität der Abgeordneten der Nationalversammlung sichernde – »Reichsgesetz vom 30. September 1848?«

Hierauf wurde die Verhandlung gegen 5 Uhr nachmittags geschlossen. Die Geschworenen zogen sich zur Beratung zurück. Jacoby wurde in sein Zimmer zurückgebracht, wo er ruhig eine Zigarre rauchte. Sein Freund Kosch berichtete kurz nach dem Prozeß in der »Königsberger Hartungschen Zeitung« vom 8. Dezember 1849:

»Die ganze große Versammlung aus Richtern, Geschworenen und Zuhörern, sie befanden sich alle in Besorgnis, in Furcht, Haß, Spannung. Einer allein thronte in erhabener Würde: es war Jacoby.«

Nach mehr als einstündiger Beratung kehrten die Geschworenen zurück. Ihr Vorsitzender, Hans Georg Kuno v. Usedom auf Quanditten, ein Rittergutsbesitzer, erklärte, auf alle vier Fragen nach der Schuld des Angeklagten laute der Spruch: »Nein, der Angeklagte ist nicht schuldig.«

Auch die Zusatzfrage sei dahingehend zu beantworten, daß das Gesetz es ausschließe, den Angeklagten, wäre er schuldig, zu bestrafen.

Nach dieser Verkündung des Freispruchs gab es donnernden Applaus von der Tribüne. Die meisten Zuschauer waren aufgesprungen und jubelten. Viele drängten sich zu Jacoby, um ihm die Hand zu drücken. »Auch ich habe ihn freigesprochen«, hörte man einen Geschworenen mit freudestrahlendem Gesicht rufen. Wie später zu erfahren war, hatte Jacobys Schicksal anfangs »an einem Pferdehaar« gehangen; die meisten Geschworenen waren zunächst der Meinung gewesen, Hochverrat liege vor, und man müsse es der Gnade des Königs überlassen, ob er die zu verhängende Todesstrafe vollzogen wissen wolle oder nicht. Der Vorsitzende v. Usedom und ein zweiter Rittergutsbesitzer unter den Geschworenen, Gustav Adolf v. Bergen, beide streng konservativ gesinnte Gegner Jacobys, hatten sich dann aber so nachdrücklich für einen vollen Freispruch eingesetzt, daß es ihnen gelungen war, die Mehrheit umzustimmen. Mit acht gegen vier Stimmen war man schließlich zu dem bekanntgegebenen Ergebnis gelangt.

Trotz des kalten Dezemberabends war der Schloßplatz vor dem Gericht von einer dichten Menschenmenge besetzt, die in großen Jubel ausbrach, als vom Eingang des Gerichts »Jacoby ist frei!« gerufen wurde. Die Nachricht verbreitete sich wie ein Lauffeuer. »Jacoby ist frei! Illuminiert! Licht an die Fenster!«

Jacoby selbst versuchte sich den Ovationen zu entziehen, verließ das Gericht durch ein Hinterpförtchen und verschwand in der Dunkelheit. Aber die Menge erkannte ihn dennoch. Donnernde Hochrufe zeigten den anderen an, wo sich der Gefeierte befand.

Sein Heimweg gestaltete sich zu einem wahren Triumphzug. Auch in anderen ostpreußischen Städten wurde später am Abend die Nachricht bekannt. In Tilsit veranstalteten die Bürger einen Fackelzug, in Memel ein Fest. Tags darauf feierte man Jacobys Freispruch überall in Preußen.

XIV.
Das Jahrzehnt der Reaktion

»Eine traurige Zeit ist über unser armes deutsches Vaterland hereingebrochen; das verratene Volk sucht seine Kämpfer und Freunde vergeblich in dem Lichte des Tages; es findet sie nur im Dunkel der Kerker.«

Diese Sätze aus einer Adresse, die der Königsberger Arbeiterverein an Jacoby richtete, als er sich noch in Untersuchungshaft befunden hatte, kennzeichnen die Lage und die Stimmung der deutschen Linken nach dem Ende der Reichsverfassungskampagne und dem nun vollständigen Sieg der Reaktion.

In diesem für Deutschland so trüben Herbst und Winter 1849 war fast jeder, der als Publizist, Künstler oder Gelehrter Rang und Namen hatte, entweder auf der Flucht oder im Gefängnis oder hatte sich in stummer Wut irgendwo verkrochen: Der sächsische Hofkapellmeister Richard Wagner, der sich am Maiaufstand in Dresden beteiligt hatte, war gleich danach – amtsenthoben, steckbrieflich verfolgt und in Abwesenheit zum Tode verurteilt – ins Ausland geflüchtet. Der Historiker Theodor Mommsen, viele Jahre später mit einem der ersten Nobelpreise für Literatur ausgezeichnet, war in Leipzig wegen seiner Beteiligung an den »revolutionären Umtrieben« zu Gefängnis verurteilt, in zweiter Instanz zwar freigesprochen, aber dennoch als Professor amtsenthoben worden und lehrte nun in Zürich. Der führende Mediziner Rudolf Virchow, der im März 1848 in Berlin an den Barrikadenkämpfen teilgenommen hatte, verlor nun seine Stellung an der Charité und mußte Preußen verlassen. Ludwig Bamberger, jüdischer Advokat aus Mainz, der noch im März 1849 in die Deutsche Nationalversammlung nachgewählt worden war und am pfälzisch-badischen Aufstand teilgenommen hatte, wurde in Abwesenheit – er war verwundet in die Schweiz geflüchtet – zum Tode verurteilt; erst nach siebzehnjährigem Exil konnte er in seine Heimat zurückkehren, wo er dann einer der Führer der Liberalen wurde, später Mitbegründer der Reichsbank und der Deutschen Bank.

Diese wenigen Beispiele lassen bereits erkennen, wie hart die alten Mächte nach Wiedererlangung der Macht diejenigen verfolgten, die so gnädig mit ihnen umgegangen waren, als die Revolution zunächst gesiegt hatte.

»Der beschränkte Untertanenverstand ward wieder als Basis genommen, und Hochmut und Grobheit – die Ecksteine und der Mörtel des alten Baues – stellten in kurzem aufs neue eine Herrlichkeit her, die, alles Frühere überragend, das Gendarmentum der dreißiger Jahre als armselige Stümperei erscheinen ließ«, schrieb der Dichter Theodor Fontane zornerfüllt. Und der kranke Heinrich Heine in Paris dichtete:

»Es ist dasselbe Schicksal auch – / wie stolz und frei die Fahnen fliegen, / es muß der Held nach altem Brauch / den tierisch rohen Mächten unterliegen.«

Hunderttausende wanderten nun aus dem erneut in Knechtschaft geratenen Vaterland aus. Allein zwischen 1849 und 1854 gingen 1 150 000 Deutsche nach Übersee, die meisten davon in die Vereinigten Staaten von Nordamerika. Viele der den Hinrichtungskommandos gerade noch entkommenen Anführer des badisch-pfälzischen Aufstands traten später in die Nordstaatenarmee ein und nahmen teil am Krieg gegen die Sklavenhalterstaaten des Südens: Friedrich Anneke, ein preußischer Offizier, der 1849 das Kommando über die Artillerie der badisch-pfälzischen Revolutionsarmee geführt hatte, wurde dann Oberst in den USA, seine Frau, die Schriftstellerin Mathilde Fransziska Gießler, die erste Frauenrechtlerin Amerikas; August v. Willich, auch er preußischer Offizier und ein Neffe Schleiermachers, der mit dem »Freikorps Willich« am badisch-pfälzischen Aufstand teilgenommen hatte und dessen Adjutant Friedrich Engels gewesen war, nahm später als Brigadegeneral an der Spitze des 32. Indiana-Regiments am Krieg gegen die Südstaaten teil; auch Friedrich Hecker und Gustav v. Struve, die Jacoby am Vorabend der Revolution auf dem Landgut des Hofrats

v. Itzstein kennengelernt hatte und die beide besonders aktiven Anteil an der badischen Revolution genommen hatten, emigrierten in die USA und wurden während des amerikanischen Bürgerkriegs Regimentskommandeure. Carl Schurz schließlich, der als Freiwilliger an der Verteidigung Rastatts teilgenommen hatte und dann aus preußischer Gefangenschaft entflohen war, brachte es später in den USA zum Senator, zum engen Berater des Präsidenten Abraham Lincoln, zum General der Nordstaatenarmee und sogar zum Innenminister der Vereinigten Staaten.

Ehe Schurz nach Amerika geflüchtet war, hatte er im November 1850 den Dichter Gottfried Kinkel durch eine kühne Aktion, die großes Aufsehen erregte, aus der Festung Spandau befreit und ins sichere Ausland gebracht. Kinkel, bei Ausbruch der Revolution von 1848 Professor in Bonn, hatte als begeisterter Republikaner an mehreren bewaffneten Aktionen und an der Reichsverfassungskampagne in der Pfalz teilgenommen, war verwundet in preußische Gefangenschaft geraten und zum Tode verurteilt, dann vom König zu lebenslangem Zuchthaus begnadigt worden.

Bis zu seiner Verlegung nach Spandau hatte man ihn im pommerischen Naugard in Ketten zu schwersten Sträflingsarbeiten gezwungen – ein Schicksal, das auch Jacoby gedroht hätte, wäre er im Dezember 1849 von den Königsberger Geschworen für schuldig befunden worden, wie es viele seiner Freunde befürchtet hatten.

Die meisten Mitstreiter Jacobys lebten nun im Exil: Heinrich Simon, Itzstein, Moritz Hartmann waren noch in der Schweiz; Hartmann ging später nach England. Über Irland, die Türkei, Frankreich, Genf und Stuttgart kehrte er erst 1868 nach einer Amnestie zurück nach Österreich. Karl Marx und Friedrich Engels waren nach England gegangen, wohin sich auch Arnold Ruge wandte. Der zunächst zum Bleiben entschlossene Dichter Ferdinand Freiligrath nahm 1851, als er verhaftet werden sollte, ebenfalls Zuflucht in England. Julius Fröbel ging zunächst ins amerikanische Exil; später machte er seinen Frieden mit der Wiener Regierung und wurde dann sogar österreichischer Konsul in Smyrna. Georg Herwegh, der im April 1848 an der Spitze einer Freischar in Baden eingefallen war, lebte erst in Paris, später in der Schweiz; 1863 schrieb er für die junge deutsche Arbeiterbewegung deren erstes Bundeslied: *»Mann der Arbeit, aufgewacht / und erkenne deine Macht! / Alle Räder stehen still, / wenn dein starker Arm es will!«*

Jodokus Temme, der wie Jacoby nach Preußen zurückgekehrt, verhaftet, wegen Hochverrats angeklagt und schließlich vom Schwurgericht freigesprochen worden war, hatte sein Amt als Oberlandesgerichtsdirektor verloren und daraufhin eine Professur in Zürich übernommen. Benedikt Waldeck schließlich, in Berlin angeklagt, mit dem in die Schweiz geflüchteten D'Ester einen gewaltsamen Umsturz vorbereitet zu haben, wurde zwar freigesprochen, wogegen D'Ester in Abwesenheit zum Tode verurteilt worden war. Aber auch Waldeck verlor sein Richteramt. Als er, noch in Haft, im September 1848 zum Abgeordneten der Ersten Kammer gewählt wurde, nahm er das Mandat nicht an. Er, einer der Väter der preußischen Verfassung, sah diese gebrochen durch das Wahlgesetz vom 30. Mai 1849, mit dem das allen demokratischen Prinzipien hohnsprechende Dreiklassenwahlrecht eingeführt worden war, das die Reichen zum Nachteil des Mittelstands und besonders der Unterschichten enorm begünstigte. Die preußische Linke war deshalb für einen Wahlboykott eingetreten.

Nachdem Waldeck sein Mandat nicht angenommen hatte, mußte am 18. Dezember 1849 nachgewählt werden, und nun wählte der westfälische Wahlkreis Coesfeld den erst zehn Tage zuvor freigesprochenen Dr. Johann Jacoby aus Königsberg in die preußische Erste Kammer! Trotz des wütenden Strafgerichts der triumphierenden Reaktion ließen es sich die preußischen Demokraten nicht nehmen, den Herrschenden bei jeder Gelegenheit Denkzettel zu verpassen.

So sehr die Coesfelder ihm auch zuredeten – Jacoby nahm das Mandat ebenfalls nicht an. »Ich kann die jetzt in Berlin versammelten ›Kammern‹ nicht als eine zu Recht bestehende Vertretung des preußischen Volkes anerkennen«, schrieb er ihnen am 3. Januar 1850. Solange keine verfassungsmäßigen Zustände herrschten, wollte er überhaupt nicht mehr kandidieren.

Tatsächlich vergingen vierzehn Jahre, ehe Jacoby wieder auf der politischen Bühne erschien. In dieser Zeit ging er, gewissenhaft wie immer, seiner ärztlichen Praxis nach, betrieb in seiner freien Zeit umfangreiche philosophische Studien und pflegte wieder mehr, als es ihm zuvor möglich gewesen war, den geselligen Umgang mit seinen Königsberger Freunden. Diese hatten übrigens, während Jacoby in Untersuchungshaft seinem Hochverratsprozeß entgegensah, für den Fall seiner Verurteilung alle Vorkehrungen zu seiner Flucht getroffen, einen namhaften Geldbetrag bereitgehalten und Verabredungen mit dem Kapitän eines Schnellseglers getroffen, mit dem er – wie bald darauf der von Carl Schurz befreite Kinkel – über die Ostsee und das Skagerrak nach England hätte entkommen können. Der Organisator dieses Unternehmens, über das man Jacoby im Gefängnis unterrichtet und an dem teilzunehmen er sich entschieden geweigert hatte, war der sehr wohlhabende Königsberger Stadtrat Friedmann, auf dessen Abendgesellschaften für Künstler und Gelehrte er gelegentlich erschien. Die Botschaft, daß alles zur Flucht bereit sei, wurde ihm überbracht von seinem engen Freund Friedrich Karl Ulrich, einem Justizrat, der ihn im Gefängnis besuchte.

Konspiration, auch und gerade in gutbürgerlichen und adligen Kreisen und unter Beteiligung angesehener, den sonst so mißtrauischen Behörden ganz unverdächtig erscheinender Persönlichkeiten, war in diesen Tagen härtester Verfolgung aller Demokraten gang und gäbe. Für die Befreiung Gottfried Kinkels hatte beispielsweise Bettina v. Arnim erhebliche Geldbeträge in »höchsten Kreisen« beschafft, und durch ihre Bemühungen gelang es auch, General Mieroslawski, den militärischen Organisator der Reichsverfassungskampagne in Baden und der Pfalz, erst vor der Auslieferung an Rußland, dann vor dem Galgen zu bewahren, wobei Alexander v. Humboldt sie tatkräftig unterstützte.

Leider wissen wir nicht, ob und wie Jacoby an ähnlichen konspirativen Hilfsaktionen beteiligt war. Da er ständig unter polizeilicher Beobachtung stand, verhielt er sich noch vorsichtiger, als es ohnehin seine Gewohnheit war, und so gibt es nirgendwo auch nur den geringsten Hinweis. Er wußte, daß seit seiner Entlassung aus dem Gefängnis seine Korrespondenz ebenso überwacht wurde wie jeder Schritt, den er tat, und so gab er der Polizei keine Möglichkeit, etwas Belastendes in seinen Briefen, Aufzeichnungen oder Gesprächen zu entdecken. In der Frühe des 6. Juni 1850 fand eine überraschende Haussuchung bei ihm statt, aber so sehr die Polizei auch suchte, sie fand nicht das Geringste, was auf eine Verbindung zu anderen Verdächtigen oder zu dem seit Anfang April des Jahres aufgelösten Königsberger Arbeiterverein hätte schließen lassen. Ein in der Emigration lebender früherer Abgeordnetenkollege von der Zweiten Kammer, Wilhelm Caspary, schrieb ihm daraufhin: »Also von sechs bis neun Uhr hat man bei Ihnen nach Verschwörung, Konspiration, Hochverrat usw. gesucht und nichts gefunden! Die Toren! Warum schlagen sie Ihnen nicht gleich den großen Hirnschädel ein: da hätten sie ja gleich alles beisammen!«

Daß dieser Brief aus Bern Jacoby erreichte, ohne von der Polizei abgefangen zu werden, läßt darauf schließen, daß er – wie schon zuvor mit Hilfe der Frau Generalkonsul Adelson – seine Korrespondenz auf unverdächtigen Wegen expedierte und empfing.

Etwa Mitte August 1850 wurde Jacoby von den Königsberger Justizbehörden vorgeladen. Er sollte aussagen über Franz Raveaux und dessen Tätigkeit als »Reichsregent« in Stuttgart, verweigerte aber jegliche Auskunft unter Hinweis auf das auch in Preußen gültige Gesetz von 1848, das jede gerichtliche Untersuchung gegen Abgeordnete verbot. Der Untersuchungsrichter, der gegen Raveaux wegen Hochverrats ermittelte, mußte sich damit bescheiden.

Für wie gefährlich die Polizei Jacoby hielt, geht auch aus der Tatsache hervor, daß Bilder von ihm und anderen führenden Demokraten wie Robert Blum oder Benedikt Waldeck überall in Preußen beschlagnahmt wurden, und zwar nicht nur in Geschäften und Wirtshäusern, sondern auch in Privatwohnungen.

Einmal, so berichtet Varnhagen, wurde Ludwig Walesrode in Berlin vor der Abfahrt nach Hamburg von der Polizei kontrolliert. Man durchsuchte sein Gepäck und fand dabei ein Miniaturbild*

* Zur Geschichte dieses Medaillons: Walesrode hatte es 1843 von Professor Andreas Hofmann erhalten, dem einstigen Jakobiner und Präsidenten des revolutionären rheinisch-deutschen Nationalkonvents von 1793. Es handelte sich dabei um ein Andenken, das Hofmann von Sieyès selbst 1795 in Paris geschenkt bekommen hatte, wohin er nach dem Fall von Mainz und dem Ende

des Abbé Sieyès, mit dessen die Französische Revolution von 1789 einleitender Flugschrift Jacobys »Vier Fragen« von 1841 mitunter verglichen worden waren. Nun meinte der Polizeikommissar, auch eine äußerliche Ähnlichkeit feststellen zu können. Als Walesrode ihm versicherte, es handele sich wirklich nicht um eine Abbildung Johann Jacobys, sondern um die eines französischen Geistlichen, von dem er bestimmt noch nie etwas gehört hätte, stellte der Kommissar erst umständliche Vergleiche mit anderen konfiszierten Jacoby-Bildern an, ehe er die Miniatur schließlich freigab.

Der von der Polizei noch immer für sehr gefährlich gehaltene Doktor schrieb etwa zur gleichen Zeit an Ottilie Meyerowitz, die Schwester seines Freundes, die in Berlin lebte: »Von Königsberg ist dermalen nichts zu berichten. Ruhe und Langeweile herrscht hier wie überall. Ich meinerseits führe ein durchaus häusliches Leben – ebenso einsam, wenn auch nicht halb so angenehm wie am Genfer See. Wenn ich meine Patienten besucht – trotz der langen Abwesenheit sind fast alle treu geblieben –, sammle ich in den Mußestunden die Erfahrungen der beiden letzten Jahre und bereite mich vor auf – ›den Tag, wo die heilige Ilios hinsinkt‹...«, womit er den erhofften, von ihm für nicht mehr fern gehaltenen Untergang der Reaktion umschrieb.

Er war davon überzeugt, daß die Reaktion letzten Endes für die Demokratie arbeite. Sprengkraft sah er vor allem in der – am 31. Januar 1850 abermals revidierten – preußischen Verfassung, deren noch von Benedikt Waldeck geschaffene Grundzüge in hartem Widerspruch zu den aufgepfropften Forderungen des wiedererstarkten Absolutismus standen. Auf diese Verfassung bezogen zitierte er Schillers »Wallensteins Tod«: »Doch hart im Raume stoßen sich die Sachen«, und eben daher sei die oktroyierte preußische Verfassung »zugleich durch und durch revolutionär«.

Sein heiterer Optimismus in diesen ersten Jahren finsterer Reaktion erregte die Bewunderung vieler seiner Freunde. Varnhagen

der rheinisch-deutschen Republik geflohen war. Hofmann gab es Walesrode, als dieser ihn in Winkel am Rhein, wo er ganz zurückgezogen lebte, 1845 besuchte und ihm von dem Wirken der Königsberger Demokraten erzählte, aus Begeisterung über Johann Jacoby, den Verfasser der »Vier Fragen«.

notierte im Sommer 1851, Jacoby sei »ungebrochen, zwar still, wie jeder Gleichgesinnte« es jetzt sein müsse, aber sicher, daß der Sturm losgehen und womöglich die zuerst wecken werde, die gar nicht geahnt hätten, daß sie die ersten sein werden. Und im Frühjahr 1851 heißt es bei Varnhagen abermals: »Vor allem Dr. Johann Jacoby ist voll Mut und Zuversicht.« Dieser erstaunliche Optimismus, der auch der ihn ständig überwachenden Polizei nicht entging und ihr Rätsel aufgab, ließ selbst den preußischen Innen- und Polizeiminister stutzig werden.

Dieses Amt hatte seit Dezember 1850 Ferdinand v. Westphalen inne, ein eingefleischter Reaktionär und »Demokratenfresser«, der – die Geschichte der preußischen Polizei und ihrer höchsten Repräsentanten ist voller solcher Kapriolen – der Sohn des Geheimen Regierungsrats Ludwig v. Westphalen war, des frühen politischen Mentors und späteren Schwiegervaters von Karl Marx, denn des nunmehrigen Polizeiministers jüngere Schwester Jenny hatte sich 1843 mit dem durch das Verbot der »Rheinischen Zeitung« brotlos gewordenen Dr. Marx verheiratet und lebte mit ihm im Londoner Exil.

Minister v. Westphalen hielt es jedenfalls für erforderlich, die Zuversicht, die Dr. Jacoby, der in seinen Augen gefährlichste Führer der besiegten und geknebelten Demokratie, an den Tag legte, polizeilich ergründen zu lassen. Er wies deshalb den Königsberger Polizeipräsidenten Maurach an, Jacoby noch genauer als bisher zu observieren und über die Ergebnisse baldigst Bericht zu erstatten.

Die Königsberger Polizei bemühte sich nun sehr, aber ohne Erfolg, etwas über die politischen Aktivitäten Jacobys und seinen unerklärlichen Optimismus herauszufinden. Maurach meldete dann nach Berlin, bei dem verschlossenen Charakter Jacobys, bei seiner Meidung gesellschaftlicher Zusammenkünfte und bei seinem auf wenige Demokraten – den Rentier und Stadtrat Simon Meyerowitz, die Ärzte Dr. Raphael Jakob Kosch, Dr. Gustav Dinter und Dr. Ferdinand Falkson, den Professor der Physik Ludwig Moser und den Publizisten Ludwig Walesrode – begrenzten Umgang, habe sich nicht mit Sicherheit ermitteln lassen, wie er über die gegenwärtigen Zustände denke und welche Hoffnungen er hege. Jacoby habe zwar gelegentlich geäußert, die jetzige Generation sei für eine demokratische Verfassung nicht reif, dann wieder: die Reaktion ebne der Demokratie den Weg; es bleibe jedoch mehr als zweifelhaft, ob er dies auch wirklich meine, denn es scheine ihm sehr daran gelegen, seine wahren Ansichten zu verbergen und die Behörden irrezuleiten. Angesichts der »Unverbesserlichkeit und Zähigkeit« der demokratischen Führer könne man nicht glauben, daß der hervorragendste unter ihnen, Jacoby, die Sache der Demokratie bis zum Heranwachsen einer neuen Generation verloren geben sollte; im Gegenteil, so meinte der Polizeipräsident. Vermutlich gebe sich Jacoby der Hoffnung hin, es werde den Demokraten gelingen, in nicht zu ferner Zeit »ihre verwerflichen Grundsätze« voll zur Geltung zu bringen. Deshalb, so versicherte er dem Minister, werde die Königsberger Polizei fortfahren, »mit allem Eifer den J. zu observieren«, um gegebenenfalls sofort gegen ihn einzuschreiten und ihn eventuell den Gerichten zur Bestrafung zu überweisen.

Minister v. Westphalen konnte diesem langen Bericht, der im wesentlichen nur Vermutungen und diensteifrige Beteuerungen enthielt, kaum mehr entnehmen, als daß Jacoby guter Laune zu sein schien und nur mit alten Bekannten verkehrte. Erst im Frühjahr 1856 schöpfte der Minister wieder Hoffnung, endlich etwas mehr über den so verdächtig stillen und dabei so zuversichtlich wirkenden Führer der preußischen Demokraten herauszufinden, denn Jacoby plante, wie ihm aus Königsberg gemeldet worden war, eine längere und weite Reise.

Tatsächlich beantragte er bald darauf einen Paß für eine sechsmonatige Bade- und Erholungsreise nach den deutschen Bundesstaaten, Österreich, der Schweiz, Italien und Frankreich sowie die Erlaubnis, in Berlin Station zu machen. Offenbar sah das Innenministerium in dieser Reise eine Chance, Jacoby endlich auf die Schliche zu kommen. Jedenfalls war die »hohe Polizei«, wie Jacoby spöttelte, »überaus gnädig, ja zuvorkommend«, denn sie erteilte ihm sogleich einen »Ministerialpaß«, der bereits mit Visa für Österreich und Frankreich, ausgestellt von deren Berliner Gesandtschaften, sowie mit einer großzügig für vierzehn Tage geltenden Aufenthaltserlaubnis für Berlin versehen war, obwohl er nur einen achttägigen Aufenthalt in der Hauptstadt beantragt hatte.

Wie den Polizeiakten zu entnehmen ist, traf das Ministerium gleichzeitig Vorkehrungen für eine lückenlose Observierung Jacobys während der ganzen Reise, teils durch Polizeibeamte, denen eine »angemesse, unauffällige Beobachtung« zur Pflicht gemacht wurde, teils durch einen – namentlich leider nicht bekannten – »Literaragenten«, einen gebildeten und scharfsinnigen Mann im Solde des politischen Geheimdienstes.

So wissen wir, daß Jacoby, nach einer Reise »ohne besondere Vorkommnisse«, am 13. Juni 1856 in Berlin eintraf, in der Breiten Straße Nr. 5 bei seinem Vetter Eduard Waldeck abstieg – Julius Waldeck, bei dem er sonst zu wohnen pflegte, war schwer erkrankt und in Baden-Baden zur Kur –, und bis zum 19. Juni blieb. Er traf sich mit den Schwestern Meyerowitz, mit Adolf Stahr und Fanny Lewald, fuhr bei gutem Wetter vormittags mit Eduard Waldeck aus, besichtigte die Stadt und besuchte das neue Museum, die Kunstwerkstätten sowie einige Buchläden. Mittags kehrte er bei den Schwestern Meyerowitz ein oder speiste in Schöneberg, wo Eduard Waldeck eine Sommerwohnung hatte. Abends war er wiederholt im »Etablissement Kroll«, das 1844 auf dem Gelände des ehemaligen Exerzierplatzes vor dem Brandenburger Tor errichtet worden war und zu den größten Attraktionen Berlins zählte.

»Zuerst fand in dem großen Saale eine Theatervorstellung statt«, hat eine alte Berlinerin, Agathe Nalli-Rutenberg, einen solchen Sommerabend bei Kroll um die Mitte der 1850er Jahre beschrieben. »Dieser folgte ein solennes Abendessen, und dann eröffnete sich, zu unserer aller Überraschung, ein Ball – draußen im Freien! Der ganze Garten war zu diesem Zweck mit bunten Ballons und strahlenden Lampengewinden in der Tat feenhaft erleuchtet. Überall in den dunklen Laubengängen glühte und schimmerte es von roten, grünen und gelben Lichtblumen! An der sprudelnden Fontäne war das Musikkorps aufgestellt, und zu den rauschenden Walzer- und Polkaklängen drehten sich wirbelnd die tanzenden Paare – die jungen Damen in ihren hellen, duftigen Balltoiletten – um das Bassin herum, bis das erste Morgenrot schon den östlichen Himmel färbte und wir zu Fuß durch den schweigsamen Tiergarten heimkehrten...«

Jacoby unternahm während seines kurzen Berlin-Aufenthalts auch einen Ausflug nach Treptow und eine Dampferfahrt auf der Spree, gemeinsam mit dem Tribunalrat Benedikt Waldeck, dem Kammergerichtsrat Gottheiner und weiteren alten Bekannten. Mit dem Arzt Gustav Siegmund, einem Schwager Georg Herweghs, besuchte er das große Krankenhaus Bethanien – kurz, von dieser letzten aus rein beruflichem Interesse unternommenen Visite einmal abgesehen, war es für Jacoby – und den ihn »angemessen unauffällig« observierenden Polizeileutnant Greiner – eine sehr vergnügliche Zeit.

Am 19. Juni reiste Jacoby weiter nach Schlangenbad im Taunus. Die Schwestern Meyerowitz begleiteten ihn zum Bahnhof, und Polizeileutnant Greiner meldete, Jacoby habe sich bis zur Abfahrt des Zuges »unverdächtig« geführt. Der Berliner Polizeipräsident v. Zedlitz erstattete alsdann dem Innenminister höchstpersönlich Bericht: Der genau überwachte Jacoby habe keine Veranlassung gegeben, darauf zu schließen, daß er in Berlin etwa geheime politische Zwecke verfolgt habe.

Der vom Innenminister beauftragte »Literaragent« erstattete ebenfalls Bericht: Jacoby, schrieb er, sei ein so vorsichtiger, verschlossener, kluger und gewitzter Mann, dabei so mißtrauisch, von Natur schweigsam und lakonisch, daß die vulgäre Polizeibeobachtung nie etwas gegen ihn auszurichten vermöge. Er gehöre zu den konsequenten, berechnenden Charakteren, wie sie – Gott sei Dank! – in der demokratischen Bewegung sonst nicht vorkämen. Auch unter seinen Gegnern gelte er als Ehrenmann, und das einzige Zweideutige in seiner Biographie, sein Verhältnis zum russischen Generalkonsul v. Adelson in Königsberg, habe sich ja als harmlos aufgeklärt – teils als Hausarzt-, teils als Vermieter-Mieter-Beziehung.

Indessen möge man sich, was die Gefährlichkeit Jacobys beträfe, nicht täuschen: Er sei ein »bornierter Republikaner«, wenn auch »girondistischer Färbung«, also eher den Gemäßigten als den Jakobinern und Terroristen zuzurechnen, ein puritanischer Geist im Sinne Spinozas und Kants, kommunistischen Experimenten abhold, Feind des Königtums und der Könige aus Grundsatz, von unglaublicher Verachtung für die Geburtsaristokratie und die dünkelvolle Impertinenz der Bourgeoisie, spöttisch, kalt, planvoll und von erstaunlichem Einfluß auf alle, mit denen zu sprechen er es der Mühe wert halte – eine Bemerkung, die darauf schließen läßt, daß sich der »Literaragent« vergeblich an Jacoby heranzumachen versucht hatte, von diesem als Spitzel erkannt und abgefertigt worden war, so daß er sich seine Informationen aus zweiter und dritter Hand beschaffen mußte.

Jacoby habe, heißt es weiter in dem umfangreichen Bericht des »Literaragenten«, während der letzten Jahre scheinbar in tiefster Zurückgezogenheit in Königsberg gelebt. Nichtsdestoweniger könne auf das bestimmteste versichert werden, daß dieser Mann über alles, was die äußerste Linke in Deutschland, Frankreich und England tue, denke oder plane, auf geheimen Wegen ganz genau unterrichtet sei. Es sei eine – allerdings polizeilich nicht zu beweisende – Tatsache, daß beispielsweise »seltene revolutionäre Piecen«, womit der Berichterstatter wohl Denkschriften und Grundsatzartikel meinte, über Jacoby an Bekannte in der Provinz Ost- und Westpreußen weitergingen. Die Verbindungen, die er zu seinen politischen Freunden in Süddeutschland und in der Schweiz unterhalte, hätten trotz der Wachsamkeit der Polizei nie aufgehört: Reisende, Kaufleute, Gutsbesitzer dienten dabei als Kuriere.

Alles in allem hatte sich der »Literaragent« wohl viel Mühe gegeben, die Höhe seines ihm versprochenen Honorars zu rechtfertigen, aber Minister v. Westphalen kann aus seinem Bericht schwerlich mehr erfahren haben, als er bereits wußte. Also mußte er abwarten, ob sich Jacoby außerhalb Preußens vielleicht eine Blöße geben würde. Das herzoglich nassauische Amt in Langenschwalbach war bereits davon unterrichtet, daß Dr. Jacoby in Kürze in Schlangenbad eintreffen werde, und gebeten worden, ihn während seines Aufenthalts »in geeigneter Weise beobachten zu lassen«.

Jacoby reiste indessen zunächst nach Eisenach, wo er die mit großer Pracht restaurierte Wartburg besichtigte, an die er sich noch von seiner ersten Studienreise her erinnerte, als sie dem Verfall preisgegeben war. Von Eisenach fuhr er weiter nach Frankfurt am Main und stieg dort im Gasthof »Zum Weidenbusch« ab. Der Wirt und das Personal begrüßten ihn als alten Bekannten aus dem Jahre 1848 und erwiesen ihm während seines zweitägigen Aufenthalts alle erdenkliche Freundlichkeit. Er verbrachte die meiste Zeit in Frankfurt im Haus seines Studienfreundes, des Arztes Adolf Schmidt, und reiste dann weiter nach Wiesbaden, wo er mit den Ärzten seiner dort zur Kur weilenden Königsberger Patientin Frau Friedmann deren weitere Behandlung beriet. Es handelte sich übrigens um die Gattin des Stadtrats Friedmann, der Jacoby zur Flucht aus dem Gefängnis hatte verhelfen wollen – aber das konnte der darüber Bericht erstattende Polizeibeamte natürlich nicht wissen.

Am 24. Juni 1856 traf Jacoby dann in Schlangenbad ein, wo er einen Monat verbrachte. »Ich habe mir vorgenommen«, schrieb er seinen Schwestern, »weder durch ungünstiges Wetter noch durch sonstige Unannehmlichkeiten mich in meinem Reisegenusse stören zu lassen. Mein Wahlspruch ist, sich durch alles *an*regen, durch nichts *auf*regen zu lassen! Und ich hoffe, die Ausübung dieser Kunst, in welcher der alte Goethe es bekanntlich zur Meisterschaft gebracht, wird auch mir nicht zu schwer werden.«

Zu seiner freudigen Überraschung war der Kurarzt, Dr. Karl Bertrand, ein alter Bekannter. Er hatte zu den Teilnehmern der Zusammenkunft auf v. Itzsteins Landgut Hallgarten gehört, wo 1847 die deutschen Demokraten ihre Absichten und Forderungen zu koordinieren versucht hatten. Bertrand wußte ihm viel von Itzstein und anderen alten Freunden zu berichten und tat darüber hinaus alles Erdenkliche, ihm den Kuraufenthalt in Schlangenbad so erfreulich wie möglich zu gestalten. So verbrachte Jacoby dort einen, wie er schrieb, sehr angenehmen und erholsamen Monat. Auch die Kur tat ihm gut; noch ehe sie beendet war, schrieb er an Adolf Schmidt in Frankfurt: »Mein Übel« – er litt an einem »Unterleibsübel«, das ihm große Schmerzen verursacht hatte – »ist beinahe spurlos verschwunden, und überhaupt habe ich mich seit langem nicht so wohl gefühlt...« Von Schlangenbad ging Jacoby zu einer kurzen Nachkur in das benachbarte Schwalbach, wo es nach den Erkenntnissen der Polizei »Zusammenkünfte demokratischer Koryphäen« gab, ohne daß sich feststellen läßt, ob sie wirklich stattgefunden haben und wer daran teilnahm. Dagegen gab es solche Zusammenkünfte kurze Zeit später tatsächlich, denn in Zürich, wo Jacoby Anfang August eintraf, wohnte er bei seinem alten Freund und engsten Gesinnungsgenossen Heinrich Simon, wo fast gleichzeitig Fanny Lewald und Adolf Stahr eintrafen – sicherlich nicht zufällig, denn Jacoby pflegte seine Reisen sorgfältig zu planen und mit seinen engsten Freunden abzustimmen.

Sie verbrachten gemeinsam einige Tage im geräumigen Haus des sehr wohlhabenden Heinrich Simon, und es scheint, daß sich in dieser behaglichen Atmosphäre die alte Freundschaft zwischen Jacoby und Fanny Lewald noch enger und herzlicher gestaltete. Fanny Lewald, die man ihres scharfen Intellekts, ihrer kühlen Betrachtungsweise und ihrer fraulichen Emanzipiertheit wegen häufig als »eine deutsche George Sand« bezeichnete, stand unter den deutschen Schriftstellerinnen ihrer Zeit unbestritten an erster Stelle. Die gemeinsame Herkunft aus dem jüdischen Bürgertum Königsbergs, beider Interesse an sozialen Reformen und die auch bei Fanny Lewald ausgeprägte, entschieden demokratische und republikanische Gesinnung bildeten die Basis ihrer engen Freundschaft. »Der unvergleichliche Jacoby«, wie sie ihn nannte, war für Fanny Lewald »einer der besten und wahrhaftigsten Menschen«. »Höher an Einsicht und Wissen, größer an Charakter..., dankbarer für das Geringste und hingebender in seiner Liebe als er kann man nicht sein«, schrieb sie an den Bruder Alwin ihres Lebensgefährten Adolf Stahr. Jacoby seinerseits bewunderte die nüchterne, stark intellektuelle Schreibweise der Schriftstellerin, ihre Beobachtungsgabe und verständige Einsicht. Er freute sich über ihre großen Erfolge und war geradezu fasziniert von ihrer Persönlichkeit.

Über Fanny Lewald kam Jacoby auch zu einer engeren Freundschaft mit Adolf Stahr, der sich als Literaturhistoriker bei den Fachgelehrten keiner sonderlichen Anerkennung erfreute. Auch galt er als allzu selbstbewußt und sehr streitbar, was ihn jedoch in Jacobys Augen keineswegs herabsetzte. Er schätzte Stahr als Menschen und fand immer wieder anerkennende Worte für dessen vielseitige Schriftstellerei.

Es fehlte übrigens nicht an Zeitgenossen, die das schriftstellernde Paar bezichtigten, hauptsächlich Gefallen an gegenseitiger Bewunderung zu finden. Gottfried Keller spöttelte, sie seien ein »vierbeiniges, zweigeschlechtliches Tintentier«. Jacoby hingegen sah in den beiden ein harmonisches Paar literarisch tätiger Menschen, die sich in ihren Fähigkeiten und Eigenarten sehr glücklich ergänzten. Seine jahrzehntelange Freundschaft mit Adolf Stahr ist um so bemerkenswerter, als dieser – wie verschiedene, sämtlich sehr zuverlässige Quellen bezeugen – wenn auch nicht öffentlich, so doch privat ein Judenhasser war.

In der Schweiz traf sich Jacoby, Polizeiberichten zufolge, mit einer ganzen Reihe bekannter deutscher Demokraten im Exil, unter anderen mit Jodokus Temme sowie mit dem früheren Königsberger Festungsoffizier Wilhelm Rüstow, der dem Kriegsgericht gerade noch entkommen war. Aus einem Brief Albert Schotts, der 1848/49 dem Vorparlament, dem Fünfzigerausschuß, der Paulskirche und dem Stuttgarter »Rumpfparlament« angehört hatte, an dessen Schwiegersohn, den Dichter Ludwig Uhland, der ebenfalls dem »Rumpfparlament« bis zum bitteren Ende angehört hatte, ist zu entnehmen, daß Schott auf der Rückreise von Italien Heinrich Simon in Zürich besuchte und dort nicht nur Jacoby traf, sondern auch Georg Friedrich Kolb, ein weiteres ehemaliges Mitglied der Frankfurter Paulskirche und des Stuttgarter »Rumpfparlaments« – ein vermutlich auch nicht ganz zufälliges Treffen, das aber den Argusaugen der Polizeispitzel entgangen zu sein scheint. Ob Jacoby von seinem Visum für Österreich und Frankreich Gebrauch gemacht hat, ob er auch noch Italien besuchte, ist nicht mehr festzustellen; vieles spricht dafür, daß er sich nur in der Schweiz aufhielt und die Visa für andere Länder entweder bloß vorsorglich oder zur Verwirrung der preußischen Behörden beantragt hatte.

Jedenfalls machte er sich Anfang September auf die Rückreise, die er wieder in Berlin unterbrach, wo er vom 11. bis 24. September 1856 abermals bei seinem Vetter Eduard Waldeck wohnte. Vielleicht hatte er auch noch Ludwig Uhland in Tübingen besucht, der drei Jahre zuvor den ihm zugedachten Orden Pour le mérite anzunehmen sich geweigert hatte – mit der Begründung, vom König von Preußen, der seinen Freund Johann Jacoby auf die Anklagebank gebracht habe, wünsche er nicht ausgezeichnet zu werden. Aber da Jacoby in Deutschland noch vorsichtiger war als in der Schweiz, sind alle Spuren verwischt, und die Spitzelberichte enthalten nichts darüber.

Hingegen erwähnt der Berliner Polizeibericht, daß er im September während der Mittagsstunden häufig im Café Stehely gesehen worden sei, einem bekannten Treffpunkt der linken außerparlamentarischen Opposition. Einige Male habe er mit Tribunalrat Benedikt Waldeck längere Unterhaltungen geführt. Über den Inhalt dieser Gespräche hatte die Polizei nichts erfahren können.

Mindestens einmal traf er während dieser Zeit in Berlin auch Varnhagen v. Ense, denn dieser Chronist, der mit großer Sorgfalt sein Tagebuch führte, notierte sich unter dem Datum vom 23. September 1856, Jacoby sei »mit seiner Brunnenkur und Reise sehr zufrieden, auch mit der Stimmung, die er überall gefunden und die er als Siegesgewißheit der Freiheits- und Volkssache bezeichnet. Der tüchtige, ungebeugte Mann ist höchst ehrenwert...«

Der preußische Polizeiminister v. Westphalen, bei dem alle Observierungsergebnisse und Agentenberichte zusammenkamen, war da gänzlich anderer Ansicht. Er wies den Königsberger Polizeipräsidenten an, ein besonders wachsames Auge auf diesen gewitzten, sich keine Blöße gebenden Demokraten zu haben, aber Präsident Maurachs Leute konnten auch in den folgenden Monaten keine Anzeichen für eine politische Betätigung Jacobys entdecken.

Er selbst schrieb im Frühjahr 1857 an Fanny Lewald: »Mein hiesiges Leben – verstände ich es so gut zu schildern wie Sie – es gäbe ein unerquickliches Bild. Daß ich gesund und kräftig, daß ich selbstgenügsam mich zu bescheiden weiß, ist das einzig Gute. Alles sonst gehört zu den Dingen, von denen besser zu schweigen als zu reden...«

Bald darauf unternahm er abermals eine Sommerreise; Mitte Juli 1857 hielt er sich einige Tage lang bei Eduard Waldeck in Berlin auf, besuchte dann Dresden, wo er auf der Brühlschen Terrasse Varnhagen v. Ense traf – zufällig, wie Varnhagen in seinem Tagebuch ausdrücklich vermerkte –, und reiste dann wieder nach Schlangenbad zu einer mehrwöchigen Kur.

Auch von dieser Reise gab es für die Polizei und ihre Spitzel nichts Verdächtiges zu melden. Ende September 1857 nahm Dr. Jacoby seine Praxis in Königsberg wieder auf, und um diese Zeit gab es bereits deutliche Anzeichen für ein Ende des reaktionären Systems.

Friedrich Wilhelm IV. – es ließ sich nicht mehr verheimlichen – war unheilbar geisteskrank geworden. Von Oktober 1857 an begann ihn sein Bruder, Prinz Wilhelm, bereits zu vertreten. Im liberalen Lager knüpfte man große Hoffnungen an den bevorstehenden Thronwechsel, was weniger mit der Person des künftigen Monarchen zusammenhing, der 1849 als »Kartätschenprinz« seine demokratiefeindliche Gesinnung wahrlich hinreichend unter Beweis gestellt hatte. Es gab vielmehr durch die stürmische Industrialisierung und den raschen Eisenbahnbau so enorme Veränderungen seit damals, daß *jeder* neue König von Preußen dies bemerken und sich darauf einrichten *mußte*. Kein noch so sehr auf sein Gottesgnadentum pochender Monarch, kein noch so engstirniger Junker oder Militär konnte umhin, die industrielle Revolution, die das seit 1848/49 vergangene Jahrzehnt Deutschland beschert hatte, zur Kenntnis zu nehmen.

Das preußische Eisenbahnnetz hatte sich während dieser Zeit nahezu verdoppelt. Ende 1859 standen mehr als 7000 Streckenkilometer zur Verfügung. Das hatte nicht nur wirtschaftliche, sondern auch politische Bedeutung. Die Bahnen waren die stärkste Waffe der bürgerlichen Unternehmer im Kampf gegen die Kleinstaaterei und ihre zahllosen Hemmnisse für den Handel, vor allem die in jedem Ländchen unterschiedlichen Bestimmungen, Maße, Gewichte und Währungen. Durch die starke Verkürzung der Reise- und Transportzeiten war die ganze Absurdität des feudalabsolutistischen Souveränitätswahns jedermann offenbar geworden. Der Respekt vor dem Gottesgnadentum mußte einfach schrumpfen, wenn man auf der – abzüglich der Aufenthalte – nur noch knapp sechsstündigen Fahrt von Leipzig nach Frankfurt erst königlich preußisches, dann königlich sächsisches Gebiet durchfuhr, anschließend in rascher Folge die Territorien der souveränen Herrscher von Reuß jüngere Linie, Sachsen-Altenburg, Sachsen-Weimar, Reuß ältere Linie, Sachsen-Meiningen, Sachsen-Coburg-Gotha, Bayern, Hessen-Kassel und Hessen-Darmstadt, ehe man die Grenzstation der Freien Reichsstadt Frankfurt am Main erreichte.

Brachte die Eisenbahn die Provinzen und ihre Bewohner einander näher sowie zu der Erkenntnis, daß die feudale Kleinstaaterei längst antiquiert und einer gedeihlichen Entwicklung nur noch hinderlich war, so hatten neue Industrien den Charakter und die Bevölkerungsstruktur der größeren Städte, aber auch ganzer Provinzen stark verändert.

»Wer Berlin vor zehn Jahren gesehen hat«, schrieb Karl Marx 1859, »würde es heute nicht wiedererkennen. Aus einem steifen Paradeplatz hat es sich in das geschäftige Zentrum des deutschen Maschinenbaus verwandelt.« Und: »Wenn man durch Rheinpreußen und das Herzogtum Westfalen reist, wird man an Lancashire und Yorkshire erinnert...«

»Es wuchs denn auch der Nationalwohlstand außerordentlich«, heißt es dazu in Piersons »Preußischer Geschichte«, doch der patriotische Gelehrte sah sich doch genötigt, hinzuzufügen, daß dieser Wohlstand nicht sehr gleichmäßig verteilt war: »Die Statistik wies die erschreckende Tatsache nach, daß im Jahre 1850 nur erst vier Prozent des preußischen Volkes reich oder wohlhabend waren, 96 Prozent jedoch unbemittelt oder arm... Es gab damals 2½ Millionen Familienhäupter, die jährlich weniger als 130 Taler einnahmen!« – was bedeutete, daß ein beträchtlicher Teil der Bewohner Preußens am Rande des Existenzminimums lebte, und das bei härtester, wöchentlich mindestens 60stündiger Arbeit.

Pierson vermerkt alsdann, daß die breite Unterschicht und das minderbemittelte Kleinbürgertum bereits »ein Bewußtsein von ihrer Bedeutung im Staate, von der ungleichen Verteilung der Rechte und Güter, Pflichten und Lasten hatte. Am stärksten war das Gefühl der Unbill in dem großstädtischen Proletariat, welches den Luxus der günstig situierten Minorität dicht vor Augen hatte und nach Art der Städter über sich und die Welt häufiger nachdachte, als der Bauernknecht pflegt. Auch wandte jetzt der gemeine Mann den politischen Dingen viel Aufmerksamkeit zu, denn von ihrer Entwicklung erwartete er eine Abhilfe für seine Leiden. Wer hatte vor 1848 eine Zeitung gelesen? Kaum der wohlhabende Bürger, geschweige der Bauer oder gar der Arbeiter. Jetzt fehlte wenigstens in den größeren Städten und Dörfern schwerlich in irgendeiner Schenke die Zeitung und ein Leserkreis,... und es wich aus den Massen die beharrende Kraft mehr und mehr; sie folgten der Zeitströmung, welche wesentlich eine neuernde war...«

Auch außenpolitisch hatte sich in diesem knappen Jahrzehnt sehr viel verändert: 1849, nachdem die preußische Armee die Revolution überall in Deutschland niedergewalzt hatte, war die Hohenzollern-Monarchie zur Vormacht aufgestiegen, aber schon im nächsten Jahr trat Österreich wieder auf den Plan. Fast wäre es zum Krieg zwischen Preußen und dem Habsburgerreich gekommen, doch der Zar von Rußland sprach ein Machtwort und zwang Friedrich Wilhelm IV. zu einem demütigenden Vertrag, worin sich Preußen verpflichten mußte, künftig nur noch im Einvernehmen mit Wien die deutschen Angelegenheiten zu regeln und seine Truppen aus den deutschen Kleinstaaten zurückzuziehen. Die »Schmach von Olmütz«, wo dieser Vertrag unterzeichnet wurde und wie das gemäßigt liberale Bürgertum ihn nannte, war eine Niederlage der preußischen Politik und ihres Versuchs, die nationalstaatliche Einigung Deutschlands unter Führung Berlins herbeizuführen.

Ein Teil des preußischen Adels, und zwar der reaktionärste, war sehr damit zufrieden, daß das Königreich nun von allen »deutschen Abenteuern«, die letztlich nur das Bürgertum stärken konnten, ablassen mußte; daß es gezwungen war, sich noch enger an Rußland anzuschließen. Der andere Teil des Adels unter Führung des Prinzen Wilhelm mißbilligte die Unterwerfung unter den Befehl des Zaren und die »Schmach von Olmütz«. Als Rußland 1853 Krieg mit der Türkei begann, der Frankreich und England zu Hilfe kamen, blieb Preußen strikt neutral, aber die schwere Niederlage, die das Zarenreich dann im Krimkrieg erlitt, hatte erhebliche Rückwirkungen: Die seit 1815 bestehende »Heilige Allianz«, das konterrevolutionäre Bündnis zwischen Petersburg, Wien und Berlin, zerbrach darüber; zwischen Rußland und Österreich-Ungarn, das im Krimkrieg heimlich die Türken unterstützt hatte, bestand fortan ein mindestens ebenso gespanntes Verhältnis wie zwischen Österreich und Preußen. Ein Versuch der preußischen Regierung, Neuchâtel zurückzugewinnen*, scheiterte an der Einmischung Österreichs, das erklärte, es werde ein preußisches Vorgehen gegen die Schweiz nicht dulden. Friedrich Wilhelm IV. mußte seinen Anspruch auf Neuchâtel 1857 endgültig aufgeben, und das verminderte sein und Preußens durch die »Schmach von Olmütz« ramponiertes Ansehen weiter.

»Ließ Preußen sich doch selbst von kleinen Staaten Nadelstiche geben, die seine Interessen verletzten«, heißt es dazu in Piersons »Preußischer Geschichte«, »wie denn beispielsweise eine gehörige Verbindung zwischen seinen West- und Ostprovinzen durch zweckmäßige Anlage von Eisenbahnen und Telegraphendrähten nicht stattfinden durfte, weil das dazwischenliegende Hannover die Genehmigung dazu versagte.«

1857/58 war für das Königreich Preußen zugleich eine Zeit schwerer Belastungen auf wirtschaftlichem und sozialem Gebiet. Eine Absatzkrise hatte in der preußischen Industrie zu Massenentlassungen und drastischen Lohnkürzungen geführt, die eine in diesem Ausmaß bis dahin nicht gekannte Streikbewegung auslösten. Im rheinisch-westfälischen Industriegebiet und in Schlesien traten zahlreiche Bergleute und Fabrikarbeiter in den Ausstand. Sie verlangten eine Aufbesserung ihrer Hungerlöhne, und es bedurfte des rücksichtslosen Einsatzes von Polizei und Militär, sie zur Wiederaufnahme der Arbeit zu zwingen.

Die Wirtschaftskrise, zusammen mit den außenpolitischen Niederlagen und den immer deutlicher spürbaren Unzulänglichkeiten und Hemmnissen, die sich aus der deutschen Kleinstaaterei für Handel und Industrie ergaben, zwangen die preußische Regierung zu neuen Überlegungen: Sie begann einzusehen, daß sie den Interessen der Bourgeoisie Rechnung tragen mußte, wenn die Monarchie

* Der schweizerische Kanton war seit 1707 ein Fürstentum des Königs von Preußen gewesen, hatte aber 1848 die Unabhängigkeit von Berlin erlangt. Versuche, die preußische Herrschaft wiederherzustellen, waren 1856 gescheitert.

ihre Macht nach innen und außen behaupten wollte. Ein Kurswechsel schien dringend angezeigt, und die Gelegenheit dazu bot die Krankheit Friedrich Wilhelms IV., den der Prinz Wilhelm, sein Bruder, am 7. Oktober 1858 als Regent ablöste. Als erstes entließ er das reaktionäre Kabinett v. Manteuffel und ersetzte es durch gemäßigt konservative und rechtsliberale Minister. In der programmatischen Ansprache des Prinzregenten an die neuen Regierungsmitglieder hieß es:

»In Deutschland muß Preußen moralische Eroberungen machen – durch eine weise Gesetzgebung bei sich, durch Hebung aller sittlichen Elemente und durch Ergreifung von Einigungselementen, wie der Zollverein es ist, der indes einer Reform wird unterworfen werden müssen.«

Die Tonart ließ deutlich erkennen, daß die Forderungen des Bürgertums nach nationalstaatlicher Einigung nicht mehr überhört werden konnten und sollten. Andererseits aber war die Führung nicht dazu bereit, sich ihre Machtbasis schmälern zu lassen. Der Prinzregent sprach sich für eine gründliche Reorganisation und Modernisierung der preußischen Armee aus. Durch Lockerung der Zensur und andere Zugeständnisse an die Liberalen hoffte die neue Führung, die kostspielige Heeresreform über die parlamentarischen Hürden zu bringen, und die Chancen hierfür sahen zunächst recht gut aus.

Das ganze bürgerliche Lager – von den Altliberalen bis hin zu den Demokraten – begrüßte den vom Prinzregenten eingeschlagenen Kurs als Anbruch einer »Neuen Ära« und erklärte sich bereit, das neue Ministerium zu unterstützen.

Im November 1858 fanden Neuwahlen zum Abgeordnetenhaus statt, und nun betrat Johann Jacoby auch wieder die politische Bühne, die er neun Jahre lang gemieden hatte.

XV.
Taktisches Intermezzo: Aus der Vergangenheit lernen

Im Herbst 1858 herrschte bei den Bürgern Preußens allgemeiner Jubel. Das Ende der Reaktion schien angebrochen zu sein. Das Losungswort der Liberalen aller Schattierungen, ja selbst der Demokraten lautete: Man darf die Regierung nicht drängen, man muß sie jetzt unterstützen.

Zum erstenmal seit vielen Jahren riefen die Demokraten wieder zur Wahlbeteiligung auf, aber sie verzichteten auf eigene Kandidaten. Auch Jacoby in Königsberg trat zwar an die Spitze eines demokratischen »Komitees für unabhängige Wahlen«, auf Anfragen gab er jedoch zu verstehen, daß er sich selbst nicht um ein Abgeordnetenmandat bewerben werde; er sei indessen bereit, für andere den Wahlkampf zu führen.

Er wußte, daß er – noch – keine Chance hatte, eine führende Rolle in der parlamentarischen Opposition zu spielen. Er war schließlich, wie es Eduard Waldeck in einem Brief an ihn ausgedrückt hatte, von der ganzen Linken der Jahre 1848/49 »die gefürchtetste Vogelscheuche des Ruhe und Ordnung liebenden, sehr achtbaren Philistertums«, und diesem, den gemäßigten Liberalen, gehörte jetzt die Stunde.

Wohl aus dieser Erkenntnis heraus vertrat Jacoby nun auch ein Programm, das bei seinen Freunden wie Gegnern Rätselraten und verwundertes Kopfschütteln auslöste. Es verzichtete auf jede Anklage, auf jede bittere Bemerkung über die zurückliegende Zeit der harten Verfolgung und demütigenden Unterdrückung jeder freiheitlichen Regung. »Lassen Sie mich darüber mit Schweigen hinweggehen«, erklärte Jacoby ein über das andere Mal in Wahlversammlungen. »Wir wollen die Vergangenheit der letzten Jahre als ernste Lehre, als unaufhörlich mahnende Warnung uns fest ins

Gedächtnis prägen, nicht aber wollen wir durch solche Erinnerungen uns zu dem Gefühle leidenschaftlicher Bitterkeit, zum selbstverblendeten Parteihaß gegen politische Gegner hinreißen lassen!«

Das Programm selbst enthielt vier Grundsätze: Ehrerbietung dem Könige, Achtung der geltenden Landesverfassung, Selbstverwaltung der Gemeinden und Gleichberechtigung aller Bürger, also – wie Jacoby nicht müde wurde, seinen Zuhörern zu versichern – »nicht mehr, aber auch nicht weniger als eine verfassungsmäßige Monarchie auf der echt demokratischen Grundlage« der Selbstverwaltung und Gleichberechtigung. Aus den Grundsätzen ergebe sich, was fernerhin begehrt werde: Abschaffung des Dreiklassenwahlrechts und jeder Bevorzugung in der Steuergesetzgebung, Revision der Presse- und Vereinsgesetze sowie Lehr- und Religionsfreiheit. Aber diese Punkte seien als Wünsche, nicht als sofort zu erfüllende Forderungen anzusehen, denn man wolle die Regierung nicht ungebührlich drängen.

Gemäßigter ging es kaum, und als er dann noch hinzufügte, es sei seine innerste Überzeugung, daß es jetzt keinen Demokraten gebe, der für Preußen, *wie es ist*, eine andere als die monarchische Staatsform wolle oder gar erstrebe, da warfen ihm seine Kritiker vor, man müsse schon »die Naivität eines Kindes besitzen«, um diese Überzeugung zu teilen. War aus dem radikal-republikanischen Saulus ein sanft-liberaler Paulus geworden?

Tatsächlich hatte sich Jacoby nur sehr zögernd und widerstrebend bereit erklärt, an diesem Wahlkampf teilzunehmen, und ursprünglich hatte er sogar alles versucht, die demokratische Partei wie bisher von der Wahlurne fernzuhalten. Als er sich dann doch dazu entschloß, für die Demokraten aufzutreten, verzichtete er von vornherein auf jede Kandidatur, um nicht den Eindruck zu erwekken, er wolle sich, um ein Mandat zu erringen, bei seinem Publikum einschmeicheln. In Wahrheit ging es ihm gar nicht um den – wie er meinte: ohnehin aussichtslosen – Wahlkampf, sondern um eine Wiederbelebung und Neubildung der durch neunjährige erzwungene Untätigkeit fast aufgelösten demokratischen Partei.

Die Wahlen zum preußischen Abgeordnetenhaus brachten dann einen noch größeren Sieg der Liberalen, als selbst Jacoby erwartet hatte: Sie konnten die Anzahl ihrer Sitze von 36 auf 147 erhöhen, während von den 224 konservativen Abgeordneten nur noch 60 übrigblieben. Prinzregent Wilhelm, sein neuer Kriegsminister Albrecht v. Roon und der gleichfalls neuernannte Generalstabschef Helmuth v. Moltke sahen sich nun genötigt, zur Durchsetzung der von ihnen als vorrangig angesehenen Heeresreform, die sehr kostspielig war, den Liberalen allerlei Zugeständnisse zu machen, damit sie die erforderlichen Mittel auch bewilligten.

»Aber den Liberalen... wollte der Nutzen der Heeresreform nicht einleuchten«, heißt es dazu in Piersons sehr patriotischer »Preußischer Geschichte«, »vielmehr erhoben sie gegen die Reorganisation Widerspruch... Die einen behaupteten, sie überbürde das Land, da sie die dreijährige Dienstzeit wiederherstelle und das Militärbudget jährlich um sechs bis acht Millionen Taler erhöhe; die anderen klagten, daß sie die Bedeutung der Landwehr schmälere... Manche hätten alle diese Bedenklichkeiten gern beiseite gelegt, wenn die Krone ein liberalparlamentarisches Regiment bewilligt, insbesondere der freiheitlichen Gesetzgebung durch Abschaffung oder Schwächung des Herrenhauses« – der nicht mehr gewählten, sondern vom Regenten ernannten Ersten Kammer, die ein Vetorecht hatte – »Bahn gebrochen hätte«.

Regierung und Konservative hielten dem entgegen, »keiner der Großstaaten zahle doch im Verhältnis so wenig für sein Militär wie gerade Preußen, wo man bei völliger Durchführung der Reorganisation das Militär doch immer nur mit 43 Millionen Taler – etwa 30 Prozent der Gesamteinnahme des Staats – bezahle, während die Zivilverwaltung beinahe das Doppelte koste; in anderen Großstaaten sei das Verhältnis umgekehrt«.

Jacoby verfolgte den Streit zwischen Regierung und Kammermehrheit mit wachem Interesse und sparte im Freundeskreis nicht mit spöttischen Bemerkungen. Die Liberalen – »Leute mit glatten Köpfen und die nachts gut schlafen«, nannte er sie in Anspielung auf Shakespeares »Julius Caesar« – würden »zeitig genug uns Reuegeld zahlen! Gönnen wir ihnen den kurzen Siegesrausch!«

Ansonsten führte er nach beendetem Wahlkampf sein Leben wie zuvor, nur daß er jetzt im Gegensatz zu den langen Jahren der

Reaktionszeit wieder häufiger in der Öffentlichkeit auftrat, im übrigen aber nach wie vor gewissenhaft seiner ärztlichen Praxis nachging.

Am 22. April 1859 hielt er als Mitglied der Königsberger Kant-Gesellschaft dort eine Rede über »Kant und Lessing«, eine – wie Moritz Brasch dreißig Jahre später dazu meinte – »geistvolle Parallele, in der es Jacoby gelang, überraschende gemeinsame Züge der beiden Männer zu entdecken«. Äußeren Anlaß zu diesem Vergleich hatte Adolf Stahrs kurz zuvor erschienene Lessing-Biographie gegeben, ein Werk, das Jacoby – wie er Stahr schrieb – »fesselte und begeisterte«. Allerdings, eines hatte er daran auszusetzen: Das Fehlen eines Kapitels über Lessing als Philosophen. Dieser Mangel war auch von anderen, so von Friedrich Theodor Vischer, kritisiert worden, aber Stahr fühlte sich nicht imstande, einen solchen Essay zu schreiben. Deshalb bat er Jacoby, es statt seiner zu tun, und Jacoby entsprach diesem Wunsch. Seine Abhandlung »Lessing der Philosoph« wurde der vielgelesenen Biographie von der 2. Auflage an beigegeben, und Stahr widmete nun das ganze Werk dem Freund »in Dankbarkeit«.

Indessen waren für Jacoby solche Ausflüge in die Philosophie stets auch eine Gelegenheit, politisch zu wirken, zumindest politisches Bewußtsein zu wecken und Agitation zu treiben. In seiner Rede vor der Königsberger Kant-Gesellschaft flocht er beispielsweise ein, die Gegenwart sei unbefriedigt von einer Philosophie, die, was sie verheiße, nicht erfülle; sie kehre den Blick zurück auf die Vergangenheit und sehe sich in ihrem Kampf für Geistes- und Tatfreiheit um nach geeigneten Mitstreitern. »Und wer kann ihr da willkommener sein als Männer wie Kant und Lessing?... In unserer Zeit erst wird der hohe Wert ihrer Leistungen anerkannt, wird ihrem tatkräftigen, rücksichtslosen Streben nach Wahrheit und Freiheit volle Gerechtigkeit zuteil.«

Im Herbst 1859 nahm Jacoby an der Gründung einer Schiller-Stiftung teil, und am 7. November 1859 hielt er vor dem Königsberger Handwerkerverein, zu dessen Gründern und Förderern er gehörte, eine Rede aus Anlaß des 100. Geburtstags Friedrich Schillers. Er betrachte Schiller nicht allein als Dichter, führte er dort aus, sondern auch »als Freiheitskämpfer, als Propheten des deutschen Volkes, als Werkmeister der von ihm prophezeiten Zukunft«. Sooft in Deutschland das Streben nach Freiheit und Einheit erwache, erwache auch Schillers Gedächtnis im Volk.

»Wie aber sollen wir ihn würdig feiern?... Nicht durch Festzüge und Huldigungen – durch Taten lassen Sie uns ihn feiern, durch Taten,... würdig des Kämpfers für Freiheit und Menschenwürde!«

Die politischen Ereignisse in Europa hatten 1859 auch die nationale Einigungsbewegung wiederbelebt. Kaiser Napoléon III. führte im Bunde mit den piemontesischen Liberalen Krieg gegen die Österreicher. Durch die Erfolge der Franzosen in der Lombardei ermuntert, warf Napoléon III. nun auch begehrliche Blicke auf das Rheinland, was eine Welle nationaler Empörung in ganz Deutschland auslöste und den preußischen Hegemoniebestrebungen sehr entgegenkam. Im Sommer 1859 kam es zu einer gemeinsamen Erklärung der Liberalen und Demokraten, worin alle deutschen »Vaterlandsfreunde« aufgefordert wurden, die nationale Unabhängigkeit und Einheit höher zu stellen als die Forderungen ihrer Parteien und für eine starke gesamtdeutsche Verfassung zusammenzuwirken – einem Appell, den Jacoby »mit freudiger Zustimmung« unterzeichnete. Ein Deutscher Nationalverein wurde gegründet, dem Jacoby ebenfalls beitrat, der aber in Königsberg wenig Anklang fand. Dagegen erwies sich der Königsberger Handwerkerverein, der sich im Herbst 1859 unter tatkräftiger Mitwirkung Jacobys konstituierte, als sehr attraktiv. Von etwa dreihundert Gründungsmitgliedern wuchs er innerhalb zweier Jahre zu einer beachtlichen kommunalen Organisation mit 1400 Mitgliedern, von denen etwa 850 tatsächlich Handwerker – Meister, Gesellen oder Lehrlinge – waren, die übrigen Kaufleute, Handlungsgehilfen, Beamte, Angehörige der freien Berufe oder Studenten. Obwohl sich der Handwerkerverein stiller und stetiger Kulturarbeit widmete und sich von der Tagespolitik fernzuhalten trachtete, war er keineswegs neutral oder gar unpolitisch. Er verbreitete fortschrittliche Ideen und unterstützte die demokratischen Bestrebungen, weshalb er auch schon bald den Behörden ein Dorn im Auge war.

Jacoby sah in diesem Handwerkerverein eine vorzügliche und solide Basis und ein hervorragendes Instrument, die politische Bewußtseinsbildung zu fördern. Er nahm die Arbeit für diesen Verein um so wichtiger, als er in den, wie er sicher annahm, bald bevorstehenden politischen Auseinandersetzungen jede Wiederholung der Fehler von 1848/49 vermieden wissen wollte. Die Revolution war damals gescheitert, weil sie das ängstliche Bürgertum verschreckt und ins Lager der Reaktion getrieben hatte und weil es nicht gelungen war, die großenteils dumpf und teilnahmslos abseitsstehende Unterschicht Preußens östlich der Elbe für die Revolution zu gewinnen.

Im Frühsommer 1860 ging Jacoby wieder auf Reisen, zunächst nach Berlin, wo er bei Eduard Waldeck wohnte. Obwohl sich die Zeiten angeblich geändert hatten, wurde er abermals von der Polizei auf Schritt und Tritt überwacht. Polizeirat Goldheim, der die Observierung leitete, meldete dem Innenminister, Jacoby habe zahlreiche Gespräche mit Führern der »deutschen Nationalpartei« gehabt, auch eine »mit großem Beifall« bedachte Rede vor dem Berliner Handwerkerverein gehalten, jedoch keinen Anlaß zum Einschreiten gegeben.

Von Berlin reiste Jacoby wie in früheren Jahren zur Kur nach Schlangenbad. Als er gegen Ende August wieder in Berlin eintraf, erreichte ihn die Nachricht, daß sein enger Freund Heinrich Simon am 16. August beim Baden im Wallensee ertrunken war, wohl infolge eines Schlaganfalls. Der Tod des Freundes und Mitstreiters im Schweizer Exil erschütterte Jacoby zutiefst; es hielt ihn keinen Tag länger in Berlin, und er fuhr sofort zu den in Siebleben sich gerade aufhaltenden Stahrs. Er nahm Quartier im nahen Gotha, war aber von früh bis spät bei den Freunden. »So haben wir denn«, schrieb Fanny Lewald, »gemeinsam um Heinrich getrauert und noch viel öfter seiner großen und schönen Eigenschaften gedacht. Es ist uns allen unfaßbar, daß wir nicht mehr sein prachtvolles Lachen hören, uns nicht mehr der schwungvollen Heiterkeit erfreuen sollen, die ihn auch in den schwersten Lebenslagen nicht verließ...«

Mit großem Elan begann Jacoby bald darauf für die Errichtung eines Heinrich-Simon-Denkmals zu werben; überall, sogar unter demokratischen Gesinnungsgenossen, stieß er auf Einwände, aber er ließ sich von seinem Plan nicht abbringen. Er ruhte nicht eher, als bis die nötigen Gelder beisammen waren und dem Freund ein würdiges Denkmal an der Unglücksstätte bei Murg im Kanton St. Gallen errichtet werden konnte. Zur Einweihung kam auch Jacoby und traf viele alte Freunde und Mitstreiter, die es sich ebenfalls nicht hatten nehmen lassen, Heinrich Simon zu ehren: Moritz Hartmann, der dann, nachdem Jacoby einleitend gesprochen hatte, die eigentliche Gedenkrede hielt; Jodokus Temme, Gottfried Keller, Ludwig Bamberger, Karl Mayer, Ludwig Simon aus Trier und viele andere.

Karl Mayer, der – wie auch Ludwig Simon – noch immer als Flüchtling in der Schweiz lebte, war tief ergriffen, als er nach dreizehn Jahren Jacoby, den einstigen Mitstreiter vom Stuttgarter »Rumpfparlament«, zum erstenmal wiedersah. »Jacobys Gesicht«, schrieb er dann in einem Aufsatz für die »Deutschen Jahrbücher«, »zeigt schon die Spuren des Alters, aber die Denkerstirn trägt noch immer den Stempel der Hoheit und Freiheit, und in dem klaren, blauen Auge glänzt eine so innige Milde und Menschenliebe; als er mich in die Arme schloß, da war mir doch, als sehe ich in des weisen Nathan gute Augen, und ich war froh, wie wenn mich Lessing selbst ans Herz gedrückt hätte.«

Das Denkmal selbst war von klassischer Schlichtheit. Die Rückwand flankierten zwei ionische Säulen, dazwischen war ein Bronzerelief von Simons Büste angebracht, darunter die Gedenktafel mit der Inschrift: »Den Manen Heinrich Simons gewidmet von seinen Freunden und Gesinnungsgenossen.« Zwei Steinplatten an den Seitenwänden enthielten von Jacoby verfaßte Inschriften: »Er kämpfte für das Recht des deutschen Volkes und starb im Exil« und: »Der Leib ruht in der Tiefe des Wallensees, sein Andenken lebt im Herzen des Volkes.«

Wenige Tage nach der Denkmalseinweihung war Jacoby wieder in Berlin, wo sich der Konflikt zwischen Regierung und Abgeordnetenhaus in einer Weise verschärft hatte, wie es von Jacoby vorausgesehen worden war, nur hatte er sich verschätzt, was die Schnelligkeit betraf, mit der sich der Streit um die Finanzierung der Heeresreform zur Staatskrise entwickelt hatte, sonst wäre er einige Monate zuvor Mitglied der Zweiten Kammer geworden und hätte nun aktiven Anteil an der Austragung des Konflikts zwischen Parlament und Krone gehabt.

Während er noch für das Heinrich-Simon-Denkmal geworben hatte, war Jacoby im Juli 1861 der kurz zuvor von entschiedenen Liberalen und Demokraten gegründeten Deutschen Fortschrittspartei beigetreten, zu deren Führern Theodor Mommsen, Rudolf Virchow, Franz Hermann Schulze-Delitzsch und der frühere Präsident der aufgelösten ersten preußischen Nationalversammlung, Hans Viktor v. Unruh, gehörten. Die Partei war im Geiste eines Kompromisses zwischen Liberalismus und Demokratie entstanden und im Grunde eher eine Koalition, ein Zweckbündnis. Jacoby zog auch nach anfänglicher Bereitschaft, für die Partei zu kandidieren, sein Angebot wieder zurück. Nachdem die Wahlen vom Dezember 1861 der Rechten eine Niederlage, der Fortschrittspartei zumindest teilweise beachtliche Erfolge eingebracht hatten, pries sich Jacoby glücklich, dem Abgeordnetenhaus nicht anzugehören. Die politische Perspektive für die nächste Zeit erschien ihm jämmerlich; er sah auch auf der Gegenseite keinen ernsthaften Gegner, mit dem die Kräfte zu messen sich für ihn gelohnt hätte. Mit leiser Wehmut dachte er zurück an die frühen vierziger Jahre, als er als Einzelkämpfer gegen Friedrich Wilhelm IV. angetreten war und Zug um Zug den König mattgesetzt hatte. Nun war Friedrich Wilhelm IV. gestorben, sein Bruder als Wilhelm I. König von Preußen, und dieser neue Monarch, dessen Intelligenz und Bildung ihn allenfalls zum Wachtmeister befähigt hätten, war kein ebenbürtiger Gegner. »Und hätten wir selbst das gesamte Fortschrittsphilistertum hinter uns«, schrieb Jacoby Ende Dezember 1861 an einen politischen Freund, »wir würden in der Kammer doch nichts gegen den bornierten Unteroffiziersgeist ausgerichtet haben. Selbst die Götter müßten in diesem Kampf unterliegen.« Die Reaktion, so meinte er, müsse erst einmal gründlich »ausgefegt« werden; eher sei an ein gesundes Staatsleben nicht zu denken. Anstatt sich mit Schulregulativen, Wuchergesetzen und anderem »Plunder« aufzuhalten und die

Zeit zu vertrödeln, müßte das Abgeordnetenhaus erst einmal frischweg den Antrag stellen, das Herrenhaus abzuschaffen und im Fall ihrer Niederlage lieber ihre Mandate niederlegen, als weiter bei der Aufführung der unwürdigen Komödie eines Scheinkonstitutionalismus mitzuwirken. Ein solcher Schritt, meinte Jacoby, würde wenigstens den Vorteil haben, jedermann die Lage klarzumachen. »Kommt nur das Volk zur richtigen Erkenntnis«, schrieb er Anfang Februar 1862 an Fanny Lewald, »...wird es nur erst licht in den Köpfen der Menge, dann wird auch der sittliche Zorn, die zur Tat erforderliche Wärme nicht ausbleiben. Großartige Reformen müssen vom Volke selbst gemacht werden; die Volksvertreter sind nur die Priester, die den Segen darüber sprechen.«

Aber schon einen Monat später veränderte sich die Lage gründlich. Auf Vorschlag des Kriegsministers v. Roon löste Wilhelm I. am 11. März das gerade erst gewählte Abgeordnetenhaus wieder auf, weil dieses eine stärkere Kontrolle der Regierung verlangt hatte. Der König entließ auch alle liberalen Minister und berief an ihre Stelle Konservative, die bereit waren, jene Politik der Einschüchterung zu betreiben, die Roon für unerläßlich hielt, um seine Heeresreform durchzusetzen. Die mit soviel Vorschußlorbeer bedachte »Neue Ära« war damit zu Ende; die Neuwahlen würden, so meinten Roon und der König, eine der Regierung wohlgesonnene Mehrheit bringen.

Bei den Wahlen im Mai 1862 hatte Jacoby wieder gezögert, ob er kandidieren sollte. Mehrmals lehnte er eine ihm vorgeschlagene Aufstellung ab, und als er dann im 2. Berliner Wahlbezirk mit knapper Mehrheit dennoch zum Abgeordneten gewählt wurde, sah er darin zwar »einen großartigen Akt der Volksgerechtigkeit gegen die Männer von 1848«, nahm aber das Mandat nicht an, obwohl ihm viele seiner Freunde dringend dazu rieten. Es schien ihm noch verfrüht, in die aktive Politik zurückzukehren. Auch Fanny Lewald war ärgerlich über diese Ablehnung. »Nur das eine möchte ich Dir sagen«, schrieb sie ihm am 17. Mai nach Königsberg. »Wenn man dasjenige tut, was unsere Gegner wünschen, begeht man nach meiner Erfahrung und Überzeugung immer eine Dummheit.« Er könne nicht wie der Marquis Posa sagen: Dies Jahrhundert ist meinem Ideal nicht reif! Wer sich habe wählen lassen, müsse auch die Wahl annehmen. Ja, es wäre unverantwortlich, wenn er nicht nach Berlin käme.

Auch Rudolf Virchow riet ihm, die Wahl nicht abzulehnen. Solange Jacoby nicht Abgeordneter sei, gebe es keine Einigkeit bei der Fortschrittspartei. Die Demokraten, meinte er, würden sich nach ihm richten, und zwar mit Recht, und um so schwieriger werden, je länger seine Zurückhaltung andauere. Die Liberalen Zweifler aber müßten über die Brücke hinüber oder zurückbleiben. »Aber so schlimm ist es gar nicht«, scherzte Virchow in seinem Brief an Jacoby vom 17. Mai 1862, »ist der erste Schreck erst überwunden, so werden sie sich an den grimmigen Jacoby gewöhnen und finden, daß er ein milder, liebenswürdiger, gemäßigter Mann ist. Bei Hofe hilft uns alles Transigieren [Entgegenkommen] nichts. Ihre Wahl macht die Sache weder schlechter noch besser, und man wird Sie akzeptieren, so gut als man Schulze-Delitzsch akzeptiert hat. Wozu also noch warten und wieder ablehnen?«

Aber obwohl dann sogar eine vierköpfige Delegation aus Berlin angereist kam und zwei Tage lang sich bemühte, Jacoby zur Übernahme des Mandats zu überreden, blieb er bei der Ablehnung, die allerdings, wie er hinzufügte, nicht für die ganze Legislaturperiode gelte; sollte in einigen Monaten ein Mandat frei werden, so werde er selbst darum bitten, aufgestellt und gewählt zu werden. Alles komme jetzt darauf an, das Zweckbündnis mit den Altliberalen, den Großbürgern und den nicht zur Reaktion haltenden Adligen zu erhalten, und sein Eintritt ins Abgeordnetenhaus könnte der Einigkeit nicht förderlich sein. »Noch nie in meinem Leben ist mir ein Wort so schwer geworden«, schrieb er seinen Berliner Wählern, »wie das jetzt auszusprechende, das Wort *Ablehnung*. Daß ich diesen Schritt, obwohl er mir so schwer fällt, dennoch tue, sei meinen Wählern Zeugnis, wie tief ich von der moralischen Notwendigkeit des Schritts durchdrungen bin.«

Eduard Waldeck schrieb ihm gegen Ende Mai, ein Börsenmann habe ihm versichert, die Kurse wären kräftig gesunken, hätte Jacoby angenommen. Ein ehrlicher Handwerker aber sei darüber empört gewesen, daß man Jacoby mit aller Macht zur Annahme zu überreden versucht habe; wäre das gelungen, so hätte seine Charakterfestigkeit bezweifelt werden können, »und Jacoby wäre nicht mehr der Mann von Eisen geblieben wie vorher«.

Die Neuwahlen vom Mai 1862 brachten insgesamt ein Ergebnis, das den offenen Konflikt zwischen Regierung und Parlament in naher Zukunft sehr wahrscheinlich werden ließ: Die Fortschrittspartei hatte 133 Mandate errungen, die Altliberalen 97 Sitze, die Konservativen waren nur noch mit elf Abgeordneten vertreten, die katholische Zentrumspartei mit 28. Dieser überwältigende Sieg der bürgerlichen Linken machte, wie es Jacoby vorausgesehen hatte, die Opposition auch ohne seine aktive Mitwirkung so mutig, daß sie sich – Jacoby war zu dieser Zeit auf Reisen, zur Kur und anschließend in der Schweiz – im August 1862 zur entschlossenen Tat ermannte: Im Haushaltsausschuß strich die oppositionelle Mehrheit kurzerhand alle Rüstungsausgaben und erklärte die Heeresreform, wie sie Wilhelm I., Roon und Moltke mit Eifer betrieben, für ungesetzlich! Als dann umgekehrt der Vorschlag des Vermittlungsausschusses, die Militärdienstzeit wieder auf zwei Jahre herabzusetzen und dafür vom Parlament die Zustimmung zu den übrigen Militärausgaben zu erlangen, vom König brüsk abgelehnt wurde, kam es zum Eklat. Denn nun lehnte das Plenum des Abgeordnetenhauses – von Kriegsminister v. Roon als »Quatschbude« abgetan – mit einer Mehrheit von 308 gegen 11 konservative Stimmen die Regierungsvorlage ab und strich sämtliche Ausgaben für die Heeresreform aus dem Haushaltsentwurf!

Diese parlamentarische Niederlage ohne Beispiel, noch mehr die nie vermutete Einigkeit der gesamten Opposition von der demokratischen Linken bis hin zu den zahmsten Liberalen und den eher konservativen Katholiken, versetzten Hof und Regierung in große Aufregung. Wilhelm I. trug sich bereits mit der Absicht, zugunsten seines ältesten Sohnes, der mit den Liberalen sympathisierte, dem Thron zu entsagen; die Minister boten der Reihe nach ihren Rücktritt an, ausgenommen v. Roon.

Bei den Anhängern der Fortschrittspartei herrschte Siegesstimmung, und einige der klügeren Köpfe mußten sich jetzt auch eingestehen, wie klug Jacoby gehandelt hatte, als er dem Abgeordnetenhaus ferngeblieben war. Gerade daß es ohne sein Zutun gelungen war, alle widerstreitenden Interessen unter einen Hut und zu einer geschlossenen Haltung gegen die Regierung zu bringen, machte den großen Erfolg aus. Niemand konnte jetzt einigen ultralinken »Aufwieglern« die Schuld geben, und das sehr gemäßigte Auftreten der Demokraten hatte sich gelohnt!

Im Regierungslager behielt angesichts dieser empfindlichen Niederlage nur v. Roon einen kühlen Kopf. Auch er hatte die Katastrophe kommen sehen und Vorkehrungen getroffen. Er plante, entweder einen Staatsstreich mit Hilfe des Militärs durchzuführen oder dem König zum neuen Ministerpräsidenten einen Mann vorzuschlagen, den er für fähig hielt, mit dem widerspenstigen Parlament fertig zu werden. Da er nicht genau abzuschätzen vermochte, welche Folgen sich aus einem Militärputsch ergeben würden – womöglich die Revolution, von der Republikaner wie Jacoby träumten –, entschied sich v. Roon für die Alternative. Der Mann, den er dem König zur Lösung der Krise für das Amt des Ministerpräsidenten vorschlug, war der – Wilhelm I. gar nicht sympathische – derzeitige preußische Gesandte in Paris, Otto v. Bismarck-Schönhausen.

Bereits am 18. September 1862, am Morgen nach der für die Regierung katastrophalen Niederlage, bei der sich die Vertreter von fast 97 Prozent der preußischen Wähler dem Willen des Königs widersetzt hatten, war Bismarck von Roon telegraphisch verständigt worden: »Die Birne ist reif«, hatte er ihn wissen lassen. Das war das zwischen ihnen vereinbarte Signal, das Bismarck veranlaßte, auf schnellstem Wege von Paris nach Berlin abzureisen, wo er bereits am 24. September vom König zum Ministerpräsidenten ernannt wurde.

Nun gab es in Berlin wieder einen Gegner, wie ihn Jacoby sich wünschte, und die Opposition, zumal die Fortschrittspartei, benötigte jetzt, wie sich sehr bald schon zeigen sollte, dringend einen Abgeordneten Jacoby. Doch es sollte noch einige Monate dauern, bis er wieder die Tribüne des Abgeordnetenhauses betreten konnte.

XVI.
Der Kampf mit Bismarck: »...keinen Mann und keinen Groschen!«

»Es gibt eine preußische Beschränktheit, die nur drei Glaubensartikel hat; erstes Hauptstück: ›Die Welt ruht nicht sicherer auf den Schultern des Atlas als der preußische Staat auf den Schultern der preußischen Armee.‹ Zweites Hauptstück: ›Der preußische Infanterieangriff ist unwiderstehlich.‹ Und drittens und letztens: ›Eine Schlacht ist nie verloren, solange das Regiment Garde du Corps nicht angegriffen hat.‹...«

Diese Charakterisierung junkerlicher Glaubenssätze, die nur noch der Ergänzung bedarf, daß die den Staat tragende, ja eigentlich ausmachende Armee wie auch die Verwaltung und Polizei »selbstverständlich« nur von Junkern kommandiert werden konnten, stammt aus der Novelle »Schach von Wuthenow« des großen preußischen Dichters Theodor Fontane.

Zu diesem Junkertum gehörte auch der Mann, der am 24. September 1862 preußischer Ministerpräsident geworden war: Otto v. Bismarck. Geboren 1815 auf dem märkischen Familiengut Schönhausen, war er ein Junker durch und durch, obwohl er mütterlicherseits aus einer bürgerlichen Beamtenfamilie stammte. Von der Mutter her hatte er einiges, was Junkern im allgemeinen fehlte: Verstand, Witz, Aufgeschlossenheit auch für Dinge, die nichts mit Landwirtschaft, Pferden und Militär zu tun hatten. Unüblicherweise hatte er das Gymnasium und auch die Universität besucht, und er fühlte sich durchaus zu Recht seinen Standesgenossen an Bildung und Kultur weit überlegen, stand auch bei diesen in dem Ruf »leichtfertiger Gewalttätigkeit«. »Mein Umgang«, berichtete er 1845 einem Freund, »besteht in Hunden, Pferden und Landjunkern, und bei den letzteren erfreue ich mich einigen Ansehens, weil ich Geschriebenes mit Leichtigkeit lesen kann..., dreist reite, ganz schwere Zigarren rauche und meine Gäste mit freundlicher Kaltblütigkeit unter den Tisch trinke...«

Damals, als er gerade dreißig Jahre alt war – zehn Jahre jünger als Jacoby –, schien seine Karriere bereits beendet, denn kaum hatte er sein Jurastudium abgeschlossen und eine Anstellung als Referendar im Verwaltungsdienst erhalten, da war er wegen allerlei Eskapaden auch schon entlassen worden. Hoch verschuldet, galt er bereits als gescheiterte Existenz, aber drei Jahre später, 1848, machte er wieder von sich reden: Als Kammerabgeordneter der äußersten Rechten war er als »abenteuerlicher Konterrevolutionär« verschrien, zumal er im Revolutionsjahr öffentlich zu erklären wagte: »Ich bin ein Junker und will meinen Vorteil davon haben!« Friedrich Wilhelm IV. notierte sich damals über den jungen Bismarck »Roter Reaktionär, riecht nach Blut; nur zu gebrauchen, wenn das Bajonett schrankenlos waltet.«

Trotzdem – oder gerade deswegen – nahm ihn der König in seine »Kamarilla« auf, setzte, hauptsächlich auf Bismarcks Drängen hin, den Grafen Brandenburg als Ministerpräsident ein und schickte den in Fragen der Diplomatie noch ganz unerfahrenen Bismarck 1851 als seinen Gesandten zum Bundestag nach Frankfurt. Dort sollte er der österreichischen Deutschlandpolitik entgegenwirken.

Bismarck schien dem König genau der richtige Mann, die seit 1840 bestehenden preußischen Hegemoniepläne durchzusetzen, dabei das Streben der Deutschen nach nationaler Einheit zugunsten der Hohenzollern auszunutzen und die Interessen der preußischen Junker voll zu wahren.

»Wenn Österreich ein Pferd vorn anspannt, spannen wir eins hinten an«, beschrieb Bismarck damals seine Arbeitsweise beim Bundestag der deutschen Fürsten. 1859 wurde er dann als Preußens Gesandter beim Zaren in Petersburg vorübergehend »kaltgestellt«; im Frühjahr 1862 hatte er die Gesandtschaft in Paris übernommen, und nun also, im Oktober desselben Jahres, war er, vom Kriegsminister herbeigerufen und dem widerstrebenden, schon abdankungsbereiten Wilhelm I. aufgezwungen, preußischer Ministerpräsident geworden – allein zu dem Zweck, den Militärs einen Staatsstreich zu ersparen und die Aufrüstung, ohne die an Preußens Vorherrschaft in Deutschland nicht zu denken war, gegen die überwältigende Mehrheit des Parlaments und unter Mißachtung der Verfassung durchzusetzen, notfalls auch gegen den Willen des Königs.

Mit dem exzentrischen, intellektuell über dem üblichen Hohenzollernniveau stehenden Friedrich Wilhelm IV. hatte Bismarck einige Berührungspunkte gehabt. Der knorrige, durch und durch konservative Militär Wilhelm I., der in jeder demokratischen Regung schon Aufruhr witterte, nur geradeaus denken, zielen und marschieren konnte, war indessen fast das Gegenteil seines Bruders, pedantisch, kalt und stur. Der blitzgescheite, nervöse und doppelbödig agierende Bismarck war diesem König turmhoch überlegen.

Als neuer Ministerpräsident hatte Bismarck wenig Skrupel, wenn es um die Ausschaltung lästiger Gegner ging – Jacoby sollte das bald zu spüren bekommen –, war aber auch nicht wählerisch, wenn es sich um die Gewinnung – meist nur kurzfristiger – Verbündeter handelte. Er begriff, daß ein zentrales Problem der Zeit in der sozialen Frage lag, nämlich in dem sich herausbildenden Klassengegensatz zwischen der großbürgerlichen Unternehmerschaft und dem neuen Industrieproletariat. So ließ er sich bald nach seinem Amtsantritt mit Ferdinand Lassalle ein, dessen kometenhafter Aufstieg gerade begann; im Mai 1863 wurde Lassalle auf dem Leipziger Gründungskongreß des Allgemeinen Deutschen Arbeitervereins – einem Vorläufer der heutigen SPD – zu dessen Präsidenten gewählt. Bismarck war fasziniert von den ihm von Lassalle vorgetragenen Gedanken eines »Volkskönigtums«, das den Deutschen ein allgemeines und gleiches Wahlrecht bescheren, die Macht jedoch nicht dem Parlament, sondern dem vom Monarchen ernannten Kanzler einräumen sollte – eine demokratisch verbrämte Diktatur, bei der Lassalle sich die Rolle des Diktators zugedacht hatte, die dann Bismarck übernahm.

Knapp anderthalb Jahre später wurde Lassalle bei einem Duell in der Schweiz, bei dem es um eine Liebesaffäre ging, tödlich verwundet. Karl Marx, der anfangs viel von Lassalles Organisationstalent und Führungsqualitäten gehalten hatte, war schon im Jahr zuvor davon überzeugt gewesen, daß dessen Politik einen –

auf die eigene Person zugeschnittenen – »preußischen Bonapartismus« zum Ziel hatte.

Jacoby – es sei hier nur am Rande vermerkt – kannte Lassalle recht gut. Er war ihm schon 1847 im Rheinland begegnet, hatte ihn später in Berlin mehrmals getroffen und war vor allem bestens vertraut mit dessen Schriften, von denen er einige »trefflich« fand. Doch mit Lassalles Gedanken, die Arbeiterschaft in einer selbständigen politischen Partei zu organisieren, hatte sich Jacoby noch nicht befreunden können. In Deutschland, zumal im ostelbischen Preußen, fehlten nach Jacobys Meinung bislang alle Voraussetzungen dafür, und in ganz Ostpreußen gab es damals nur einen einzigen Anhänger Lassalles: den Kreisrichter Martiny in Kaukehmen.

Indessen hielt Jacoby Lassalles politisches Auftreten dennoch für nützlich. »Von Zeit zu Zeit«, schrieb er am 23. März 1863 an Fanny Lewald, »tut es not, die Parteiführer vor zu großer diplomatischer Klugheit auf Kosten des Prinzips zu warnen, und dazu ist Lassalle mit seinem scharfen, philosophisch geschulten Verstande und seiner einschneidenden Ausdrucksweise besonders geeignet.«

Im übrigen sah Jacoby die Interessen der Arbeiterschaft damals noch am besten bei volksverbundenen, bürgerlichen Radikaldemokraten aufgehoben. Er selbst hatte im Frühjahr und Sommer 1863 wieder eine rege politische Aktivität entfaltet und war nun auch zur Rückkehr ins Abgeordnetenhaus entschlossen. Die Zeit schien ihm reif für eine neue politische Gruppierung, die die Ideale von 1848 verwirklichen und alle sozialen Kräfte – vom fortschrittlichen Bürgertum bis zum Industrieproletariat – umfassen sollte. Er verzichtete deshalb auch auf eine Kurreise und schrieb im August 1863 an Fanny Lewald: »Als Bürgersoldat muß ich auf meinem Posten bleiben, um durch politische Agitation das Volk wach und rege zu halten. Der Kampf mit dem verdammten Junkerpack ist unerquicklich genug, nicht minder unerquicklich aber ist zur Zeit der Aufenthalt in der Fremde. Außerhalb der schwarzweißen Grenzpfähle ist jetzt jeder Preuße Gegenstand wohlverdienten Spottes oder mitleidiger Teilnahme; beides mag ich nicht ertragen.«

Worauf er anspielte, war die nun schon deutlich gewordene Politik Bismarcks, der die »Heeresreorganisation« genannte Aufrüstung forcierte, sich dabei um Parlament und Verfassung keinen Pfifferling mehr scherte und, wie er erklärte, »die großen Fragen der Zeit durch Blut und Eisen«, also durch Angriffskriege, zu lösen gedachte. So hatte er, als Anfang 1863 in Russisch-Polen ein Aufstand ausgebrochen war, dem Zaren sofort preußische Hilfstruppen versprochen – und wäre fast darüber gestürzt, so heftig waren die Proteste nahezu aller politischen Kräfte in Preußen wie im übrigen Deutschland, aber auch in Frankreich und England. Doch er erwarb sich damit den Dank des Zaren und dessen wohlwollende Neutralität bei den schon geplanten Angriffskriegen, die die Einigung Deutschlands unter preußischer, also junkerlicher Vorherrschaft und die Ausschaltung Österreichs bezweckten.

Mit diesem Ziel vor Augen verhinderte Bismarck, daß Wilhelm I. am Fürstentag teilnahm, der auf Betreiben Wiens im August 1863 nach Frankfurt einberufen worden war. Österreichs Pläne, durch eine Reform des Deutschen Bundes eine gegen die preußische Vorherrschaft gerichtete »dritte Kraft«, einen Bund deutscher Klein- und Mittelstaaten, zu schaffen, wurden durch die Abwesenheit des Preußenkönigs durchkreuzt.

Zur selben Zeit wurden in Preußen die Wahlen zum Abgeordnetenhaus vorbereitet, und Jacoby nahm daran lebhaften Anteil, um am politischen Entscheidungsprozeß wieder selbst mitzuwirken und die schon Konturen gewinnende Kriegspolitik Bismarcks durchkreuzen zu können. »Inmitten des wilden Wahlgetümmels«, schrieb er in einem Geburtstagsbrief an Adolf Stahr, bliebe ihm kaum ein Augenblick der Ruhe. »Wird den Guten der Sieg, so sage ich Dir bald mündlich, was ich denke, wünsche und hoffe...« Es siegten dann »die Guten«: Aus den Oktoberwahlen ging die Opposition, zumal die Fortschrittspartei, gestärkt hervor. Jacoby selbst erhielt im 2. Berliner Wahlbezirk 445 von 491 Wahlmännerstimmen. Anfang November 1863 reiste er nach Berlin ab, um rechtzeitig zur Parlamentseröffnung am 9. November dabei zu sein. Vier Tage später hielt er im »Kolosseum« vor seinen Wählern eine Rede, wohl die beste, die er je gehalten hat und die für ihn dann auch schwerwiegende Folgen hatte.

Von stürmischem Beifall aus dem überfüllten Saal begrüßt, begann er mit der Feststellung, das deutsche Volk habe seit den vierziger Jahren großartige Fortschritte an politischer Erkenntnis gemacht, in der staatlichen Praxis aber sei in Preußen kaum etwas besser geworden. Die Ursache des Übels sei, daß es neben dem Abgeordnetenhaus, dem recht- und verfassungsmäßigen Organ des Volkswillens, noch zwei bestimmende Mächte im Staat gebe: den König und das Herrenhaus, letzteres das getreue Abbild der kleinen, aber mächtigen Adelspartei mit dem Wahlspruch »Durch Knechtung zur Herrschaft«. Ohne Anhang im Volk, habe diese Adelspartei nur politische Bedeutung durch ihre Stellung zur Krone; entzöge man ihr die königliche Gnadensonne, nähme man ihr alle Lebensbedingungen.

Der König, fuhr Jacoby fort, regiere persönlich, seine Minister seien nichts anderes als gehorsame Diener. Zwar wolle der König zweifellos des Landes Wohl, doch dieses hänge seiner Überzeugung nach von der Vermehrung des stehenden Heeres ab. Die Erhaltung des straffen Militärstaats Preußen sei das Ziel, das der König um jeden Preis anstrebe.

Man müsse jede ehrliche Überzeugung, also auch die des Königs, achten, die Volkspartei aber verlange ein gleiches für sich. Auch sie wolle das Wohl des Landes, aber auf verfassungsmäßigem Wege. Auch sie wolle die Umgestaltung des Heeres, aber im Geiste eines Scharnhorst und eines Gneisenau, also ein von bewußter Vaterlandsliebe und echtem Bürgergeist beseeltes Volksheer. Nur ein solches entspreche den Anforderungen der Zukunft, den Grundbedingungen verfassungsmäßiger Staatsordnung und dem Streben nach deutscher Einheit.

Die Ziele der drei Staatsgewalten in Preußen, der drei gleichberechtigten Faktoren der Gesetzgebung, gingen weit auseinander. Der König wolle den Militärstaat, das Herrenhaus den feudalen Junkerstaat, das Abgeordnetenhaus den auf bürgerliche Freiheit begründeten Rechtsstaat. Ein Ausgleich der Gegensätze, eine Versöhnung im Kompromiß, sei unter diesen Umständen undenkbar. »Soll Preußen als Rechtsstaat entstehen, muß notwendig der Militär- und Junkerstaat Preußen untergehen!« Jacoby erörterte dann die Frage, wie der gemeinsame Widerstand von Krone und Herrenhaus überwunden werden könne. Alles bisher Versuchte habe sich als unzulänglich erwiesen, sogar die Nichtbewilligung der Staatsausgaben sei im Kampf gegen ein verfassungswidriges Regiment nicht ausreichend.

»Und was folgt daraus? Offenbar dies: Das Volk muß bereit sein, selbst einzustehen für sein gutes Recht!«

Hier wurde der Redner durch stürmischen Beifall unterbrochen. Dann fuhr er fort: »Nicht Revolution, nicht der redlichste Wille freisinniger Fürsten kann einem Volk die Freiheit geben, ebensowenig die Weisheit von Staatsmännern und Parlamentariern. *Selbst* denken, *selbst* handeln, *selbst* arbeiten muß das Volk, um die papierne Verfassungsurkunde zu einer lebendigen Verfassungswahrheit zu machen.« Wenn man über den unbewaffneten »gesetzlichen Widerstand« von 1848 vielfach gespottet habe, fuhr Jacoby fort, so zu Unrecht. Alles komme auf den richtigen Gebrauch dieses Mittels an, vor allem darauf, den Hauptton auf das Hauptwort zu legen. Gemeinsames entschlossenes, einmütiges Handeln der Bürger mache den unbewaffneten gesetzlichen Widerstand zu einer unbezwingbaren Schutzwehr der Volksrechte.

»Wird der gesetzliche Widerstand in diesem Sinne geübt, tut jeder einzelne Bürger, Mann für Mann, aus freien Stücken, ohne erst die Mahnung oder Aufforderung eines anderen abzuwarten, seine volle Pflicht und Schuldigkeit, ... dann muß vor einer solchen ... Verfassungswehr das budgetlose Regierungssystem ohnmächtig in sich selbst zusammenstürzen!«

Stürmischer Beifall und Bravorufe hatten diese Rede Jacobys immer wieder unterbrochen. Am Ende gab es jubelnde Zustimmung und minutenlangen Applaus. Jacoby hatte frei gesprochen, aber seine Worte stets im Rahmen der geltenden Gesetze so behutsam gewählt, daß der die Versammlung beaufsichtigende Polizeihauptmann v. Wolffsburg keinen Grund zum Einschreiten fand, in seinem Bericht auch nicht die geringste Andeutung machte, daß die Rede etwas Ungesetzliches enthalten hätte. Erst auf direkte Intervention des Ministerpräsidenten v. Bismarck hin, der die Gefährlichkeit dieses intelligenten, ihn als einziger ganz durchschauenden Gegners nun erkannte, wurde ein Ermittlungsverfahren gegen Jacoby eingeleitet, wobei es noch geraume Zeit dauern sollte, ehe dieser Racheakt sich auswirkte.

Denn ein Racheakt war es, und er richtete sich gegen Jacoby als denjenigen, der im Abgeordnetenhaus am energischsten und wirksamsten die Regierung Bismarck attackierte und ihr mit dem Nachweis jedes Rechts- und Verfassungsbruchs, den sie beging, die größten Schwierigkeiten bereitete.

Mitte November 1863 war das öffentliche Interesse in Preußen wie in ganz Deutschland auf Schleswig-Holstein gerichtet. Bereits König Friedrich VII. von Dänemark, der gerade gestorben war, hatte die Trennung der beiden Herzogtümer und die Eingliederung Schleswigs in den dänischen Staat betrieben, und sein Nachfolger Christian IX. war sofort nach seiner Thronbesteigung zum Herzog von Schleswig und Holstein proklamiert worden. Noch am selben Tag hatte sich auch Herzog Friedrich von Augustenburg in beiden Herzogtümern zum Staatsoberhaupt erklären lassen, und da er als liberal galt und für den Anschluß des »ungeteilten« Landes an den Deutschen Bund eintrat, unterstützte ihn eine breite nationale Bewegung in Deutschland wie in den umstrittenen Provinzen selbst.

Eine Schleswig-Holstein-Kommission, der auch Jacoby angehörte, legte dem Abgeordnetenhaus einen maßgeblich von Jacoby formulierten Antrag vor, der sich für den Augustenburger und den Anschluß beider Herzogtümer an den Deutschen Bund aussprach und zugleich ein Mißtrauensvotum gegen die Regierung Bismarck enthielt, der aber nicht zur Abstimmung kam, weil die Parteien sich nicht darüber einigen konnten. In der Woche darauf, vom 22. bis 24. November, tagte der Deutsche Nationalverein in Berlin. Die Versammlung, an der auch Jacoby teilnahm, beschloß einen Aufruf an das deutsche Volk und beschwor es, selbst zu handeln, wenn seine Fürsten ihre Pflicht nicht erfüllten. Zur Unterstützung der Schleswig-Holsteiner appellierte er an alle Vaterlandsfreunde, sofort Geld zu spenden und Waffen wie auch kampfbereite Mannschaften zur Verfügung zu stellen. Am Abend des 24. November fand dann eine vom Nationalverein einberufene Volksversammlung statt, auf der Jacoby, stürmisch begrüßt, den Aufruf verlas. Er hielt dann noch eine kurze Ansprache, die mit einem Zitat aus Schillers »Jungfrau von Orléans« schloß: »Nichtswürdig ist die Nation, die nicht ihr Alles setzt an ihre Ehre!«, womit er deutlich machte, daß er das nationale Prinzip für die Demokratie in Anspruch nahm und es nicht den Konservativen zu überlassen gedachte. Am 1. und 2. Dezember mußte sich unter dem wachsenden Druck der öffentlichen Meinung auch das preußische Abgeordnetenhaus in zwei Plenarsitzungen mit der schleswig-holsteinischen Angelegenheit befassen und zu einem Beschluß durchringen, der in abgeschwächter Form und ohne das Ministerium Bismarck zu nennen die Forderungen des Nationalvereins übernahm.

In einer großen Rede begründete dann der Abgeordnete Jacoby, warum er und in welchem Sinne er für diesen Antrag stimmen werde: Die Herzogtümer hätten einen unbestreitbaren Rechtsanspruch auf Selbständigkeit und Selbstregierung. Zugleich sei ihre Sache eine national-deutsche, die alle Deutschen betreffe. Die preußische Volksvertretung könne unmöglich dazu schweigen und müsse ihre Sympathie für Schleswig-Holstein offen erklären. Hätte Preußen eine Regierung, die den einmütigen Volkswillen achtete, wäre diese längst tätig geworden. Da aber die Regierung Bismarck das Volk mißachte und die eigene Verfassung verletze, so sei von ihr alles eher zu erwarten als ein aufrichtiges und tatkräftiges Eintreten für die Sache des Rechts und der Freiheit. Es wäre zu wünschen gewesen, das Abgeordnetenhaus hätte schon in seiner ersten Sitzung die Regierung wegen des Verbrechens der Verfassungsverletzung unter Anklage gestellt. Nicht etwa, daß dies Erfolg versprochen hätte und das Ministerium Bismarck dadurch beseitigt worden wäre. Aber die Deutschen außerhalb Preußens wüßten dann Bescheid und würden das preußische Abgeordnetenhaus nicht mehr drängen, Appelle an eine Regierung zu richten, von der man wisse, daß sie jeder wahren deutschen Politik abhold sei und sich nicht scheue, die ihr bewilligten Mittel zu ganz anderen Zwecken zu verwenden, als ihr erlaubt sei.

Jacoby zufolge gab es nur eine Möglichkeit, den Schleswig-Holsteinern wirksam zu helfen: die aktive Teilnahme aller Deutschen am Kampf für Freiheit und Ehre. »Ergreift das Volk in dieser

Sache die Initiative, erhebt es sich, Mann für Mann, wie vor fünfzig Jahren, dann wird es wie damals die Regierung mit sich fortreißen...!« In diesem Sinne, so schloß er, stimme er für den vorliegenden Antrag, der dann auch mit 231 gegen 63 Stimmen angenommen wurde. Eine weitere Entschließung, die am 18. Dezember mit 207 gegen 107 Stimmen verabschiedet wurde, war ein dringender Appell an den König, Schleswig-Holstein zu Hilfe zu kommen. Jacoby gehörte zu denen, die diese Adresse ablehnten, weil er, wie er erklärte, nicht das geringste Vertrauen, weder zum König noch zu dessen Ministern, hätte.

Ebenfalls am 18. Dezember 1863 hatte die Regierung Bismarck dem Parlament einen Gesetzentwurf vorgelegt, der eine Änderung des Haushaltsrechts vorsah. Dem Entwurf zufolge sollte, wenn das Abgeordnetenhaus eine Haushaltsvorlage verwarf, der zuletzt verabschiedete Etat in Kraft bleiben, bis ein neuer genehmigt wäre. Eine Sonderkommission, der auch Jacoby angehörte, beriet diesen Gesetzentwurf und lehnte ihn einstimmig ab. Das Plenum folgte diesem Votum am 19. Januar mit überwältigender Mehrheit. Bei der anschließenden Beratung der Haushaltsvorlage für 1864 erklärte Jacoby, solange Bismarck die Staatsgeschäfte führe, werde er *jeder* Vorlage, auch einer vom Parlament gekürzten, die Zustimmung verweigern. Die jetzige Regierung verfüge seit Jahren eigenmächtig, ohne die erforderliche Zustimmung des Parlaments, über öffentliche Gelder. Da sei eine bloße Ablehnung des Militärhaushalts ungenügend. Wie im Privatleben einem ungetreuen Verwalter die Vollmacht selbstverständlich zu entziehen sei, so könne man auch einem ständig die Verfassung verletzenden Ministerium keine Staatsgelder mehr anvertrauen. Er verkenne keineswegs, daß durch abermalige Ablehnung des Haushalts die Regierung in eine Lage käme, wo sie auf verfassungsmäßigem Wege ihren Verpflichtungen nicht mehr nachkommen könne. Die Verantwortung dafür hätten aber jene, die trotz zweimaliger Auflösung des Parlaments und anschließender Neuwahlen, die ihnen eine nur noch stärkere Opposition beschert hätten, weder zum Rücktritt noch zu einer Änderung ihrer Politik zu bewegen gewesen seien.

Eine weit größere Gefahr für den Staat als die erneute Ablehnung des vorgelegten Haushalts liege in der Fortdauer einer Regierung des Herrn v. Bismarck und ihrer »unheilvollen, entsittlichenden Innen- und Außenpolitik!«

»Wird das Verfassungsrecht... mißachtet, wird einem Volk von seiner Regierung das Äußerste geboten, dann ist«, rief Jacoby zum Schluß dieser Rede aus, »als gesetzliche Notwehr auch die Anwendung des äußersten Mittels gerechtfertigt.«

Darauf erwiderte der Konservative v. Blanckenburg, Jacoby wolle offenbar die Ablehnung der Haushaltsvorlage dazu benutzen, die Regierung Bismarck zu stürzen; es werde sich also zeigen müssen, ob Jacoby und dessen Freunde fortan mehr Macht in Preußen hätten als die Hohenzollern.

Jacobys Mißtrauen und seine kompromißlose Haltung gegenüber Bismarck waren, wie sich dann zeigte, durchaus berechtigt. Mit einem Trick, nämlich mit dem Hinweis, es gelte einer Volkserhebung zuvorzukommen, gelang es Bismarck, die seine Pläne nicht durchschauende Wiener Regierung zu gemeinsamem militärischen Eingreifen in Schleswig-Holstein zu bewegen. Am 1. Februar 1864 rückten Truppen beider Mächte in Schleswig ein, das angeblich nur zum Pfand für die Erfüllung internationaler Vereinbarungen besetzt werden sollte. Doch schon am 3. Februar erklärte Bismarck seinen verdutzten Kabinettskollegen, das Ziel seiner Politik sei es natürlich nicht, Volkswünschen zu entsprechen, gar mit preußischen Grenadieren den Demokraten die Kastanien aus dem Feuer zu holen. Seine und des Königs Absicht sei es – genau wie Jacoby es befürchtet hatte und wogegen er dann heftig protestierte –, Schleswig und Holstein für Preußen zu vereinnahmen.

Es dauerte dann noch einige Wochen, bis sich Bismarck mit den mißtrauisch gewordenen Österreichern einigen und sie zur Fortsetzung des Kriegs bewegen konnte, der am 18. April 1864 mit der Erstürmung der Düppeler Schanzen durch preußische Truppen praktisch beendet war. Nur das diplomatische Eingreifen der anderen Großmächte verhinderte eine vollständige Besetzung des dänischen Festlands, und beim endgültigen Friedensschluß zu Wien am 30. Oktober 1864 mußte Dänemark auf Schleswig, Holstein und Lauenburg verzichten. Die Sieger einigten sich dann auf Betreiben

Bismarcks, daß Holstein von Österreich, Schleswig von Preußen vorläufig verwaltet werden sollte; das kleine Herzogtum Lauenburg wurde preußisch.

Dieser seltsame Kompromiß, bei dem das nationale Selbstbestimmungsrecht so mit Füßen getreten wurde, wie es in den Kabinettskriegen des vorigen Jahrhunderts üblich gewesen war, konnte von niemandem als endgültige Lösung angesehen werden. Er deutete lediglich an, daß Bismarck den offenen Konflikt mit Österreich vorerst noch scheute, und dafür gab es einen sehr einfachen Grund: Zum weiteren Kriegführen fehlte ihm das Geld, weil sich das Abgeordnetenhaus beharrlich weigerte, es ihm zu bewilligen, und am hartnäckigsten war der Widerstand des Abgeordneten Jacoby.

Indessen stand Jacoby mit seiner kompromißlosen Haltung – »Diesem Ministerium keinen Mann und keinen Groschen!« – bald ziemlich allein da. Unter dem Eindruck des »stolzen« Sieges über das »räuberische« Dänemark war die Stimmung im Volk merklich verändert; Jacobys Kollegen im Fraktionsvorstand – Benedikt Waldeck, Schulze-Delitzsch und Karl Twesten – neigten jetzt der Ansicht zu, man solle der Regierung nur die ungesetzlichen Geldmittel verweigern, den zusammengestrichenen Haushalt jedoch verabschieden, denn die Zeit sei noch nicht gekommen, zur Steuerverweigerung aufzurufen und auf eine allgemeine Befolgung eines solchen Appells hoffen zu können.

Seinen Kritikern in der Fraktion antwortete Jacoby: »Ich habe das Für und Wider der Sache zuvor reiflich erwogen ... Rücksichten der Klugheit und Zweckmäßigkeit werden mich niemals abhalten, das zu tun, was ich als Pflicht erkannt habe: ... als Abgeordneter ... dem Ministerium entgegenzutreten sowie dem Volk mit gutem Beispiel voranzugehen, nicht erst abzuwarten, was das Volk tun werde.«

An Ludwig Moser schrieb er, die Gegenwart sei »kalt und traurig«; Bismarck sitze, nach kurzem Schwanken, wieder fest im Sattel und blicke höhnisch auf eine Volksvertretung herab, die weder zum Volk noch zu sich selbst Vertrauen habe. Das ganze Verfassungsgebäude stehe in hellen Flammen, und die Hüter des Hauses berieten in aller Gemütlichkeit über bauliche Reparaturen.

Er selbst hielte sich dem Treiben möglichst fern; der geschäftige Müßiggang sage ihm nicht zu, und gar zu oft erfasse ihn die Sehnsucht nach seiner stillen Studierstube in Königsberg...

Einige Wochen später, im April 1865, stand auf der Tagesordnung des preußischen Abgeordnetenhauses wieder die Militärvorlage der Regierung – zum fünftenmal seit Beginn des Verfassungskonflikts! Sie enthielt keinerlei Zugeständnisse, und der zuständige Ausschuß hatte ihre Ablehnung empfohlen. Am 29. April nahm Jacoby dazu im Plenum Stellung. Er beschränkte sich auf eine politische Kritik der Vorlage, da alle übrigen Gesichtspunkte schon, wie er fand, ausreichend erörtert worden seien.

Eine Armee, wie die Regierung sie schaffen wolle, erklärte er, ein großes stehendes Heer, geführt von Berufsoffizieren, die weder auf die Verfassung vereidigt noch den Landesgesetzen unterworfen seien, bilde eine Gefahr, eine stete Bedrohung der Freiheit. Seine »permanente Kriegsbereitschaft gegen das eigene Volk« gebe dem König als »oberstem Kriegsherrn« die Macht, über die Beschlüsse der Volksvertretung hinweg, gegen den Protest der Öffentlichkeit, seinen persönlichen Willen durchzusetzen. Das aber entleere die Verfassung ihres Sinns. Dann sei die bürgerliche Freiheit allein von der königlichen Gnade abhängig.

Wie der bürgerlichen Freiheit, so widerspreche der Regierungsentwurf auch der bürgerlichen Rechtsgleichheit. Dem Gesetz nach seien alle Preußen wehrpflichtig, doch kaum ein Viertel der Dienstfähigen werde eingezogen. Es stehe ganz im Belieben der Militärbehörde, wen sie für Jahre aus Beruf und Familie reiße und wen nicht. Wie sei diesem Unrecht abzuhelfen? Nur durch ein volkstümliches Wehrsystem nach dem verfassungsmäßigen Grundsatz »Gleiche Pflichten, gleiche Rechte!«, durch Abkürzung der Dienstzeit, durch gleichmäßige Verteilung der Dienstlast auf alle dazu Fähigen und durch Schaffung eines wirklichen Volksheeres.

Es ginge in Wahrheit nicht um die von der Regierung geforderten Mittel, sondern um die Frage, ob Preußen nach wie vor ein scheinkonstitutioneller Militärstaat bleiben oder zu einem echten Verfassungs- und Rechtsstaat werden solle – ein Entweder-Oder, das, so schloß er, durch keinerlei Kompromiß aus der Welt geschafft werden könne.

Das Abgeordnetenhaus folgte dann der ablehnenden Empfehlung des Militärausschusses und verwarf die Regierungsvorlage mit 258 gegen 33 Stimmen. Bismarck hatte erneut eine parlamentarische Niederlage erlitten, die ihn bei Achtung der Verfassung zur sofortigen Demission hätte veranlassen müssen. Doch er dachte nicht an Rücktritt, sondern regierte weiter gegen die Verfassung ohne Haushaltsmittel und mit leeren Kassen, die er durch allerlei Kunstgriffe und Tricks zu füllen trachtete, um die Aufrüstung auch gegen den Willen der großen Mehrheit des Parlaments durchführen zu können. Wie er das im einzelnen machte, hat Hans Joachim v. Collani in seiner ausgezeichneten Darstellung »Die Finanzgebarung des preußischen Staates zur Zeit des Verfassungskonflikts 1862–1866« detailliert beschrieben. »Den ganzen Sommer 1864 hindurch«, heißt es da, »beschäftigten sich die Minister mit der Frage, wie dem aus dem dänischen Krieg resultierenden Rückgang der flüssigen Mittel zu begegnen sei.«

Bismarcks Standpunkt war: »Kommt es zu einem großen Kriege« – und damit meinte er die bewaffnete Auseinandersetzung mit Österreich, auf die er zusteuerte – »so ist auch eine große Anleihe zu kontrahieren... Der Artikel der Verfassung kann nicht die Bedeutung haben, daß der König... genötigt sein solle, entweder sich den vom Landtag gestellten Bedingungen zu unterwerfen oder das Land dem Feinde preiszugeben.«

Er wollte sichergehen, daß im Kriegsfall die Regierung das Parlament einfach umgehen könnte, anstatt sich an die klar anderslautenden Bestimmungen der Verfassung zu halten. Der Finanzminister und die Mehrzahl der übrigen Kabinettsmitglieder waren jedoch gegenteiliger Meinung und erklärten, sie fühlten sich durch ihren Eid verpflichtet, die Verfassung strikt einzuhalten.

Auch mit seinem Alternativvorschlag, die vom Parlament genehmigten Anleihen für den Eisenbahnbau einfach zur Aufstockung des Militärhaushalts zu verwenden, stieß Bismarck auf den Widerstand seines Kabinetts. Aber er wußte sich die fehlenden Mittel dennoch zu beschaffen, und gleichzeitig unternahm er alles Erdenkliche, die oppositionelle Mehrheit im Abgeordnetenhaus zu verwirren, zu korrumpieren und zu spalten.

Aus der kleinen Schar der unkorrumpierbaren Demokraten im preußischen Abgeordnetenhaus, die sich von Bismarcks Tricks – von denen noch im einzelnen die Rede sein wird – nicht beeindrucken ließen, ragte Johann Jacoby hervor, nur saß dieser in der Zeit der entscheidenden Weichenstellungen und heimlichen Kriegsvorbereitungen nicht im Parlament, sondern im Gefängnis, aus dem er erst am 8. März 1866 entlassen wurde, und zu dieser Zeit war die Kammer bereits aufgelöst, die Neuwahl für den 3. Juli 1866 anberaumt.

»Weil Preußen eine schlechte Regierung und noch schlechtere Richter hat, muß ich Ärmster sechs Monate der Freiheit entbehren«, heißt es in einem Brief Jacobys an Fanny Lewald und Adolf Stahr vom 26. August 1865, dem Tage seines Haftantritts im Königsberger Stadtgefängnis. Seiner Verurteilung war ein langer Prozeß durch zwei Instanzen vorausgegangen, den Bismarck selbst in Gang gesetzt hatte. Zum Vorwand mußte die Rede dienen, die von Jacoby im November 1863 im Berliner Kolosseum gehalten worden war und an der, wie schon erwähnt, die Berliner Polizei nichts zu beanstanden gehabt hatte.

Ein Bericht über diese Rede war in der konservativen »Neuen Preußischen Zeitung« erschienen. Kaum daß Bismarck ihn gelesen hatte, ersuchte er den Justizminister Graf zur Lippe, sofort prüfen zu lassen, ob gegen Jacoby, diesen höchst lästigen Führer der Opposition, strafrechtlich vorgegangen werden könnte, und zwar nicht nur wegen Störung der öffentlichen Ordnung und ähnlicher Bagatellen, sondern auch wegen Vorbereitung zum Hochverrat.

Graf zur Lippe wandte sich an Graf zu Eulenburg, den Polizeiminister, und bat um den Wortlaut der Rede Jacobys. Der befahl dem Berliner Polizeipräsidenten, sie herbeizuschaffen, und der Polizeihauptmann v. Wolffsburg, der die Versammlung im Kolosseum beaufsichtigt, die Rede gehört und nicht beanstandet, sich auch wenig davon notiert hatte, dürfte einige unangenehme Tage und schlaflose Nächte verbracht haben.

Jedoch zum Glück für ihn und die Berliner Polizei hatte Jacoby seine Ansprache mitstenographieren und bei Otto Wigand in Leipzig drucken lassen. Die für den Berliner Buchhandel bestimmten Exemplare fing die Polizei ab und beschlagnahmte sie. Nun konnten der Polizeipräsident und der Oberstaatsanwalt Bismarcks einem Befehl gleichkommenden Wunsch umgehend erfüllen. Sie fanden, wie den erhalten gebliebenen Akten zu entnehmen ist, majestätsbeleidigende und hochverräterische Verdachtsmomente, und mit einer für die preußische Bürokratie ungewöhnlichen Eile, nämlich nur wenige Tage später, mußte sich das Abgeordnetenhaus bereits mit dem Antrag der Regierung befassen, die Immunität des Abgeordneten Dr. Jacoby aufzuheben.

Jacoby selbst unterstützte diesen Antrag; es läge ihm, erklärte er, viel daran, möglichst bald zu erfahren, worauf sich die Anklage stütze. Aber das Parlament ließ sich Zeit. Es dauerte fast zwei Monate, ehe sich das Plenum mit der Sache befaßte und mit großer Mehrheit entschied, die Immunität des Abgeordneten Dr. Jacoby *nicht* aufzuheben. Wenige Tage später, am 25. Januar 1864, wurde jedoch der Landtag vom König aufgelöst, und damit erlosch Jacobys Immunität. Kaum nach Königsberg zurückgekehrt, erhielt er bereits die Vorladung des vom Justizminister instruierten Untersuchungsrichters.

Jacobys Freunde machten sich Sorgen; im Gegensatz zu früher, befürchteten sie, werde er es schwer haben, korrekte oder gar mit ihm sympathisierende Richter zu finden. Nur Ludwig Walesrode vertraute, zwar nicht auf die Justiz, wohl aber auf Jacobys Glück. Er besäße ja, wie der Nibelunge Siegfried, eine Art Hornhaut für politische Prozesse. Außerdem, fügte Walesrode augenzwinkernd hinzu, »Du hast ja keine Kriemhilde, der Du in zärtlicher Stunde dieses Geheimnis ausplaudern könntest. Ich glaube wirklich, daß, wenn Du verdonnert würdest, Dir zuliebe der Himmel einfällt – ich meine den Thronhimmel, dann ein anderes Bild mit Amnestie und dergleichen dazu, und Du gehst frei aus«, womit er auf die Möglichkeit anspielte, Wilhelm I. könnte abdanken und dessen als entschieden liberal geltender Sohn, der spätere »99-Tage-Kaiser« Friedrich Wilhelm, würde dann Bismarck in die Wüste schicken und einen neuen, verfassungstreuen Kurs einschlagen.

Jacoby selbst war ebenfalls optimistisch.

»In meinem Prozeß«, schrieb er aus Königsberg am 22. März 1864 an Fanny Lewald, »habe ich zwei Verhöre überstanden. Ich ziehe die Sache absichtlich in die Länge, damit die Schlußverhandlung in Berlin nicht vor dem Sommer stattfinde. Wegen des Ausgangs seid ohne Sorge! Mein alter Glücksstern bürgt für ein gutes Ende. Überdies dürfte die Szene sich bald verwandeln; Gewitterschwüle verkündet schon die heraufziehenden Wetter...«, womit er wohl auf eine mögliche allgemeine Volkserhebung zugunsten Schleswig-Holsteins anspielte, die auch Bismarck fürchtete, der ihr aber schon zuvorgekommen war durch den Eingriff preußischer und österreichischer Truppen.

Eine Woche später, am 29. März 1864, fand bei Jacoby auf Verlangen des Berliner Staatsanwalts eine fast fünfstündige Haussuchung statt, die der Kriminalinspektor Jagielski mit Unterstützung zweier Gendarmen durchführte. Ihre Suche galt dem nicht vorhandenen Manuskript der Kolosseum-Rede, worin die Justiz bessere Anhaltspunkte für die bis dahin recht dürftige Anklage zu finden hoffte.

»Die Polizeischergen haben in meiner stillen Klause einen wahren Hexensabbat gefeiert«, schrieb Jacoby darüber an einen Freund, den schweizerischen Juristen und Historiker Karl Hilty. »Schränke und Schiebladen – Bücher, Bilder, Schriften – alles wurde durchwühlt, das oberste zu unterst gekehrt. Das Manuskript konnte, weil keines vorhanden, natürlich nicht gefunden werden. Nur immerzu, ihr Herren Junker! Der Tag der allgemeinen großen Abrechnung wird nicht ausbleiben!«

Ende Juni 1864 – im April waren die Düppeler Schanzen erstürmt, die Dänen aus Schleswig vertrieben worden – reiste Jacoby nach Berlin, wo am 1. Juli vor der Pressekammer des Kriminalgerichts gegen ihn verhandelt wurde. Das sehr zahlreiche Publikum, das zum Prozeß erschienen war, mußte den Saal räumen, denn das Gericht schloß sogleich die Öffentlichkeit mit einer fadenscheinigen Begründung aus. Die Anklage lautete auf Ehrfurchtsverletzung gegenüber dem König und Aufforderung zum Ungehorsam gegen die Steuergesetze. Der Staatsanwalt beantragte gegen Jacoby, der sich selbst verteidigte, ein Jahr Gefängnis.

Jacoby erklärte, in seiner Rede habe er nichts gesagt, was die Anklage rechtfertige. Es gebe kein Wort darin, das er nicht vor dem Gesetz und der Verfassung zu vertreten imstande wäre, auch kein Wort, das nicht inner- wie außerhalb des Parlaments von Abgeordneten, Publizisten und Staatsrechtslehrern zu hunderten Malen ausgesprochen worden sei. Er schloß mit den Worten: »Die Wahrheit legt Zeugnis ab für sich selbst wie über den Irrtum, und ich hoffe, zu unparteiischen Richtern gesprochen zu haben.«

Doch diese Hoffnung – er wußte es – trog. Das Gericht verurteilte ihn nach kurzer Beratung zu sechs Monaten Gefängnis, und zwar nicht nur wegen der Vergehen, deren er angeklagt worden war, sondern auch wegen »öffentlicher Beleidigung der Mitglieder des Staatsministeriums«. Der mitangeklagte Redakteur Dr. Wilhelm Wackernagel, der die Kolosseum-Rede Jacobys mitstenographiert hatte, erhielt wegen des dadurch verübten Pressevergehens eine Strafe von vier Monaten Gefängnis.

Staatsanwalt und Angeklagte legten gegen das Urteil sofort Berufung ein. Die zweite Instanz, der Kriminalsenat des Berliner Kammergerichts, verhandelte die Sache am 9. Januar 1865, wiederum unter Ausschluß der Öffentlichkeit.

Jacoby erklärte, er habe als Abgeordneter dem König Treue und Gehorsam geschworen und den Eid auf die Verfassung geleistet. Wenn ihn der Staatsanwalt der »Gleisnerei« bezichtige, so verbiete ihm die Selbstachtung, darauf zu antworten. Dann fuhr er fort:

»Die Frage, ob ich den Sturz des jetzigen Regierungssystems erstrebe, ob ich es für Recht halte, einer budgetlosen Finanzverwaltung keine Steuern zu zahlen, beantworte ich unumwunden mit *Ja*. Ich bestreite aber ebenso bestimmt, daß der Sturz des Regierungssystems, die Aufforderung zum Nichtzahlen der Steuern das Ziel und dieTendenz der inkriminierten Rede sei.«

Sein höheres Ziel sei übrigens nicht der Sturz des Ministeriums Bismarck, obwohl er diesen erstrebe, sondern der Untergang des Militär- und Junkerstaats Preußen und die Herstellung des auf bürgerliche Freiheit gerichteten Rechtsstaats. Das einzig wirksame und dem höheren Ziel entsprechende Mittel sei Selbstdenken, Selbsthandeln, Selbstarbeit des Volkes, kurz: die Schaffung einer

Verfassungswirklichkeit durch die Moral der Staatsbürger. Indem er dies seinen Wählern ans Herz gelegt habe, habe er seine Abgeordnetenpflicht erfüllt und sich keines Vergehens schuldig gemacht.

»Gerade vierundzwanzig Jahre wird es in diesen Tagen«, schloß er seine Verteidigungsrede, »daß ich – infolge meiner Schrift ›Vier Fragen beantwortet von einem Ostpreußen‹ – derselben Vergehen angeklagt wurde wie heute. Derselbe Gerichtshof, dem Sie, meine Herren Richter, angehören, hat damals – unter dem Vorsitz des ehrwürdigen Grolmann – mich nicht nur freigesprochen, sondern ausdrücklich die ›Aufrichtigkeit meiner Gesinnung‹, die ›patriotischen Beweggründe‹ anerkannt, die bei Abfassung der Schrift mich geleitet. Im Bewußtsein der guten Sache, die ich vertrete, im vollen Bewußtsein des Rechts, das mir zur Seite steht, trage ich heute auf Freisprechung an.«

Gänzlich unbeeindruckt und nach nur sehr kurzer Beratung bestätigte das Kammergericht das Urteil der ersten Instanz: sechs Monate Gefängnis für Jacoby, vier Monate für Dr. Wackernagel. Beide legten dagegen Nichtigkeitsbeschwerde beim Obertribunal ein. An Gründen sei kein Mangel, schrieb Jacoby aus Berlin an Ludwig Moser in Königsberg, »aber… eher sind vom Dornbusch Feigen zu erwarten als von *diesen* Richtern Gerechtigkeit!«

Ehe vom Obertribunal ein Termin anberaumt wurde, entschied am 12. Juni 1865 das Abgeordnetenhaus *einstimmig,* also auch mit den Stimmen seiner entschiedensten Gegner von der äußersten Rechten, Jacobys Immunität *nicht* aufzuheben. Aber auch dieser Schutz war kurzlebig, denn schon fünf Tage später wurde das Parlament aufgelöst. Weitere sechs Tage später – Bismarck hatte Schwung in die Demokratenverfolgung gebracht, denn eine kürzere Frist zur Anberaumung eines Termins wäre nicht möglich gewesen! – entschied das Obertribunal nach einer Beratung, die weniger als drei Minuten dauerte: »Die Nichtigkeitsbeschwerde beider Verurteilten wird zurückgewiesen.« Damit war der gerade sechzigjährige Johann Jacoby zum erstenmal in seinem Leben rechtskräftig zu Gefängnis verurteilt worden. Er kehrte nun nach Königsberg zurück, wo er von einer nach Tausenden zählenden Menge mit Beifallsstürmen empfangen wurde. Von mindestens einem Königsberger ist bekannt, daß er sich erbot, an Jacobys Stelle die Gefängnisstrafe zu verbüßen; das Gesuch mußte abgelehnt werden, weil das Gesetz dies nicht zuließ.

Wenig später meldete die »Preußisch-Litauische Zeitung«, Jacoby werde sich demnächst im Gefängnis einfinden. Die Redaktion wünschte ihm dazu die Erhaltung seiner Gesundheit und versicherte, »die Achtung aller Mitbürger« werde »ihm in die Haft folgen«. Aber, wie andere Blätter sofort korrigierten, von einem bevorstehenden Strafantritt konnte nicht die Rede sein; dem Verurteilten war noch nicht einmal das Urteil zugestellt worden. Offenbar hatten die Behörden – das Parlament war ja aufgelöst worden, Neuwahlen noch nicht festgesetzt – nun keine Eile mehr

So konnte sich Jacoby – allerdings nur innerhalb der Stadtgrenzen Königsbergs – noch einige Sommerwochen lang erholen. Aber auch während dieser Zeit nutzte er jede Gelegenheit, um dem Ministerium Bismarck die Stirn zu bieten.

Als Stadtverordneter, der er seit 1863 war und bis an sein Lebensende blieb, hatte er die Wahl eines Gesinnungsgenossen, des Berliner Stadtkämmerers und freisinnigen Abgeordneten Adolf Hagen, zum Königsberger Oberbürgermeister betrieben. Hagen war gewählt worden, hatte aber vom Ministerium Bismarck nicht die erforderliche Bestätigung erhalten. Daraufhin wählten die Königsberger Stadtverordneten auf Jacobys Vorschlag hin, der Nichtbestätigung zum Trotz, demonstrativ abermals Hagen, worauf das Innenministerium auf Bismarcks Geheiß einen Regierungskommissar an die Spitze der Königsberger Stadtverwaltung stellte, Ernst v. Ernhausen.

Am 9. August 1865 sollte in Anwesenheit des Magistrats und des ganzen Stadtparlaments die feierliche Amtseinführung des Kommissars v. Ernhausen im Rathaus stattfinden. In dem Umlaufschreiben, mit dem diese Festsitzung angekündigt wurde, hatte der Stadtverordnete Dr. Jacoby hinter seinem Namen vermerkt, er werde *nicht* erscheinen. Dies war für die überwältigende Mehrheit der Versammlung bestimmend, ebenfalls fernzubleiben, und so konnte die Amtseinführung des Bismarckschen Kommissars nur in

Abwesenheit der Stadtverordnetenversammlung von den Magistratsbeamten vorgenommen werden.

Vierzehn Tage später, am Nachmittag des 26. August 1865, mußte Jacoby dann seine Strafe im Königsberger Stadtgefängnis antreten. Bald darauf, Anfang September, begann der Wahlkampf, denn im Herbst wurde ein neues Abgeordnetenhaus gewählt, das im Januar 1866, wenn Jacoby noch in Haft sein würde, eröffnet werden sollte. Für die Pläne, die Bismarck hegte, war es für ihn eine Erleichterung, den Führer der entschiedensten Opposition dann noch für einige Zeit im Gefängnis zu wissen.

XVII.
Von Königgrätz bis Sedan: Blut und Eisen

»Mir, dem kgl. preuß. Staatsverbrecher, geht es den Umständen nach gut«, meldete Jacoby seinen Berliner Freunden aus dem Gefängnis. Es fehle ihm nichts als die Freiheit, und die sei ja auch außerhalb des Kerkers, im gesamten preußisch-österreichischen Machtbereich, nur ein Wunschtraum.

»Das stille Stübchen, das man mir angewiesen, befindet sich im Erdgeschoß... Es ist ein frisch geweißtes, möglichst anständiges, warmes und wohnliches Zimmer, 10 Schritt breit, 6 Schritt tief und grade so hoch, daß ich mit meinem Stocke die Decke erreiche; die beiden nach Nordost gelegenen Fenster, durch dicke schwarze Eisenstäbe vor Einbruch und Ausbruch gleichermaßen geschützt, bieten die Aussicht auf einen Grasplatz... Ihr seht, meine Lieben, bei guter Beköstigung und einigem guten Willen – und an beidem fehlt es Eurem Freunde nicht – läßt es sich hier ganz gemütlich leben...«

Offenbar stand Jacoby auch bei der Gefängnisverwaltung in so hohem Ansehen, daß man ihm ungewöhnliche Hafterleichterungen gewährte. Vormittags studierte und schrieb er, mittags von 12 bis 14 Uhr konnte er im großen Hof spazierengehen, allein oder mit Besuchern. Nach Tisch las er die neuesten Zeitungen, und abends widmete er sich der Lektüre der Bücher, die seine Freunde ihm schickten oder die er sich bringen ließ. Er korrespondierte viel mit persönlichen und politischen Freunden. Jede Woche, stets am Freitagabend, erhielt er Post von Fanny Lewald und Adolf Stahr, die sich Sorgen um ihn machten; er sei schließlich, schrieb ihm Fanny Lewald einmal, nicht mehr der Jüngste. Jacoby antwortete, nachdem er schon die Hälfte seiner »Wintersaison in der Stadt« hinter sich hatte, daß er trotz seiner sechzig Jahre gesund sei, gut schlafe, gestärkt aufwache und arbeiten könne, ohne müde zu werden. Zudem habe er noch »das ganze Leben – der Menschheit –« vor sich »und Hoffnungen, die der Erfüllung sicher« seien.

»Preise die Jugend, soviel es Dir beliebt«, fügte er hinzu, »– nur nicht auf Kosten des Alters! Das lasse ich mir nicht schelten. Nur das freie klare Selbstbewußtsein gibt dem menschlichen Leben Inhalt und Wert. Eben deshalb aber ist das Alter die Krone des Menschenlebens. Nicht die Kinder allein sind so klug, sich ›das Beste auf zuletzt‹ zu verwahren!«

Selbst im Gefängnis blieb Jacoby von weiteren politischen Prozessen nicht verschont. Wegen eines Flugblatts, das er Anfang 1864 unter dem Titel »Was tut dem Landmann in Preußen not?« gemeinsam mit sechzehn anderen ostpreußischen Abgeordneten herausgegeben hatte, wurde er am 11. September 1865, als er schon seit zwei Wochen im Gefängnis war, wegen »verleumderischer Beleidigung« Bismarcks angeklagt, jedoch mit allen anderen in erster Instanz freigesprochen, in zweiter zu 50 Talern Geldstrafe verurteilt.

Wegen eines zweibändigen Heinrich-Simon-Gedenkbuches, das Jacoby kurz vor Antritt seiner Haft herausgegeben hatte, wurde er vom Berliner Stadtgericht in Abwesenheit zu vierzehn Tagen Gefängnis und zur Tilgung der inkriminierten Stellen, in denen das Gericht eine Beamten- und Behördenbeleidigung sah, verurteilt. Er legte keine Berufung ein, um das Erscheinen einer zweiten, bereinigten Auflage des Gedenkbuches nicht zu verzögern, und so verlängerte sich sein sechsmonatiger Aufenthalt im Gefängnis um zwei Wochen.

Eine dritte Begegnung mit dem Staatsanwalt während seiner Haftzeit war völlig anderer Art: Während einer Vernehmung durch den Königsberger Staatsanwalt v. Bönninghausen kam eine Frau in die Wehen und entband auf der Stelle. Der Staatsanwalt ließ eilig den Gefangenen Dr. Jacoby, der ihm als Arzt und Geburtshelfer bekannt war, herbeirufen. Bald darauf fand die Taufe des Kindes statt, und die Eltern baten Jacoby, dessen Pate zu werden – eine Ehre, die er sich mit v. Bönninghausen teilen sollte. Beide Paten, der eine Jude, der andere Lutheraner, blieben zwar dem römisch-katholischen Taufakt fern, bekundeten aber ihre Bereitschaft, Gevatterpflichten zu übernehmen. Als die Zeitungen dies meldeten, waren Eltern und Kind schon aus der Untersuchungshaft wieder entlassen.

In einem anderen Fall, als eine langjährige Patientin Jacobys nach dem Tod ihres Mannes dringend ärztlicher Hilfe bedurfte, beantragte Jacoby beim Stadtgericht zwei Stunden Urlaub, der ihm jedoch verweigert wurde. Dagegen wurde dem Gefängnisdirektor eine »Maßregel« anheimgestellt, die dieser auch sofort traf: Jacoby durfte – »unter schonender, jede Aufregung der Patientin vermeidender Begleitung durch einen Gefängnisbeamten« – die Kranke besuchen und behandeln.

Schließlich konnte Jacoby auch noch während seiner Gefängnishaft eine Schrift verfassen und druckfertig machen, die noch 1866 unter dem Titel »Der freie Mensch. Rück- und Vorschau eines Staatsgefangenen« in Berlin erschien. Diese Arbeit, im wesentlichen eine Zitatensammlung, suchte nachzuweisen, daß die bedeutendsten Denker der Menschheit mit den ethischen Grundanschauungen des großen jüdischen Philosophen Baruch Spinoza übereinstimmten, aber sie war auch, wie Jacoby an Fanny Lewald schrieb, »als eine Mahnung an die Adresse der machttrunkenen Zeitgenossen« gedacht, denn, so fügte er hinzu: »Die Machtschwindelepidemie greift... um sich, daß einem bange wird!«

Bismarcks Rede zur Landtagseröffnung am 15. Januar 1866, schrieb er an Raphael Jakob Kosch, sei »eine große Lüge, junkerhaft frech, nicht anders als seine Rede zum Schluß des vorigen Landtags«. Ein politisch mündiges Volk dürfe und könne sich dergleichen nicht bieten lassen.

Die Spannungen zwischen dem Ministerium Bismarck und dem Abgeordnetenhaus hatten Ende Januar 1866 einen neuen Höhepunkt erreicht. »Trügen die Vorzeichen nicht, so naht die Entscheidungsschlacht«, schrieb Jacoby am 22. Februar 1866 an Wilhelm Löwe. »...Geredet und protestiert ist genug – jetzt heißt die Losung: Budgetverwerfung und Steuerverweigerung! Es muß endlich durch die *Tat* offenbar werden, ob das preußische Volk seit 1848 etwas gelernt hat!«

Jacoby – und auch wohl Löwe – konnte kaum ahnen, daß das preußische Abgeordnetenhaus sieben Monate später, im September 1866, mit Unterstützung großer Teile der Fortschrittspartei, selbst mit der Stimme Wilhelm Löwes, des letzten Präsidenten des standhaften Stuttgarter »Rumpfparlaments«, Bismarck volle Entlastung erteilen würde, als er dem Parlament sein »Indemnitätsgesetz« vorlegte, das ihn für die gesamte Konfliktszeit von allen Verfassungs- und Rechtsverletzungen freisprach.

Allerdings machte sich Jacoby schon lange zuvor keine großen Illusionen hinsichtlich der Standfestigkeit seiner Fraktionskollegen. In neun Zehnteln der Fortschrittspartei, schrieb er kurz vor seiner Haftentlassung an Fanny Lewald und Adolf Stahr, »ist keine Spur einer revolutionären Ader, und ohne revolutionäre Ader ist ein Politiker kein Staatsmann...«

In demselben Brief heißt es auch in Bezug auf seine mehr als halbjährige Haft: »Jetzt kann ich's sagen: Es war trotz alledem eine harte, böse Zeit. Daß sie glücklich überstanden – außer dem eigenen Gleichmut verdanke ich es den Freunden, vor allem Euch, ihr Lieben!«

Tags darauf, am Vormittag des 8. März 1866, wurde er aus dem Gefängnis entlassen. Wie die »Königsberger Neue Zeitung« am Morgen gemeldet hatte, war es Jacobys Wunsch an seine Mitbürger, von einem festlichen Empfang abzusehen. »Dennoch wollen auch wir«, fügte das Blatt hinzu, »zu den ersten gehören, die ihm ein herzliches Willkommen zurufen!«

So hielten es auch die anderen. Eine große Menschenmenge versammelte sich vor seiner Wohnung und begrüßte ihn mit Jubel und Gesang.

Einen Monat später, am 12. April 1866, sprach Jacoby erstmals wieder vor einer größeren Versammlung in der Königsberger Börsenhalle. Bismarcks Kriegsvorbereitungen waren in vollem Gange, und Ferdinand Falkson, der die Veranstaltung leitete, erklärte einleitend: Da die Bürger die Lasten eines Krieges zu tragen hätten, seien sie auch berechtigt, zu sagen, ob sie mit einem Krieg einverstanden seien oder nicht. Jacoby brachte dann eine Resolution ein, die sich auf den drohenden Krieg und die von Bismarck gewünschte Bundesreform bezog. Es hieß darin, jeder Angriffskrieg sei unberechtigt und unsittlich. Weder Preußen noch Österreich hätten das

Recht, über die politische Zukunft Schleswig-Holsteins zu entscheiden. Ein Krieg Preußens gegen Österreich verstoße gegen das Wohl des Vaterlandes wie gegen das Recht. Die Einigung Deutschlands, die zugleich die Lösung der schleswig-holsteinischen Frage in sich schließen würde, sei auf keinem anderen Weg zu erzielen als dem der Freiheit. Nur eine Regierung, die die Freiheit des eigenen Volkes achte und das Vertrauen der deutschen Bruderstämme genieße, könne die nationale Einigung erfolgreich durchführen.

Als Jacoby diese Resolution zu begründen begann, löste der anwesende Kriminalinspektor Jagielski – der zwei Jahre zuvor die rabiate Haussuchung geleitet hatte – die Versammlung auf und erstattete Anzeige gegen Jacoby wegen Ministerbeleidigung und anderer Delikte. Tatsächlich wurde Jacoby deshalb im Jahr darauf zu drei Monaten Gefängnis verurteilt. Aufgrund einer Amnestie vom Herbst 1866 wurde ihm die Strafe erlassen, und es war, wie hinzuzufügen ist, der letzte politische Prozeß in seinem Leben.

Einen Monat später, am 22. Mai 1866 – der von Bismarck vorbereitete Krieg stand unmittelbar bevor – brachte Jacoby in der Königsberger Stadtverordnetenversammlung eine ähnliche Resolution ein, die sich gegen einen »verwerflichen Bruderkrieg«, gegen alle geplanten preußischen Annexionen und für einen Regierungs- und Systemwechsel in Preußen aussprach. Preußen solle erklären, daß es keine Oberherrschaft in Deutschland begehre, sondern eine friedliche und freiheitliche Einigung des gesamten deutschen Vaterlands.

Erstaunlicherweise wurde diese von Jacoby eingebrachte Resolution mit 101 gegen 2 Stimmen angenommen. Der Magistrat aber, von den Stadtverordneten aufgefordert, sich anzuschließen und die Adresse sofort nach Berlin zu senden, lehnte beides ab. Die Königsberger Zeitungen wagten nicht, über Jacobys Vorstoß zu berichten.

Wenige Tage später marschierten preußische Truppen in Holstein ein. Am 11. Juni beantragte Österreich, empört über den preußischen Vertragsbruch, beim Frankfurter Bundestag die Mobilmachung der Bundestruppen gegen den militärischen Aggressor. Vier Tage später ließ Bismarck die Feindseligkeiten gegen den »Angreifer« Österreich und dessen deutsche Verbündete eröffnen.

Der Krieg, den er schon so lange plante und für den ihm nur das Geld gefehlt hatte, konnte beginnen.

Ohne das preußische Abgeordnetenhaus um Erlaubnis zu fragen, hatte Bismarck die Aufrüstung finanziert und die Kriegskasse aufgefüllt. Der Mann, der ihm dabei geholfen hatte, war der Berliner Bankier Gerson Bleichröder, der Vertrauensmann des Bankhauses Rothschild.

In seinem umfangreichen Werk »Gold und Eisen. Bismarck und sein Bankier Bleichröder« hat Fritz Stern detailliert beschrieben, welche komplizierten und auch gewagten Transaktionen nötig waren, um die vom Abgeordnetenhaus verweigerten Mittel heimlich anderswo zu beschaffen. So verkaufte Bismarck beispielsweise insgeheim für 13 Millionen Taler Aktien der Köln-Mindener Eisenbahn aus preußischem Staatsbesitz an private Banken; er ließ für 40 Millionen Taler Kassenscheine ausgeben, wozu ihm zwar die parlamentarische Bewilligung fehlte, aber nicht die Zusage eines von Bleichröder angeführten Bankenkonsortiums, die ungesetzliche Maßnahme als legal anzusehen und die Scheine in Zahlung zu nehmen.

Das geschah Ende März 1866, und schon wenige Tage später schloß Bismarck ein geheimes, auf drei Monate befristetes Bündnis mit Italien, das sich – gegen einen Millionenkredit – dazu verpflichtete, Österreich den Krieg zu erklären, sobald es zu Kampfhandlungen zwischen Preußen und Österreich käme. Mit wesentlich kleineren Summen versuchte Bismarck sodann, einen Aufstand in Ungarn zu finanzieren, das sich mit seiner Niederlage von 1849 keineswegs abgefunden hatte. Dadurch sollten weitere österreichische Truppen gebunden werden. Doch das Wichtigste war ihm, sich die Neutralität Frankreichs so lange wie möglich zu erhalten. Wie Bismarck von Bleichröder wußte, rechnete der von Rothschild beratene Napoléon III. mit einem langwierigen, beide Seiten erschöpfenden Krieg zwischen Preußen und Österreich. Er plante, am Ende als Schiedsrichter aufzutreten und sich dabei selbst die Oberherrschaft über ganz Süd- und Westdeutschland zu sichern, wie es zu Beginn des Jahrhunderts sein Onkel und Vorbild Napoléon I. getan hatte.

Der Krieg, den Bismarck praktisch im Alleingang ansteuerte, erfüllte nicht nur ganz Deutschland mit großer Sorge; er war auch in

Preußen alles andere als populär. Selbst die Mehrheit der Junker, die in den konservativen Standesgenossen Österreichs zuverlässige Verbündete gegen jeden Volksaufstand in Deutschland oder Polen sah, stand nun gegen Bismarck, so daß die Front der parlamentarischen Opposition gegen ihn im Frühjahr 1866 von der äußersten Rechten bis zur äußersten Linken reichte – richtiger: gereicht hätte, denn es gelang Bismarck, teils durch geniale Tricks, teils durch skrupellose Eingriffe in die Justiz, seine Gegner zu verwirren und die gefährlichsten von ihnen, als ersten den Abgeordneten Dr. Jacoby, vorübergehend auszuschalten.

Größte Ratlosigkeit, zumal bei den Liberalen und gemäßigten Fortschrittlern, stiftete er am 9. April 1866, einen Tag nach Abschluß des Bündnisses mit Italien, durch einen preußischen Antrag beim Frankfurter Bundestag, sofort ein nach den Grundsätzen des allgemeinen, gleichen und direkten Wahlrechts zustande gekommenes gesamtdeutsches Parlament einzuberufen, »um die Vorlagen der deutschen Regierungen über eine Reform der Bundesverfassung entgegenzunehmen und zu beraten«.

Über Nacht schien aus dem erzreaktionären preußischen Junker Bismarck ein deutscher Demokrat geworden zu sein, doch in Wahrheit ging es ihm allein darum, die Volksstimmung für sich und seine Pläne demagogisch zu beeinflussen, und er beherzigte dabei die These Lassalles, daß Diktatur und Demokratie keine unvereinbaren Gegensätze seien. Dafür nahm er in Kauf, daß die äußerste Rechte nun noch mehr gegen ihn schäumte und daß auch der Zar von Rußland größte Besorgnis zeigte.

Wichtig war ihm nur, daß das liberale Lager und große Teile der Fortschrittspartei nun nicht mehr bereit waren, ihm Hindernisse in den Weg zu stellen, wo er doch durch seinen Frankfurter Antrag gezeigt hatte, daß er willens war, die dringendsten Wünsche des Bürgertums, ja des ganzen deutschen Volkes zu erfüllen.

In dem Krieg, der Mitte Juni 1866 ganz nach den Wünschen Bismarcks begann, standen auf Seiten Österreichs nicht nur Hannover und Sachsen, sondern auch Württemberg, Baden, Bayern, Hessen und eine ganze Reihe kleinerer deutscher Staaten. Allgemein beurteilte man die Chancen Preußens, den Krieg zu gewinnen, als nicht sehr günstig. Aber schon nach wenigen Tagen stellte es sich heraus, daß die deutschen Verbündeten Österreichs den Preußen keinen ernsthaften Widerstand leisten konnten, und bereits am 3. Juli wurde die österreichische Hauptmacht, verstärkt durch die nach Böhmen ausgewichene sächsische Armee, bei Königgrätz vernichtend geschlagen. Statt eines neuen Siebenjährigen Krieges hatte es einen nur siebenwöchigen gegeben.

Die Schlacht bei Königgrätz, nach Umfang und Folgen die größte seit dem Sieg über Napoléon bei Leipzig, entschied den Krieg. Die Österreicher mußten Böhmen, dann auch Mähren räumen; am 17. Juli bezog Wilhelm I. in Nikolsburg, kaum siebzig Kilometer nördlich von Wien, Quartier.

In Nikolsburg rang Bismarck dem auf einen triumphalen Einzug in die Kaiserstadt ganz versessenen König und den auf eine Vernichtung der österreichischen Armee erpichten Militärs mit äußerster Anstrengung die Einwilligung zum Friedensschluß ab. Nur sofortiges Einlenken, so machte er ihnen klar, konnte den Sieg sichern und Napoléon III. davon abhalten, sich des Rheinlands zu bemächtigen. So wurden im Nikolsburger Vorfrieden die Bedingungen festgelegt: Auflösung des Deutschen Bundes, Verzicht Österreichs auf Einmischung in deutsche Angelegenheiten und seine Anerkennung der Annexion Schleswig-Holsteins, Hannovers, Kurhessens, Hessen-Nassaus und der Freien Stadt Frankfurt durch Preußen, Abtretung der Provinz Venezien an Italien, das die österreichische Südarmee während der Kämpfe in Böhmen gebunden hatte, sowie Zahlung von 20 Millionen Talern Kriegsentschädigung. Weitere 25 Millionen Taler mußten dann noch die besiegten deutschen Verbündeten Österreichs bezahlen, soweit sie ihre Unabhängigkeit behalten hatten, und sich zudem verpflichten, im Kriegsfall ihre Truppen dem Oberbefehl Preußens zu unterstellen.

Dieser triumphale Sieg der preußischen Kriegsmaschine hatte dem Königreich die Kassen gefüllt, ihm dreißig Prozent mehr an Fläche und einen Zuwachs von 4,2 Millionen Einwohnern gebracht. Flensburg und Kiel, Hannover, Kassel, Wiesbaden und Frankfurt waren jetzt preußisch, die Rheinprovinz und Westfalen nicht mehr vom übrigen Preußen getrennt.

Bismarcks Stellung war nun gefestigter als je zuvor. Am 3. Juli, ganz unter dem Eindruck der militärischen Erfolge an allen Fronten, war das neue Abgeordnetenhaus gewählt worden, und der chauvinistische Rausch, der die Wähler ergriffen hatte, brachte die Opposition um den erhofften Erfolg: Die Fortschrittspartei verlor 65 Sitze und behielt nur noch 83, das linke Zentrum verringerte sich von 93 auf 65 Abgeordnete. Fast die Hälfte des Abgeordnetenhauses, das sonst völlig von der Opposition beherrscht worden war, bestand jetzt aus der Regierung treu ergebenen Konservativen sowie Nationalliberalen, die zu Bismarck übergelaufen waren. Nur in Berlin und in wenigen anderen Städten waren die Wähler nüchtern genug geblieben, sich von den Siegesmeldungen nicht beirren zu lassen. Die Berliner Wahlmänner hielten der Fortschrittspartei die Treue. Im 2. Bezirk wurde Jacoby, dessen Name, wie der Leiter des Wahlkomitees feststellte, »wie ein großer Magnet« wirkte, mit 432 von 593 Wahlmännerstimmen ins Abgeordnetenhaus gewählt.

Im August trat das neue Parlament erstmals zusammen. Wilhelm I. hielt eine Thronrede, die sehr versöhnlich klang, und eine deutliche Mehrheit des Hauses war entschlossen, sich mit einer Dankadresse an den König zu revanchieren, die auch die Bereitschaft des Abgeordnetenhauses, den Konflikt zu beenden, deutlich machen sollte.

»Alle stimmten darin überein, daß die Adresse à tout prix zustande kommen müsse und des Königs Gemüt nicht unangenehm berührt werden dürfe«, berichtete Jacoby seinen Freunden. »Es war ein höchst interessanter Eiertanz; von allen Seiten wurde so geschickt getanzt, daß auch nicht ein einziges Ei zerbrochen wurde!«

Am 23. August debattierte dann das Plenum über den Adreßentwurf. Jacoby meldete sich zu Wort und hielt eine der besten Reden seines Lebens. Zunächst bat er seine bisherigen politischen Freunde, zumal Virchow und Waldeck, um Vergebung; er könne ihnen nicht zustimmen, sondern müsse unumwunden seine abweichende Überzeugung aussprechen. Der Krieg sei ohne, ja gegen den Willen des Volkes geführt worden, und ohne die Heldentaten der Soldaten schmälern zu wollen, es gebe keinen Grund, in das Triumphgeschrei der Regierung einzustimmen, denn der Sieg komme nicht dem Volk, seiner Freiheit und Einigung zugute, sondern der Macht des unumschränkten Herrschertums.

Seit einem Vierteljahrhundert kämpfe er für den Rechts- und Verfassungsstaat, für die bürgerliche und staatliche Freiheit – er könne auch jetzt keine anderen Maßstäbe an die Ereignisse legen. Tue er aber dieses, so müsse er feststellen, daß der eben beendete Krieg – gegen Deutsche geführt und im Bunde mit einer fremden Macht – trotz aller Siege weder dem preußischen Volk zur Ehre noch dem deutschen Vaterland zum Heil gereiche.

An dieser Stelle gab es im Plenum laute Mißfallenskundgebungen, aber Jacoby fuhr unbeirrt fort: »Täuschen wir uns doch nicht über die politische Bedeutsamkeit militärischer Erfolge!... Zwangseinheit, Einheit ohne Freiheit ist eine Sklaveneinheit, die weder Wert hat noch Bestand. Am allerwenigsten aber kann man sie, wie es in der Adresse geschieht, als eine Vorstufe zur Freiheit betrachten!« Bismarck selbst habe erklärt, es käme vor allem darauf an, Preußens Hausmacht zu stärken. Vom deutschen Standpunkt aus aber könne man die Stärkung des Militärstaats Preußen durch Annexionen nicht als ein glückverheißendes Ereignis preisen. Dauere das bisherige Regierungssystem fort – und von Änderungen sei wenig zu spüren –, dann werde die bevorstehende Neugestaltung Deutschlands sich zu der früheren Zersplitterung und Kleinstaaterei nicht anders verhalten als wie zu Krankheiten der Tod.

Zur Frage der »Indemnität«, die in der Adresse angekündigt wurde, erklärte Jacoby, daß man wohl einzelne ungesetzliche Maßnahmen im nachhinein billigen könne. Für ein jahrelang fortgeführtes verfassungswidriges, budgetloses Regierungssystem aber gebe es in einem Verfassungs- und Rechtsstaat keine »Indemnität«, keine Entlassung aus der Verantwortung, zumal wenn die Träger dieses Systems weiter im Amt verblieben und die Wiederholungsgefahr nicht ausgeschlossen sei.

Zum Schluß seiner Ansprache versicherte er noch einmal, daß der Wunsch nach nationaler Einheit, der im Augenblick die öffentliche Meinung fast ausschließlich beherrsche, seine volle Berechtigung habe. Nur dürfe man darüber nicht vergessen, worin der

Zweck der Einigung bestehe: in der Freiheit für alle Deutschen! Und er schloß seine Rede mit den Worten:

»Nur im Dienste der Freiheit und des Rechts darf die Fahne des Nationalitätsprinzips erhoben werden; in den Händen eines Louis Napoléon und seinesgleichen dient sie zur Irreführung und zum Verderben der Völker!«

Auf diesen nur angedeuteten Vergleich Bismarcks mit dem Militärdiktator und Kaiser Napoléon III. reagierte die Rechte mit empörtem Zischen, die äußerste Linke mit Bravorufen.

Franz Ziegler, der zur äußersten Linken übergegangene frühere Oberbürgermeister von Brandenburg und enge Mitarbeiter Lassalles, von dem er sich erst getrennt hatte, als Lassalle mit Bismarck zu paktieren begann, berichtete später Fanny Lewald von seinen Eindrücken während dieser Rede Jacobys. In Zieglers Nähe sitzende Abgeordnete hätten sie vernehmlich mit harter Kritik bedacht; er selbst aber sei davon zutiefst ergriffen gewesen. »Wie dieser kleine gebrechliche Mann weitersprach«, erklärte Ziegler, »immer ruhig, gemessen und im Tone, als diktiere er sein Testament, lief es mir über die Haut, denn er kam mir vor wie der Prophet auf den Trümmern von Jerusalem, der alles zusammengestürzt und nichtig sieht, nur nicht den ewigen Gott, den er Wahrheit und Freiheit nennt. Jacoby hat sich nicht vernichtet, in den edleren Herzen werden seine Worte wiederklingen...«

Zur Sache selbst bemerkte Ziegler, daß es nun »lustig und kopfüber weitergehen werde mit Geldbewilligung, Indemnität und allem anderen... Die königliche Gnade, vereint mit dem momentanen Beifall des Volkes, wird die Segel schwellen, bis das Schifflein wieder auf der Klippe der Reaktion sitzt«.

In der Öffentlichkeit trug diese mutige Rede Jacoby viel Kritik, aber auch sehr zahlreiche Dank- und Anerkennungsbezeigungen ein, vor allem von Seiten der Arbeitervereine, die zu dieser Zeit bereits in vielen deutschen Städten entstanden waren. Aus Jacobys Antworten, zumal aus der an den Berliner Arbeiterverein, läßt sich entnehmen, daß er, der einstige liberale Demokrat, sich bereits den Prinzipien der sozialen Demokratie genähert hatte. Zu Wilhelm Liebknecht, dem Vertrauensmann von Marx und Engels, mit dem er sich Ende September 1866 in Berlin traf, sagte Jacoby, es gebe eine gute demokratische Gesinnung unter den arbeitenden Klassen, die Bourgeoisie dagegen sei durchaus korrupt. Liebknecht gewann den Eindruck – so berichtete er am 1. Oktober 1866 Friedrich Engels in London –, daß sich Jacoby bald dem Sozialismus zuwenden werde.

Am 27. September 1866 vertagte sich der Landtag bis zum 12. November, nachdem er zuvor mit 230 gegen 75 Stimmen der Regierung Bismarck die Indemnität erteilt und damit den langjährigen Verfassungskonflikt beendet hatte. Bei der Abstimmung hatten 35 Abgeordnete der Fortschrittspartei, darunter Kosch, Löwe, v. Unruh und Twesten, für die Regierung gestimmt, vierzig dagegen, darunter Jacoby, Schulze-Delitzsch, Virchow, Benedikt Waldeck und Ziegler. Eine Spaltung der Fortschrittspartei zeichnete sich bereits ab.

Jacoby verbrachte die Parlamentsferien in Karlsbad. In Gesellschaft von Benedikt Waldeck und anderen Freunden verlebte er dort vier angenehme, sonnige und sehr erholsame Oktoberwochen. Zur Nachkur wäre er gern zum Ehepaar Lewald-Stahr nach Rom gereist. »Aber«, so schrieb er ihnen, »der leidige Landtag und die neuzugründende ›Zukunft‹ fordern meine Anwesenheit in Berlin!«

Er hatte sich entschlossen, der linken Opposition ein eigenes Kampfblatt zu schaffen, denn – so schrieb er an seinen alten Gesinnungsfreund John Reitenbach – »Wenn die Dinge in gleicher Weise fortgehen wie bisher, werden wir – wenigstens in Norddeutschland – bald das haben, was nach Heinrich Heines Ausspruch dem Vaterlande allein noch fehlt: ›ein Nationalzuchthaus und die gemeinsame Peitsche!‹ Wir aber wollen deshalb nicht müde werden, für die gute Sache zu kämpfen, solange wir festen Boden unter den Füßen und den Himmel über uns haben!«

Dieser Kampf sollte nun mit einer eigenen, vom 1. Januar 1867 an in Berlin erscheinenden Tageszeitung geführt werden. Jacoby selbst zeichnete eine beträchtliche Summe für das Aktienkapital des Verlags, der das Blatt mit dem Titel »Die Zukunft« herausbringen sollte; außer ihm gab es noch zehn weitere Aktionäre mit geringeren Beteiligungen. Das Geld, das Jacoby einbrachte, stammte – so jedenfalls berichtete Moses Hess, der Kampfgefährte von Karl

Marx, in einer in den USA erscheinenden Zeitung – aus einem Fonds, der von Jacobys Berliner Anhängern und Königsberger Freunden während seiner Gefängnishaft gesammelt und ihm für den weiteren politischen Kampf zur Verfügung gestellt worden war. Annähernd zehntausend Taler waren dabei zusammengekommen.

Obwohl Jacoby das meiste Geld zur Verfügung gestellt hatte, übte er keinerlei direkten Einfluß auf die politische Linie der »Zukunft« aus, als deren Chefredakteur der hervorragende demokratische Publizist Guido Weiß fungierte. Die »Zukunft« stellte sich dem Berliner Publikum mit einem Bekenntnis zur Demokratie vor. Für die Freiheit und das Recht wolle sie kämpfen. Auch müsse die Parteibildung aus den Parlamenten hinabsteigen ins Volk, die Quelle aller Macht. Im Volk selbst müsse sie Klarheit und Festigkeit der politischen Begriffe schaffen, »damit ein nächster Trommelwirbel nicht alles wieder ineinanderwirre«.

»Die Zukunft«, nach Eduard Bernsteins Urteil »das geistreichste, charaktervollste« Tageblatt Berlins dieser Zeit, brachte es aber nach einigen Anfangserfolgen und trotz steigender Abonnentenzahl nie zu einer die Kosten deckenden Auflage. Bis zu ihrem Ende im Frühjahr 1871 hatte die Zeitung, die hohes Ansehen genoß, ständig mit finanziellen Schwierigkeiten zu kämpfen.

Als »Die Zukunft« Anfang 1867 erstmals erschien, hatte gerade der Wahlkampf begonnen. Im Februar sollten die Abgeordneten zum Verfassunggebenden Reichstag des Norddeutschen Bundes gewählt werden. Dieser Norddeutsche Bund – außer Preußen traten ihm mehr oder weniger freiwillig alle nord- und mitteldeutschen Kleinstaaten und Hansestädte, dann auch sehr widerwillig das Königreich Sachsen bei – war eine nochmalige Erweiterung preußischer Macht. Denn Preußens König – so sah es die dann beschlossene, am 1. Juli 1867 inkrafttretende Verfassung vor – führte stets den Vorsitz und war Oberbefehlshaber aller Truppen des Bundes, hatte die alleinige Entscheidung über Krieg und Frieden sowie die Ernennung des Bundeskanzlers, der zugleich preußischer Ministerpräsident war und die gemeinsame Außenpolitik leitete. Damit war praktisch den 21 nichtpreußischen Bundesstaaten die Souveränität genommen; sie behielten nur eine gewisse Autonomie im Bereich der inneren Verwaltung, der Justiz sowie der Schul- und Kirchenaufsicht.

Mit einer Fläche von 415 000 Quadratkilometern war der Norddeutsche Bund fast um die Hälfte größer als die heutige Bundesrepublik, wenngleich von nur knapp 30 Millionen Menschen bevölkert. Er bildete zusammen mit den süddeutschen Staaten ein gemeinsames Wirtschafts- und Zollgebiet, so daß ein ausgedehnter Markt entstand, wie er den Interessen des Großbürgertums entsprach.

Die Liberalen und Demokraten setzten es dann zwar durch, daß der Reichstag nach demokratischen Grundsätzen gewählt wurde, aber insgesamt war die Verfassung des Bundes ein Gemisch aus sehr verschiedenen Elementen: Durch das erbliche Recht der Hohenzollern auf Vorsitz, Oberbefehl, Ernennung des Kanzlers und Leitung der Außenpolitik war die preußische Vorherrschaft sichergestellt. Durch die Gewährung regionaler Autonomie blieben die konservativen Interessen und die Ansprüche der Junker gewahrt. Dagegen waren die demokratischen Kräfte erheblich zu kurz gekommen: Gewiß, Bismarck hatte ihnen, eingedenk der Thesen Lassalles, ein demokratisches Wahlrecht zugestanden, aber da das gewählte Parlament, der Reichstag, den Kanzler nicht zu stürzen vermochte, war dessen »Verantwortlichkeit« gegenüber der Mehrheit eine scheindemokratische Farce, die die Volksvertretung zur bloßen »Schwatzbude« degradierte. Tatsächlich hatte sich Bismarck, wie er stolz erklärte, die Verfassung des Norddeutschen Bundes »auf den Leib geschrieben«; sie ermöglichte ihm die – quasi bonapartistische – Kanzlerdiktatur.

Das Ergebnis der ersten Wahlen zum Norddeutschen Reichstag vom 12. Februar 1867 war für Bismarck zudem sehr zufriedenstellend: Es gab eine ihn unterstützende Mehrheit von 102 Konservativen und 106 National- und Altliberalen; eine liberale Mittelgruppe, verstärkt durch Reste der Zentrumspartei, konnte 13, die einst so starke Fortschrittspartei nur noch 19 Abgeordnete ins Parlament bringen. 13 Polen, ein Däne, 20 Vertreter partikularistischer Interessen, 21 Parteilose und zwei die äußerste Linke repräsentierende

Abgeordnete der Sächsischen Volkspartei vervollständigten dieses bunte, für Bismarck ungefährliche Spektrum.

So konnte er es hinnehmen, daß die Abgeordneten demonstrativ den – nun zu den bismarcktreuen Nationalliberalen zählenden – einstigen Paulskirchen-Präsidenten von 1848/49, Eduard Simson aus Königsberg, zum ersten Präsidenten des Reichstags wählten, was von den Konservativen als Herausforderung angesehen wurde. Sodann setzten die Liberalen einige Änderungen des Verfassungsentwurfs durch, so die geheime Wahl und die strafrechtliche Immunität der Abgeordneten. Zur Freude Bismarcks machte der Reichstag auch den Kanzler gegenüber dem Parlament »verantwortlich«, so daß dessen Amt gegenüber dem König ein stärkeres Gewicht erhielt. Nun konnte der – durch kein Mißtrauensvotum zu stürzende – Kanzler Maßnahmen, die der König wünschte, ihm selbst aber nicht paßten, mit der Begründung ablehnen, dafür nicht die verfassungsmäßige Verantwortung übernehmen zu können, und an der tatsächlichen Ohnmacht des Reichstags änderte sich dadurch nichts.

Anzumerken ist, daß unter den insgesamt 297 Abgeordneten des ersten Norddeutschen Reichstags, von denen 235 aus Preußen kamen, erstmals auch ein Vertreter der jungen Sozialdemokratie saß, kein Lassalleaner, sondern ein Anhänger von Karl Marx und Friedrich Engels, ein Kampfgenosse Wilhelm Liebknechts: August Bebel.

Der damals gerade 27jährige Bebel, bis zu seinem Tode im Jahre 1913 der unbestrittene Führer der deutschen Sozialdemokraten, hatte auf der Liste der Sächsischen Volkspartei kandidiert. Er fiel im neuen Reichstag schon durch seine Jungfernrede auf, worin er erklärte, »daß es Preußen bei der Gründung dieses Norddeutschen Bundes keineswegs um die Einigung Deutschlands« gegangen sei – hier verzeichnete das Protokoll »lebhaften Widerspruch von rechts« –, sondern daß damit im Gegenteil »nur ein spezifisch preußisches Interesse, die Stärkung der hohenzollerschen Hausmacht, bezweckt worden ist«.

Es kam daraufhin zu Tumulten, und es dauerte einige Minuten, bis der Präsident dem Redner nochmals Gehör verschaffen konnte.

»Meine Herren«, schloß Bebel seine Rede, »eine solche Politik zu unterstützen, dazu habe ich keine Lust. Ich muß dagegen protestieren, daß man eine solche Politik eine deutsche nennt; ich muß entschieden protestieren gegen einen Bund, ... der dazu bestimmt ist, Deutschland zu einer großen Kaserne zu machen – lebhafter Widerspruch –, um den letzten Rest von Freiheit und Volksrecht zu vernichten. Aus diesen Gründen werde ich gegen den Paragraphen 1 stimmen, und schließlich gegen die ganze Vorlage!«

So hätte gewiß auch Jacoby gesprochen, doch er hatte sich von vornherein geweigert, für diesen Reichstag zu kandidieren, den er »den Bismarckschen Humbug« nannte, an dessen »leerem Gaukelspiel« er sich nicht beteiligen wolle. »Mögen andere dort für sich ihre breite Bettelsuppe kochen«, antwortete er mürrisch, als ihm wieder eine Kandidatur angetragen wurde. In Berlin hatten sich drei Wahlbezirke – vergeblich – für ihn entschieden; die Breslauer Fortschrittspartei begehrte dringend seine Kandidatur. Auch bei den Leipziger Demokraten, auf der Liste der Sächsischen Volkspartei, hätte er gute Chancen gehabt, und selbst aus Frankfurt am Main kamen lockende Angebote. Aber er nahm kein Mandat an und bereute dies auch nicht, im Gegenteil.

»Was hätte ich Ärmster«, schrieb er im März 1867 an Eduard Waldeck, »ohne Schniepel [Frack] und Orden dort angefangen? Wie kurios würde der ›verbissene Radikale‹ sich in so vornehmer Gesellschaft ausgenommen, was würden vollends alle die bebänderten und besternten Uniformen für ein Gesicht gemacht haben, wenn ich mit einem *A bas la livrée!* (Nieder mit der Livree!) dazwischengefahren wäre? Den Parlamentarismus im Parlamente begraben – so lautet Bismarcks wohlausgesonnenes Programm. Nun, an Leichenbittern und Totengräbern ist kein Mangel... Trösten wir uns mit dem Prophetenwort Börnes: ›Die Freiheit lebt noch im Grabe fort und wächst, bis sie den Sarg sprengt!‹...«

Aber wenn Jacoby auch dem Norddeutschen Reichstag fernblieb, so nahm er doch seine Abgeordnetenpflichten im preußischen Landtag wahr. Ende April 1867 reiste er nach Berlin, um an der Sondersitzung teilzunehmen, die die Verfassung des Norddeutschen Bundes beraten sollte.

Am 5. Mai brachten Benedikt Waldeck, Rudolf Virchow, Johann Jacoby und etwa sechzig weitere Abgeordnete der Linken einen Antrag ein, der einen einzigen Mängelkatalog der neuen Bundesverfassung darstellte: Sie gefährde die wichtigsten dem Volk durch die preußische Verfassung garantierten Rechte; sie kenne kein verantwortliches Ministerium; sie übertrage die Exekutive in allen Militärangelegenheiten allein dem König; sie mache die Aufstellung eines Haushalts überflüssig; sie verleihe den Bürgern keine Grundrechte; sie kenne weder den Eid auf die Verfassung, den der König zu leisten habe, noch den der Beamten; sie führe durch die Streichung der Abgeordnetendiäten dazu, daß die Wählbarkeit sich weitgehend auf Begüterte beschränke; vor allem aber enthielte sie keine Ansatzpunkte für eine Weiterentwicklung des Verfassungsrechts im freiheitlichen Sinne.

Jacoby nahm zu diesem Antrag, der keine Aussicht hatte, angenommen zu werden, am 6. Mai Stellung. Es war die knappste Rede, die er je im Parlament hielt. Er betonte, daß weder der Reichstag noch das preußische Abgeordnetenhaus das Recht habe, die politische Teilung Deutschlands zu verordnen; im Interesse aller Deutschen, die nicht in diesen Parlamenten vertreten seien, lege er dagegen Protest ein. Der Entwurf für eine Verfassung des Norddeutschen Bundes hebe die wesentlichen konstitutionellen Rechte des preußischen Volks auf; deshalb lehne er ihn ab. Im übrigen habe sich leider bewahrheitet, wovor er gewarnt habe: »Sie, meine Herren, haben den Ministern ›Indemnität‹ gegeben für ein jahrelang fortgesetztes verfassungswidriges Regiment. Sie haben die gegen den Volkswillen eingeführte Militärreorganisation anerkannt. Sie haben der gewaltsamen Aneignung deutschen Bundesgebiets bereitwillig Ihre Zustimmung erteilt. Damit nicht zufrieden, verlangt man jetzt von Ihnen, Sie sollten Verzicht leisten auf konstitutionelle Rechte, die das preußische Volk lange Jahre hindurch sehnsüchtig erstrebt, für deren Aufrechterhaltung die meisten von Ihnen jahrelang mannhaft gekämpft haben. In aller Form sollen Sie verzichten auf Ihre Verfassungsrechte, nicht etwa zugunsten einer größeren Staatengemeinschaft, sondern zugunsten des absoluten Herrschertums. Nach den Vorgängen der letzten Tage ist kein Zweifel: Sie werden auch dieser Forderung Folge leisten. (Zuruf von rechts: Jawohl!). Wenige Wochen noch, und der begrabene deutsche Bundestag wird hier in Berlin, unter preußischer Militärdiktatur, seine Auferstehung feiern.«

Er wolle die Mehrheit nicht aufhalten durch nutzloses Reden, halte es aber für seine Pflicht, vor Mit- und Nachwelt Zeugnis dafür abzulegen, daß es im preußischen Volk noch Männer gebe, die, unbeirrt durch den Glanz kriegerischen Ruhms, nicht gewillt seien, Freiheit und Verfassungsrecht dem Trugbild nationaler Macht und Ehre zu opfern. Im Namen seiner Wähler protestiere er gegen das Ärgste, was man jetzt einem Volke zumute: die Schmach freiwilliger Knechtschaft!

»Täuschen Sie sich nicht«, schloß er prophetisch, »... Verkümmerung der Freiheitsrechte hat noch niemals ein Volk zu nationaler Macht und Größe geführt! Geben Sie dem ›Obersten Kriegsherren‹ absolute Machtvollkommenheit, und Sie proklamieren zugleich den Völkerkrieg! Deutschland, in staatlicher Freiheit geeint, ist zugleich die sicherste Bürgschaft für den Frieden Europas; unter preußischer Militärherrschaft dagegen ist Deutschland eine beständige Gefahr für die Nachbarvölker, der Beginn einer Kriegsepoche, die uns in die traurigen Zeiten des Faustrechts zurückzuwerfen droht. Möge Preußen, möge das deutsche Vaterland vor solchem Unheil bewahrt bleiben!«

Doch auch dieser Appell Jacobys war vergebens. Am 31. Mai 1867 nahm das preußische Abgeordnetenhaus mit 227 gegen 93 Stimmen die Norddeutsche Bundesverfassung endgültig an. Eine Woche später kehrte Jacoby zurück nach Königsberg. Er widmete sich wieder ganz seiner Praxis, aber als im Sommer dieses Jahres der Plan einer Internationalen Friedens- und Freiheitsliga entstand, setzte er sich mit allen Kräften für diese Idee ein. Zusammen mit Victor Hugo, Giuseppe Garibaldi, John Stuart Mill und anderen prominenten europäischen Freisinnigen gehörte er zu den Gründern dieser Liga, deren Ziele – Abschaffung der Kriege durch friedliche Schlichtung internationaler Konflikte, Gründung der Vereinigten Staaten von Europa, Schaffung von Volksmilizen anstelle der stehenden Heere, Lösung aller Probleme auf dem Boden demokratischer Freiheit und sozialer Gerechtigkeit – er nachdrücklich unterstützte, auch wenn er nicht auf baldige Erfolge hoffte.

»Nach wie vor lassen die geknechteten Völker sich aufeinanderhetzen«, schrieb er an Ludwig Simon. »Es ist immer die alte traurige Geschichte – leider keine bloße Fabel!... Wann wird diese Tollheit einmal enden?«

In den Norddeutschen Reichstag, für den zu kandidieren er wiederholt aufgefordert wurde, ließ er sich nicht wählen. Als ihm Franz Ziegler, der ein Mandat erhalten hatte, sein Leid klagte über die »Flut von Schlamm«, gegen die die wenigen Männer der Linken – zu denen nun, neben August Bebel, auch Wilhelm Liebknecht gehörte – anzukämpfen hätten, fügte er hinzu: Daß Jacoby zu Hause geblieben, sei zwar klug, aber »nicht freundschaftlich gehandelt. Wie oft sucht Sie mein Auge, und wie froh ist man auf der anderen Seite, Sie nicht zu sehen!«

Jacoby sprach ihm sein »Beileid« aus; er könne sich denken, wie Ziegler inmitten »dieser Larven« zumute sei, und doch – der Mensch sei nun einmal eine boshafte Natur – eine kleine Schadenfreude könne er trotz allem nicht unterdrücken.

Dagegen ließ er sich, allein aus Pflichtgefühl, wieder ins preußische Abgeordnetenhaus wählen. »Wohl kommt es uns Alten sauer an, in der Kammer zu sitzen und leeres Stroh zu dreschen, aber noch ist es nicht an der Zeit, das parlamentarische Spiel ganz aufzugeben«, schrieb er nach Berlin, wo er im November 1867 mit fast zwei Dritteln der Wahlmännerstimmen des 2. Berliner Bezirks zum Abgeordneten gewählt wurde. Schon nach knapp drei Wochen klagte er Ludwig Walesrode in einem Brief: »Es ist eine jammervolle Zeit, und im Abgeordnetenhaus weht ein so abscheulich nationalliberaler Wind, daß unsereiner je eher je lieber davonlaufen möchte...«

Es war die Zeit, in der alte Freunde und Mitstreiter scharenweise zur neuen, mit Bismarck paktierenden Nationalliberalen Partei überliefen. Am schmerzlichsten traf es Jacoby, daß auch Ferdinand Falkson, Adolf Stahr und am Ende sogar Fanny Lewald zu unkritischen Bewunderern Bismarcks wurden, wodurch sich sein freundschaftliches Verhältnis zum Ehepaar Stahr deutlich abkühlte.

Indessen blieb Jacoby bei seiner kompromißlos ablehnenden

Haltung gegenüber dem Bismarckschen Regime, und je mehr er sich dadurch in der Fortschrittspartei isolierte, desto mehr näherte er sich der jungen, rasch erstarkenden Arbeiterbewegung und deren parlamentarischer Vertretung, der Volkspartei. Zu Beginn der Landtagssession 1868/69 trat er aus der Fortschrittsfraktion aus; Wilhelm Liebknecht prophezeite abermals, daß sich der »alte Jacoby«, den er sehr verehrte, in Bälde den Sozialdemokraten anschließen werde, doch davon wird noch ausführlich die Rede sein.

Nach vier Monaten ebenso anstrengender wie unerquicklicher Abgeordnetentätigkeit kehrte Jacoby im März 1869 nach Königsberg zurück, wo er einen sehr ruhigen Sommer verbrachte. Mit der Außenwelt verband ihn nur noch seine ärztliche Praxis und der Briefwechsel mit wenigen Freunden. Während der nächsten Sitzungsperiode des Abgeordnetenhauses, die im Oktober 1869 begann, ergriff Jacoby kein einziges Mal das Wort. Karl Marx, der von London aus Jacobys politische Abstinenz beobachtete, schrieb darüber an Friedrich Engels, daß »Old Jacoby« sein »bloß stummes Einhüllen in die Tiefe der eigenen sittlichen Entrüstung« endlich aufgeben solle.

Tatsächlich bedrängte Jacoby in diesem Winter 1869/70 vor allem die Frage, ob er noch mit gutem Gewissen an diesem Scheinparlamentarismus teilnehmen könnte. Er entschloß sich dann, noch bis zum Ende der Sitzungsperiode auszuharren, danach aber unter keinen Umständen mehr ein Mandat anzunehmen.

Am 12. Februar 1870, als die Session zu Ende ging, kehrte er recht mürrisch und stark erkältet nach Königsberg heim. Doch wenig später meldete er den Freunden in Berlin bereits, daß er sich wieder sehr wohl fühle, gesund, arbeitsfähig und lebensfroh. Neben der Praxis, die ihn nicht allzu sehr in Anspruch nahm, setzte er sich vor allem für die Gründung einer Volkspartei in Königsberg ein und nahm an zahlreichen politischen Konferenzen und Versammlungen teil. Was ihm vorschwebte, war ein Kampfbündnis zwischen der fortschrittlichen bürgerlichen Intelligenz und dem politisch bewußten Proletariat gegen den Bismarckschen Schein-Konstitutionalismus, das reaktionäre Junkertum und die nationalliberalen Verräter, die den Kampf für die Demokratie zugunsten ihres Profitstrebens aufgegeben hatten. Diese Volkspartei, um deren Gründung er sich bemühte, sollte die soziale Frage durch gerechten Interessenausgleich, nicht durch Klassenkampf zu lösen versuchen.

Diese Pläne scheiterten, denn es gab kaum noch fortschrittliche Bürger, und die geringe Anzahl schon politisch bewußter Proletarier war bei der Sozialdemokratie. Hinzu kam, daß im Frühsommer 1870 eine Woge nationaler Erregung und chauvinistischer Stimmung alles wieder zunichte machte, was er und seine Freunde in zäher Kleinarbeit zum Aufbau einer Partei links von den Freisinnigen geleistet hatten.

Bismarck, dessen Ziel es war, auch noch Baden, Württemberg und Bayern unter preußische Oberherrschaft zu bringen, hatte dies zunächst über den Zollverein und durch bedeutende Zugeständnisse an die Liberalen zu erreichen versucht: Die Gewerbeordnung von 1869 beseitigte die Reste ständischer und merkantilistischer Beschränkungen, gab den Arbeitern das Recht auf gewerkschaftlichen Zusammenschluß und sogar das Streikrecht; das Strafgesetzbuch vom Mai 1870 schuf ein einheitliches deutsches Strafrecht nach modernen Grundsätzen.

Aber alle diese Zugeständnisse und Leistungen reichten nicht aus, die Süddeutschen zum Beitritt zu jenem Bund zu bewegen, worin – nach den Worten des hessischen Ministers v. Dalwigk – die Stellung Preußens zu den übrigen Mitgliedstaaten dem »Zusammenleben eines Hundes mit seinen Flöhen« vergleichbar war.

So sah sich Bismarck genötigt, die von ihm seit langem geplante Ausdehnung der preußischen Herrschaft auf ganz Deutschland bei gleichzeitiger Wahrung der althergebrachten ständischen Ordnung wieder durch einen Krieg herbeizuführen, diesmal gegen das Mutterland der radikalen Demokratie, wo sich Napoléon III. auf seinen Onkel, den »Vollender und Erben der Französischen Revolution«, berief. Bismarck konnte damit zwei Fliegen mit einer Klappe schlagen: Ein Sieg über den französischen »Erbfeind« würde den deutschen Demokraten die Hoffnung rauben, jemals wieder durch Anstöße aus Frankreich einen Umsturz herbeiführen zu können, und er würde zugleich die Herrschaft des preußischen Militarismus in ganz Deutschland sichern.

Bismarck suchte und fand bald einen Anlaß zu diesem von ihm gewünschten Krieg, bei dem sich überdies Napoléon III. plötzlich in der Rolle des Herausforderers und Angreifers fand. Über die Frage der spanischen Thronfolge war es zu einem diplomatischen Konflikt zwischen Paris und Berlin gekommen, der schon beigelegt schien, als es Bismarck gelang, durch eine geschickte Manipulation – die Verfälschung des amtlichen Textes der »Emser Depesche« – einen preußischen Affront gegen den Franzosenkaiser zu konstruieren, den dieser nicht hinnehmen konnte, ohne seinen Thron aufs Spiel zu setzen.

Napoléon III., politisch isoliert und zum Handeln gezwungen, erklärte, wie Bismarck es gewünscht hatte, am 19. Juli 1870 dem Norddeutschen Bund den Krieg. Eine Welle patriotischer Begeisterung erfaßte die Deutschen, auch die im Süden. Am 21. Juli bewilligte der Norddeutsche Reichstag fast einstimmig – nur Bebel und Liebknecht enthielten sich – alle geforderten Kriegskredite. Die längst sorgfältig vorbereitete allgemeine Mobilmachung begann, und schon am 4. August fielen die Truppen aller deutschen Staaten in Frankreich ein, dessen Armee, wie sich dann zeigte, für diesen Krieg ungenügend ausgerüstet und vorbereitet war. Schon am 2. September errangen die Deutschen bei Sedan einen vollständigen Sieg über die französische Nordarmee. Mehr als hunderttausend Franzosen, darunter Kaiser Napoléon III. selbst, gerieten in preußische Gefangenschaft; der Rest der französischen Heeresmacht war in Metz eingeschlossen und kapitulierte wenige Tage später.

Diese gewaltigen militärischen Erfolge hätten ausgereicht, den Krieg als gewonnen anzusehen und sofort zu beenden. Aber er ging weiter, jetzt mit neuen Zielen, die der Historiker Heinrich v. Treitschke schon im August 1870 so formuliert hatte: »Der Gedanke aber, welcher, zuerst leise anklopfend wie ein verschämter Wunsch, in vier raschen Wochen zum mächtigen Feldgeschrei der Nation wurde, lautet kurzab: Heraus mit dem alten Raube, heraus mit Elsaß-Lothringen!«

Es waren nur wenige Stimmen der Vernunft, die sich gegen diese Forderung erhoben, und sie drohten im allgemeinen Begeisterungstaumel unterzugehen. Der Braunschweiger Ausschuß der Sozialdemokratischen Arbeiterpartei erließ – nach Weisungen von Karl Marx aus London – ein Manifest »An alle deutschen Arbeiter«, das einen ehrenvollen Frieden mit der eben ausgerufenen Französischen Republik und den Verzicht auf Gebietsabtretungen forderte. Der von Wilhelm Liebknecht redigierte Leipziger »Volksbote« erschien mit der im Kopf des Blattes eingedruckten Parole: »Ein billiger Friede mit der Französischen Republik! Keine Annexionen! Bestrafung Bonapartes und seiner Mitschuldigen!«, und in Königsberg erhob Johann Jacoby wieder seine Stimme: »Meine Herren! Lassen Sie sich nicht in Versuchung führen durch schönklingende Worte!... Prüfen Sie jene... Phrase – und Sie werden finden, daß sie nichts weiter ist als eine Bemäntelung des alten barbarischen Kanonenrechts«, rief er in einer Versammlung aus, wo Nationalliberale die Annexion des »urdeutschen« Elsaß-Lothringen gefordert hatten.

»Haben die beiden Länder denn keine Bewohner?« fragte Jacoby seine Opponenten. »Oder sind diese eine willenlose Sache?... Wie würde es uns... gefallen, wenn einst ein siegreiches Polen – aufgrund des Kanonenrechts – die Provinzen Posen und Westpreußen zurückfordern und annektieren wollte? Und doch ließen sich dafür ganz dieselben Gründe geltend machen, die man jetzt für eine Annexion von Elsaß und Lothringen vorbringt.... Nein, unsere Pflicht ist es, solchen Bestrebungen nationaler Selbstsucht entgegenzutreten! Halten wir fest an den Grundsätzen des Rechts!... Sprechen wir es aus..., daß jede Einverleibung fremden Ländergebiets wider den Willen seiner Bewohner eine Verletzung des Selbstbestimmungsrechts der Völker und daher ebenso verwerflich wie verderblich ist. Unbeirrt durch den Siegestaumel des Augenblicks lassen Sie uns Protest erheben gegen jede Vergewaltigung der Bewohner von Elsaß und Lothringen. Nur wer die Freiheit anderer achtet, ist selber der Freiheit wert!«

Er setzte dann eine Resolution auf, die nahezu einstimmig verabschiedet wurde.

Am Abend dieses 20. September 1870, als sich Jacoby zum Ausklang des Tages in sein Studierstübchen zurückgezogen hatte, erschien ein preußischer Hauptmann und eröffnete ihm, auf Befehl des Generalgouverneurs des Küstenlandes, des Generals Vogel v. Falckenstein, habe er ihn, Dr. Johann Jacoby, sofort als Kriegsgefangenen abzuführen.

Jacoby blieben nur wenige Minuten, das Nötigste einzupacken und sich von seinen weinenden Schwestern zu verabschieden. Der Offizier, so berichtete später Ferdinand Falkson, sei erstaunt und ergriffen gewesen von der Ruhe und Gelassenheit, mit der ihm der 65jährige, schon sehr gealterte Jacoby folgte.

Zur selben Stunde, abends zwischen 18 und 19 Uhr, wurde in Königsberg auch ein Mitstreiter Jacobys in der Volkspartei, der Kaufmann Herbig, verhaftet. Man brachte dann die beiden mit Pferdewagen zur Kronprinzenkaserne. Tags darauf wurden sie – wegen ihres öffentlichen Protests gegen die Annexion von Elsaß-Lothringen, wie ihnen eröffnet wurde – unter militärischer Bewachung mit der Eisenbahn in die etwa hundert Kilometer südöstlich von Königsberg inmitten der masurischen Seen gelegene Festung Lötzen gebracht. Von dort aus meldete er seinen Schwestern: »Könnt ruhig sein wie ›lieb Vaterland‹! Trotz Sturm und Regen sind wir gestern abend um 6 Uhr glücklich hier angelangt und von den Militärbeamten der Festung auf das freundlichste empfangen worden.«

XVIII.

Der letzte Schritt: zur Sozialdemokratie

Jacobys Internierung erregte beträchtliches Aufsehen, weit über Preußen, ja weit über Deutschland hinaus; alle bedeutenden europäischen Zeitungen meldeten den Vorfall und knüpften daran für die preußische Regierung wenig schmeichelhafte Kommentare. Vielerorts, vor allem natürlich in Ostpreußen, wurden Proteste laut. Die Stadtverordneten und der Magistrat von Königsberg mit dem Oberbürgermeister an der Spitze forderten telegrafisch von Bismarck, die sofortige Freilassung der widerrechtlich verhafteten Kollegen Dr. Jacoby und Herbig zu veranlassen.

Auch diese Proteste, vorwiegend von Persönlichkeiten getragen, die in der Sache mit Jacoby keineswegs einer Meinung waren, fanden internationale Beachtung und wurden in den Kommentaren der Presse als Beweis dafür angeführt, daß sich das Bismarck anhimmelnde liberale Bürgertum in Preußen noch einen Sinn für Anstand und Gerechtigkeit bewahrt habe. Die Wiener »Neue Freie Presse« bedauerte hinsichtlich dieser Welle von Protesten nur, »daß man sich dazu erst entschloß, als die unantastbare Reinheit des Jacobyschen Namens die Taten Falckensteins in ihrem grellsten Lichte zeigte, und die armen, unbekannten Partikularisten und Sozialdemokraten, die schon seit langen Wochen in Lötzen eingekerkert sind, ruhig ihrem Schicksal überließ«. Tatsächlich hatte General Vogel v. Falckenstein schon am 9. September, drei Wochen vor der Festnahme Jacobys und Herbigs, sechs Mitglieder der sozialdemokratischen Parteileitung, darunter Wilhelm Bracke, in Ketten legen und nach Lötzen schaffen lassen, wo sie von den übrigen Internierten, darunter Führer der nordschleswiger Dänen und der für Hannovers Unabhängigkeit eintretenden Welfenpartei, streng isoliert wurden. Jacoby und seine Freunde hatten übrigens gegen diese Willkürakte des Militärgouverneurs öffentlich protestiert.

Trotz des Verbots gelang es Jacoby aber, in Lötzen mit Wilhelm Bracke Kontakt aufzunehmen, vermutlich weil er sich innerhalb der Festung frei bewegen konnte. Da er sich aus eigenen Mitteln Verpflegung, Heizmaterial, Kleidung, Wäsche und manches andere besorgen lassen konnte – der pro Mann und Tag nur 7 1/2 Silbergroschen betragende Unterhaltssatz für Festungsgefangene war viel zu niedrig, um auch nur halbwegs menschlich leben zu können –, hatten Jacoby und auch Herbig in dieser Hinsicht wenig zu klagen. Immerhin geht aus den Tagebuchaufzeichnungen eines Mitgefangenen hervor, daß ein Kälteeinbruch im Oktober allen, auch Jacoby, schwer zu schaffen machte. »Inzwischen müssen wir weiter sitzen und frieren«, heißt es da. »Dr. Jacoby las gestern seine Zeitungen mit großen Handschuhen, und wir saßen im Paletot, mit dem Hut auf dem Kopf und ein Stück Holz oder Papp unter den Füßen, am Kartentische, spielten und – froren...«

Aus einem Brief an seine Schwestern geht hervor, daß Jacoby in Lötzen, wo die Staatsgefangenen auf der Feste Boyen einquartiert waren, sowohl die von Guido Weiß herausgegebene »Zukunft« als auch die sozialdemokratischen Blätter, den »Volksfreund« und den »Crimmitschauer Bürger- und Bauernfreund«, täglich erhielt.

Der Krieg in Frankreich, so ließ sich der Berichterstattung entnehmen, entwickelte sich mehr und mehr zum reinen Eroberungsfeldzug. Paris war seit dem 19. September von deutschen Truppen umzingelt und von jeder Verbindung mit der Außenwelt abgeschnitten, abgesehen von einer: der Post- und gelegentlich auch Personenbeförderung durch Luftballons! Vom 23. September 1870 bis zum 28. Januar 1871, als die Hungersnot in der Stadt ihre Verteidiger zur Übergabe zwang, stiegen insgesamt 65 Ballons auf und brachten Nachrichten in den vom Feind noch nicht besetzten Teil Frankreichs – darunter auch einen kurzen Brief an »Herrn Doktor Jacoby in Koenigsberg«, der trotz dieser spärlichen Adresse seinen Empfänger auf dem Umweg über die Schweiz erreichte und bei seinem Eintreffen für viel Aufregung im Hause Jacobys sorgte.

Ein Brief aus Feindesland, aus dem belagerten Paris! Mußte das, so fürchteten die Schwestern, den in Lötzen als Kriegsgefangenen internierten Bruder nicht noch mehr belasten?

Tatsächlich läßt sich dem mit Ballonpost beförderten Papierfetzen, der erhalten geblieben ist, nur entnehmen, daß sich Jacoby »armer kranker Studenten« angenommen und für deren Kuraufenthalt gesorgt hatte. Die Absenderin teilte mit, sie habe noch einiges Geld gesammelt, mit dem warme Kleidung für die am meisten Bedürftigen gekauft werden könnte, und versprach Jacoby die Rückerstattung seiner Auslagen. *»Mit innigsten Grüßen bis zum Wiedersehen verbleibe ich fürs Leben, mein lieber Herr Doctor, Ihre treue L'beth Loren.«**

Auch von der anderen Seite des Blockaderings, aus dem preußischen Hauptquartier in Versailles, traf Post für Herrn Dr. Jacoby ein:

Knapp drei Wochen nach seiner Verhaftung, gegen die er schon gleich nach seinem Eintreffen in Lötzen bei Bismarck brieflich Protest eingelegt hatte, erhielt Jacoby dessen Antwortschreiben. Mit entwaffnender Liebenswürdigkeit teilte Bismarck ihm darin mit, er habe auf militärische Maßnahmen wie die des Generals Vogel

* Der mit Ballonpost beförderte Brief aus dem eingeschlossenen Paris, der der Forschung bisher unbekannt geblieben ist, wurde von Herrn Raymond G. H. Wiener, Brüssel, einem Nachkommen der ältesten Schwester Johann Jacobys, dem Autor liebenswürdigerweise zur Verfügung gestellt.
Der in französischer Sprache abgefaßte Brief hat in deutscher Übersetzung folgenden Wortlaut:
»Herr Doktor, ich habe soeben erfahren – nicht ungeduldig werden, bitte –, daß die armen kranken Studenten die Wasserkur zur Hälfte des üblichen Preises bekommen. Wenn es Ihnen möglich wäre zu erreichen, daß Werbelowski diese Begünstigung teilen könnte, wäre ich davon entzückt. Die Geldsammlung hat mir 16 Ecus (= 80 Goldfranken) eingebracht; man wurde weniger freigiebig, sobald man erfuhr, daß er nicht nach Salzbrunn geht. Ich werde es Ihnen, sobald ich zurück sein werde, was zweifellos sehr bald der Fall sein wird, zurückzahlen. Dieser Fetzen, auf welchem ich schreibe, zeigt Ihnen zur Genüge, daß hier Papiermangel herrscht, und ich brauche mich deshalb nicht zu entschuldigen. Ich grüße Sie innig bis zum Wiedersehen und verbleibe fürs Leben, mein lieber Herr Doktor, Ihre treue L'beth Loren (?)
St. Barthelémy, 45.«

v. Falckenstein keinerlei Einfluß. Der General habe jedoch angekündigt, er werde diese Maßnahmen noch ausführlich schriftlich begründen. Sobald diese Erläuterungen beim König eingegangen seien, versicherte der Kanzler Jacoby, »werde ich mich freuen, wenn die Überzeugung, die ich von der Sachlage gewinne, mir gestattet, für die Erfüllung Ihrer Wünsche tätig zu sein«.

Ob Bismarck die Verhaftung seines langjährigen entschiedensten Gegners zumindest anfangs gutgeheißen hatte oder nicht, läßt sich nicht mehr ergründen. Nach einigen Wochen jedenfalls mißbilligte er Jacobys weitere Internierung, nicht aus Gründen des Rechts, sondern der politischen Zweckmäßigkeit; angesichts der anstehenden Neuwahlen zum preußischen Abgeordnetenhaus schien es ihm jedenfalls nicht mehr ratsam, Jacoby als Märtyrer der – ansonsten chancenlosen – demokratischen Linken in den Wahlkampf einführen zu lassen. Später behauptete Bismarck, die Schuld daran, daß die Landtagswahlen um vier Wochen verzögert worden seien, hätte General Vogel v. Falckenstein, der den einmal verhafteten Jacoby trotz seiner, Bismarcks, Bitte lange Zeit nicht wieder habe freilassen wollen. Wenn der General, so beliebte der Kanzler zu witzeln, Jacoby »als Rhinozerosskelett gegessen hätte – meinethalben! Aber ihn einsperren – da hatte er an ihm nichts als einen dürren alten Juden«.

Kaum hatte sich Wilhelm I. entschlossen, den preußischen Landtag am 16. November 1870 wählen zu lassen, regte Bismarck beim König an, für die Zeit des Wahlkampfes den Kriegszustand in den Küstenprovinzen insoweit zu mildern, daß niemand behaupten könne, die Wahlfreiheit sei beeinträchtigt worden. Erforderlich sei auch die Freilassung der aus politischen Gründen Internierten. In Bismarcks Schreiben an den König heißt es dann in Bezug auf Jacoby, er habe »dieselbe von vornherein für angemessen nicht gehalten« und sei in dieser Überzeugung »durch spätere Wahrnehmungen nur bestärkt worden... Aus konservativen Kreisen wird mir mitgeteilt, daß die Wiederwahl des Dr. Jacoby in Berlin bis zu seiner Verhaftung als aussichtslos galt, seitdem aber wahrscheinlich geworden sei«.

Auf diesen Bericht Bismarcks hin verfügte der König mit einer telegrafischen Anweisung an Falckenstein die Freilassung Jacobys und der meisten anderen Gefangenen. Am Morgen des 27. Oktober, drei Tage nach Bismarcks Intervention, konnten Jacoby und Herbig Lötzen verlassen und nach Königsberg zurückkehren. Diesmal erwartete keine jubelnde Menge die Freigelassenen. Die Stimmung in Königsberg wie im übrigen Deutschland war von Siegesrausch und Hurrapatriotismus bestimmt, und die »Antiannexionisten« mit Jacoby an der Spitze hatten sich politisch isoliert. Zwar äußerten viele ihre Genugtuung, daß die ungesetzliche Internierung nun beendet sei und daß Jacoby die Haft gesundheitlich gut überstanden habe; aber selbst Fanny Lewald konnte sich nicht versagen, ihrem herzlichen Glückwunsch zur Haftentlassung bittere Vorwürfe anzufügen: Sein Protest gegen die Annexion von Elsaß-Lothringen sei ein »schweres Unrecht« gewesen – darin sei sie »mit Bismarck völlig einer Meinung«.

Fanny Lewalds politische Abkehr von dem jahrzehntelangen engsten Freund und Gesinnungsgenossen war symptomatisch für das Verhalten eines Großteils der bürgerlichen Intelligenz in Deutschland, die durch den Sieg über Frankreich und die bevorstehende nationale Einigung unter preußischer Führung ebenfalls von dem Rausch erfaßt worden war, der die große Mehrheit des Kleinbürgertums und der politisch noch nicht bewußten Unterschichten über Nacht zu glühenden Nationalisten und Bismarck-Bewunderern hatte werden lassen. Die wenigen Standhaften, die ihre Grundsätze nicht über Bord warfen – die Mitglieder der noch winzigen, miteinander rivalisierenden Arbeiterparteien und die radikaldemokratischen Einzelkämpfer wie Jacoby –, waren jetzt völlig vereinsamt.

Bei den Landtagswahlen vom November 1870 konnten weder Jacoby selbst noch seine wenigen Mitstreiter einen Erfolg erringen. Im Norddeutschen Reichstag überboten sich Nationalliberale und Freisinnige gegenseitig in Beteuerungen ihrer patriotischen, königs- und bismarcktreuen Gesinnung. Als noch im November 1870 die Maßnahmen des Generals Vogel v. Falckenstein im Reichstagsplenum erörtert wurden, verurteilten zwar etliche Redner die Ungesetzlichkeiten, zumal die Internierung Jacobys, aber nur ein einziger Abgeordneter stellte sich auch in der Sache voll hinter den von Konservativen und Nationalliberalen gleichermaßen Geschmähten: der junge Sozialdemokrat August Bebel.

Wenn die Rechte des Hauses Jacoby vorhielte, erklärte er, daß die große Mehrheit der Deutschen für die Annexion Elsaß-Lothringens sei und er daher Unrecht tue, wenn er sich gegen die Volksmajorität stemme, so habe sie wohl vergessen, daß die Mehrheiten aller Zeiten zunächst Minderheiten gewesen seien. Ja, wenn der politische Charakter eines Mannes bedingen solle, daß er nur dann seine Meinung sage, wenn er überzeugt sein könne, daß die Mehrheit ihm zustimme, dann sei das eine Theorie, die vielleicht für die Liberalen akzeptabel sei, nie und nimmer jedoch für Sozialdemokraten und ebenso wenig für einen Mann wie Jacoby.

Am 18. Januar 1871 wurde auf fremdem, erobertem Boden, im Spiegelsaal des Versailler Schlosses, König Wilhelm I. von Preußen feierlich zum Deutschen Kaiser proklamiert – vor Fürsten, Prinzen, Generalen und anderen Uniformierten und in Abwesenheit von jedwedem Vertreter derer, die die überwältigende Mehrheit des deutschen Volkes ausmachten.

Doch auch in den deutschen Städten und Dörfern war der Jubel allgemein. Die wenigen, die den neuen Kaiserthron mit bangem Zweifel erstehen sahen, weil sie Deutschland *in Freiheit* geeint wissen wollten, wurden geschmäht oder verlacht.

Wie fast alle deutschen Gemeinden wollte auch die Stadt Königsberg Wilhelm I. zur Annahme der Kaiserwürde gratulieren und ihm ihre Sympathie bekunden. Auf der Tagesordnung der Stadtverordnetenversammlung vom 24. Januar 1871 stand deshalb die Beratung eines entsprechenden Antrags des Magistrats. Jacoby meldete sich zu Wort und erklärte: »Bevor Sie, meine Herren, über die Abfassung einer Adresse beraten, sei mir eine Bemerkung gestattet, die nicht etwa auf Ihre Abstimmung einwirken, sondern lediglich meine persönliche Stellung zu dem Antrage bezeichnen soll. Als Lord Brougham* beim Regierungsantritt der Königin Viktoria von Eng-

* Henry (seit 1830: Lord) Brougham, 1778–1868, fortschrittlicher Politiker und Publizist, der den Sklavenhandel bekämpfte, das Strafrecht zu liberalisieren sich

land aufgefordert wurde, einem zur Feier des Tages veranstalteten Feste beizuwohnen, lehnte er dies mit den Worten ab: ›Vorzeitiger Enthusiasmus ist durch die Geschichte des Königtums in England *nicht* gerechtfertigt.‹ Ein Gleiches, meine Herren, gilt von dem Kaisertum in Deutschland... Ich für meinen Teil erkläre mich gegen die beantragte Adresse.«

Ferdinand Falkson, ein einstiger enger Freund und Kampfgefährte Jacobys, übernahm es, ihm zu antworten, und erklärte, in der Adresse solle die Hoffnung ausgedrückt werden, daß im neuen deutschen Reich der feste Boden gewonnen sei, auf dem ein Gebäude bürgerlicher Freiheit errichtet werden könnte.

Jacoby nahm dazu noch einmal Stellung: Es liege ihm fern, die erhebenden Gefühle der Mehrheit verletzen zu wollen. Er meine jedoch, die von Falkson ausgeprochenen Hoffnungen seien durch die Geschichte ungerechtfertigt. An eine im Zwangswege durch Blut und Eisen geschaffene Einigkeit ließen sich keine Hoffnungen knüpfen.

Darauf erwiderte Falkson sehr erregt, solche Meinungen seien undeutsch und vaterlandslos. Jacoby antwortete: »... Der deutsche Geist ist ein Geist der Freiheit, der Humanität. Undeutsch ist es daher zu glauben, daß durch Zwang, durch Blut-und-Eisen-Politik eine deutsche Einheit herzustellen ist... Wenn der vaterlandslos ist, der das Gefühl für Recht und Freiheit höher achtet als die sogenannte Liebe zum Vaterlande, so mag man mich immerhin vaterlandslos nennen.«

Die Adresse an Kaiser Wilhelm I. wurde dann mit überwältigender Mehrheit angenommen; auch im Königsberger Stadtparlament wehte jetzt ein anderer Wind.

Wenig später begannen die Vorbereitungen für die ersten Wahlen zum neuen Reichstag, die am 3. März 1871 stattfinden sollten. Jacoby wurde von einem seiner politischen Freunde, dem damaligen Nähmaschinen- und späteren Waffenfabrikanten Ludwig Löwe, aufgefordert, in Berlin für die demokratische Linke zu kandi-

bemühte und für die Rechte diskriminierter Minderheiten sowie für eine Reform der Bildungs- und Sozialeinrichtungen eintrat.

dieren. Jacoby schien es derart wichtig, in der Reichshauptstadt eine demokratische Partei zu bilden, daß er sich zu einer Kandidatur bereit erklärte; er hoffe aber, wie er Löwe schrieb, daß bei der starken nationalliberalen Strömung in Berlin »der Kelch einer Reichstags*wahl*« an ihm vorübergehen werde. Etwa gleichzeitig bot ihm ein Mitglied der Sächsischen Volkspartei, Reinhold Schraps, sein als sicher geltendes Mandat im Wahlkreis Zwickau-Crimmitschau an, doch Jacoby lehnte ab, obwohl er dort höchstwahrscheinlich gewählt worden wäre, denn es lag ihm nichts daran, einen Sitz im Reichstag zu gewinnen; er wollte nur die Bildung einer radikaldemokratischen Partei in Berlin nach Kräften fördern.

Das gelang ihm dann überraschend gut: Bei einer allerdings sehr geringen Wahlbeteiligung – viele Männer waren noch zum Kriegsdienst eingezogen, viele hatten es versäumt, sich in die Wählerlisten eintragen zu lassen, und für Frauen gab es ja noch kein Wahlrecht – konnte Jacoby zwar kein Mandat erringen, aber immerhin 16 Prozent der abgegebenen Stimmen! Die von Jacoby geförderte, von seinem treuesten Jünger Guido Weiß redigierte Zeitung »Die Zukunft« stellte triumphierend fest: »In Berlin ist also, nächst der Fortschrittspartei, am zahlreichsten die demokratische Partei!«

Aber das war sicherlich übertrieben. Vermutlich hatte die fortschrittliche »Berliner Volks-Zeitung« recht, die zu dem Wahlergebnis bemerkte: »Johann Jacoby ist eine so exzeptionelle Persönlichkeit, ein so ausgezeichneter Charakter, er hat eine so verdienstvolle Vergangenheit, daß die Stimmen, welche für ihn am 3. März abgegeben worden sind, unmöglich alle als seinem gegenwärtigen politischen Programm geltend angesehen werden können, daß sie zum großen Teil allein auf Rechnung seiner Person kommen.«

Tatsächlich war die – sich ohnehin auf Norddeutschland beschränkende – radikaldemokratische Bewegung ohne starken Rückhalt in der Bevölkerung, die völlig infiziert war von der »Bismarckschen Krankheit«, die sich in militaristischem Denken, säbelrasselnder Großmannssucht und kritikloser Anbetung des »Heldenkaisers« und seines »Eisernen Kanzlers« manifestierte.

Ende März 1871 mußte auch »Die Zukunft« ihr Erscheinen einstellen. In dem wehmütigen Abschiedswort aus der Feder von

Guido Weiß hieß es: »Altes gutes dummes Deutschland, lebe wohl! Diese ›Zukunft‹ findet keinen Boden in deiner Gegenwart ... Lebe wohl und Dank Dir, langmütig geneigter Leser... Dank vor allem Dir, Du reiner edler Geist, der Du an der Wiege des Blattes gestanden und erhebend, klärend, maßgebend allezeit uns vor Augen gestanden hast und stehen wirst – ein dankbares Lebewohl an Johann Jacoby.«

Der war zu dieser Zeit ernsthaft erkrankt; sein Zustand galt als kritisch. Eine verschleppte Bronchitis, die noch aus der Zeit seiner Lötzener Haft stammte, hatte ihn mit hohem Fieber aufs Krankenlager geworfen. Den ganzen April über hielt ihn eine Lungenentzündung ans Bett gefesselt, und erst der Mai brachte eine allmähliche Besserung. Mitte Juni konnte er einem Freund mitteilen: »So wäre nun – dank meiner zähen Natur – auch das innere Lötzen glücklich überwunden. Meine alten Lungen tun wieder ihre Schuldigkeit, und der lang entbehrte Genuß der Luft- und Himmelsfreiheit – der einzigen, die uns geblieben – hat mich zu neuem Leben erfrischt und gestärkt.« Er habe die langen Mußestunden der Rekonvaleszenz zum Durchblättern alter Zeitungen aus den vierziger Jahren benutzt, um sie mit denen der Gegenwart zu vergleichen. So könne man erst recht erkennen, wie tief das deutsche Groß- und Kleinbürgertum in geistiger und moralischer Hinsicht gesunken sei; »nur der Arbeiterstand hat sich gehoben und erweckt Hoffnung für die Zukunft«.

Bald darauf trat er eine längere Erholungsreise an, bei der er sich auch einen lange gehegten Wunsch erfüllte, nämlich einen Besuch der schönsten Städte Italiens, wobei ihn Eduard Waldeck begleitete. Auf der Rückreise besuchte er noch den alten kranken Freund Moritz Hartmann in Wien. Die Nachricht, daß seine fast 7?jährige ältere Schwester Karoline schwer erkrankt sei, veranlaßte ihn dann zur sofortigen Heimkehr nach Königsberg. Karoline starb am 25. September 1871, wenige Tage nach Jacobys Eintreffen. So blieb ihm noch die andere Schwester, Betty, die ihm weiterhin den Haushalt führte. Sie war sieben Jahre älter als er, sollte ihn aber noch um mehr als ein Jahrzehnt überleben.

Bald nach Karolines Tod, im November 1871, verfaßte Jacoby einen Aufsatz, dem er den Titel »Die drei Zauberformeln« gab, ein politisches Glaubensbekenntnis, das er seinen im folgenden Sommer bei Otto Meißner in Hamburg in zwei Bänden erscheinenden »Gesammelten Schriften« anstelle eines Vorworts voranstellte.

»Die drei Zauberformeln«, die durchaus als Jacobys politisches Testament gelten können, beginnen mit einem Wort aus dem Markus-Evangelium: »Der Sabbat ist um des Menschen willen gemacht und nicht der Mensch um des Sabbats willen«, eine Feststellung, die für alle menschlichen Einrichtungen gelte, von allen Gesetzen und Traditionen, von Kirche, Staat und Gesellschaftsordnung. Sie alle seien aus Bedürfnissen der Menschen hervorgegangen und sollten nur als Mittel zum Wohle der Menschheit dienen. Bei fortschreitender Entwicklung aber hielten Gewohnheit, Unvernunft und Eigennutz fest an hergebrachten Rechten und Ordnungen, erklärten sie für heilig und unantastbar und verlangten, daß sich die Menschen mit ihren Bedürfnissen der althergebrachten Ordnung zu unterwerfen hätten, nicht umgekehrt. Was ursprünglich Mittel gewesen sei, werde so zum Selbstzweck erhoben, und es bedürfe harter Kämpfe, bis endlich der Mensch sich als »Herr des Sabbats« erkenne, unbekümmert am Feiertag »Ähren ausraufe« und mit den »Schaubroten der Priester« seinen Hunger stille.

»Im Namen der Kirche! Im Namen des Staats! Im Namen der Gesellschaft!« – durch diese dreifache Zauberformel habe von jeher Herrschsucht und Egoismus einzelner den Geist, den Willen und die Arbeitskraft des Volkes gefesselt und ausgebeutet. »Die Kirche – das heißt: die Anmaßung der Priester – sagt zu den Laien: Euer Geist ist zu schwach, die Wahrheit zu ergründen. Auf daß Ihr nicht in Irrtum und Sünde verfallt, müßt Ihr – ohne Prüfung – glauben, was wir, die Dolmetscher des göttlichen Geistes, als Wahrheit verkünden. Die Kirche ist unfehlbar; der Glaube allein kann Euch von ewiger Verdammnis erretten.

Der Staat – das heißt: die Herrschaft der weltlichen Machthaber – sagt zu den Staatsangehörigen: Ohne Unterordnung keine Ordnung auf Erden! Nicht dem eigenen beschränkten Urteile dürft Ihr in Eurem Handeln folgen, sondern dem, was wir als Recht feststellen. Der Obrigkeit Wille ist Gesetz; nur unbedingter Gehorsam schützt Euch vor Anarchie und Verderben.

Die Gesellschaft – das heißt: die Habgier der besitzenden Klassen

– sagt zu den Besitzlosen: Uns verdankt Ihr Arbeit und Brot! Darum sollt Ihr von den Früchten eures Schweißes uns so viel abgeben, als wir für billig erachten. Wollt Ihr dies nicht, so steht es Euch frei, ohne Arbeit und Lohn zu verhungern. Gedankenlos – willenlos – besitzlos ist die Masse des Volkes den Zwecken der Kirche, des Staats, der Gesellschaft untertan.«

Solange jede dieser drei Mächte die Ausbeutung des Volkes für sich ausschließlich beanspruche, heißt es in den »Drei Zauberformeln« weiter, treibe gegenseitige Eifersucht sie zum Kampf untereinander: Die Kirche predige gegen den Mammon, die weltlichen Herrscher bekämpften die Hegemonie der Kirche, die besitzende Klasse bediene sich des Staats zur Befriedigung ihrer eigenen Interessen. Allerdings: Je mehr das ausgebeutete Volk die Wahrheit erkenne und zum Bewußtsein der eigenen Kraft gelange, desto augenfälliger werde die Lüge, die Ohnmacht der drei fesselnden Zauberformeln. Thron, Altar und Geldmacht sähen sich dann genötigt, der gemeinsamen Bedrohung gegenüber ein Bündnis einzugehen. Dem Anschein nach vermehre dies ihre Kraft, in Wahrheit aber liege darin das Eingeständnis, daß jede der drei Mächte für sich allein zu schwach sei, der Forderung nach Freiheit und Gleichberechtigung Widerstand zu leisten. Hierin liege die Bedeutung der Jetztzeit: Es gelte, den letzten, entscheidenden Kampf der Unterdrückten, der freiheitsbedürftigen Menschheit gegen den dreieinigen Feind durchzustehen und zu gewinnen!

»Geistesfreiheit! Willensfreiheit! Arbeitsfreiheit! – Das ist die Losung. Der Kampfpreis: allgemeine Bildung, Tugend und Wohlfahrt!«

»Die drei Zauberformeln«, die im Sommer 1872 auch in der angesehenen linksliberalen »Frankfurter Zeitung« und im sozialdemokratischen »Braunschweiger Volksfreund«, im Jahr darauf noch in weiteren Zeitungen, so in der »Süddeutschen Volksstimme«, erschienen, wurden fast vier Jahrzehnte später, im Jahre 1910, auch Bestandteil der Reihe »Aus der Waffenkammer des Sozialismus«, und zwar mit der Begründung, der 1871 geschriebene Aufsatz sei »heute zeitgemäßer denn je«.

Sonderbarerweise wurden »Die drei Zauberformeln«, die 1878,

als mit dem »Sozialistengesetz« die Verfolgung der Sozialdemokratie legalisiert worden war, einem Verbot entgingen, zehn Jahre später aufgrund desselben Gesetzes in einigen süddeutschen Landkreisen untersagt und eingezogen. Der »Sozialdemokrat«, das von Zürich aus ins Deutsche Reich massenhaft eingeschmuggelte »Organ der Sozialdemokratie deutscher Zunge«, erklärte dies damit, »Die drei Zauberformeln« wären 1878 noch nicht zum Verbot reif gewesen, weil die darin enthaltenen Wahrheiten damals noch nicht so staatsgefährdend gewesen seien wie 1888. Der »Sozialdemokrat« nahm dies zum Anlaß, die von ihm erst kurz zuvor abgedruckten »Zauberformeln« nochmals zu veröffentlichen.

Wenige Monate nach der ersten Niederschrift der »Drei Zauberformeln« und noch vor ihrer Veröffentlichung im Frühsommer 1872 entschloß sich Jacoby zu einem Schritt, den er innerlich schon längst vollzogen hatte: Er trat der Sozialdemokratischen Arbeiterpartei bei.

Anfang April 1872 teilte er dem in Leipzig erscheinenden »Volksstaat« mit wenigen Zeilen mit, die Verhandlungen des Hochverratsprozesses gegen Bebel und Liebknecht hätten ihn dazu bewogen, sich der Partei anzuschließen.

Bei den Verhaftungen führender Sozialdemokraten im September 1870, die dann – wie wenig später auch Jacoby – in Lötzen interniert worden waren, hatte die Polizei zahlreiche Briefe, Flugschriften und andere Dokumente beschlagnahmt. Anderthalb Jahre lang war die von Bismarck dazu angewiesene Justiz damit beschäftigt gewesen, aufgrund des angeblich belastenden Materials eine Anklage gegen August Bebel, Wilhelm Liebknecht und einen weiteren Sozialdemokraten, Hepner, zu konstruieren. Im März 1872 standen die drei dann wegen »Vorbereitung zum Hochverrat« vor dem Leipziger Schwurgericht. Zwei Wochen lang zogen sich die Verhandlungen hin, die auch nicht den Schatten eines Beweises gegen die Angeklagten erbrachten. Dennoch wurden Bebel und Liebknecht zu je zwei Jahren Festungshaft verurteilt, nur Hepner freigesprochen. Aber das mutige Auftreten der beiden Arbeiterführer und ihre streng sachliche Argumentation machten diesen Prozeß zu einem hervorragenden Propagandaerfolg für die Sozialdemokratie; das Willkürurteil rief Abscheu und Empörung bis weit ins bürgerlich-liberale Lager hinein hervor.

Dennoch änderte dies nichts an der grundsätzlichen Ablehnung der sozialdemokratischen Bestrebungen durch die überwältigende Mehrheit der Bevölkerung. Die »Roten« – das waren in den Augen nicht nur der herrschenden Schichten, sondern auch des Kleinbürgertums, der meisten Bauern und selbst großer Teile der Unterschichten, zumal der Dienstboten, bestenfalls Radaubrüder und Unruhestifter, für viele auch gefährliche Terroristen, Hochverräter und Bombenleger, schlimmer noch: Frevler am Allerheiligsten, dem Privateigentum, aber auch Gottesleugner, Kaiser- und Bismarck-Verächter!

Infolgedessen rief Jacobys Beitritt zur sozialdemokratischen Partei allgemeine Entrüstung hervor. »Aber«, so bemerkte Guido Weiß einige Jahre später in einem Jacoby-Gedenkartikel, der in der »Frankfurter Zeitung« erschien, »er war Sozialist der Forderung nach schon 1848 gewesen, er hatte sein Programm sozialer Reform schon 1868 skizziert und 1870 ausgeführt, und so war's denn nur die Äußerlichkeit, der formelle Beitritt..., an dem die heuchlerische Gesellschaft Anstoß nahm.«

Denjenigen, die Jacobys politischen Kampf und seine Stellungnahmen zur sozialen Frage über die Jahre aufmerksam verfolgt hatten, kam sein Beitritt zur Sozialdemokratie keineswegs überraschend; Wilhelm Liebknecht hatte ihn schon 1866 prophezeit. Guido Weiß nannte ihn einen Schritt, bei dem nur die Waffengattung gewechselt, nicht aber das Heer verlassen werde. Jacoby sei »unter die schweren Reiter gegangen«, die bürgerlichen Demokraten seien »bescheidene Musketiere« geblieben.

Was indessen auch viele seiner Freunde befremdete, war die Motivierung, die er seinem Parteibeitritt gab. Keiner sah so recht ein, warum er ihn damit begründete, er wolle so seine Mißbilligung des Leipziger Willkürurteils gegen Bebel und Liebknecht zum Ausdruck bringen.

Dabei hätte es seinen Freunden klar sein müssen, daß Jacoby nur noch auf eine passende Gelegenheit gewartet hatte, der Sozialdemokratie beizutreten, und zwar so, daß sein Schritt in der Öffentlichkeit beachtet und der Partei möglichst viel Nutzen bringen würde. Er hatte von Anfang an mit dem Eisenacher Programm der Sozialdemokraten übereingestimmt, und in der Beurteilung der Bismarckschen Politik gab es zwischen ihm, Bebel und Liebknecht nicht die geringsten Unterschiede.

Auch muß die ganze Art und Weise, mit der die beiden Arbeiterführer ihre Sache vor dem Leipziger Schwurgericht vertraten, Jacoby sehr imponiert haben. Das harte Urteil, das niemand erwartet hatte, schuf eine Situation, auf die sein Rechtsempfinden in einer Weise reagierte, daß er es geradezu als seine Pflicht ansah, schärfsten Protest zu erheben. Das aber konnte er am wirksamsten dadurch, daß er nun auch offiziell der verfemten und hart verfolgten Partei beitrat, mit der er schon seit geraumer Zeit sympathisierte.

Sowohl Wilhelm Liebknecht wie August Bebel bestätigten später, daß Jacobys öffentliche Beitrittserklärung der Partei sehr genutzt habe. In Liebknechts Einleitung von 1894 zu der Dokumentation des Leipziger Hochverratsprozesses heißt es: »Die klaren Köpfe der bürgerlichen Demokratie folgten dem Beispiel Jacobys«, und Bebel berichtet in seinen Memoiren, daß der – für das politische Leben der Reichshauptstadt bedeutende – Berliner Demokratische Verein sich bald darauf mit großer Mehrheit das Eisenacher Programm der Sozialdemokraten zu eigen machte und sich insofern ihnen anschloß. Auch das »Fürther Demokratische Wochenblatt«, das die Ideen Jacobys vertrat, erklärte sich nun offen für die »Eisenacher« und wurde zu einem wichtigen Sprachrohr der Sozialdemokratie.

Im Gegensatz zu Wilhelm Liebknecht, der noch 1894 feststellte, Jacoby habe sich rückhaltlos der Sozialdemokratischen Partei angeschlossen, sah Franz Mehring – wie aus seinem eingangs zitierten Gedenkartikel von 1905 hervorgeht – in ihm überhaupt keinen »richtigen« Sozialdemokraten. Das mag darauf zurückzuführen sein, daß Liebknecht nach seiner eigenen Aussage »niemals orthodox oder doktrinär und niemals ein ›Janer‹«, also weder ein Lassalleaner noch ein »Marxianer« gewesen ist, während sich Franz Mehring zum orthodoxen Marxisten entwickelt hatte. Bei seinem Vorwurf, Jacobys Beitritt sei unsinnig gewesen, weil der »ehrliche und mutige Königsberger« das »Grundprinzip der Sozialdemokratischen Partei, den proletarischen Klassenkampf«, strikt abgelehnt habe, vergaß Mehring, daß das Eisenacher Programm dieses angebliche Grundprinzip der damaligen Partei mit keinem Wort erwähnte.

Auf jeden Fall setzte sich Jacoby, trotz seines fortgeschrittenen Alters und seiner geschwächten Konstitution, in den folgenden Jahren nachdrücklich für die Partei Bebels und Liebknechts ein; wiederholt trat er, wenn auch chancenlos, bei einigen Nachwahlen zum Reichstag als Kandidat der Sozialdemokraten auf, stets – vor allem in Berlin – heftig angefeindet von den rivalisierenden Lassalleanern. Indessen waren beide Arbeiterparteien damals im Vergleich zu den etablierten Gruppierungen, noch so winzig, daß sie in den allermeisten Wahlkreisen bloße »Zählkandidaten« aufstellen konnten: Im ersten Reichstag gab es unter 382 Abgeordneten nur je einen Eisenacher und Lassalleaner.

Auf dem Kongreß der Eisenacher vom August 1873 wurde erstmals eine ernsthafte Reichstagskandidatur Jacobys debattiert. Der Vertreter des Landkreises Leipzig, August Geib, erklärte dessen Bereitschaft, Jacoby aufzustellen. Theodor York sprach sich sogleich dagegen aus, Julius Motteler energisch dafür, wobei er auf die Tatsache hinwies, daß Jacoby schon 1871 im Landkreis Leipzig sehr gut abgeschnitten habe. Auch von den Mainzer Sozialdemokraten wurde eine Kandidatur Jacobys in ihrem Wahlkreis befürwortet. Den Ausschlag gaben dann Wilhelm Liebknecht und Wilhelm Blos, die sich beide für die Aufstellung Jacobys im Landkreis Leipzig aussprachen.

»Wir wären Esel«, schrieb Blos an Liebknecht, »wenn wir... einen Mann von solcher wissenschaftlichen Bedeutung wie Jacoby wegwerfen wollten...« Friedrich Engels äußerte sich von London aus ebenfalls in diesem Sinne. In einem Brief an Liebknecht sprach er die Vermutung aus, der Reichstag werde die sozialdemokratischen Abgeordneten sich »ruhig ausbrummen« lassen, »weswegen es gut wäre, wenn Jacoby gewählt würde«.

Schließlich forderten fünfzehn oder sechzehn sozialdemokratische Wahlvereine den »Alten aus Königsberg« auf, sich bereit zu erklären, bei ihnen zu kandidieren. An alle richtete er noch im

November 1873 – die Reichstagswahlen waren auf den 10. Januar 1874 festgesetzt worden – die gleiche Antwort, die an Deutlichkeit nichts zu wünschen übrig ließ:

»Den Parteigenossen ist meine Ansicht über das preußisch-deutsche Kaiserreich zur Genüge bekannt; sie mögen hiernach ermessen, wie wenig Verlangen ich trage, an den unersprießlichen Reichstagsverhandlungen mich zu beteiligen; sollte – aus taktischen Gründen – die Partei für gut befinden, mich als ihren Kandidaten aufzustellen, so hätte ich meinerseits nichts dagegen, muß jedoch im voraus bemerken, daß ich – im Falle der Wahl – die freie Entscheidung über Annahme oder Ablehnung des Mandats mir vorbehalte.«

Daß es Jacoby mit diesem Vorbehalt ernst war, geht aus einem Brief vom 30. Dezember 1873 hervor, den er an die Leipziger Sozialdemokraten schrieb, die ihn aufgefordert hatten, persönlich am Wahlkampf teilzunehmen. Jacoby ließ die Leipziger Genossen wissen, daß er, selbst wenn es ihm möglich gewesen wäre, sich schwerlich zur Reise entschlossen hätte. Es sei eine Sache, sich als Kandidat aufstellen zu lassen, eine andere, selbst an Ort und Stelle zu den Wählern zu sprechen und um ihre Stimme zu werben, denn letzteres würde ihn moralisch verpflichten, ein etwa gewonnenes Mandat auf jeden Fall anzunehmen; das aber stände mit seinem ausdrücklichen Vorbehalt und seiner Absicht in Widerspruch.

Offenbar betrachteten die Sozialdemokraten Jacoby als ein »Zugpferd«, denn sie stellten ihn nicht nur im Landkreis Leipzig auf, sondern auch in Berlin, Breslau, Dresden, Pforzheim, Solingen, Weimar, Mainz, Stuttgart, Bamberg, Elberfeld, Sorau und – ohne sein Einverständnis – in Köln. In Berlin kandidierte er gegen den führenden Lassalleaner Wilhelm Hasenclever, der schon Mitglied des Reichstags war und alles daran setzte, die ihm höchst unerwünschte Konkurrenz auszuschalten. Auch anderswo gab es heftige Widerstände, so beispielsweise in Pforzheim, wo die Polizei Wahlaufrufe zugunsten Jacobys konfiszierte und den Passanten erklärte, dieser Jacoby dürfe nicht gewählt werden. Eine Breslauer Fabrik verbot ihren 400 Beschäftigten, außer in der kurzen Mittagspause das Werksgelände zu verlassen, um sie so an der Wahl zu hindern, wogegen die Breslauer Lassalleaner das Gerücht verbreiteten, es handele sich bei Dr. Jacoby um einen Regierungsrat, also keinen Arbeiterkandidaten. Am intensivsten für ihn geworben wurde dagegen im Landkreis Leipzig, wo sich die führenden Sozialdemokraten Wilhelm Bracke und Wilhelm Blos auf zahlreichen Wahlversammlungen für ihn einsetzten.

Bei den Wahlen am 10. Januar 1874 erreichte Jacoby erwartungsgemäß in keinem der vielen Wahlkreise, in denen er aufgestellt worden war, die absolute Mehrheit. In Dresden und im Landkreis Leipzig mußte er sich allerdings zur Stichwahl stellen, die am 27. Januar 1874 durchgeführt wurde. Während er in Dresden nur einen Achtungserfolg erzielen konnte und dem Kandidaten der Fortschrittspartei deutlich unterlag, gelang den Sozialdemokraten im Landkreis Leipzig mit Jacoby der Durchbruch: Mit 90[illegible] Stimmen Vorsprung vor dem Bewerber der Fortschrittspartei wurde Jacoby in den Reichstag gewählt!

Doch, so sehr ihn die führenden Leipziger Genossen und der Parteivorstand auch bedrängten, Jacoby lehnte das Mandat ab und ließ sich nicht umstimmen. Er fühlte sich dazu berechtigt, hatte er doch von vornherein die Ablehnung als möglich, ja wahrscheinlich angekündigt. Er hatte durch seinen Namen der Partei einen Wahlsieg ermöglicht; mehr von ihm zu verlangen schien ihm unbillig. Die vom Parteivorstand geäußerten Befürchtungen, bei nochmaligen Wahlen werde das schwer errungene Mandat verlorengehen, teilte er nicht: »Es müßte«, schrieb er an Wilhelm Blos, »schlimm um unsere Sache und um die Partei in Leipzig stehen, wenn die erneute Wahlschlacht und die damit verbundene Agitation nicht beiden förderlich sein sollte.« Zur Entkräftung eines anderen Arguments der enttäuschten Genossen erklärte er August Geib: Auch ohne seine Unterstützung werde es den sozialdemokratischen Neulingen im Reichstag nicht allzu schwer werden, »in den parlamentarischen Schick sich zu finden – mindestens ebenso gut wie Ehren-Bismarck«.

Auch den Vorschlag, das Mandat anzunehmen und dann im Reichstag unter Protest niederzulegen, lehnte er ab. Abgesehen davon, daß ihm schon der bloße Schein schauspielerhaften Auftretens widerstrebe, schrieb er an Blos, so würde er durch einen Austritt unter Protest diejenigen Genossen in eine peinliche Lage bringen, die im Reichstag bleiben wollten und sollten. Öffentlich erklärte er dagegen nur, seine Kandidatur sei nur als ein entschiedener Protest gegen das neue Kaiserreich und das jetzt herrschende Regierungssystem anzusehen gewesen. Im voraus von der Unmöglichkeit überzeugt, auf parlamentarischem Wege einen Militärstaat in einen Volksstaat umzugestalten, wolle er nicht an Verhandlungen teilnehmen, deren Erfolglosigkeit für ihn außer Zweifel stehe.

Jacobys Entscheidung, die bei den führenden Sozialdemokraten zunächst erhebliche Verstimmung hervorrief, hat niemand besser interpretiert als Guido Weiß. In einem Artikel, der Mitte Februar 1874 in der »Waage« erschien, zeigte er zwar Verständnis für die Enttäuschung der Leipziger Genossen, die soviel Mühe und Arbeit investiert hatten, um für Jacoby ein Mandat zu erringen. »Freilich haben sie«, hieß es in dem Artikel weiter, »wie ruhigeres Nachdenken sie lehren wird, dafür einiges Bessere an Lehre eingetauscht: In dem Augenblick, da sie, bei dem ersten durchgreifenderen Gebrauche des allgemeinen Wahlrechtes und seinen ersten Erfolgen, in Gefahr stehen, den Weg zu verfehlen, tritt dieser getreue Eckart ihnen entgegen und spricht sein warnendes Nein aus. Eine Heerschau mag es Euch gewesen sein, lehrreich und sehr ermutigend, aber Ihr wollt doch nicht in den Parlamenten die Fahne aufpflanzen und Zelte schlagen. Ihr wollt doch nicht schon jetzt, am Anfange Eures Weges, Euch eine Aristokratie von Interpellier- und Amendierhelden schaffen und hängt doch nicht etwa der närrischen Schwärmerei nach, daß, wenn Ihr nur erst einmal die Majorität in dieser ›Volksvertretung‹ erreicht, Ihr auch auf dem Weg der Resolution und des Beschlusses Herren der Lage, Herren des Staates und der Gesellschaft werden könntet... Meint Ihr etwa, es sei etwas der Rede Wertes oder gar Großes, einem Grafen, einem Fürsten, vielleicht selber einem Kanzler ein schneidiges Wort gewandt ins Gesicht zu schleudern und damit ein paar Abende lang das Gaudium der Philister im heiligen unrömischen Reiche zu sein? Leer, leer vielmehr müßten Eure Plätze sein in diesem Parlament..., und was Eure Besten, die zu Hubertusburg*, gezwungen tun, darin folget freiwillig nach! Laßt die Öde wachsen da drinnen bis die Totenschau vollkommen sei; Ihr habt draußen noch viel viel zu tun, noch lange zu wandern, ehe die Zeit für ›Sitzungen‹ gekommen…«

Auch dieser Artikel des Freundes Guido Weiß änderte zunächst wenig an der Verärgerung Bebels und anderer führender Sozialdemokraten. Erst im Laufe der Zeit verflog die durch Jacobys Mandatsablehnung entstandene Mißstimmung. Wilhelm Liebknecht verehrte ihn nach wie vor; auch Bebel fand wieder anerkennende Worte für »den Alten in Königsberg«, und Karl Marx, der – jedenfalls Guido Weiß gegenüber – Jacobys Mandatsablehnung ebenfalls kritisiert hatte, fuhr fort, ihm »Das Kapital« in Einzellieferungen zuzuschicken, womit er nur diejenigen zu bedenken pflegte, die er seines bedeutendsten Werks für würdig erachtete und auf deren Meinung es ihm ankam.

Die Reichstagswahl von 1874 war die letzte, an der Jacoby teilnahm. Von da an beschränkte er seine politische Aktivität auf Königsberg, wo er bis zu seinem Lebensende als Stadtverordneter wirkte, im Vorstand des Handwerkervereins saß und an vielen Veranstaltungen teilnahm. Erwähnung verdient besonders eine Ansprache, die er anläßlich eines Stiftungsfests vor den Mitgliedern des Handwerkervereins über die Beziehungen zwischen Bildung und Freiheit hielt. Er erklärte ihnen, Schule und Unterricht, belehrende Vorträge und geselliger Verkehr reichten keineswegs aus, die Bildung der großen Masse des Volkes zu erzielen. Dazu gebe es nur ein Mittel: öffentliches Leben, Beteiligung des Volkes an den Angele-

* Auf der sächsischen Festung Hubertusburg verbüßten Wilhelm Liebknecht und August Bebel die gegen sie im Leipziger Hochverratsprozeß verhängten Strafen. Liebknecht war bei den Reichstagswahlen vom 10. Januar 1874 im Wahlkreis Stollberg-Schneeberg, Bebel im Wahlkreis Glauchau-Meerane gewählt worden. Von den insgesamt sieben Abgeordneten der Sozialdemokratischen Deutschen Arbeiterpartei, die im Januar 1874 ein Mandat errungen hatten (Geib, Liebknecht, Most, Vahlteich, Motteler, Bebel und Jacoby) fehlten bei der Eröffnung des Reichstags drei: die Hubertusburg-Gefangenen Bebel und Liebknecht sowie Johann Jacoby, der auf sein Mandat verzichtet hatte.

genheiten des Staates, also staatliche Freiheit, lebendige Demokratie! Gelehrte, gebildete Sklaven habe es schon im Altertum gegeben, gebe es auch heute. Aber ein ganzes gebildetes Volk von Sklaven werde und könne es nimmermehr geben. In Bezug auf die Gesamtheit des Volkes sei es ein Irrtum, wenn man durch Bildung zur Freiheit gelangen wolle; umgekehrt müsse es heißen: durch Freiheit zur Bildung, und ohne Volksfreiheit keine Volksbildung!

»Wie aber, fragen Sie, ist die Freiheit zu erringen?« schloß er seinen Vortrag. »Meine Antwort...: durch ein einziges Wörtlein. Ein berühmter griechischer Geschichtsschreiber, Plutarch, sagt: ›Die Bewohner Asiens sind allesamt Despoten unterworfen, nur weil ihre Zunge eine Silbe nicht aussprechen kann, nämlich das Wort *Nein!*‹... Lassen Sie uns hoffen, daß die Sprachorgane unseres Volkes in dieser Hinsicht besser geartet seien..., hoffen wir, daß das deutsche Volk Bismarck und Genossen gegenüber endlich einmal lernen werde, Nein zu sagen...«

Im Herbst 1876 – Jacoby war kurz zuvor von seiner alljährlichen Kur, zuletzt meist in Berchtesgaden oder Reichenhall, nach Königsberg zurückgekehrt – verständigten sich die Königsberger Demokraten und Sozialdemokraten über die Aufstellung eines gemeinsamen Kandidaten für die Reichstagswahl von 1877. Die Sozialdemokraten, deren örtliche Führung Max Herbig, Jacobys Mitgefangener in Lötzen, übernommen hatte, schlugen August Bebel vor, und am 13. November wurde dieser von beiden Parteien einstimmig nominiert.

Es war eine bloße Zählkandidatur; echte Chancen, in Ostpreußen gewählt zu werden, bestanden damals für ihn nicht. Aber Bebel ließ es sich dennoch nicht nehmen, sich in Königsberg der Öffentlichkeit vorzustellen. Vor etwa 1200 Personen sprach er an zwei Abenden hintereinander in der »Städtischen Ressource«; die Diskussion nach seiner Rede am ersten Abend war so lebhaft, daß sie erst am folgenden Tag zu Ende geführt werden konnte. Die Veranstaltung des zweiten Tages dauerte etwa vier Stunden – das war etwas noch nie Dagewesenes!

»In der ersten Versammlung«, heißt es dazu in Bebels Memoiren, »war auch Johann Jacoby anwesend, den man zum Ehrenpräsidenten der Versammlung ernannt hatte. Ich lernte erst jetzt Jacoby persönlich kennen. Der kaum mittelgroße Mann, der offensichtlich in seinem ganzen Wesen zurückhaltender Natur war und, durch die Verhältnisse gezwungen, sich zu einem demonstrativen Eingriff in die öffentlichen Angelegenheiten herbeiließ, machte auf mich einen ungemein günstigen Eindruck. Ich hatte ihn vor der ersten Versammlung in seiner Wohnung besucht, wobei er mich in seinem sehr geräumigen Arbeitszimmer empfing, dessen Regale und Schränke bis an die Decke mit Büchern vollgestopft waren.* Ich beneidete ihn um diesen ideal ausgestatteten Raum, der in seiner behaglichen Einrichtung zum Arbeiten geradezu einlud.«

Als der damals 36jährige Bebel den schon 71jährigen Jacoby in Königsberg besuchte, war dieser gerade zum vierten Mal einstimmig in das Zentralkomitee der Internationalen Friedens- und Freiheitsliga gewählt worden, die ihren Sitz in der Schweiz hatte. Was Jacoby zum Thema Krieg und Frieden zu sagen hatte, war von ihm bereits im Jahr zuvor in einer Adresse an den Ligakongreß formuliert worden:

* Aufgrund eines Hinweises, für den der Autor Herrn Jan Christoph Hauschild vom Düsseldorfer Heinrich-Heine-Institut herzlich dankt, war es möglich, einen zumindest teilweisen Überblick über die von Zeitgenossen oft gerühmte Bibliothek Johann Jacobys zu gewinnen. Ein »Verzeichnis des antiquarischen Bücherlagers von Ferd. Raabe's Nachf. Eugen Heinrich in Königsberg« (Nr. 55, 1882), das sich im historischen Institut der Universität Bern (Nachlaß Werner Naef) befindet, führt aus der »Bibliothek Dr. Joh. Jacoby« rund 1350 Titel aus den Bereichen »Politische Geschichte Deutschlands und Preußens, die Jahre 1847–9, Demokratie, Sociale und Arbeiterbewegung, allgemeine Staatswissenschaften« auf. Es fehlt kein wichtiges Werk aus der damaligen deutschsprachigen Literatur dieser Themenbereiche. Darüber hinaus finden sich auch zahlreiche französische, englische und italienische Werke in Originalausgaben. Bemerkenswert ist, daß sich in Jacobys Bibliothek auch seltene Schriften der deutschen Jakobiner, z. B. G. F. Rebmanns »Neue Schildwache« von 1798, befanden, sodann Werke von Frühsozialisten wie F. W. Schulz' »Briefwechsel eines Staatsgefangenen mit seiner Befreierin« oder W. Weitlings »Evangelium des armen Sünders«. Von Karl Marx hatte Jacoby u. a. die ihm vom Verfasser direkt zugesandten Lieferungen der französischen Erstausgabe von »Le Capital«, von Ferdinand Lassalle dessen »Herr Julian Schmidt« mit einer eigenhändigen Widmung des Verfassers.

»›Das furchtbarste der Übel‹, sagt Aristoteles, ›ist die Ungerechtigkeit, die über Waffen gebietet.‹ Dies Wort kennzeichnet den gegenwärtigen Zustand der europäischen Staaten: Ungerechtigkeit – bis an die Zähne bewaffnet, während das Recht macht- und schutzlos den Gewalthabern preisgegeben ist. Nur die völlige Umkehr des Verhältnisses kann den einzelnen wie den Völkern Heil bringen. Die Ungerechtigkeit muß entwaffnet und dem Rechte die Macht verliehen werden. Das Mittel zur Erreichung dieses Zieles ist: Anerkennung des internationalen Rechts und Aufrechterhaltung desselben durch einen Bund freier Volksstaaten. *Si vis pacem, para libertatem!** «

Es war Jacoby vergönnt, mit Würde zu altern; »das Hirn verschrumpfte nicht, das Herz verlederte nicht, das Alter machte ihn nicht mürrisch«, hat Edmund Silberner dazu treffend bemerkt. Jacoby selbst äußerte sich dazu in einem Brief an Eduard Waldeck folgendermaßen:

»Die Leute sagen, das Alter sei ein lästiger Gesell; ich kann das keineswegs finden... Mir ist's nach wie vor ganz behaglich in dieser sündigen Welt. Je älter ich werde, desto mehr lerne ich mich bescheiden in meinen Wünschen und Ansprüchen, desto mehr aber auch den Wert des Lebens erkennen und schätzen: Jeder neuanbrechende Tag ist mir eine liebe, willkommene Gabe; ganz abgesehen von allem, was drum und dran hängt; in stiller Seele freue ich mich des bloßen Daseins.

Wie vieles hat mich früher geärgert, verstimmt, verbittert! Jetzt zwingt es mir kaum ein mitleidiges Lächeln ab. Trotz der Menschen Unverstand, trotz Bismarck und dem nationalliberalen Troß seiner Anbeter – mein Glaube an den Menschen bleibt unerschüttert...«

Und an Guido Weiß schrieb er 1876: »Sie wissen ja, ich habe eine ziemlich zähe Natur; trotz meiner Jahre hoffe ich noch, das Bismärckertum und den ganzen nationalliberalen Schwindel zu überleben:

* *Si vis pacem, para libertatem*, lateinisch: Wenn du Frieden willst, sorge für Freiheit, von Militaristen und Rüstungsbefürwortern gewöhnlich in der Form *Si vis pacem, para bellum* (Wenn du Frieden willst, sei kriegsbereit) zitiert (nach Vegetius, Ende des 4. Jahrhunderts n. Chr.).

Luft im Laub und Wind im Rohr,
Und alles ist zerstoben.*«

Diese Hoffnung Jacobys war freilich allzu kühn: Bismarcks Reichskanzlerschaft dauerte noch an bis zum 20. März 1890, und was nach ihm kam, die säbelrasselnde Großmannssucht des letzten Hohenzollernkaisers, war in mancherlei Hinsicht noch schlimmer als die »Bismärckerei«; der Diktator Bismarck war von 1871 an auf die Konsolidierung des Erreichten und auf die Erhaltung des Friedens, zumindest mit den europäischen Mächten, bedacht und lenkte die Eroberungsgelüste der deutschen Militärs und Kapitalisten auf Afrika, Asien und die Südsee, wogegen Wilhelm II., spätestens von 1907 an, die entscheidende militärische Auseinandersetzung mit den großen Nachbarn ansteuerte, die Preußen-Deutschland zur Vormacht in Europa, wenn nicht in der Welt machen sollte.

Johann Jacoby hingegen beschloß sein Leben bereits ein knappes Jahr, nachdem er sich Guido Weiß gegenüber so hoffnungsvoll geäußert hatte. Am 27. Februar 1877 mußte er sich einer damals lebensgefährlichen Operation – der Zertrümmerung von ihn sehr plagenden Blasensteinen – unterziehen, was er mit stoischer Ruhe tat; man müsse und könne, sagte er, »auch das Schlimmste unter allen Äußerlichkeiten«, den Tod, »mit Ruhe hinnehmen«. Die Operation gelang zwar, aber schon wenige Tage später stellten sich Komplikationen ein; Jacobys Zustand verschlimmerte sich, und seine Schwester wie seine Freunde sahen erschüttert und bewundernd, »wie heldenhaft er sich anschickte zu sterben«. »Nach einer Woche schweren Leidens entschlief er sanft«, hieß es in der Lokalpresse, »am Dienstag, dem 6. März 1877 um ½5 Uhr abends, wenige Wochen vor Vollendung seines 72. Lebensjahrs.«

Kurz vor seinem Tode hatte er seiner Schwester gegenüber den Wunsch geäußert, nach jüdischem Ritus beerdigt zu werden; es gab dabei keine »unglücklichen Zufälligkeiten oder Mißverständnisse«, wie eine sozialdemokratische Zeitung meinte. Gewiß war Jacoby

* Zitat aus Goethes »Faust«, Schlußzeilen des Walpurgisnachttraums.

längst ein Freidenker geworden, aber er wollte der Gemeinde, der er entstammte, dennoch nicht als Abtrünniger gelten.

Der »Königsberger Hartungschen Zeitung« zufolge nahmen mehr als fünftausend, nach anderen Quellen gar zehntausend Menschen an Jacobys Beerdigung am Sonntag, dem 11. März 1877, teil: Arbeiter und Handwerker, Bürger und Beamte, der Oberbürgermeister, die meisten Mitglieder des Magistrats und der Stadtverordnetenversammlung, der Rektor, die Dekane und Professoren der Albertina, zahlreiche Mitglieder der Burschenschaft »Lithuania«, führende Politiker der Sozialdemokratie, aber auch der Demokratischen und selbst der Fortschrittspartei, aus der der Verstorbene ein knappes Jahrzehnt zuvor unter Protest ausgetreten war, auch so mancher Liberale.

Leopold Sonnemann, Eigentümer der »Frankfurter Zeitung« und ein großer Bewunderer Jacobys, gab dem radikalen Demokraten ebenso das letzte Geleit wie Abgesandte der Arbeiterfrauen aus Jacobys traditionellen Berliner Wahlbezirken.

Bismarck, dessen entschiedenster Gegner Jacoby bis an sein Lebensende geblieben war, mag es befriedigt haben, daß ihm »der dürre alte Jude«, den er, wenn es ihm nötig schien, hatte einsperren lassen, nun nicht mehr gefährlich werden konnte; ohnehin dünkte ihn sein Werk, die Ausdehnung der Vorherrschaft des junkerlichen Preußens unter seiner diktatorischen Kanzlerschaft bis an die Alpen und den Kamm der Vogesen, nun fest begründet und allen Stürmen gewachsen.

Indessen sollte sich erweisen, daß das von Bismarck im Interesse der anachronistischen preußischen Junkerkaste gewaltsam und in Unfreiheit geeinte Deutschland keinen Bestand hatte und historisch nur eine Episode blieb: Die Hohenzollernmonarchie versank ruhmlos im Orkus der Geschichte; das Deutsche Reich und der preußische Staat gingen ein Vierteljahrhundert später unter.

Dagegen sind die Ideen Johann Jacobys bis heute lebendig geblieben und wirken fort, ja sie sind heute lebendiger als je zuvor und werden, wenn nicht alles täuscht, es bald noch weit mehr sein. Es wachsen Generationen heran, denen Obrigkeitsgläubigkeit oder gar -hörigkeit so fremd ist, wie sie ihren Groß- und Urgroßeltern noch selbstverständlich war. Mit – glücklicherweise ganz unmilitärischer – Disziplin und die Obrigkeiten ratlos machender Friedfertigkeit leisten sie den herrschenden Gewalten Widerstand und führen deren in »Sachzwänge« einbetonierte Ideologien immer häufiger ad absurdum.

Jedesmal, wenn sich diese jungen Leute keine »Gunst erbitten«, sondern als selbstbewußte Staatsbürger ihr »erwiesenes Recht«, etwa auf friedliche Versammlung unter freiem Himmel, energisch »in Anspruch nehmen«, zeigt sich die unverminderte, ja zunehmende Wirksamkeit Johann Jacobys, des freundlich-unbeirrbaren Nestors der wahren deutschen Demokratie.

Zeittafel zu Johann Jacoby
(mit seinen wichtigsten Publikationen).

1. Mai 1805 Johann (Jonas) Jacoby in Königsberg geboren als Sohn des Kaufmanns Gerson Jacoby und seiner Frau Lea geb. Jonas.

1815 Eintritt ins Königsberger Friedrichs-Kollegium.

22. März 1823 Immatrikulation an der Universität Königsberg stud. med. bis Herbst 1827.

20. September 1827 Promotion mit einer Dissertation über das delirium tremens.

1828 Absolvierung des Staatsexamens in Berlin.

Sommer 1828 Studienreise durch Deutschland und Österreich.

10. Dezember 1828 Approbation als praktischer Arzt, Wundarzt und Geburtshelfer im »Amtsblatt« angezeigt.

1830 Besuch bei Verwandten in Warschau.

18. Mai 1831 Publikation des ersten Aufsatzes.

Mai–Juni 1831 Studium der asiatischen Cholera im Distrikt Augustów in Russisch-Polen.

Sommer 1833 Die Schrift über die Emanzipation der Juden erscheint bei Hoffmann & Campe in Hamburg.

Anfang 1838 Veranstaltung einer Geldsammlung für die Göttinger Sieben.

Herbst 1838 »Beitrag zu einer künftigen Geschichte der Zensur in Preußen«.

1840 Bildung des »Siegel-Klubs«, aus dem später die »Donnerstags-Gesellschaft« hervorgeht.

Mitte Februar 1841 Anonyme Veröffentlichung der »Vier Fragen beantwortet von einem Ostpreußen«.

23. Februar 1841 Jacoby übersendet die »Vier Fragen« an den König und bekennt sich als deren Verfasser.

13. März 1841 Beginn der Kriminaluntersuchung gegen den Verfasser der »Vier Fragen«.

1842 Mitarbeit an der »Königsberger Zeitung«.

5. April 1842 Vom Kammergericht von der Anschuldigung des Hochverrats befreit, aber wegen Majestätsbeleidigung zu zweieinhalb Jahren Festungshaft verurteilt.

2. Dezember 1842 Teilnahme am Königsberger Herwegh-Fest.

19. Januar 1843 Der Oberappellationssenat des Kammergerichts spricht den Verfasser der »Vier Fragen« völlig frei.

Ende August 1844 Aktive Teilnahme am Fest der Albertina.

1845–1846 Propaganda in der »Bürgergesellschaft«, im Böttchershöfchen und in der Städtischen Ressource.

Anfang 1845 Veröffentlichung zweier Denkschriften an die Provinziallandtage: »Das königliche Wort« und »Preußen im Jahre 1845«.

März 1845 – Januar 1847 Majestätsbeleidigungs-Prozeß wegen der Denkschriften an die Provinziallandtage.

18. April 1846 Verurteilung zu zweieinhalb Jahren Festungshaft.

28. Januar 1847 In zweiter Instanz völlig freigesprochen.

April 1847 Während des Vereinigten Landtages in Berlin.

Juni 1847 Teilnahme an der Konferenz liberaler Führer in Hallgarten im Rheingau.

März 1848 Rege politische Teilnahme an den Märzereignissen in Königsberg.

31. März – 3. April 1848 Mitglied des Vorparlaments.

4. April – 18. Mai 1848 Mitglied des Fünfzigerausschusses.

19. Mai 1848 Als Stellvertreter in die Frankfurter Nationalversammlung gewählt.

20. Mai 1848 Wahl in die preußische Nationalversammlung.

3. November 1848 Zuruf an Friedrich Wilhelm IV.: »Das ist das Unglück der Könige, daß sie die Wahrheit nicht hören wollen.«

5. November 1848 Das Volk von Berlin ehrt Jacoby mit einem Fackelzug.

5. Februar 1849 Doppelwahl in die Zweite Kammer.

Mai – Juni 1849 Im Stuttgarter Rumpfparlament.

Sommer 1849 In der Schweiz.

20. Oktober 1849 Wegen Teilnahme an den Sitzungen des Rumpfparlaments des Hochverrats angeklagt, stellt sich Jacoby freiwillig dem Königsberger Gericht.

20. Oktober – 8. Dezember 1849 In Untersuchungshaft im Königsberger Gefängnis.

8. Dezember 1849 Hochverratsprozeß: Freispruch durch das Geschworenengericht. Jubel in Königsberg.

1850 – Herbst 1858 Jahre politischer Inaktivität.

1853 ff. Arbeit an einem unvollendet gebliebenen philosophischen Werk »Die Erfüllung unserer Zeit«.

Herbst 1858 Wiederaufnahme politischer Tätigkeit.

22. April 1859 Vortrag »Kant und Lessing«.

28. August 1859 Beitritt zum Deutschen Nationalverein.

Juli 1861 Beitritt zur Deutschen Fortschrittspartei.

17. Mai 1862 Wahl ins Abgeordnetenhaus. Mandatsablehnung.

28. Oktober 1863 Erneute Wahl ins Abgeordnetenhaus.

9. November 1863 Berliner Kolosseum-Rede über den Verfassungskampf.

Dezember 1863 bis Lebensende Stadtverordneter.

1. Juli 1864 Der Kolosseum-Rede wegen vom Berliner Kriminalgericht zu sechs Monaten Gefängnis verurteilt.

9. Januar 1865 Bestätigung des Urteils durch das Kammergericht.

23. Juni 1865 Nichtigkeitsbeschwerde durch das Berliner Obertribunal zurückgewiesen.

Ende Juni 1865 Die Herausgabe des Heinrich-Simon-Gedenkbuches bringt Jacoby eine Verurteilung zu zwei Wochen Gefängnis ein.

26. August 1865 – 8. März 1866 Im Königsberger Gefängnis. Abfassung der Schrift »Der freie Mensch«.

3. Juli 1866 Wiederwahl ins Abgeordnetenhaus.

23. August 1866 Abgeordnetenhausrede gegen den Adreßentwurf.

1. Januar 1867 »Die Zukunft«, ein von Jacoby mitbegründetes demokratisches Tageblatt, beginnt in Berlin zu erscheinen.

2. August 1867 Beitritt zur Internationalen Friedens- und Freiheitsliga. Mitglied ihres Zentralkomitees für das Jahr 1867/68.

7. November 1867 Wiederwahl ins Abgeordnetenhaus.

Anfang November 1868 Austritt aus der Deutschen Fortschrittspartei.

20. Januar 1870 Rede »Das Ziel der Arbeiterbewegung«.

14. September 1870 Rede gegen die Annexion Elsaß-Lothringens.

20. September 1870 Verhaftung wegen der genannten Rede.

21. September – 26. Oktober 1870 Internierung auf der Feste Boyen bei Lötzen.

16. November 1870 Bei den Landtagswahlen durchgefallen.

3. März 1871 Niederlage bei den Reichstagswahlen.

31. März 1871 »Die Zukunft« stellt ihr Erscheinen ein.

2. April 1872 Beitritt zur Sozialdemokratischen Arbeiterpartei.

Ende Juli 1872 Jacobys »Gesammelte Schriften und Reden« erscheinen bei Otto Meissner in Hamburg.

27. Januar 1874 Vom Landkreis Leipzig in den Reichstag gewählt. Mandatsablehnung.

1. Mai 1875 70. Geburtstag in Königsberg gefeiert.

Anfang Februar 1877 Schwer erkrankt.

23. Februar 1877 Operation.

6. März 1877 Tod an den Operationsfolgen.

11. März 1877 Beerdigung auf dem neuen jüdischen Friedhof in Königsberg.

Personenregister